北京市哲学社会科学规划办公室
北京市教育委员会 资助出版

北京旅游发展研究报告 2016

 北京旅游发展研究基地编

北京·旅游教育出版社

《北京旅游发展研究报告2016》编委会

主　任：计金标
副主任：邹统钎　韩玉灵
主　编：魏　翔
编　委：（按姓氏音序排名）
　　　　安金明　　戴　斌　　杜　江　　谷慧敏
　　　　韩玉灵　　计金标　　厉新建　　刘大可
　　　　秦　宇　　魏　翔　　许忠伟　　尹美群
　　　　张　辉

总　序

　　北京旅游发展研究基地是北京市首批市级哲学社会科学研究基地，成立于 2004 年。北京第二外国语学院作为主要建设单位，通过四方共建协议与北京市教育委员会、北京市旅游发展委员会、北京市哲学社会科学规划办公室共同建设基地。基地的建设宗旨是：以北京第二外国语学院北京市重点学科——旅游学科为基础，依托本校旅游管理学院、酒店管理学院、会展与经贸学院、国际商学院、中国旅游人才发展研究院、旅游教育出版社，以及校外北京市旅游发展委员会、首都旅游集团、北京高校旅游研究机构等单位，整合旅游及相关研究优势资源，紧紧围绕我国尤其是北京旅游业发展过程中亟待研究解决的重大理论和现实问题设计研究项目，推动我国及北京旅游研究领域的拓展、研究方法的创新和研究水平的提高，有效拉升北京旅游教学、研究和旅游业发展在国际上的层次和地位。

　　在前三个三年建设周期中，基地在北京市教育委员会和北京市哲学社会科学规划办公室等各级领导、部门的关心和指导下，在北京第二外国语学院校领导的大力支持下，通过与北京市旅游发展委员会及各区旅游局、各有关旅游企业、高等院校和科研院所的合作，取得了一批高质量的成果，连续举办了具有社会影响并逐步形成品牌的重要学术会议，为北京市及全国旅游研究和旅游行业发展做出了基地应有的贡献，实现了基地的建设目标，取得了优异的成绩。

　　新一轮建设周期中（2014~2016 年），基地将继续秉承"前瞻视野、开放平台、权威报告、理论高地"的建设理念，努力实现"在充分满足北京市各类决策支持需求的前提下，抓住中国和国际旅游发展前沿的重大问题进行研究，做到'北京旅游发展智库'和'中国一流旅游学术研究机构'的统一"的建设目标。从前三个建设周期的经验来看，"狠抓标志性成果建设，打造权威报告，提供观点和理论研究成果"是实现基地建设目标的重要途径。今年乃至今后几年，基地陆续出版的标志性成果主要体现在两个方面：面向北京市政府及其旅游管理部门和企事业单位的《北京旅游发展研究报告》；面向旅游学术研究领域、致力于旅游学科建设和人才队伍培养的《中国旅游企业发展年度报告》(联合)、《中国旅游目的地发展年度报告》《中国休闲研究学术报告》《北京旅游研究》《中国会展研究报告》《中国在线旅游年度报告》《中国旅游法评论》等。

《北京旅游发展研究报告》作为北京市哲学社会科学重点规划项目，其目的在于对北京市旅游经济与旅游市场的整体发展、北京旅游各行业运行状况、旅游供需市场、旅游行政管理及年度热点与创新等问题进行充分研究和集中展示，以期对实践具有一定的指导作用。在历年报告的基本框架基础上，新的《北京旅游发展研究报告》做了局部微调，主要由北京市旅游行业态势报告、北京市旅游治理态势报告、北京市旅游新点热点报告三大板块组成。基地专家将尽最大努力，对每年北京旅游产业运行状况以及旅游研究热点和创新点进行全面阐述。

前期建设，我们编辑出版了《中国旅游研究》系列文集，其目的是通过收录一批在国内各个研究领域的优秀论文，体现我国旅游研究每一年度取得的成果与进展，并使之成为记录中国旅游研究发展的标志性文本。新一期建设中，我们将在《中国旅游研究》的基础上，出版《北京旅游研究》，汇集以基地专家原创为内容的研究成果，按照但不限于以下板块进行排列：研究综述、旅游者、旅游企业管理、旅游目的地、旅游产业、休闲经济、旅游新业态、基础理论研究等，充分展示基地专家原创和多视角的研究成果。

新一期建设，我们将在保持原有研究报告特色的基础上，紧随中国旅游业的发展，适时新推《中国休闲研究学术报告》和《中国旅游法评论》。《中国休闲研究学术报告》作为中国旅游经济、旅游管理理论与实践研究者的理论、思想交流平台，刊登原创性的旅游理论研究、休闲经济理论研究、旅游产业热点深度分析、大型案例深化研究以及高水平的定量实证研究五个研究领域的研究成果。为适应我国旅游法制建设的新发展推出的《中国旅游法评论》，将依托我校的外语、旅游优势，翻译借鉴国外旅游法及其最新研究成果，深层次地探讨旅游法研究的前沿学术问题，评判典型案例，记录我国旅游法的研究路径，展望旅游法研究趋势。

使上述报告和理论研究成果具有"权威报告和品牌效应"，是基地每个研究人员努力追求的目标和共同的期待。至于说能否实现我们的预期，这不是通过简单的行政评价就能做出最终结论的，需要经过长期的积淀和时间的充分验证。如果经过10年、20年,当新一代旅游工作者或者研究人员或者学子们在学习、研究到相关旅游问题,还需要去翻开这些也许已经变得发黄的著作时,当几乎所有旅游研究或者从事旅游工作的人士要经常翻阅这些报告以期从中获得灵感时,我们就有理由相信我们的目标实现了。

  作为中国旅游教育和研究的中心和基地之一,北京第二外国语学院始终将旅游学科的发展作为学校发展的重要战略。北京旅游发展研究基地依托于"二外",除了完成作为一个北京市市级研究基地本身应完成的研究任务外,也直接服务于"二外"的整体发展战略。我们期望通过基地全体研究人员的不懈努力,推动我国旅游教育和旅游学科发展,促进旅游学术界与行业主管部门、旅游业界的密切合作,为国家建设旅游强国、为北京市旅游产业发展提供更优质的研究成果和最直接的智力服务,以承担起时代赋予我们的责任,完成学者的历史使命。

北京旅游发展研究基地负责人、学术委员会主任
北京第二外国语学院党委副书记、教授、博士生导师

目 录

第一板块   **旅游经济篇**

    从大数据分析北京市场结构和潜力……………………… 2
    北京旅游发展:"十二五"回顾与"十三五"前瞻 …… 27

第二板块   **旅游财务篇**

    北京市旅游上市公司财务状况分析 ……………………… 48

第三板块   **酒店篇**

    2015年北京市饭店业发展报告 …………………………… 200
    北京市餐饮业发展报告 …………………………………… 219
    饭店从业人员培训需求与课程体系设计研究
        ——以北京市社会旅馆从业人员素质提升工程
        为例…………………………………………………… 249
    基于用工状况的北京星级酒店薪酬激励机制
        研究…………………………………………………… 266

第四板块   **会展篇**

    2015年北京会议业发展报告 ……………………………… 282
    2015年北京展览业发展报告 ……………………………… 304

第五板块 | 热点问题篇

京津冀旅游一体化报告……………………………………… 320
北京建设国际旅游枢纽的协调机制研究……………… 346
北京冬季体育节庆活动游客研究………………………… 359
在线旅游纠纷研究………………………………………………… 371
旅游能点亮经济吗
　　——旅游经济的三大发力点……………………… 383
休闲对绩效和创新的作用…………………………………… 388
绿色友善餐厅消费行为之研究
　　——以高雄市为例……………………………………… 398

第一板块

旅游经济篇

从大数据分析北京市场结构和潜力

厉新建[①]

一、"十二五"发展总结

"十二五"期间,扩内需、调结构、保民生等相关政策的实施,使得全国城镇化和交通高速化建设步伐加速,带来了国内旅游市场的持续快速增长,北京作为中远程首次出游旅游者首选旅游目的地的地位进一步凸显。同时,多重因素驱动国内旅游市场更加活跃,商务会展、休闲娱乐、医疗健康等消费热点也进一步升温。与金砖国家、灵猫六国、东亚地缘区等区域经贸的快速增长相伴,受欧美经济体增长乏力以及人民币升值等因素影响,入境旅游市场增长面临较大制约。但由于国民经济持续增长、人均收入水平不断上升、交通条件不断改善,北京旅游业具有较大发展空间。

建设"三个北京"、中国特色世界城市是北京市未来发展的首要任务。"人文北京、科技北京、绿色北京"行动计划的实施,对北京市旅游业的增长方式转变产生了重要影响;中国特色世界城市建设目标则对旅游业发展提出了新的要求;"智慧北京"作为实现世界城市的动力元素和"智慧旅游"的发展平台,为北京旅游业管理的高效化奠定了基础。

2011~2015年,北京市旅游业增加值的增长速度高于第三产业增加值的增长速度3.2个百分点,并高于北京市地区生产总值(GDP)的增长速度3.7个百分点。2015年北京市旅游业增加值达到1720.2亿元,比2010年增长了70.1%,年均增幅达11.2%。2015年北京市旅游餐饮和购物消费额2318.2亿元,年均增幅9.8%。2015年北京市旅游业增加值占全市GDP比重从2010年的7.2%提升到7.5%,占第三产业增加值比重接近10%。

国内来京旅游市场对北京市旅游业发展的贡献最大,国内来京旅游人

---

① 厉新建,博士,教授,北京第二外国语学院旅游管理学院院长,研究方向为旅游经济。

数、收入及人均花费均呈持续快速增长态势。国内来京游客主要集中在周边省份,以河北省、山东省、河南省、山西省、内蒙古自治区、江苏省为主,河北省成为来京旅游的最大客源地。从历年情况看,国内来京旅游客源地结构变化不大,以上6个省区的游客占全部国内来京游客的比重接近50%。国内来京旅游主要以观光游览、探亲访友、从事商务活动为目的,出行交通方式以火车、飞机为主。观光游览、探亲访友、从事商务活动,这三个目的的游客占总量的75%左右。从历年调查情况看,从事商务活动的游客总量虽然在增长,但其增速远远低于其他类型游客。

另外,北京市民出境游、出京游的需求高速增长。从市场内部结构来看,2015年北京市旅游市场旅游人次与2010年相比,年均增长12.08%,出游总花费年均增长11.41%,北京市旅游人均花费398.9元;京郊乡村旅游人次比2010年增长21.5%,年均增长4%,京郊乡村旅游收入年均增长9.3%。出京旅游市场旅游人次与2010年相比,年均增长15.5%,出游总花费年均增长20.25%;市民出京旅游人均花费3164元,与2010年相比,年均增长4.1%。出境旅游市场旅游人次自2010年以来连年保持20%以上的高速增长,出游总花费年均增长34.74%,人均花费在1.7万元左右。从四个市场的比较来看,"十二五"时期,出境游的人数与收入增长都是最快的,其次是出京游。出境、出京游高速增长的势头,充分体现出居民强劲的旅游消费实力及巨大的旅游消费需求。

二、北京旅游大数据

随着网络和信息技术的不断普及,人类产生的数据量正在呈指数级增长。自2013年以来,中国紧随世界脚步,开启了"大数据(Big Data)元年",数据量与信息量在过去海量的基础上呈几何倍数增长,而云计算的诞生,更是直接把我们送进了大数据时代。"大数据"作为时下最时髦的词汇,开始向各行业渗透辐射,颠覆了很多特别是传统行业的管理和运营思维。大数据时代,突破了传统数据时代片面化、单一化、静态化的思维,开始立体化、全局化、动态化研究网络舆情数据,将看似无关紧要的数据纳入分析计算的范围。近年来,大数据不断向旅游行业渗透,为旅游行业带来了翻天覆地的影响,正在成为旅游业创新的原动力和助推器。在这一大背景下,大数据触动了旅游行业管理者的神经,搅动了旅游行业管理者的思维。通过对大量数据的挖掘和分析,能够有效指导旅游局和景区企业的管理工作。根据游客的特征和偏好,提供有力的旅游产品和服务,利用大数据进行产业运行状况分析和有效的运行监测,对产业实施有效的管理,是推动旅游产业建设的必要手段。

(一)北京旅游市场总体发展趋势

1.北京旅游人次、消费变化

"十二五"期间,北京市居民在京旅游收入及旅游人次逐年增长(如图1所示)。其中,北京居民在京游人数从2011年的8066万人次增长到2015年的1亿多人次,北京居民在京游收入从2011年的245亿元增长到2015年的387亿元,由此可见,北京周边游市场规模巨大。

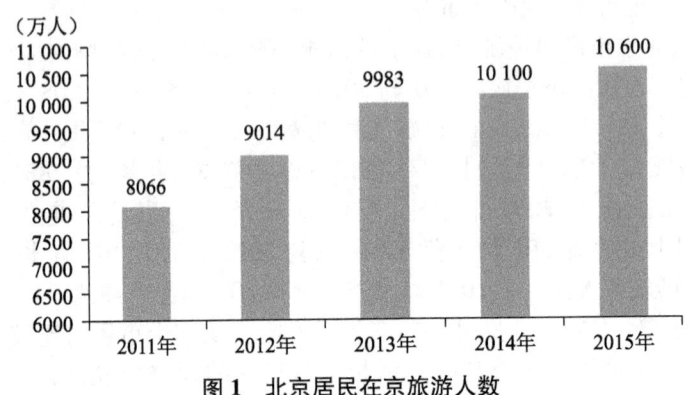

图1　北京居民在京旅游人数

另外,相对于北京居民而言,北京市外省来京旅游收入、旅游人数增长较快,贡献较大(如图2所示)。其中,2015年外省来京旅游人数达1.63亿人次,同比增长4.1%,同年外省游客创收3933亿元。

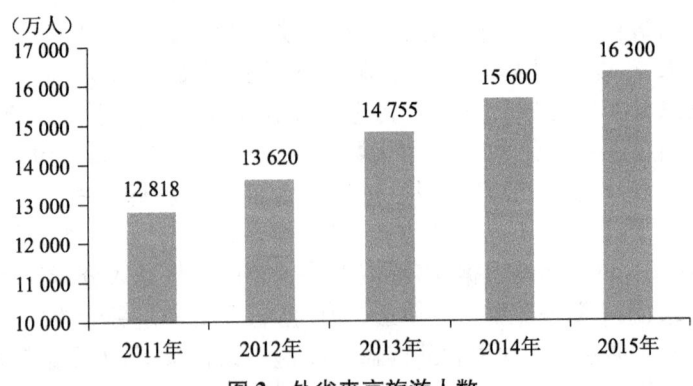

图2　外省来京旅游人数

在北京本地游客中,近50%的游客每天人均消费在50元以下,大部分游客单天人均消费在300元以下,高消费游客占比很低。而外省来京游客单天人均消费在100元至300元的人数占比最多,将近30%;其次是单天人均消费在300元至600元的人数和50元至100元的人数,占比分别达到23%和16%(如图3所示)。总体而言,外省来京高消费游客占比相对较高。

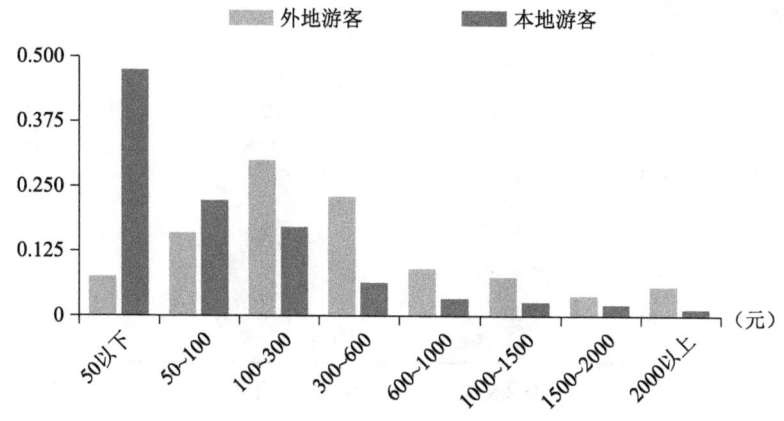

图3 外地和本地游客每天人均消费

在这些游客中,外地来京自由行的游客长时间停留天数比例高于北京本地自由行游客。游客在旅游地停留的时间的延长有利于一个旅游地旅游业的发展,游客停留时间长,其消费将会相应增加,带动食宿、购物等产业的发展。如图4所示,约90%的北京本地自由行游客逗留时间在2天以内,外地来京停留3~5天和6~10天的游客比例显著高于北京本地游客,表明外地来京游客过夜时间较长,旅游消费市场较大。

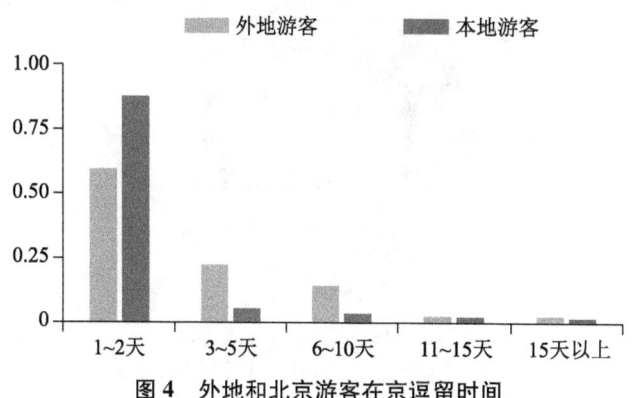

图4 外地和北京游客在京逗留时间

2.北京旅游交通

北京周边游市场规模巨大,周边游游客所选择的出行方式也因人而异,不同出行方式的游客其消费能力也不尽相同。如图5所示,选择公共交通出行的游客单天人均消费为182.21元,而自驾游游客单天人均消费为238.43元。旅游交通是联系客源地和旅游区的桥梁,而数据统计结果表明自驾游游客消费能力较强。

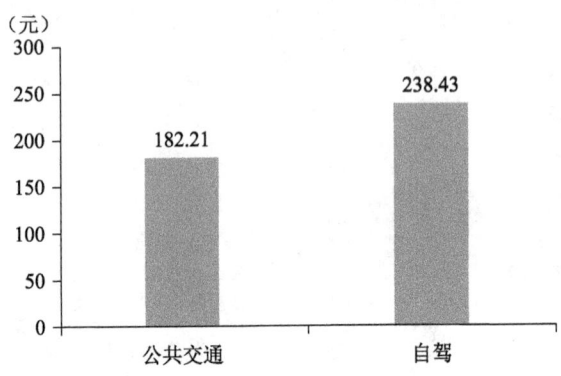

图5 不同旅游方式单天人均消费

统计全体网民旅游出行方式可以发现,选择公共交通的游客占比为72.07%,自驾游游客占比为25.14%(如图6所示)。而北京市游客选择公共交通的游客占比为60.7%,自驾游游客占比为30%。北京市自驾游游客占比显著高于全体网民。其结果表明北京市自驾游市场潜力巨大。

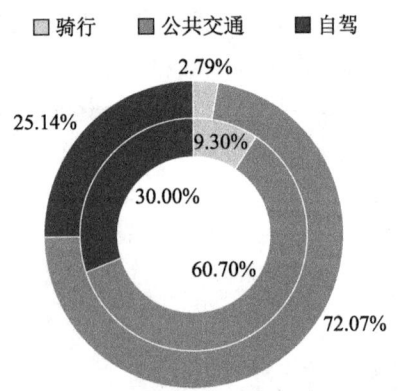

图6 网民不同出行方式占比

注:外环为全体网民日常出游方式,内环为北京周末游游客出游方式。

3.北京各区域旅游业态

食、住、行、游、购、娱六要素是我们测量一个城市的旅游业发展程度的重要标志,我们以量化的指标测量北京各区酒店、餐馆和娱乐设施的数量和热度等,在一定程度上能够评价北京的旅游供给侧竞争力。

北京朝阳区酒店数量最多,显著高于其他区域,这与朝阳区的发达程度以及区域面积不无关系;门头沟区和平谷区酒店数量最少。总体而言,地区越发达,酒店业的发展也相对越快速(如图7所示)。

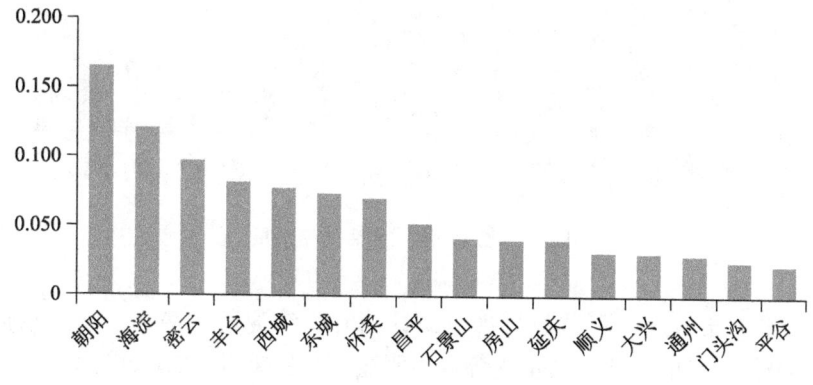

图7　北京各区县酒店数量占比

而各区域的酒店消费则是东城区、朝阳区最高,平均消费超过了300元每晚;门头沟区和延庆区消费最低。

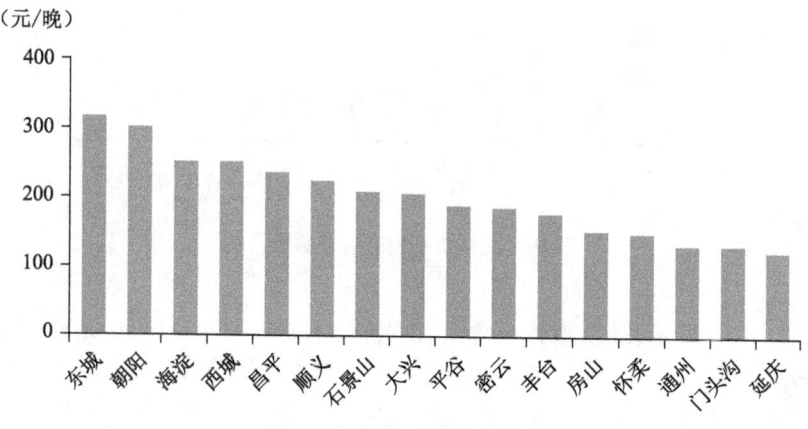

图8　北京各地区酒店消费

对网民统计结果显示(如图9所示),东城区、西城区和朝阳区等区的酒店网络热度较高,延庆区、房山区和平谷区酒店网络热度较低,其中平谷区酒店网络热度显著低于其他地区。

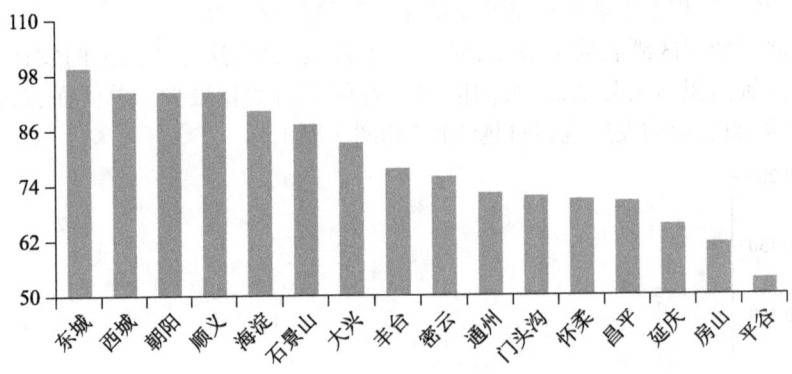

图9　北京各地区酒店网络热度

对北京市各地区餐馆数量进行统计,朝阳、海淀占比最高。从北京周边各区来看,昌平的餐饮供给量优势较为明显,大兴、通州次之(如图10所示)。

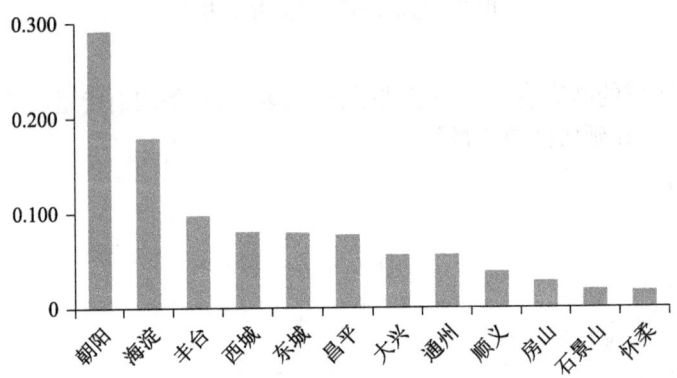

图10　北京市各地区餐馆数量占比

如图11所示,北京市各区餐馆人均价位主要集中在20~50元和50~100元;从图中可以看出,北京各个区域不同价位餐馆占比较为一致,其中20元至50元中等价位区间餐馆数量占比最高。怀柔区在50~100元价位区间餐馆数量占比较为突出。

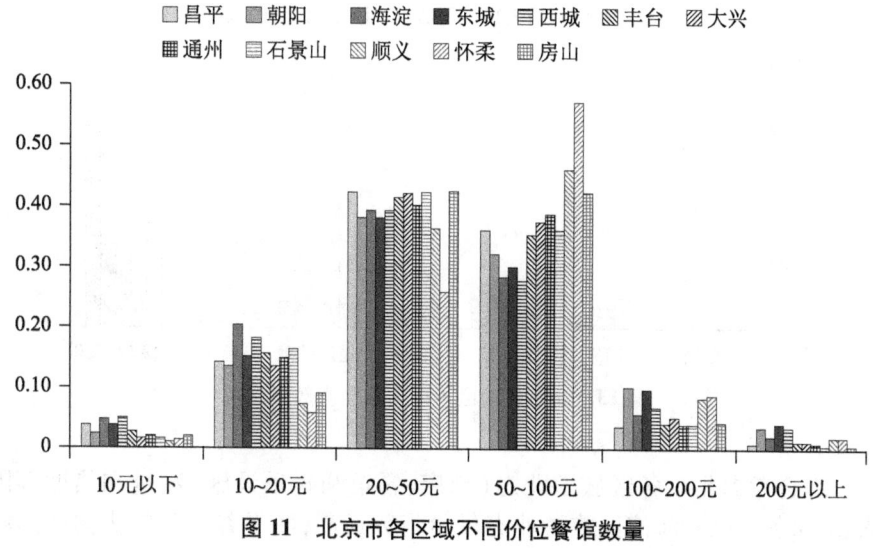

图11 北京市各区域不同价位餐馆数量

北京各大城区娱乐业数量较多,发展较为迅速,相对而言北京市周边部分区娱乐业态则不及北京城区发达。如图12所示,昌平娱乐业态数量最多,占比最高。通州、大兴和顺义娱乐业态发展相当,怀柔区娱乐业态最少。

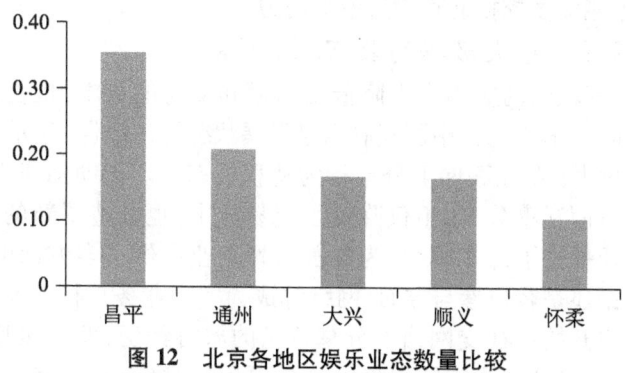

图12 北京各地区娱乐业态数量比较

其中,北京市周边部分区县的娱乐业态均以足疗按摩和采摘/农家乐占比较高,各区县的娱乐业态发展均是基于本地区的物资资源。例如,昌平、通州和顺义足疗按摩和农家乐数量接近,大兴足疗按摩比农家乐数量多,而怀柔农家乐数量显著高于其他业态。昌平和顺义温泉数量较多,其他地区相对较少(如图13所示)。

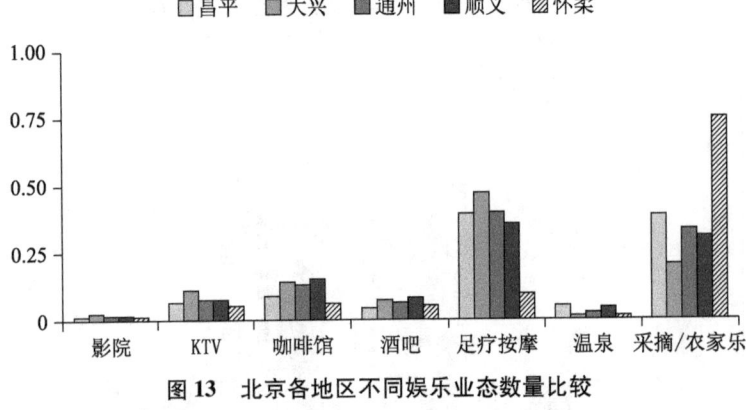

图13　北京各地区不同娱乐业态数量比较

综合考虑北京各区旅游业态(酒店、餐馆和娱乐设施)数量和热度等因素,北京朝阳区和海淀区旅游业态供给指数最高,而平谷区和门头沟区则相对较低。北京城区的旅游业态相较周边各区来说,占有相当大的优势,不论是在酒店数量、餐馆数量还是消费能力上,都比周边各区高;而周边各区则各自在某一行业占据领先地位,如怀柔地区的平价餐饮、昌平地区娱乐行业数量、密云酒店数量等。对于北京各个区域而言,只有打造区域自身特色、改善游客体验,才能深度挖掘北京周边游的潜力。

(二)基于网络大数据的北京旅游监测

在当下,互联网的应用大大降低了沟通和交易的成本,也营造了互惠分享的网络空间。第35次《中国互联网络发展状况统计报告》显示,2014年,有60.0%的网民对于在互联网上分享行为持积极态度。借助网络空间,网民在信息和资源方面互惠分享,不仅降低了交易成本,也创造了新的价值。网络媒体给旅游业提供了许多机会,为旅游品牌企业提供了多方面的服务,无论是在市场营销还是客户参与方面,网络都成为实现业务目标的有效工具。越来越多的用户开始在社交网站上分享自己的旅游经历,发布照片、资源共享等。另外,网络已经成为舆情爆发的主要渠道,网络舆情研究也成为社会热点。旅游口碑对于企业管理、政府管理、游客的旅游决策都起到重要作用。游客做旅游决策前会搜集相关信息,如旅游攻略、点评等;但游完之后的信息反馈却存在滞后性,便会产生信息不对称、不全面等问题。如果在充分利用旅游大数据的背景下,较好弥补这些缺陷,信息收集亦会更加全面、系统。政府和企业都应加强旅游管理、提高服务质量,为游客提供更准确的旅游数据,以便使游客做出更合适的旅游决策,丰富信息来源渠道。如果能够保持旅游网络舆情监测的高频度、及时性和专业性,那么它将"迫使"整体旅游环境发生改变——它能及时反馈在线旅游的相关数据,如预订景区门票、机票、酒店的数据,相应地也可根据旅游路上的客流量来判断高峰期或产生拥堵的时间,有利于政府和企业及时做出预警发布。企业采取疏散通道、广播等应急措施,完善应急软、硬件的配套启动预警机制以及启动政府、社会媒体的联动机制。

1.国际游客关注度监测

北京作为我国首都,其旅游业发展水平位居全国前列,是中国旅游热点之一,同时北京市旅游业借助举办旅游会议和国际性的节庆等活动所带来的外汇收入也逐年增加。根据国家旅游局的数据报告显示,2015年中国共接待入境游客1.33亿人次,同比增长4.0%;而北京市统计局发布的数据则显示,2015年北京共接待入境游客4 199 625人次,较2014年下降1.8%,其中北京46.5%的入境游客来自亚洲,其后依次是欧洲和美洲,占比分别为25.5%和21.8%,三者合计为93.8%。

监测四大国际社交媒体平台Facebook、Twitter、YouTube和Google+上发布的有关北京旅游的文章,可以看到海外游客对北京的关注度和主要关注国家(如图14所示)。在关注北京旅游的国家和地区中,美国以3110万篇的声量

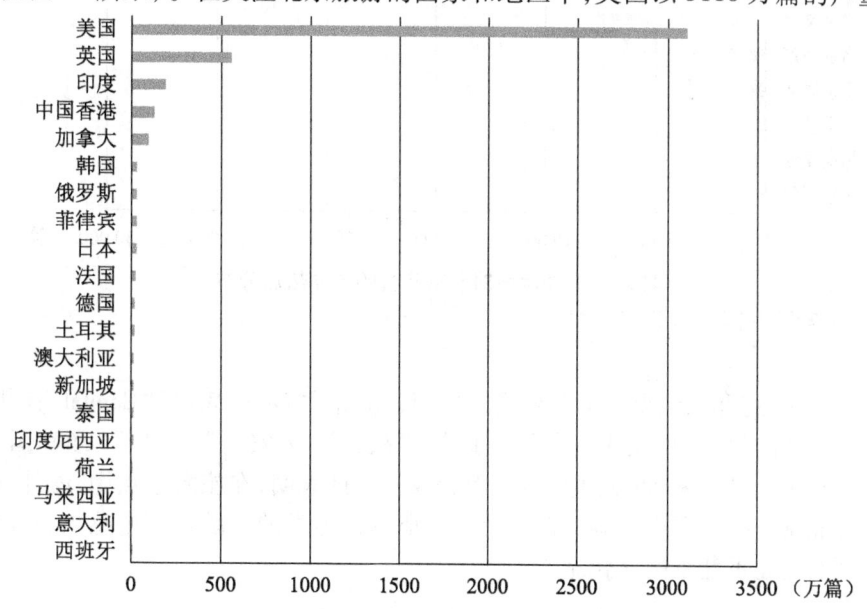

图14 关注北京旅游的海外网民的国家/地区

注:2016年1月1日至7月30日。

排名榜首、英国和印度则以557万篇和191万篇的声量位列第二、第三名。以关注北京旅游的国家和地区的地理位置分布来看,欧洲国家在榜单中占比最大,共有8席,分别为英国、俄罗斯、法国、德国、土耳其、荷兰、意大利和西班牙;东南亚国家则占据5席,成为关注北京旅游第二多的地区。

监测海外互联网发布的相关内容分析发现,与北京旅游相关的9个关注点(景点、饮食、酒店等)中,海外用户对北京旅游最关心的是景点、饮食、历史和文化,相关讨论量超过88%,遥遥领先于其他关注点,这反映出富含历史、文化等元素的景点更能触发海外网民到北京旅游的行为。其中,北京景点获得的关注度最高,相关声量达到26 175篇,占比高达41.83%;其次是北京饮食、历史和文化,反映出北京的历史、文化以及民间饮食更让海外网友心动,相关声量分别达到12 007篇、9093篇和8814篇,占比分别为19.19%、14.53%和14.08%;而北京特产和北京酒店这两个与旅游密切相关的点并未引起海外网友的大量关注,相关声量仅为1686篇和1483篇,占比分别为2.69%和2.37%(如图15所示)。

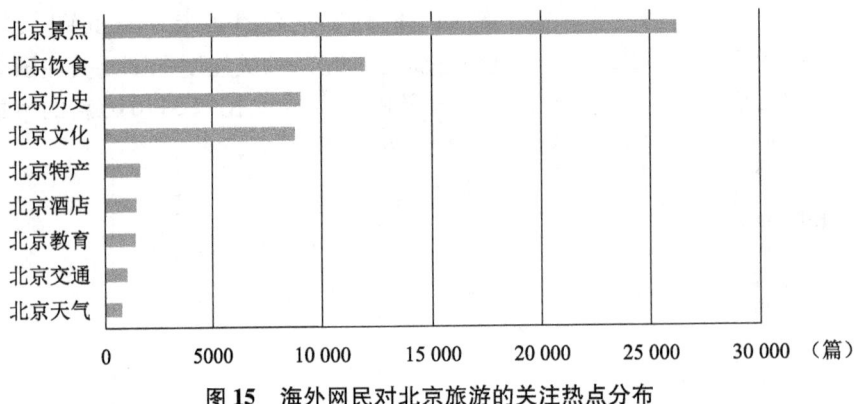

图15 海外网民对北京旅游的关注热点分布

注:2016年1月1日至7月30日。

其中,将北京景点热词单列出来发现,"北京""Great Wall""Capital"是排在前三位的热词(如图16所示)。此外,"故宫""天安门""天坛""颐和园""Olympic Park"等词频频被海外网民提及。由此表明,在旅游景点中,海外网友对北京传统的历史名胜古迹以及北京奥运设施类的旅游资源更感兴趣,海外网友更注重北京的文化旅游。

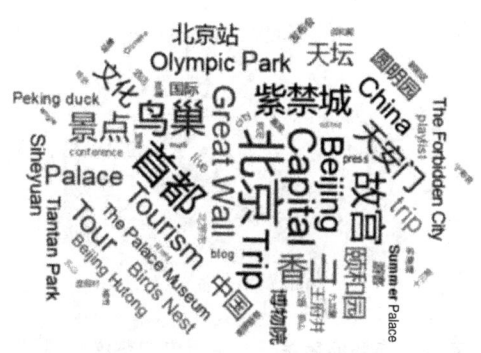

图16　海外网民关于北京景点的热议关键词

而饮食类中,根据北京饮食热词词云显示,"北京烤鸭""招牌""名家"是排在前三位的热词。此外,"Beijing Duck""鸭子""智慧""学问""理念"等词出现频率也较高(如图17所示)。可见,"北京烤鸭"已经成为北京饮食的符号,而北京的饮食智慧和饮食学问也吸引了海外网民的讨论。

图17　海外网民关于北京饮食的热议关键词

历史类词汇中,北京历史热词词云显示,"中国""北京大学""历史学"是排在前三位的热词。此外,"古代史""理事""宋史""义和团""唐宋"等词在海外社交网站出现频率也较高(如图18所示),充分突显了北京悠久浓厚的历史文化底蕴,其作为"六朝古都"在中国以及世界都拥有重要的历史地位和研究意义。

图 18　海外网民关于北京历史的热议关键词

文化类关键词中,"北京""传统""文化"是排在前三位的热词,"戏曲""梨园""庙会""胡同""京剧"出现频率也较高,一方面表明了海外网友对传统的北京艺术文化如京剧、戏曲的喜爱与关注,另一方面也表明北京的民间文化如庙会文化和胡同文化已经成为北京的城市标签之一(如图19所示)。

图 19　海外网民关于北京文化的热议关键词

北京市共有16个市辖区,在海外社交媒体网站监测到近半的文章(48.35%)与东城区旅游相关,共675篇;朝阳区以343篇排名第二,占比24.57%;第三名是海淀区,相关文章195篇,占比13.97%。此外,通过对北京各区的热词云分析发现,海外网民对中国各区概念较为模糊,而对长城、故宫、颐和园等标志性景点印象深刻(如图20所示)。

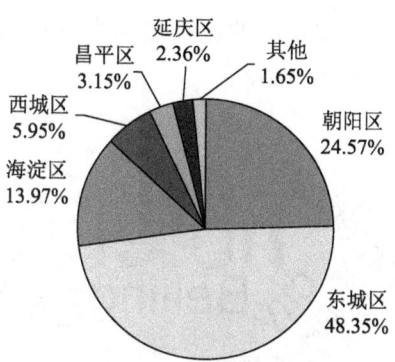

图 20　北京各区海外网民关注度

东城区作为北京文物古迹最为集中的区域,也是外国游客最为关注的热点旅游区域,例如"故宫""紫禁城"等(如图 21 所示)。

图 21　东城区旅游热词

海外网民对海淀区关注较高的旅游热词除了"hotel"等之外,则为一些皇家园林景点热词,如"颐和园""圆明园"等(如图 22 所示)。

图 22　海淀区旅游热词

海外网民对朝阳区关注较高的旅游热词为"Beijing""hotel"和处在使馆区的一些国家名称(如图 23 所示)。

图 23　朝阳区旅游热词

海外网民对西城区关注较高的旅游热词为"北海""什刹海"和"景山"等景点(如图 24 所示)。

图 24　西城区旅游热词

北京市共有 4A 级以上景区 80 家(5A 级景区 7 家、4A 级景区 73 家)。从景区等级来看,5A 级景区的相关内容生成能力、用户喜爱度、内容传播能力和内容互动能力上均优于 4A 级景区。在信息内容的发文量排名中,代表了世界级品质的故宫、长城等 7 家 5A 级景区均进入榜单前 20 名,相关文章 2962 篇,占总量的 66.86%(如表 1 所示)。可以看出,5A 级景区更具有话题性。其文章点赞数、转发数和评论数占比均超过 50%。从景区类型来看,"风景名胜"类景区入选 TOP 20 的最多,但"人文历史"类景区牢牢占据四大榜单首位,且总体数据量遥遥领先,北京的人文历史已成为其在海外传播中最好的推广标签。

表1 北京景区网络发文量

序号	景区	等级	发文量（篇）
1	故宫博物院	5A	1101
2	长城旅游区（八达岭—慕田峪）	5A	887
3	香山公园	4A	681
4	奥林匹克公园	5A	357
5	天坛公园	5A	264
6	颐和园	5A	263
7	景山公园	4A	221
8	北海公园	4A	101
9	圆明园	4A	71
10	桃源仙谷自然风景区	4A	67
11	明十三陵	5A	46
12	恭王府	5A	44
13	什刹海风景区	4A	43
14	石林峡风景区	4A	36
15	居庸关长城	4A	25
16	八大处公园	4A	21
17	孔庙国子监博物馆	4A	21
18	地坛公园	4A	19
19	北京陶然亭公园	4A	14
20	北京龙庆峡自然风景区	4A	14

2.国内游客关注度及舆情监测

国内游客网络关注度采用微博平台来进行监控,新浪借助网站平台及名人资源优势使得其月活跃用户达到1.29亿,日活跃用户达到6140万,成为当之无愧的"中国版Twitter"。微博作为一种新兴起的开放化的互联网社交服务,具有进入门槛低、操作便捷、互动性强等特点。微博数据能够相对客观、全面、准确地反映旅游者对北京旅游形象的认知和定位,能够从不同维度反映问题。

中国旅游大数据研究中心实时抓取了近一年来发布在新浪微博上的关于北京旅游的消息和评论(以2014年1月为起始月,持续11个月,每月从新浪微博上搜索并抓取含有"北京旅游"字段的5000条数据,共计5万多条数据),通过科学的模型构建,对包括食、住、行、游、购、娱等在内的共计18个分类进行了深入的数据挖掘、语义分析、情感倾向性分析。此外,研究中心还以同样的方式对包括北京在内的全国339座优秀旅游城市进行了网络旅游舆情监测,对100多万条数据进行了收集、整理和分析,得出了各城市的网络舆情总排名及各单项排名(见表2、表3)。

表2 十大热门旅游城市排名表

排名	1	2	3	4	5	6	7	8	9	10
城市	北京	上海	厦门	青岛	三亚	丽江	杭州	桂林	黄山	成都

表3 单项舆情排名一览表

网民心中"中国十大美食城市"排名	网民心中"中国十大好住城市"排名	网民心中"中国十大通畅城市"排名	网民心中"中国十大观光城市"排名	网民心中"中国十大购物城市"排名	网民心中"中国十大娱乐城市"排名
1.苏州	1.北京	1.北京	1.青岛	1.北京	1.青岛
2.三亚	2.三亚	2.三亚	2.三亚	2.厦门	2.三亚
3.成都	3.成都	3.成都	3.张家界	3.成都	3.张家界
4.厦门	4.青岛	4.青岛	4.桂林	4.合肥	4.桂林
5.青岛	5.厦门	5.厦门	5.上海	5.武汉	5.上海
6.武汉	6.上海	6.上海	6.厦门	6.苏州	6.厦门
7.上海	7.杭州	7.杭州	7.佛山	7.上海	7.佛山
8.哈尔滨	8.无锡	8.无锡	8.吉林	8.哈尔滨	8.吉林
9.珠海	9.苏州	9.苏州	9.广州	9.福州	9.广州
10.峨眉山	10.大理	10.大理	10.深圳	10.南宁	10.深圳

续表

网民心中十大"中国美丽城市"排名	网民心中十大"中国智慧旅游城市"排名	网民心中十大"中国最佳旅行服务旅游城市"排名	网民心中十大"中国最佳信息服务旅游城市"排名	网民心中十大"中国最安全旅游城市"排名	网民心中十大"中国最佳友好旅游城市"排名
1.北京	1.北京	1.三亚	1.青岛	1.武汉	1.北京
2.厦门	2.鄂尔多斯	2.青岛	2.厦门	2.长沙	2.青岛
3.成都	3.温州	3.成都	3.北京	3.桂林	3.成都
4.合肥	4.成都	4.桂林	4.成都	4.青岛	4.丽江
5.武汉	5.武汉	5.黄山	5.黄山	5.张家界	5.哈尔滨
6.苏州	6.都江堰	6.武汉	6.威海	6.北京	6.厦门
7.上海	7.广州	7.广州	7.大理	7.黄山	7.武汉
8.哈尔滨	8.哈尔滨	8.大连	8.乐山	8.无锡	8.拉萨
9.福州	9.洛阳	9.厦门	9.敦煌	9.常熟	9.郑州
10.南宁	10.武夷山	10.上海	10.烟台	10.厦门	10.南宁

网民心中十大"中国最佳旅游治理旅游城市"排名	网民心中十大"中国最文韵旅游城市"排名	网民心中十大"中国最佳价格旅游城市"排名	网民心中十大"中国最宜人气候旅游城市"排名	网民心中十大"中国最佳游学旅游城市"排名
1.苏州	1.厦门	1.桂林	1.丽江	1.厦门
2.黄山	2.佛山	2.青岛	2.上海	2.北京
3.宁波	3.青岛	3.黄山	3.杭州	3.中山
4.青岛	4.上海	4.广州	4.三亚	4.黄山
5.杭州	5.成都	5.厦门	5.厦门	5.北海
6.上海	6.杭州	6.大连	6.拉萨	6.吉林
7.成都	7.潍坊	7.上海	7.呼伦贝尔	7.珠海
8.烟台	8.中山	8.太原	8.武汉	8.广州
9.秦皇岛	9.哈尔滨	9.石家庄	9.无锡	9.武汉
10.安顺	10.泰安	10.长春	10.吉林	10.成都

注释:十大"中国网络热门旅游城市"排名中,北京名列第一位;北京在网民心中"中国十大好住城市"排名、网民心中"中国十大通畅城市"排名、网民心中"中国十大购物城市"排名、网民心中十大"中国美丽城市"排名、网民心中十大"中国智慧旅游城市"排名和网民心中十大"中国最佳友好旅游城市"排名中居第一位,在网民心中十大"中国最佳信息服务旅游城市"排名中居第三位,在网民心中十大"中国最安全旅游城市"排名中居第六位,在网民心中十大"中国最佳游学旅游城市"排名中居第二位。

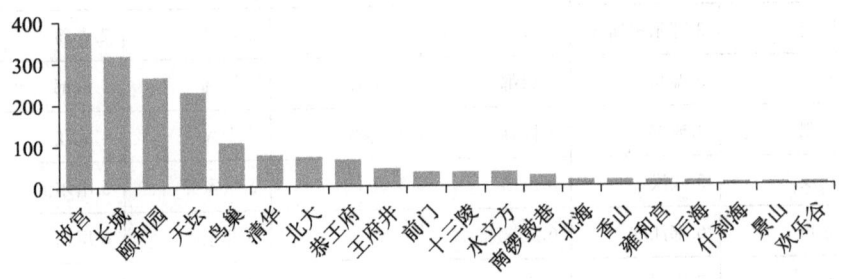

图25 TOP 20 北京热点景区提及量排名

如图25所示,国内游客眼中的北京热点景区前5名分别是:故宫、长城、颐和园、天坛和鸟巢;清华、北大、恭王府、王府井等排名靠后;北海、香山、雍和宫、后海、什刹海、景山和欢乐谷等景区的排名与传统景区形成强烈的对比。从图中的排名可以看出,北京的热点景区排名靠前的仍然是传统经典的景点,如故宫、长城、颐和园等。由于历史缘故,这些传统景点在广大旅游者心中已经成为最经典的"北京形象"。相反,在这些经典景点的竞争对比下,一些小景区如雍和宫、景山、南锣鼓巷等虽占有良好的旅游资源,却无法脱颖而出。

旅游六大要素中,餐饮是保证游客旅游行程能够持续进行的基础性支撑要素,游客途中或在旅游目的地的饮食状况直接影响其对该次旅游行程满意度的评价。饮食所具有的强烈的地域性、民族性、民俗性等人文特性,又使它成为旅游的重要吸引物,并在旅游营销中扮演重要角色。在这一维度中,微博文章数共计1254篇,其中,语义情感为中性的文章有768篇,占总数的61.3%;语义情感为正向的文章有444篇,占总数的35.4%;语义情感为负向的文章有42篇,占总数的3.3%(如表4所示)。可以看出,游客对北京的餐饮美食大部分持中性态度,1/3的游客持积极态度,只有极少数游客对北京的餐饮美食表现出反感的情绪。说明大多数游客来北京,并没有感受到富有北京特色的餐饮美食文化。

表4　餐饮美食特征分类

特征分类	文章数（篇）	比例（%）
中性	768	61.3
正向	444	35.4
负向	42	3.3
共计	1254	100.0

　　旅游购物本身就是旅游资源,提供丰富的旅游购物资源,满足游客的购物体验需求,已成为某些旅游目的地最具吸引力的内容之一。旅游商品是旅游购物资源的核心,也是吸引旅游购物的根源。一个城市旅游购物商品质量的好坏,很大程度上影响了游客对该地的满意度。关于"购物商品"文章数共计29 036篇,其中,语义情感为中性的文章有11 123篇,占总数的38.3%;语义情感为正向的文章有17 865篇,占总数的61.5%;语义情感为负向的文章有48篇,占总数的0.2%(如表5所示)。从数据显示上来看,一半以上的游客对北京旅游的"购物商品"持正向积极的态度,1/3以上的游客表示出中性态度,只有极少数人对北京旅游购物商品表现出不满情绪。

表5　购物商品特征分类

特征分类	文章数（篇）	比例（%）
中性	11 123	38.3
正向	17 865	61.5
负向	48	0.2
共计	29 036	100.0

　　国内游客在北京游览观光一项中对北京旅游资源、旅游形象的评价多为正面,网络发表文章数共计30 643篇,其中,语义情感为中性的文章有3211篇,占总数的10.5%;语义情感为正向的文章有27 283篇,占总数的89%;语义情感为负向的文章有149篇,占总数的0.5%(如表6所示)。北京是一座享誉世界的历史文化名城,有着3000多年建城、800多年建都的悠久历史,保存了极为丰富的文化遗产,现有文物3550处。其中,市级文物保护单位234处,

全国重点文物保护单位60处。长城、故宫、周口店北京猿人遗址、颐和园、天坛、明十三陵已被联合国教科文组织列入《世界遗产名录》。这是北京独具特色和魅力的瑰宝,是北京作为世界历史文化名城的精华所在。对北京市的旅游观光资源保持正向积极的态度的微博文章占比高达89%,这充分说明北京的游览观光资源具有得天独厚的优势。

表6 游览观光特征分类

特征分类	文章数(篇)	比例(%)
中性	3211	10.5
正向	27 283	89.0
负向	149	0.5
共计	30 643	100.0

要加快北京旅游业的发展,发挥最大旅游效益效能,提高其国际竞争力,就必须高度重视旅游文化建设。通过互联网对游客发布的微博内容中有关"旅游文化"的部分进行实时监控发现,有关"旅游文化"文章数共计1802篇,其中,语义情感为中性的文章有1243篇,占总数的69%;语义情感为正向的文章有495篇,占总数的27.5%;语义情感为负向的文章有64篇,占总数的3.5%。69%的微博文章显示出对于北京"旅游文化"的中性态度,27.5%显示出正向特征,表明大部分人对北京文化旅游满意形成清晰的理解度和认知。北京旅游的文化挖掘尚不到位,还有开发深挖的余地。

表7 旅游文化特征分类

特征分类	文章数(篇)	比例(%)
中性	1243	69.0
正向	495	27.5
负向	64	3.5
共计	1802	100.0

而国内游客在北京旅游对于价格的感知多偏中性态度,文章数共计1912篇,其中,语义情感为中性的文章有1467篇,占总数的76.7%;语义情感为正

向的文章有420篇,占总数的22%;语义情感为负向的文章有25篇,占总数的1.3%(如表8所示)。76.7%旅游微博内容显示对北京市的旅游价格的中性态度,22%的显示出正向特征,说明大部分游客可以接受北京的旅游消费水平和物价水平。

表8 旅游价格特征分类

特征分类	文章数(篇)	比例(%)
中性	1467	76.7
正向	420	22.0
负向	25	1.3
共计	1912	100.0

在"旅游交通"这一维度中,文章数共计1589篇,其中,语义情感为中性的文章有1202篇,占总数的75.6%;语义情感为正向的文章有325篇,占总数的20.5%;语义情感为负向的文章有62篇,占总数的3.9%(如表9所示)。75.6%的微博文章显示出对北京"旅游交通"的中性态度,而只有20.5%的文章显示出了正向态度。这说明北京的旅游交通硬件设施尚未完善,交通网络建设仍需改进。

表9 旅游交通特征分类

特征分类	文章数(篇)	比例(%)
中性	1202	75.6
正向	325	20.5
负向	62	3.9
共计	1589	100.0

有关"酒店住宿"的文章数共计3372篇,其中,语义情感为中性的文章有430篇,占总数的12.8%;语义情感为正向的文章有2892篇,占总数的85.7%;语义情感为负向的文章有50篇,占总数的1.5%(如表10所示)。从数据可以看出,85.7%的微博内容显示出游客对北京酒店住宿的积极正向态度,说明北京的酒店住宿业设施较为齐全,服务周到,获得了游客的高满意度。

表10　酒店住宿特征分类

特征分类	文章数(篇)	比例(%)
中性	430	12.8
正向	2892	85.7
负向	50	1.5
共计	3372	100.0

"康体娱乐"相关文章数共计813篇,其中,语义情感为中性的文章有455篇,占总数的56%;语义情感为正向的文章有325篇,占总数的40%;语义情感为负向的文章有33篇,占总数的4%(如表11所示)。40%的微博内容显示出游客对北京康体娱乐业的积极正向态度,表明北京的康体娱乐业设施较为齐全,服务周到,获得了游客的高满意度。

表11　康体娱乐特征分类

特征分类	文章数(篇)	比例(%)
中性	455	56
正向	325	40
负向	33	4
共计	813	100

在"智慧旅游"维度中,微博文章数共计1306篇,其中,语义情感为中性的文章有820篇,占总数的62.8%;语义情感为正向的文章有416篇,占总数的31.9%;语义情感为负向的文章有70篇,占总数的5.3%(如表12所示)。一半以上的微博用户对北京的智慧旅游表达了中性的看法,31.9%的用户表达了正向的态度,说明北京智慧旅游建设相对完善,但仍需提升。

表12　智慧旅游特征分类

特征分类	文章数(篇)	比例(%)
中性	820	62.8
正向	416	31.9
负向	70	5.3
共计	1306	100.0

三、"十三五"发展方向

"十三五"时期，北京发展面临的形势如下。从国际环境看，世界多极化、经济全球化、文明多样化、社会信息化深入发展，新一轮科技革命和产业革命蓄势待发，我国发展具有相对稳定的外部环境。北京旅游业已经进入国际化发展新阶段，面临的竞争不仅仅是国内旅游的激烈竞争，吸引入境旅游、提升国际竞争力也已经成为一个紧迫的重大课题。

为此，迫切需要深入研究解决几个问题：①制定实施旅游国际竞争力提升计划，制定实施入境旅游提升计划，提出系统优化提升我国旅游国际竞争力的具体举措，研究制定出境旅游带动入境旅游发展的联动机制，在开发适合国际旅游的新产品、入境旅游便利化等方面下功夫。②大力推进北京旅游外交战略，规划用好几大世界级旅游发展平台，抓住 2016 年举办世界旅游组织成员国大会、2017 年举办 WTTC 大会等重大平台，全方位提升我国旅游世界影响力和国际化发展水平，制定方案纳入十三五旅游规划。③抓住举办世界冬奥会机遇，在"十三五"规划中，研究编制我国冬季旅游发展规划，借此契机全面推动北京冬季旅游加快发展。④围绕"全域旅游"战略开展国际旅游合作。以"旅游+"融合各行各业，构建一个全新的旅游发展生态圈，放大北京原有的核心竞争力，从而形成北京旅游新的竞争力。⑤大力推进北京市"智慧旅游"工作，完善北京市智慧景区的评分细则，学习国外智慧景区和智慧旅游的经验教训。充分利用信息化、物联网等技术手段，推动现代信息技术在旅游产业的应用，不断提高旅游公共服务的水平和效率。⑥支持旅游企业"走出去"，积极协调旅游企业"走出去"充分享受国家相关扶持政策，努力为我国旅游企业创造机遇、改善国际环境。

综合北京旅游市场发展状况、国内外游客关注度以及国内游客舆情情况，北京的周边游、自驾游潜力巨大，而北京各区域仍需要加强打造各区域自身特色，形成特有吸引力，产生顾客黏性。国际游客偏向于关注北京的历史文化景区和北京美食，由于历史缘故，富有文化特色的北京传统景点在广大旅游者心中已经成为能够深入代表北京的经典的"北京形象"。而微博舆情结果显示国内游客对北京的文化和餐饮美食大部分持中性态度，即并未感受到富有北京特色的餐饮美食和文化。北京旅游的文化和餐饮挖掘尚不到位，还有开发深挖的余地。再者，北京交通拥堵，交通基础硬件设施建设也是亟待解决的问题。

因此，系统化提升北京旅游竞争力，必须充分挖掘北京特色，从游客感知痛点出发,解决游客深刻关注的问题,同时保持游客满意度高的方面,综合改善北京旅游整体环境,如此才能实现北京旅游产业化水平新突破,提升国际竞争力。培育大众化旅游消费新热点。围绕全国重点旅游区域、重点旅游线路、重点旅游城市、重点旅游景区,规划建设一批自驾车、房车营地,推动完善自驾车、房车旅游服务体系;深入挖掘北京特色文化和餐饮,提高游客满意度;大力推进"旅游+"战略,拓宽旅游发展空间,制定旅游质量提升计划,实施《旅游质量发展纲要》,把提升长远旅游质量和解决当前旅游质量突出问题相结合。实施旅游精品提升计划,形成特色鲜明、质量上乘、服务周到、生命周期长、文化要素含量高、竞争力强、知名度高、美誉度高、市场占有率高的旅游产品。抓住"十三五"这个旅游业快速发展的黄金机遇期,创新方法、突破重点,加速北京旅游业转型升级,攻坚克难、突破瓶颈。

北京旅游发展:"十二五"回顾与"十三五"前瞻

吕宁 王金伟 吴新芳 韩禹文[①]

一、前言

随着经济的快速发展和人民生活水平的提高,旅游日益成为大众化的消费与生活方式,旅游业因其对国民经济社会发展的突出贡献而日益成为世界各国经济发展的战略性支柱产业。据世界经济论坛最新发布的《2015年旅游业竞争力报告》显示,2011年至2015年,相比全球经济2.3%的年增速,旅游业每年以3.4%的速度增长,旅游业产值占全球国内生产总值比例达1/10,成为全球经济发展的一大动力[1]。

旅游业对我国经济与社会发展同样具有重要的战略意义。我国正处于经济转型的关键时期,其中,旅游业日益成为经济发展新常态下的增长点,发挥着"扩内需、稳增长、增就业、减贫困、惠民生"的作用[2]。作为我国重要的经济、政治、文化中心,首都着眼建设特色世界城市,实施"人文北京、科技北京、绿色北京"战略的五年规划,并在经济发展中取得重大的成就[3]。"十二五"时期北京地区生产总值年均增长7.5%,经济发展质量持续提升,并在改革发展中强化城市功能、完善生态环境建设、增强城市治理能力、改善社会民生,综合经济实力、科技创新能力、国际影响力进一步提高[4]。"十二五"时期旅游业的发展依托于经济增长,不仅体现在旅游相关产业的有力支撑、旅游新业态的创新驱动,也体现在城市旅游形象的提升、旅游生态环境的改善、城

[①] 吕宁,博士,副教授,北京第二外国语学院旅游管理系主任,研究方向为旅游宏观经济研究与产业规划、休闲城市学、休闲经济学。
　　王金伟,博士,北京第二外国语学院旅游管理学院讲师,研究方向为世界遗产、黑色旅游、景区管理。
　　吴新芳、韩禹文,北京第二外国语学院硕士研究生。

市基础设施与服务设施的完善等。"十二五"时期的发展成果为"十三五"时期实现更高质量、更有效率、更加公平、更加可持续的发展奠定坚实基础。

"十三五"时期是全面建成小康社会的决胜阶段,也是落实首都"四个中心"定位、加快建设国际一流和谐宜居之都的关键时期[5]。因此,北京"十三五"规划对首都发展提出了更高的要求,对旅游业发展提出深化改革的战略目标。2016年是北京市"十三五"规划的开局之年,北京市采取系列举措促进旅游业的转型升级,旅游收入与接待人次保持着稳定增长,并积极发展全域旅游,以旅游厕所革命为切入点完善旅游公共服务,以供给侧改革为着力点丰富旅游市场产品,满足大众旅游时代更加多元化的市场需求。北京"十三五"旅游规划描绘了一幅蓝图,未来北京将建设成为国际一流和谐宜居之都,旅游业将通过深化改革实现产业转型升级,成为"人民更加满意的现代服务业"。

二、北京市"十二五"期间旅游发展回顾

(一)旅游经济情况分析

"十二五"期间,在入境旅游市场持续低迷的情况下,北京市国内旅游市场保持稳定向好的态势。国内旅游接待量与旅游收入同比增长。国内旅游人数从2011年20 884万人次增长至2015年26 859万人次,年均增长率为6.49%(如图1所示)。旅游收入则由2863亿元增长至4320亿元,年均增长率达10.82%[6](如图2所示)。

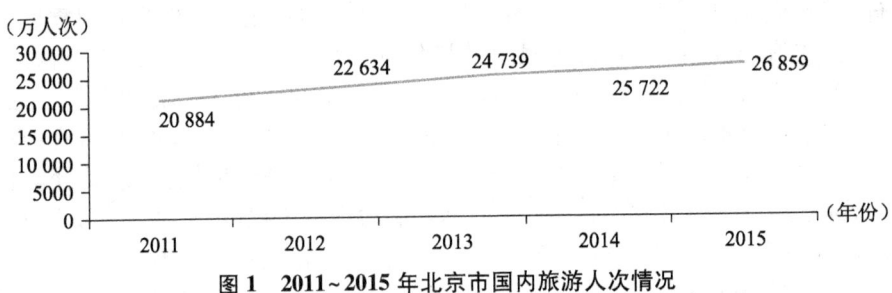

图1 2011~2015年北京市国内旅游人次情况

资料来源:《北京统计年鉴》。

2015年旅游餐饮和购物消费额达到2318.2亿元,同比增长8.2%,占北京市社会消费品零售额的22.4%,旅游餐饮和购物成为北京市旅游收入的重要组成部分。旅游特征产业完成固定资产投资额712.3亿元,同比增长15.8%,占全社会固定资产投资的8.9%,提高0.8个百分点。旅游业增加值达到1720

亿元,占北京市 GDP 的 7.5%[7]。旅游业对经济产值产生拉动作用。

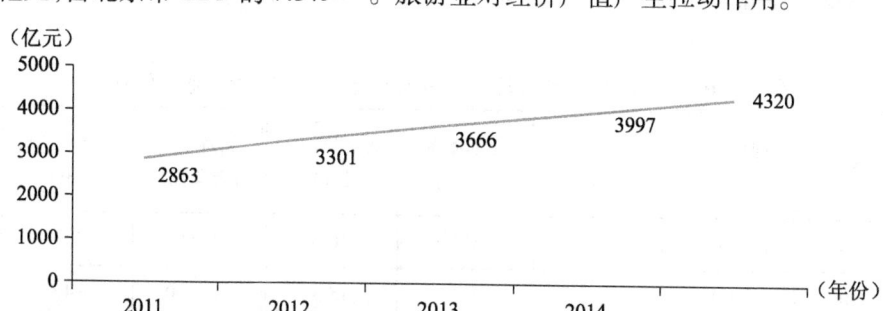

图 2 2011~2015 年北京市国内旅游收入情况

资料来源:《北京统计年鉴》。

1.国内旅游人数减缓增长,入境旅游人数降幅收窄

"十二五"期间,北京接待国内旅游人数逐年上涨,但增速逐年放缓。其中,外省市来京旅游人数从 2011 年的 12 818 万人次增长至 2015 年 16 253 万人次,年均增长率为 6.12%,每年增速有所波动。而入境旅游人数持续下降,呈现负增长,但降幅整体趋势逐渐缩小(如表 1 所示)。

表 1 2011~2015 年北京市国内、来京、入境旅游人数情况

年份	国内旅游 (万人次)	比上年增长 (%)	来京旅游 (万人次)	比上年增长 (%)	入境旅游 (万人次)	比上年增长 (%)
2011	20 884	16.7	12 818	8.8	520.4	6.2
2012	22 634	8.4	13 620	6.3	500.9	-3.7
2013	24 739	9.3	14 755	8.3	450.1	-10.1
2014	25 722	4.0	15 616	5.8	427.5	-5.0
2015	26 859	4.4	16 253	4.1	420.0	-1.8

资料来源:《北京统计年鉴(2015)》。

2.国内旅游收入持续增长,旅游外汇小幅下降

"十二五"期间,北京国内旅游收入持续增长,每年增速虽有所放缓但保持在 8.0% 以上,年平均增速达到 10.8%,旅游收入增长强劲;其中,来京旅游收入占据国内旅游收入较大比重,增长趋势与国内旅游相似;而入境旅游市

场的低迷也带来了旅游外汇逐年缩水,但降幅整体有所缩小(如表 2 所示)[8]。

表2 2011~2015年北京市国内、来京旅游收入及旅游外汇收入情况

年份	国内旅游 (亿元)	比上年增长 (%)	来京旅游 (亿元)	比上年增长 (%)	旅游外汇 (万美元)	比上年增长 (%)
2011	2864	18.1	2618.9	16.9	541 600	7.4
2012	3301	15.3	3019.7	15.3	514 900	-4.9
2013	3666	11.1	3332.3	10.4	479 468	-6.9
2014	3997	9.0	3628.9	8.9	460 770	-3.9
2015	4320	8.1	3933.0	8.4	460 000	-0.2

资料来源:《北京统计年鉴(2011~2015)》。

3.国内旅游者消费以"食住购"为主,入境旅游者则以"行购"为主

从国内来京游客花费构成来看,2014 年来京旅游者购物所占比重最大,为 28.2%,其次为餐饮 22.1%,住宿 20.2%[8]。而在"十二五"时期,来京旅游者在"食、住、行、游、购、娱"各旅游要素上的花费总体变化较小,住宿、餐饮、购物是最主要的花费,餐饮消费小幅上升,购物消费小幅下降(如表3所示)。而 2014 年入境旅游者花费主要为长途交通费 27% 以及购物 27%(如图3所示)[8]。

表3 2010~2014年北京市国内(来京)游客花费构成比重情况

年份	长途 交通费 (%)	市内 交通费 (%)	住宿 (%)	餐饮 (%)	购物 (%)	邮电通信 (%)	景区游览 (%)	文化娱乐 (%)	其他(%)
2010	12.8	5.0	19.6	20.2	34.5	0.5	6.2	1.0	0.2
2011	13.5	4.5	20.0	20.9	34.3	0.3	5.7	0.8	0.1
2012	15.5	4.0	19.8	21.4	32.1	0.2	6.1	0.7	0.1
2013	17.0	3.8	19.5	21.4	30.9	0.2	6.5	0.5	0.1
2014	17.6	3.8	20.2	22.1	28.2	0.3	6.5	0.6	0.7

资料来源:《北京统计年鉴(2011~2015)》。

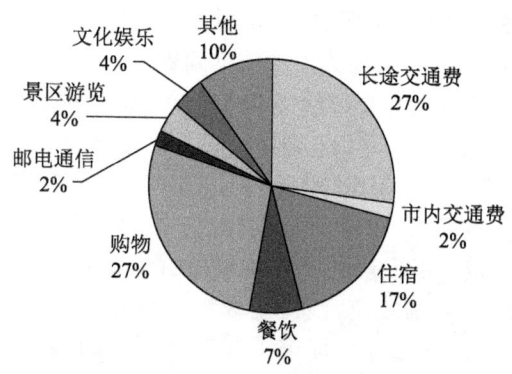

图3 2014年入境旅游者花费构成

资料来源:《北京统计年鉴(2015)》。

4.国内旅游客源市场辐射范围较广

从北京国内旅游客源地区结构来看,2015年河北省占国内来京旅游人数达15.9%,其次为山东、河南、山西、天津、广东、辽宁、江苏、黑龙江、内蒙古等地(如图4所示)[8]。可以看出,北京客源市场以周边市场为主,随着交通条件的改善,市场经济距离缩短,北京旅游市场辐射范围扩大。

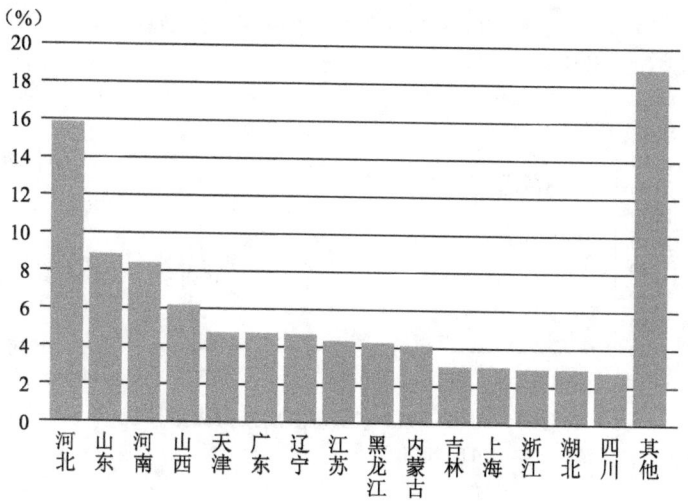

图4 2015年北京国内旅游客源地区结构

资料来源:《北京统计年鉴(2015)》。

（二）旅游主要行业经营情况分析

1.星级饭店营业收入、接待人次有所下降

截至 2015 年，北京市共有星级饭店 554 家，其中五星级酒店 64 家，四星级 130 家，三星级 203 家，二星级 147 家，一星级 10 家。星级饭店平均出租率达 60.6%，平均房价达 520.2 元/间天[7]。"十二五"期间营业收入呈现出先增长后下降的变化特征，2012 年为发展拐点（如图 5 所示）；而接待人数逐年下降，在 2012 年锐减（如图 6 所示）。主要是由于 2012 年"八项规定"政策的出台对公款消费形成抑制效应，使得星级饭店营业收入锐减，尤其是对高星级酒店的影响较大；另一方面也促进了非星级饭店的接待量与经营收入，随着旅游市场需求日益个性化、多元化，非星级酒店也得到进一步的发展。

图 5　2010~2014 年星级酒店营业收入情况

资料来源：《北京统计年鉴（2011~2015）》。

图 6　2010~2014 年星级酒店接待人数情况

资料来源：《北京统计年鉴（2011~2015）》。

2.旅行社数量逐年增加，旅游市场散客化比重大

截至 2015 年底，北京市拥有 1837 家登记注册的旅行社，其中，有 589 家特许经营出境游业务的旅行社[7]，旅行社数量逐年增加，旅行社接待外联（组团）国内旅游总人数有所波动，而入境旅游人数整体呈下降趋势。2015 年旅

行社接待外联(组团)国内旅游总人数达到515万人次,同比增长12.6%,占国内旅游总人数的1.9%;而接待外联入境旅游人数达140.5万人次,同比减少17.7%,占入境旅游总人数的33.45%(如表4所示)。可以看出,随着大众旅游时代的到来,散客游、自助游的个性化旅游方式日益普遍,北京旅游市场的散客化比重较大。

表4 2011~2015年北京市旅行社接待情况

年份	旅行社数量(家)	外联(组团)国内旅游总人数(万人次)	同比增长(%)	入境旅游总人数(万人次)	同比增长(%)
2011	919	446.4	20.1	147.5	-11.4
2012	1021	473.6	6.1	210.9	43.0
2013	1147	470.8	-0.6	190.6	-9.6
2014	1243	457.2	-2.9	170.7	-10.4
2015	1837	515.0	12.6	140.5	-17.7

资料来源:《北京统计年鉴(2011~2015)》。

3.旅游景区持续增长,乡村旅游市场旺盛

"十二五"期间北京市A级以上景区逐年增加,截至2015年底,北京市拥有227个A级以上的旅游景区(点),其中5A级8个、4A级72个、3A级95个、2A级44个、1A级8个[7]。接待人数逐年增加,2015年旅游景区(点)共接待2.94亿人次,同比增长2.5%;接待收入逐年增加,2015年实现旅游收入72.9亿元,同比增长10.9%(如表5所示),其中门票收入占63.4%,仍存在对门票经济的依赖性。

表5 2011~2015年北京市A级以上旅游景区发展情况

年份	旅游景区数量	接待人数(万人次)	同比增长(%)	接待收入(万元)	同比增长(%)
2011	206	24 255	14.2	552 330	15.4
2012	217	24 276	0.1	586 395	6.2
2013	215	26 726	10.1	621 561	6.0
2014	221	28 685	7.3	656 909	5.7
2015	227	29 405	2.5	728 568	10.9

资料来源:《北京统计年鉴(2011~2015)》。

北京乡村旅游已成长为年产值超过 40 亿元、拥有近 10 万从业者、1.2 万多个民俗旅游接待户、100 多个市级民俗旅游村、1000 多个休闲农业园区、年接待超过 4000 万人次的都市型现代农业支柱产业,并呈现出良好的发展态势(任荣,2015)。表 6 为 2011~2014 年北京市乡村旅游发展状况。从表 6 可知,近年来北京乡村民俗旅游实际接待户数量有增有减,但整体变化幅度平稳;乡村民俗旅游总收入逐年增加,户均收入也有较大幅度的提升。同时,北京市政府和社会也加大资金投入,加强对基础设施和公共服务设施的建设,改善了村庄的旅游接待能力,为乡村生态旅游的发展提供了重要保证。当前北京乡村旅游正由快速成长期向成熟优化期转变,呈现以下几个特点:①产业投资正从资源、资本投入向资本、创意投入转变;②产业市场正从卖方市场向买方市场转变;③产业投资主体正从农民单一投资主体向农民、集体、社会多元投资主体转变;④产业形态正由农家乐单一形态向乡村酒店、国际驿站等多种形态转变(任荣,2015)。总之,当前北京乡村旅游发展势头迅猛,发展乡村旅游成为北京城乡统筹、农民致富增收的重要途径。

表 6 2011~2014 年北京市乡村旅游发展概况

年份	乡村旅游		民俗旅游			农业观光园	
	接待人数（万人次）	收入（亿元）	实际经营户（户）	总收入（亿元）	户均收入（万元）	数量（个）	总收入（亿元）
2011	3511.8	30.4	8396	8.7	10.36	1300	21.7
2012	3635.7	35.9	8367	9.1	10.88	1283	26.9
2013	3750.9	37.6	8530	10.2	11.96	1299	27.4
2014	3825.4	36.2	8863	11.3	12.75	1301	24.9

资料来源:2011~2014 年北京市国民经济和社会发展统计公报。

农业观光、民俗旅游是北京市重要的旅游业态。"十二五"期间,农业观光园基本保持稳定,接待人次、接待收入先增长,至 2013 年高峰后开始下降;而民俗旅游的接待户数、接待人次、接待收入都有所增加(如表 7 所示)。截至 2015 年,北京市观光民俗旅游全年接待游客 4043 万人次,比上年增长 5.7%;实现营业收入 39.2 亿元,同比增长 8.3%,逐渐走出上年经营低谷,有所好转。

表7 2010~2014年北京市农业观光园与民俗旅游发展情况

年份	观光园数量（个）	观光园接待量（万人次）	同比增长（%）	观光园经营收入（亿元）	同比增长（%）	民俗旅游接待户数（户）	民俗旅游接待量（万人次）	同比增长（%）	民俗旅游经营收入（亿元）	同比增长（%）
2010	1302	1775	11.1	17.80	16.8	7979	1554	11.6	7.35	20.7
2011	1300	1843	3.8	21.72	22.0	8396	1669	7.4	8.68	18.1
2012	1283	1940	5.3	26.88	23.8	8367	1696	1.6	9.05	4.3
2013	1299	1944	0.2	27.36	1.8	8530	1807	6.5	10.20	12.7
2014	1301	1911	-1.7	24.92	-8.9	8863	1914	5.9	11.25	10.3

资料来源：《北京统计年鉴（2011~2015）》。

三、北京市"十三五"期间旅游发展重点解析

回顾"十二五"时期，北京作为首善之区，旅游业发展取得了一定的成就，但离建设"国际一流的和谐宜居之都"仍具有发展空间，在旅游市场结构、旅游业态提档升级、旅游可持续发展等方面仍存在问题[9]。据此，北京"十三五"旅游发展规划提出了旅游业改革发展的方向与重点。

（一）旅游管理体制协调发展

顶层设计、管理体制对旅游发展至关重要，影响着旅游市场的宏观管控。一方面，需加强旅游规划引领。科学合理制定旅游规划，具备前瞻性，推进"多规合一"。北京"十三五"规划中强调在"多规合一"的要求下统筹实施，完善跨区域规划联动[4]。另一方面，要深化旅游管理体制改革。通过管理部门自身改革、创新体制机制、加大市场化改革、推动政策创新等实现旅游宏观管理的效益。

（二）完善旅游产品供给体系

在大众旅游、全民休闲的趋势下，旅游产品需实现从单一同质化向多元差异化转变，由观光游向休闲度假旅游共同发展转变。北京"十三五"期间，一方面，需积极开发休闲度假产品，促进旅游产品的提档升级。北京"十三五"规划突出旅游休闲的特征，提出打造功能性特色旅游城镇，与"美丽乡村"建设相协调。培育旅游新业态的发展，充分发挥"旅游+"功能。培育国际驿

站、休闲农庄、采摘篱园、民俗风苑、乡村酒店、养生山吧、生态渔村、山水人家、葡萄酒庄、汽车露营等旅游新业态。另一方面,充分挖掘旅游消费市场,实现供需匹配。北京旅游市场广阔,但入境旅游市场持续低迷,应大力开拓入境游市场;同时,优化旅游消费结构,北京旅游市场消费以交通、住宿、餐饮、购物为主,休闲娱乐消费比重较小,需提供更加多元化休闲度假旅游产品,刺激旅游市场消费。

(三) 推进京津冀旅游一体化

旅游一体化意味着在旅游领域形成分工体系[10],京津冀一体化要求实现三地旅游的组织、市场、管理和协调一体化,搭建互联互通的旅游市场、交通、信息、服务和监管平台,以《京津冀协同发展规划纲要》为指导推进京津冀旅游协同发展。北京"十三五"规划提出推动京津冀公共服务一体化,发挥北京优质资源辐射带动作用,在公共交通、协同创新与产业协作、文化交流合作、人力资源流动等方面采取举措[4],为京津冀旅游一体化发展奠定经济、文化基础;在旅游领域,加强三地交通网络建设,整合旅游资源,促进旅游产品创新,形成旅游资源互补;推动京津冀旅游产业协同发展,探索旅游业共同经营体系;形成以首都为中心的京津冀国际旅游目的地,实现旅游管理的互通合作[11]。

(四) 促进旅游可持续化发展

旅游可持续发展要求遵循"绿色发展"理念,北京"十三五"规划从加强治理优化旅游环境与转变旅游发展方式入手。一方面,北京"大城市病"较为突出,对城市与生态环境造成压力,进而影响旅游资源的保护、旅游形象的传播。北京"十三五"规划提出,有序疏解非首都功能,加强人口调控,同时通过环境污染治理、建设生态文明、治理交通拥堵等措施提高城市治理水平,为旅游发展营造良好的环境。另一方面,需转变旅游发展方式,向更加集约、更加生态环保的发展模式转变,通过技术创新、突出文化内涵等方式提升旅游发展竞争力。

四、"十三五"开局之年(2016年)的北京旅游业

(一) 游客接待量与旅游收入

1. 入境游客情况

据统计,截止到2016年8月,北京市累计接待入境游客270.3万人次,比上年同期下降1.0%。其中,接待外国游客229.5万人次,下降0.9%;接待港澳

台游客 40.8 万人次,下降 1.4%。从主要客源国情况看,1~8 月,累计接待美国游客 47.5 万人次,增长 2.4%;接待韩国游客 25.8 万人次,下降 4.3%;接待日本游客 16.0 万人次,下降 5.5%。从洲际客源市场情况看,1~8 月,累计接待亚洲游客(不含港澳台)81.1 万人次,下降 6.2%;接待欧洲游客 68.3 万人次,下降 0.2%;接待美洲游客 63.0 万人次,增长 3.7%;接待大洋洲游客 10.8 万人次,增长 12.1%;接待非洲游客 5.9 万人次,增长 3.9%(如表8、表9所示)。

表8 2016年(1~8月)入境旅游者情况

区 域	游客数(人次)	同比增长(%)
亚洲(含港澳台地区)	1 219 590	-4.6
欧 洲	683 443	-0.2
美 洲	629 600	3.7
大洋洲	108 227	12.1
非 洲	58 612	3.9
其 他	3503	-29.8

注:入境旅游者人数包括星级饭店、非星级饭店及非住宿设施接待入境住宿者人数。
资料来源:北京统计信息网(http://www.bjstats.gov.cn/tjsj/)"月季度数据-旅游-2016"。

表9 2016年(1~8月)入境旅游者情况

国/地区	游客数(人次)	同比增长(%)
港澳台同胞	408 421	-1.4
外国人	2 294 554	-0.9
日 本	160 328	-5.5
韩 国	258 341	-4.3
马来西亚	44 177	-2.5
新加坡	71 430	5.7
英 国	118 154	11.8
法 国	87 292	-11.3
德 国	137 939	-1.1

续表

国/地区	游客数(人次)	同比增长(%)
俄罗斯	58 443	-8.4
美 国	475 207	2.4
加拿大	95 570	14.1
澳大利亚	88 554	9.5
其他国家	699 119	-3.7

注:入境旅游者人数包括星级饭店、非星级饭店及非住宿设施接待入境住宿者人数。
资料来源:北京统计信息网(http://www.bjstats.gov.cn/tjsj/)"月季度数据-旅游-2016"。

2. 国内游客情况

2016年,北京旅游人次总体上呈增长趋势,在各节假日旅游人次总量对比上,国庆节和春节因假期为7天,游客旅游时间较为充足,因此游客量大;清明节、劳动节、端午节的假期时间相同,游客总量相差不大,中秋节虽同有三天假期,但受国庆节影响较大,因此游客总量远低于同样有三天假期的其他节日(如表10所示)。

表10 2016年主要节假日旅游人次统计

节假日	旅游人次总计(万人次)	比去年同期增长(%)
元 旦	240.0	4.5
春 节	918.6	1.9
清明节	490.0	6.0
劳动节	526.49	-3.55
端午节	410.0	2.5
中秋节	387.0	—*
国庆节	1119.5	-2.8

注:*表示数据缺失,因2015年无调休,未形成小长假。
资料来源:根据北京市旅游发展委员会网站(http://www.bjta.gov.cn)相关报道整理而成。

3. 旅游收入情况

2016年,北京主要节假日的旅游收入总体呈增长趋势,其中春节和国庆节的旅游收入高,但增长率较低。值得一提的是,北京郊区的乡村民俗旅游凭借怡人的景色和独特的风俗,接待游客量持续增长,旅游收入不断增加(如表11所示)。

表11　2016年主要节假日旅游收入概览

节假日	旅游收入(万元)	同比增长(%)	乡村民俗旅游收入(万元)
元　旦	2360	39.0	2584
春　节	4 920 000	2.9	8504
清明节	—	—	6760
劳动节	—	—	20 161.31
端午节	—	—	17 200
中秋节	760 000	—	—
国庆节	8 400 000	1.1	44 000

资料来源:根据北京旅游发展委员会新闻要览及相关旅游新闻整理。

截止到2016年8月,北京各旅游区(点)收入合计528 837.2万元,同比增长6.1%;旅游收入主要来源于门票收入,达338 305.9万元,同比增长3.4%,占总收入的64%;商品销售收入达18 462.1万元,同比增长22.3%,占总收入的3%;其他收入达172 069.2万元,占总收入的33%,同比增长10.3[12]。由此可见旅游景区创收目前还是严重依赖门票,商品销售收入占比例最小,但增长速度非常快。

(二)旅游行业建设与管理

1.旅游项目开发建设情况

(1)加强周边省市的旅游交流合作

旅游是个合作共赢的产业,加强北京与周边省市的合作是北京旅游业发展的必然要求。未来北京将进一步加强与各省市的旅游交流合作,积极推动"9+10"区域旅游合作机制,更好地发挥旅游合作相关组织的作用,有计划有重点地做好旅游对口支援协作工作,进一步推动和促进北京与合作省市旅游活动的顺利开展。

多年以来,内蒙古赤峰市作为北京市对口支援旅游城市,双方在旅游产业等领域互动互助,在旅游活动、旅游展会、旅游宣传等方面实现互利共赢。2016年,为进一步推进北京市和吴忠市两地的旅游合作交流,两地签署了《北京市旅游发展委员会与吴忠市人民政府旅游合作框架协议》,该协议的签署将使双方在旅游资源互补、旅游产品开发、旅游市场营销、旅游人才培养等方面展开密切合作。

(2) 大力推进旅游电子行程单系统运行

当前,电子行程单系统正处于推进、磨合阶段,运用电子行程单系统对旅游业务进行跨行业、跨部门、跨区域监管,是一项涉及旅游、交通、公安、旅行社、景区等多个部门和单位的工作,因此,该系统运行既需要建立协作监管机制,又需要提高科技含量,真正实现信息共享。

2016年,北京把电子行程单系统的推广应用作为旅游服务质量提升年的重要内容。"十三五"期间,北京将全面开展推行电子行程单系统,具体措施就是以八达岭沿线景区为重点线路,以天安门、故宫、颐和园、天坛等景区为基点,将建立电子行程单推进日常联络和协调工作机制,逐步扩大试点范围,真正对游客实现信息共享和票务一体化。

(3) 携手京津冀,实现区域旅游协同发展

2014年,党中央、国务院就做出了推动京津冀协同发展的战略部署,京津冀三地的旅游部门也于同年4月2日在北京召开了"京津冀旅游协同发展第一次工作会议"。此后的两年多,三地相关部门围绕旅游资源的开发、宣传,展开了全方位、多层次的联动。

自2015年下半年起,北京就开始面向境外旅客实施购物离境退税政策。2016年,北京继续提升退税服务水平,并实现了京津冀离境退税互联互通。离境退税政策推进了北京向国际旅游购物服务环境标准看齐,全面提升了北京对各类型游客的吸引力。在2016年夏季,京津冀三地的红色旅游景区联手多家房车俱乐部,开启了一场为期7天的巡游旅程,车队途经京津冀10多个红色景区,沿途开展红色旅游宣传推广,致力于打造暑期出行新亮点,将红色文化与新型旅游方式紧密结合,为游客创造新鲜感。

(4) 完善城市公共服务功能,实现旅游服务与公共服务融合

完善和优化旅游公共服务,对于提高游客在京旅游满意度和北京旅游美誉度具有重要意义,同时,完善城市公共服务功能的举措也是实施旅游公共服务补短板工程和民心工程的重要部分,这一举措不仅能有力推进旅游供给侧结构性改革,更能有效提升北京旅游公共服务品质和水平。

北京西站地区是进出北京的重要门户,巨大的客流量使得北京西站成为北京形象集中展示的窗口,因此满足旅客的公共服务的需求是提升北京旅游形象的重要举措。2016年,北京西站地区旅游志愿者服务大队的正式成立,标志着北京市旅游委与北京西站管委会的战略合作正式启动。"十三五"期

间,双方将加强统筹谋划,合力提升旅游公共服务设施,为实现增强北京旅游竞争力和影响力的目标展开广泛深入的合作。

(5)开展智慧旅游工作,建设规划智慧旅游景区

智慧旅游是旅游业的发展方向,其对北京旅游的发展同样具有促进作用。"十三五"期间,北京勾勒出建立智慧旅游的发展轮廓,并将对各单位的项目重点作出重要指导,不断推动北京智慧旅游发展,树立北京旅游城市新形象。

2016年9月,北京市旅游委召开了北京智慧景区建设工作推进会,切实了解北京各旅游单位在推进智慧景区建设方面所做的工作及现状,并以故宫、颐和园为典范,鼓励引导各旅游单位在信息化平台建设和实现网上预订支付、游客流量统计预控、凭一卡(码)入园、自助导游讲解、数字博物馆(虚拟)浏览等智慧景区建设等方面展开循序渐进的工作。

2.旅游行业管理

(1)全面展开"旅游不文明行为记录"工作

"旅游不文明行为记录"是一项非常重要、又亟须解决的工作,按照国家旅游局的要求和商事改革趋势,"旅游不文明行为记录"将纳入诚信体系建设,各旅游企事业单位都有责任和义务完成好此项工作。

为规范首都良好的文明旅游秩序和营造和谐的旅游氛围,让公民树立文明旅游意识,北京于2016年率先出台了地方管理细则,即《北京市旅游不文明行为记录管理暂行办法》。细则在不文明行为记录管理方法上予以具体指导,真正做到了"旅游不文明行为"的有效管理。细则还倡议积极发挥社会舆论的力量,鼓励和支持公众、媒体向旅游主管部门举报旅游不文明行为;同时,北京市要求各有关部门和各旅游企(事)业单位增强使命感和责任感,加强信息报送的主动性和及时性,及时发现情况、及时核实游客或旅游从业者身份,并积极阻止不良行为继续产生。

(2)加大对冰雪旅游项目安全的监管力度

北京申办冬奥成功,既激发了人们参与冰雪运动的热情,又带动了全市冰雪项目旅游的发展。因此,为贯彻落实国家旅游局的要求,确保旅游安全生产形势持续稳定和冬季冰雪旅游项目能安全有序地运行,有必要加大对冰雪旅游项目的监管。

2016年1月,为解决媒体所报道的北京市部分冬季冰、雪旅游项目经营场所存在服务管理缺失、安全管理漏洞等问题,北京市旅游委会同其他相关部门深入了解北京多家冰雪旅游项目经营单位的经营现状、安全措施、存在问题,并加大了对冰雪旅游的行业监管,切实保障游客安全。

(3) 重视旅游商品孵化基地，促进全市旅游商品优化升级

当前，旅游商品孵化基地在旅游商品设计研发、设计人才培养交流、"北京礼物"运营体系建设等方面发挥的平台引领和产业聚集效应作用明显，需要政府给予资金和政策的支持。

北京市旅游委重视旅游商品孵化基地的工作，对孵化基地给予了扶持资金，以便孵化基地能更好地搭建旅游商品发展平台，同时引导内部企业创新创优，研发出更多精美时尚、特色鲜明、定位准确的旅游商品，努力创建旅游商品品牌，优化升级商品质量，不断发掘旅游者消费能力，在旅游群体中形成良好口碑。

(4) 深入推进厕所革命，创造文明如厕良好环境

自2015年国家旅游局在全国推动开展旅游厕所建设管理大行动以来，厕所革命工作得到国家的高度重视，社会各界对此反应热烈，同时也得到广大游客和群众的支持。北京市积极响应号召，正将厕所革命从传统的景点景区扩展到全市。经过一年半多的厕所革命，旅游厕所和公共厕所的数量和质量有了明显提升。

厕所建设和管理是相辅相成的，提升厕所管理水平是厕所革命的重要组成部分，而管理水平的提升重点在于让人们形成如厕文明。经过一年多的努力，如厕文明有了一定程度的提升，但仍有很多公用厕所仍然存在着一些不文明现象，这些不文明现象很大程度上影响北京的旅游业形象。为配合国家旅游局组织开展的"百城万众厕所文明宣传大行动"，北京广泛普及厕所革命知识和文明如厕理念，引导游客和群众自觉践行文明如厕，养成健康的旅游方式和生活方式，努力在全市创造文明如厕的良好氛围，将厕所革命推进新的阶段，促进全市的文明进步。2016年中，致力于推广厕所新技术应用的厕所新技术新设备培训正式开班，该培训对各旅游单位推进厕所革命起到了促进作用，有利于提高北京旅游厕所服务水平。

(5) 北京各区合力推进全市公共服务和旅游咨询工作

规范有序的旅游公共服务工作和旅游咨询工作，能为游客提供多元化、方便快捷的出行方式，提升旅游公共服务与旅游咨询工作是提升北京旅游综合实力必然要求。

自2016年起，北京进一步统一规范和全面提升全市旅游公共服务设施，并对旅游咨询服务企业的量进行规范，针对不同情况的旅游咨询服务进行分类指导和监管，保障旅游咨询服务工作能在健康有序的状态下展开。北京市旅游委高度重视全市旅游公共服务和旅游咨询工作，根据实际情况加强对两项工作的规划，与各区形成合力推进全市的公共服务和旅游咨询工作，并不

断增强两者的服务意识。

(6) 开展"清网行动",清理网络虚假旅游信息

为进一步治理网络虚假旅游信息和假冒正规旅行社网站等非法揽客行为,有效规范北京地区线上旅游企业经营秩序,完善旅游公共服务信息,全面净化和完善首都旅游网络环境,切实从源头上维护游客权益,结合2016年4月15日市旅游委下发的《旅游市场秩序专项整治方案》,市旅游委专门制定了2016年"清网行动"工作计划,强化清理网络虚假旅游信息工作,努力为游客营造一个安全的旅游环境。

北京市旅游委会同市网信办召集百度、360、搜狗三家搜索引擎公司,召开了清理网络虚假旅游信息工作协调部署会,市旅游委与这三家搜索引擎公司共同制定了切实可行的解决措施和后期完善方案,三家搜索引擎公司对此积极响应。同时,市旅游委要求全市正规旅行社提供所属网站信息以便进一步完善现有旅行社网站"白名单",方便游客进行查询核实。后期,市旅游委将继续加强与搜索引擎公司的合作,并将此项工作纳入市政府专项督查中,建立长效机制,以便持续不断地开展"清网行动"。

五、未来发展方向与要点

(一) 大力推进全域旅游建设

为了突破现有的"景点旅游"传统模式,未来北京市旅游业必须全力推进"全域旅游"模式。结合国家旅游局的相关要求,可以将未来全域旅游的重点工作总结如下:①从单纯的景点建设,发展转变为全区域协调统筹,全面实现旅游公共服务一体化;②从现有的以观光为主,到以度假休闲为主的发展模式;③实现"旅游+"模式,注重与农业、高科技产业等的融合,实现旅游产品多样化。

(二) 持续推进旅游厕所革命

为了塑造旅游业的美好形象,未来需要切实改善景区厕所硬件设施条件和服务水平,对于季节性的高峰客流,景区要适当增加流动的中性公厕,以缓解女厕使用紧张的情况;对于厕所结构性矛盾,要适当提高女厕比例,合理调整蹲坐位比例。同时,除了旅游景区内的厕所外,还要将重要旅游交通集散地、重点休闲步行区等纳入厕所整改范畴。未来北京旅游厕所的建设,须因地制宜研究扶持政策,并按照《全国旅游厕所建设管理三年行动计划》的要求进行规划管理。另外,厕所建设要和整个景区环境相匹配,选址和设计都要

有所考究,以生态环保的理念进行厕所建设。做好厕所的日常管理和维护也是厕所革命的重要任务,因此,北京要强化舆论宣传与引导,增强群众和游客参与厕所革命的积极性和创造性,形成全社会关注推动厕所革命的氛围[13]。

(三)着力促进旅游供给侧改革

当前,我国居民消费步入快速转型升级的重要阶段,旅游业迎来了快速发展的黄金时期;同时,旅游业也处于矛盾凸显期,最突出的矛盾就是旅游产品供给跟不上消费升级的需求,旅游管理和服务水平跟不上整个行业快速发展的形势[14]。因此,推进结构侧改革势在必行,将成为"十三五"期间我国旅游发展的主要课题。对于旅游业发展较为成熟的北京,今后的发展方向就是把现阶段的旅游产品做得更全面、更精细,满足不同消费层次游客的需求,未来新兴旅游产品的开发要在景区所拥有的资源基础上,根据游客的需要去做深开发,同时还要积极利用互联网,打造互联网智慧旅游。

(四)大力发展乡村旅游

从多年来的发展情况来看,乡村旅游深受广大游客青睐,尤其是京郊休闲游最为普遍,而农家乐成为不少游客的首选。大量游客涌入北京城郊优美的景区景点,品味传统习俗,欣赏优美风景。京郊乡村旅游是北京未来旅游业发展的一大亮点,在《北京市"十三五"发展规划纲要》中专门提到建设美丽乡村,建设一批特色景观旅游名村,并支持民族乡村经济的发展。因此,发展京郊民俗旅游需要有机整合京郊各区的民俗旅游资源,做好旅游开发项目策划,同时,要以各区民俗文化为特色,融入本地民俗风情,使北京乡村民俗旅游发展具有较高的艺术价值。此外,要加大农村资金投入力度,在保留村庄特色和乡村风貌的基础上,提升人居环境,完善旅游基础设施和旅游公共服务水平,努力提高旅游服务质量。对一些农村收入和农户收入较低的地区,通过旅游的方式实现扶贫增效,也是有效的渠道和手段。最后,乡村旅游要积极融入北京智慧旅游建设中,这是开拓更广泛的旅游市场的重要一步。

(五)切实推进京津冀旅游一体化发展

京津冀城市群的发展成为京津冀旅游一体化发展的动力,而旅游一体化发展势必推动京津冀城市群的发展[10]。三地的资源优势不同,特点鲜明且互补性强,这塑造了京津冀地区旅游发展历程中的特点,也带来了难点。相较于长三角、珠三角城市群的旅游业发展情况,京津冀地区旅游业的竞争力不高。首先,京津冀城市群还未成形,虽三地的旅游资源能互补,在市场上的互动却不强。其次,北京常被视为京津冀地区的"抽水机",没有做好河北、天津的"旅游集散地"的角色,因此三地旅游业发展不均衡[15]。《北京市国民经济和社会发展第十三个五年规划纲要》中提到,要全力推动京津冀协同发展,紧密衔接《京津冀协同发展规划纲要》确定的目标任务,在交通、产业对接、生态环保、公共服务、文化交流等方面推进京津冀一体化建设[4]。因此,京津冀一体化旅游发展要把握好这个机遇,立足现状,借助地缘区位和自然人文优势,深化区域旅游规划,鼓励旅游创新,实现三地资源和市场的互补互动,优化各自旅游产业结构,建立高效的京津冀旅游圈,提升区域旅游竞争力和影响力。

注　释

[1]宋宇.卷首语[J].旅游研究与信息,2015(2):1-1.
[2]李金早.我国旅游业发展的新形势和新要求[J].旅游研究与信息,2015(1):1-9.
[3]北京市发展和改革委员会.北京市国民经济和社会发展第十二个五年规划纲要[Z].2011.
[4]北京市发展和改革委员会.北京市国民经济和社会发展第十三个五年规划纲要[Z].2016.
[5]申金升.北京"十三五"规划中的商业图景[J].时代经贸,2015(23):8-11.
[6]北京市统计局.北京统计年鉴(2011~2015)[EB/OL].http://www.bjstats.gov.cn/tjsj/ndsj/.
[7]北京市旅游发展委员会.2015年北京旅游业概况[EB/OL].http://www.bjta.gov.cn/xxgk/tjxx/382067.htm.
[8]北京市统计局.北京统计年鉴(2015)[EB/OL].http://www.bjstats.gov.cn/tjsj/ndsj/.
[9]马耀峰,张春晖.中国旅游业"十三五"规划须关注的几个问题[J].旅游科学,2016,30(1):16-25.
[10]魏小安.京津冀旅游一体化的动力与推力[J].旅游学刊,2014,29(10):13.
[11]刘思敏.京津冀一体化旅游发展的问题与对策[J].旅游学刊,2014(10).
[12]北京市旅游发展委员会统计信息"旅游区(点)活动情况"[EB/OL].http://www.bjta.gov.cn/xxgk/tjxx/lyqdhdqk/386024.htm.
[13]李金早.旅游要发展　厕所要革命[N].中国旅游报,2015-03-18.
[14]大力促进旅游供给侧改革[N].人民日报,2016-01-12.
[15]刘思敏.京津冀一体化旅游发展的问题与对策[J].旅游学刊,2014,29(10):16-18.

第二板块

旅游财务篇

北京市旅游上市公司财务状况分析

尹美群　赵刚　张敏　高晨倍　刘帆　高洁　万畅[①]

第一部分　北京市旅游上市公司盈利能力分析

盈利能力是指企业获取利润的能力，也称企业资金或资本增值的能力，它反映了企业利用投资者及债权人资金进行经营的能力。通常表现为一定时期内企业收益数额的多少及其水平的高低。利润是投资者取得投资收益、债权人收取本息的资金来源，是经营者经营业绩和管理效能的集中表现，也是职工集体福利设施不断完善的重要保障。主要用企业资金利润率、销售利润率、成本费用利润率等财务指标去评价和分析企业的盈利能力。盈利能力是企业经营人员最重要的业绩衡量标准和发现问题、改进企业管理的突破口。因此，在进行财务分析时需要关注盈利水平及其变动。

在对北京市旅游上市公司的盈利能力分析中，我们主要选取了资产报酬率、净资产报酬率、股东权益报酬率、毛利率、销售净利率、成本费用净利率、主营业务利润率、每股利润、每股现金流量、每股股利、股利发放率、每股净资产和市盈率13个企业运营能力分析指标来进行评价和衡量。这13个指标从多个方面反映了企业的盈利能力，是对企业盈利能力较为全面和直观的衡量。这13个指标具体的计算公式和意义说明具体参见表1-1：

表1-1　企业盈利能力分析指标

盈利能力指标	指标计算公司	指标意义
资产报酬率	净利润/平均资产总额	反映公司总资产的获利能力和投入产出状况

---

① 尹美群，博士，教授，北京第二外国语学院国际商学院代院长，研究方向为资本市场财务问题、价值评估、风险管理与内部控制、公司理财等。

赵刚、张敏、高晨倍、刘帆、高洁、万畅，北京第二外国语学院国际商学院硕士研究生。

续表

盈利能力指标	指标计算公司	指标意义
净资产报酬率	净利润/平均净资产	反映公司利用自有资金的获利能力
股东权益报酬率	净利润/平均股东权益总额（剔除少数股东权益）	反映公司能给大多数股东创造利润的能力
毛利率	销售毛利/销售收入	反映公司商品生产过程的增值能力
销售净利率	净利润/销售收入	反映公司销售收入的获利水平
成本费用净利率	净利润/成本费用总额	反映公司获取利润耗费的成本大小
主营业务利润率	主营业务利润/主营业务收入×100%	反映公司主营业务的盈利能力
每股利润	净利润/平均股本总额	反映公司每单位资本额的盈利能力
每股现金流量	经营活动产生的现金流量净额/平均股本总额	反映公司每单位资本额获利能力的质量
每股股利	现金股利总额/平均股本总额	反映公司每一普通股的获利能力，与公司的股利发放政策有关
股利发放率	每股股利/每股利润	净收益中股利的比重，反映公司股利分配政策和股利支付能力
每股净资产	平均净资产总额/平均股本总额	每一普通股享有的资产净值，反映公司所有者的获利能力
市盈率	每股市价/每股利润	反映市场对公司未来价值和获利能力的预期

一、餐饮类企业盈利能力分析

（一）餐饮类企业总体盈利能力分析

北京市旅游板块中酒店类企业主要包括湘鄂情（002306）、全聚德（002186）这两家公司。表1-2为2011~2015年酒店类上市公司盈利能力指标汇总表。

表 1-2 2011~2015 年北京市餐饮类上市企业盈利能力指标汇总(上)

公司简称	年份	资产报酬率(%)	净资产报酬率(%)	股东权益报酬率(%)	毛利率(%)	销售净利率(%)	成本费用净利率(%)	主营业务利润率(%)
湘鄂情	2011	6.01	7.83	7.78	69.19	7.60	13.33	69.06
	2012	5.47	8.66	8.71	70.86	7.84	12.65	69.49
	2013	-29.41	-61.77	-61.37	58.86	-71.00	-50.96	58.41
	2014	-52.25	-262.38	-265.38	56.24	-114.98	-79.39	57.95
	2015	-16.44	112.85	90.39	59.15	-56.13	-38.25	56.43
全聚德	2011	11.34	16.74	16.62	55.96	7.97	12.42	62.34
	2012	12.57	17.83	18.11	56.93	8.52	13.03	63.12
	2013	8.81	12.34	12.33	56.41	6.41	9.34	62.11
	2014	8.85	11.55	11.00	56.83	7.50	11.00	59.16
	2015	7.97	10.00	9.77	58.23	7.70	11.70	65.2
行业均值	2011	8.68	12.29	12.20	62.58	7.79	12.88	65.70
	2012	9.02	13.25	13.41	63.90	8.18	12.84	66.31
	2013	-10.30	-24.72	-24.52	57.64	-32.30	-20.81	60.26
	2014	-21.70	-125.42	-127.19	56.54	-53.74	-34.20	58.56
	2015	-4.24	61.43	50.08	58.69	-24.22	-13.28	60.82

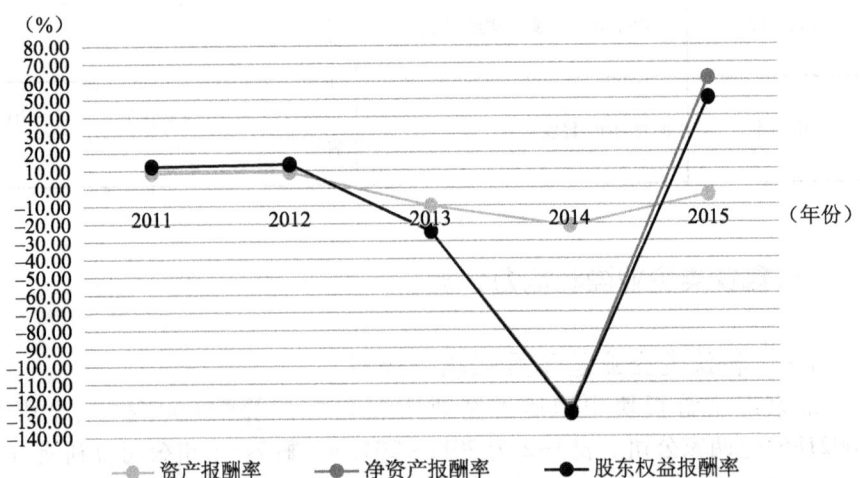

图 1-1 2013~2015 年北京市餐饮类行业盈利能力指标均值(上)

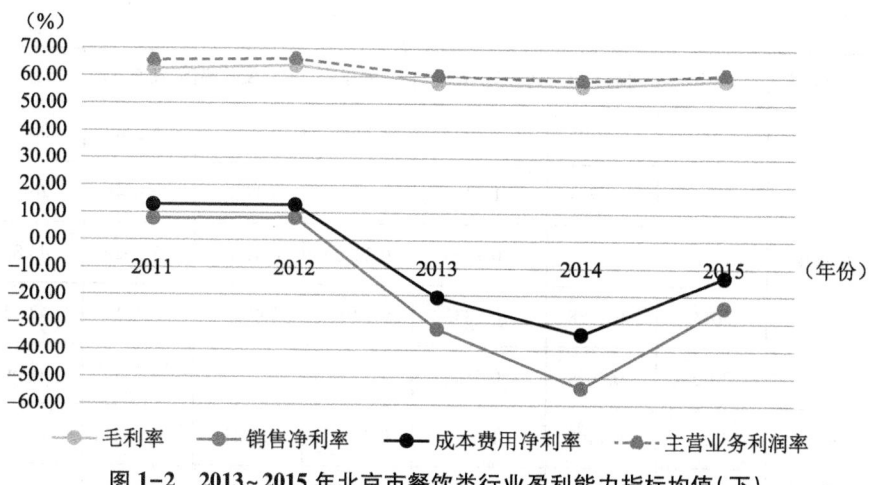

图 1-2 2013~2015 年北京市餐饮类行业盈利能力指标均值(下)

从图 1-1 和图 1-2 以湘鄂情和全聚德作为代表计算出来的行业 2011~2015 年盈利能力指标均值变化图可以看出,餐饮旅游行业上市公司资产报酬率在 2013 年出现较大幅度的下滑并且在 2014 年依旧呈下滑状态,但是在 2015 年重新反弹,净资产报酬率和股东权益报酬率前两年较为平稳,但是 2013 年出现下滑趋势并且在 2014 年大幅下滑。毛利率和主营业务利润率基本呈同样的变化趋势,并且数字较为接近,基本在 60% 左右。销售净利率和成本费用净利率呈相近变化状态,在前两年保持在 8%~9%,呈正值,但是在 2013~2015 年呈负值,且 2014 年出现大幅下滑,这主要是由于湘鄂情在 2014 年大幅拉低均值导致的。总的来看,餐饮行业的利润率呈现个体差异较大的情况,并且整体来说在 2014 年出现大幅下滑状况,值得深入思考其原因。

表 1-3 2011~2015 年北京市餐饮类上市企业盈利能力指标汇总(下)

公司简称	年份	每股利润	每股现金流量	每股股利	股利发放率	每股净资产	市盈率
湘鄂情	2011	0.4490	0.3101	0.4500	1.1135	6.2753	31.96
	2012	0.0255	-0.2788	0.0760	3.1358	2.9804	36.72
	2013	-0.0639	-0.0313	0	0	1.3267	-7.26
	2014	-0.3294	-0.0604	0	0	1.0170	-6.82
	2015	-0.0604	0.0067	0	0	0.9567	-33.52

续表

公司简称	年份	每股利润	每股现金流量	每股股利	股利发放率	每股净资产	市盈率
全聚德	2011	1.0496	2.1002	0.5400	0.5911	6.2969	26.54
	2012	1.1704	1.9260	0.4750	0.4272	6.8348	26.75
	2013	0.4305	0.7266	0.2090	0.5110	3.5620	43.85
	2014	0.4488	0.5832	0.1919	0.4501	4.5010	42.75
	2015	0.4629	0.7826	0	0	4.7580	49.69
行业均值	2011	0.7493	1.2052	0.4950	0.8523	6.2861	29.25
	2012	0.5980	0.8236	0.2755	1.7815	4.9076	31.74
	2013	0.1833	0.3477	0.1045	0.2555	2.4444	18.30
	2014	0.0597	0.2614	0.0960	0.2251	2.7590	17.97
	2015	0.2013	0.3947	0	0	2.8574	8.09

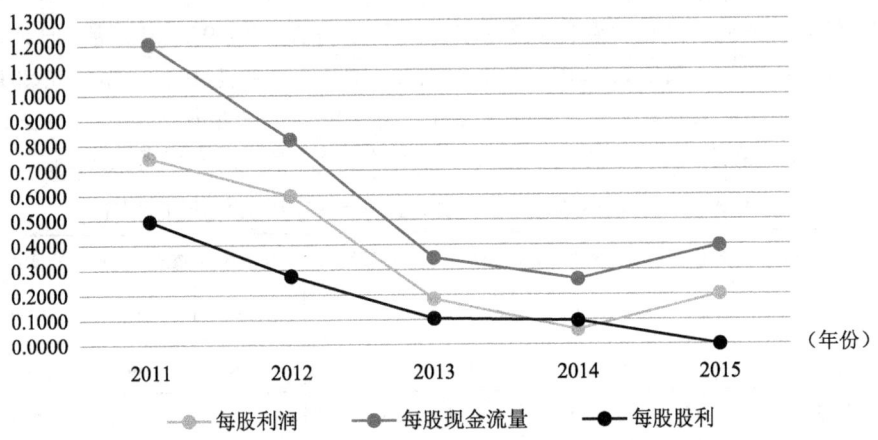

图1-3 2011~2015年北京市餐饮行业盈利能力指标均值(上)

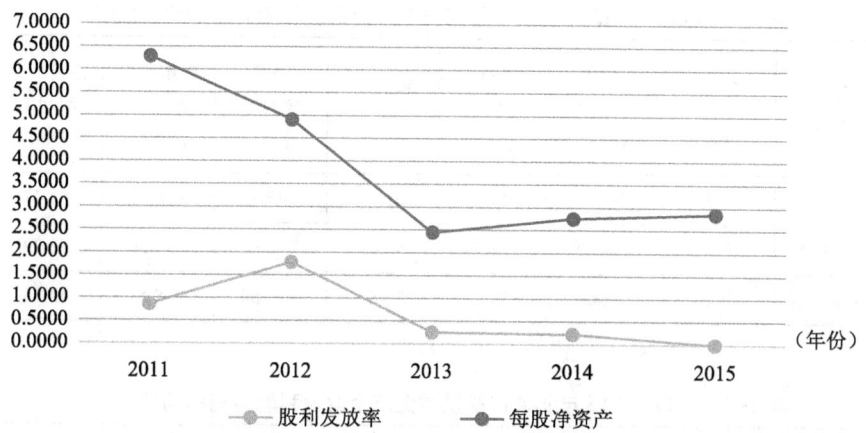

图 1-4　2011~2015 年北京市餐饮行业盈利能力指标均值(下)

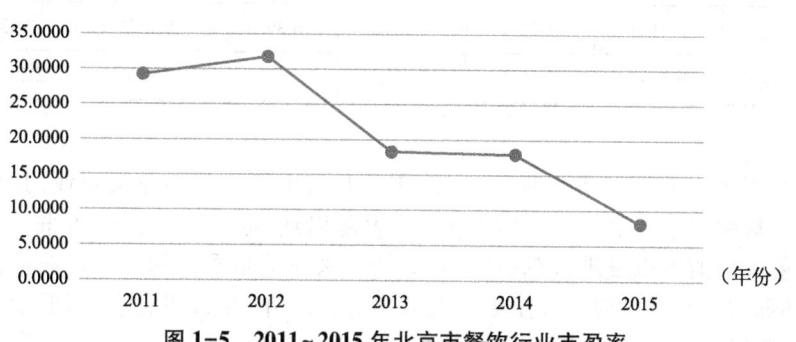

图 1-5　2011~2015 年北京市餐饮行业市盈率

从图 1-3、图 1-4 和图 1-5 来看，餐饮行业 2011~2015 年盈利能力指标均值变化图可以看出，餐饮旅游行业上市公司每股利润和每股现金流量在 2011~2014 年呈现不断下滑状况，但是 2015 年出现小幅反弹；每股股利呈现依次下降状态。每股净资产在 2011~2013 年依次下降，在 2014 和 2015 年出现小幅反弹。股利发放率从 2011 到 2012 年出现大幅上涨，但是 2012 到 2013 年大幅下降，在之后的两年中保持较低的股利发放度。每股净资产表示公司给股东创造的收益，同样在 2013 年出现大幅下降，之后的年度保持平稳的增长状态。市盈率基本呈下降状态，说明市场对餐饮行业未来的发展信心不足。

表 1-4 2011~2015 年北京市餐饮类上市企业盈利能力指标均值(上)

公司简称	资产报酬率(%)	净资产报酬率(%)	股东权益报酬率(%)	毛利率(%)	销售净利率(%)	成本费用净利率(%)	主营业务利润率(%)
湘鄂情	-3.71	-38.96	-43.97	62.86	-45.33	-28.52	62.27
全聚德	9.91	13.69	13.57	56.87	7.62	11.50	62.39
行业均值	3.10	-12.64	-15.20	59.87	-18.86	-8.51	62.33

表 1-5 2011~2015 年北京市餐饮类上市企业盈利能力指标均值(下)

公司简称	每股利润	每股现金流量	每股股利	股利发放率	每股净资产	市盈率
湘鄂情	0.0042	-0.01074	0.1052	0.8499	2.5112	4.22
全聚德	0.7124	1.2237	0.2832	0.3959	5.1905	37.92
行业均值	0.3583	0.6065	0.1942	0.6229	3.8509	21.07

从表 1-4 和表 1-5 发现,全聚德作为北京市餐饮业的龙头企业,其盈利能力大幅领先于湘鄂情,且各项指标均表现出众,远远高于行业水平。同时从市盈率均值可以发现,市场对全聚德的未来业绩是看好的。从每股指标来看,湘鄂情除股利发放率较全聚德发放率更大之外,在每股利润、每股现金流量、每股股利、每股净资产方面均远远落后于全聚德,表明了餐饮行业发展状况和盈利能力参差不齐,差异较大。

(二)餐饮类企业具体盈利能力分析

1.资产报酬率

资产报酬率又叫总资产报酬率,表示企业全部资产获取收益的水平,全面反映了企业的获利能力和投入产出状况。资产报酬率越高,表明资产利用效率越高,说明企业在增加收入、节约资金使用等方面取得了良好的效果;该指标越低,说明企业资产利用效率低,应分析差异原因,提高销售利润率,加速资金周转,提高企业经营管理水平。通过对该指标的深入分析,可以增强各方面对企业资产经营的关注,促进企业提高单位资产的收益水平。在对比使用中,企业可据此指标与市场资本利率进行比较,如果该指标大于市场利率,则表明企业可以充分利用财务杠杆,进行负债经营,获取尽可能多的收益,提高公司的盈利能力。

表1-6 2011~2015年北京市餐饮类上市公司资产报酬率

单位：%

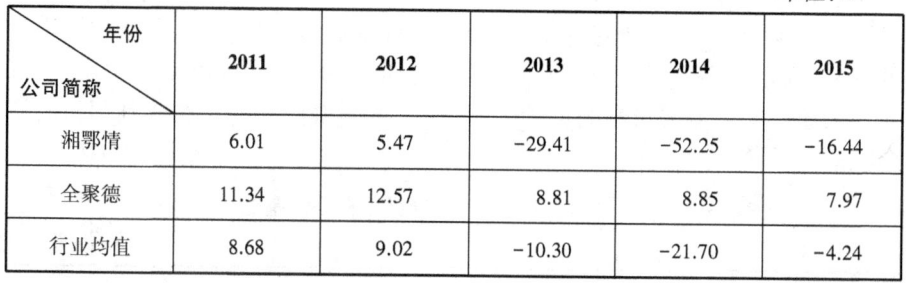

年份 公司简称	2011	2012	2013	2014	2015
湘鄂情	6.01	5.47	−29.41	−52.25	−16.44
全聚德	11.34	12.57	8.81	8.85	7.97
行业均值	8.68	9.02	−10.30	−21.70	−4.24

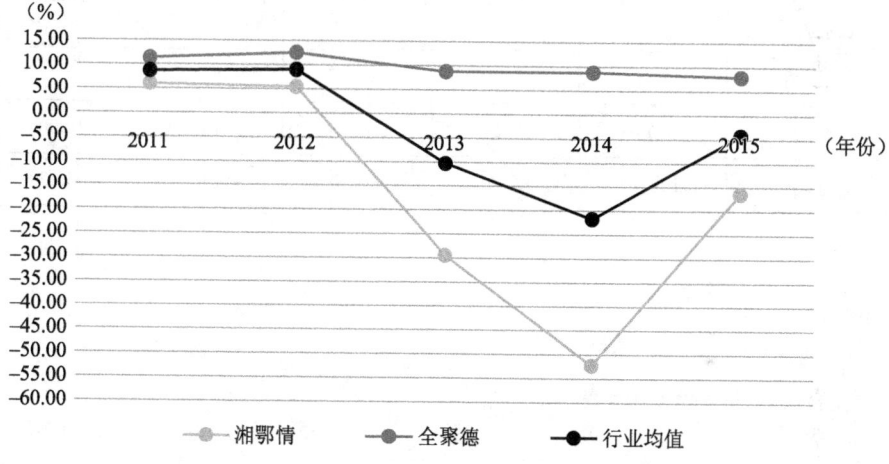

图1-6 2011~2015年北京市餐饮类行业资产报酬率

从表1-6和图1-6 2011~2015年北京市餐饮类上市公司资产报酬率来看，行业均值在前两年保持8%~9%，但是，在2013年出现大幅下滑，这主要受湘鄂情公司的资产报酬率在当年大幅下跌的影响，并且2014年依旧下滑。2015年下跌停止，资产报酬率有所回升。表明湘鄂情需要加强资产管理效率，提高资产报酬率。相比而言，全聚德作为行业龙头企业在2011~2012年保持平稳增长态势，2013~2015年资产报酬率略有下降，但是总体来看，总资产盈利状况良好。

2.净资产报酬率

净资产报酬率又叫所有者权益报酬率，是企业一定时期内获得的报酬总额与平均净资产总额的比率。它是反映企业资产综合利用效果的指标，也是衡量企业利用所有者权益总额所取得盈利的重要指标。该指标越高，表明企业的资产利用效益越好,企业盈利能力越强,经营管理水平越高。这一指标反映了企业净资产获取收益的能力。资产占用的资金来源包括了两部分:一是属于股东的资金,即所有者权益,为企业自有资金;二是来源于债权人提供的资金,为企业借入资金,这部分资金对企业而言,虽然可以暂时占用,但却需要偿还甚至是需要付息的。所以,净资产报酬率反映的是企业利用自有资金获取收益的能力。

表1-7 2011~2015年北京市餐饮类上市公司净资产报酬率

单位:%

年份 公司简称	2011	2012	2013	2014	2015
湘鄂情	7.83	8.66	-61.77	-262.38	112.85
全聚德	16.74	17.83	12.34	11.55	10.00
行业均值	12.29	13.25	-24.72	-125.42	61.43

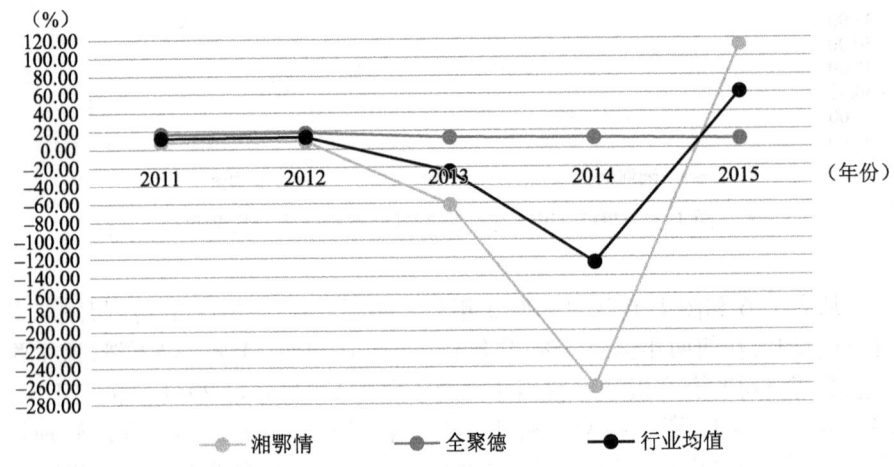

图1-7 2011~2015年北京市餐饮类上市公司净资产报酬率

从表1-7和图1-7 2011~2015年北京市餐饮类行业净资产报酬率可以看出,行业均值由于受湘鄂情的净资产报酬率的影响,同样2013年开始下跌,并且从折现图中可以看出在2014年下跌幅度加大,出现谷底状。行业均值为-125.42%,湘鄂情在2014年净资产报酬率低至-262.38%,这表明湘鄂情的资产运用效率极低,损害了投资者的利益。全聚德在 2011~2015 年虽然呈现逐年降低状态,但是仍保持净资产报酬率在 10% 以上。远远高于行业平均水平,表明其运用投资者的资金效率较高。

3.毛利率

毛利率是营业收入扣除营业成本后,占企业营业收入的比重,反映的是一个商品经过生产转换内部系统以后增值的那一部分。也就是说,企业商品增值得越多毛利自然也就越多。毛利是企业经营获利的基础,企业要经营盈利,首先要获得足够的毛利,在其他条件不变的情况下,毛利额越大,毛利率越高,则意味着利润总额增加得越多,企业盈利能力越强。

表 1-8　2011~2015 年北京市餐饮类上市公司毛利率

单位:%

年份 公司简称	2011	2012	2013	2014	2015
湘鄂情	69.19	70.86	58.86	56.24	59.15
全聚德	55.96	56.93	56.41	56.83	58.23
行业均值	62.58	63.90	57.64	56.54	58.69

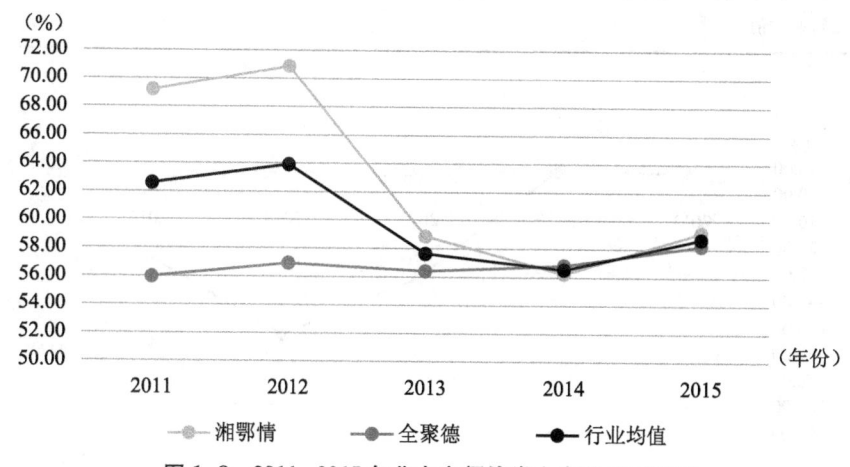

图 1-8　2011~2015 年北京市餐饮类上市公司毛利率

从表 1-8 和图 1-8 2011~2015 年北京市餐饮类上市公司毛利率来看,行业平均保持在 56%~63%,近年来有上升趋势,同时可以从折线图中发现,行业均值和两家公司的毛利率在2014年和2015年数值较为接近,保持相同幅度的增长步调。但是在2013年却均出现不同幅度的下跌,尤其是湘鄂情在2013年下降了12%左右,导致行业均值也大幅下降。表明湘鄂情应该加强成本管理,增加利润,进而提高毛利率。对比发现,全聚德基本保持平稳增长态势,表明其成本控制效率较高,有着良好的成本管控能力。

4.销售净利率

销售净利率体现了企业实现净利润与销售收入的对比关系,用以衡量企业在一定时期的销售收入获取的能力。按照其驱动因素,提高销售利润率,主要有以下四种方法:提高销量、提高价格、降低营业成本、降低营业费用。通过分析销售净利率的升降变动,可以促使企业在扩大销售的同时,注意改进经营管理,提高企业的盈利水平。

表1-9 2011~2015年北京市餐饮类上市公司销售净利率

单位:%

年份 公司简称	2011	2012	2013	2014	2015
湘鄂情	7.60	7.84	-71.00	-114.98	-56.13
全聚德	7.97	8.52	6.41	7.50	7.70
行业均值	7.79	8.18	-32.30	-53.74	-24.22

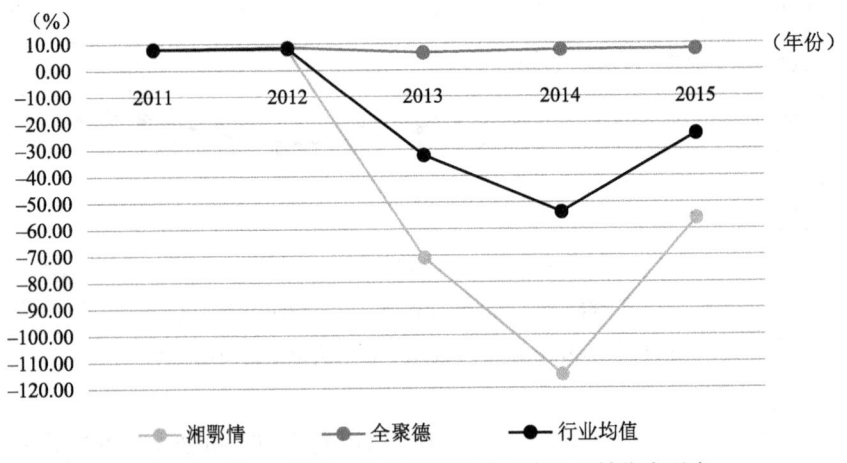

图1-9 2011~2015年北京市餐饮类上市公司销售净利率

从表 1-9 和图 1-9 2011~2015 年北京市餐饮类上市公司销售净利率可以看出,行业均值受湘鄂情的销售状况影响,除了前两年保持在 7.9% 左右之外,在 2013 年出现下滑状态,并且 2014 年持续下降,2015 年情况有所好转,但是数值上仍为负值,表明湘鄂情销售能力较差,应该加强成本费用的控制,提高盈利能力;同时可以发现,全聚德的销售状况良好,销售净利率基本保持平稳状,即保持在 6.5%~8.5% 且遥遥领先。

5.主营业务利润率

主营业务利润率是指企业一定时期主营业务利润同主营业务收入净额的比率,是公司主业所产生的利润率。它表明企业每单位主营业务收入能带来多少主营业务利润,反映了企业主营业务的获利能力,是评价企业经营效益和盈利能力的主要指标。主营业务利润率是从企业主营业务的盈利能力和获利水平方面对资本金收益率指标的进一步补充,体现了企业主营业务利润对利润总额的贡献,以及对企业全部收益的影响程度。该指标越高,说明企业产品或商品定价科学,产品附加值高,营销策略得当,主营业务市场竞争力强,发展潜力大,获利水平高。只有当公司主营业务突出,即主营业务利润率较高的情况下,才能在竞争中占据优势地位。

表 1-10　2011~2015 年北京市餐饮类上市公司主营业务利润率

单位:%

年份 公司简称	2011	2012	2013	2014	2015
湘鄂情	69.06	69.49	58.41	57.95	56.43
全聚德	62.34	63.12	62.11	59.16	65.20
行业均值	65.70	66.31	60.26	58.56	60.82

从表 1-10 和图 1-10 2011~2015 年北京市餐饮类上市公司主营业务利润率来看,行业均值保持在 58%~65%,在 2013 年出现下滑,并且在 2014 年依旧呈下滑状态。但是 2015 年情况好转,这主要受全聚德 2015 年主营业务利润率大幅上升的影响。湘鄂情除 2012 年出现小幅上升之外,在 2013~2015 年持续下降,表明其主营业务收益能力下降,应该加强管理。同时全聚德的主营业务在 2014 年出现较大的下降达到 59.16%,但是 2015 年出现了大幅上涨,达到 65.20%,从而形成了一个谷底状。

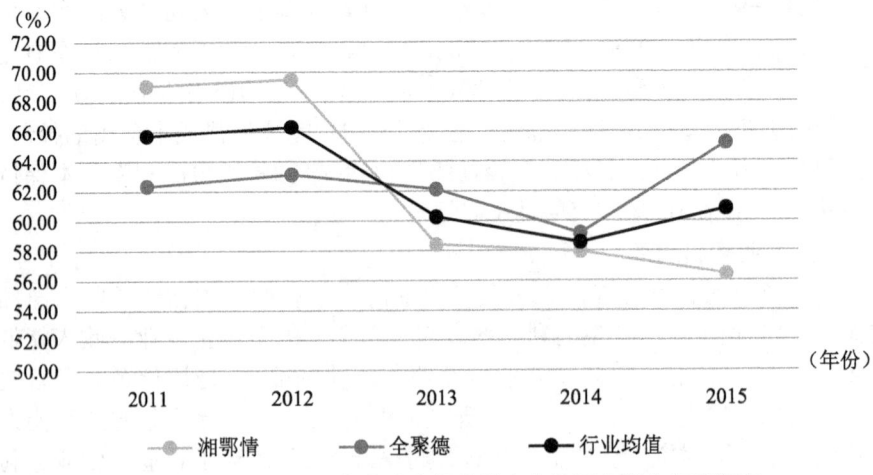

图 1-10　2011~2015 年北京市餐饮类上市公司主营业务利润率

6.每股利润

每股利润（EPS）即每股的利润、每股的收益。也称每股盈余、每股获利等。每股利润为公司获利能力的最后结果。每股利润高则代表着公司每单位资本额的获利能力高，这表示公司具有某种较佳的能力，如产品行销、技术能力、管理能力等，使得公司可以用较少的资源创造出较高的获利。每股获利通常也代表着该年度所能配发的股利，反映公司给股东创造价值的能力。

表 1-11　2011~2015 年北京市餐饮类上市公司每股利润

年份 公司简称	2011	2012	2013	2014	2015
湘鄂情	0.449	0.0255	-0.0639	-0.3294	-0.0604
全聚德	1.0496	1.1704	0.4305	0.4488	0.4629
行业均值	0.7493	0.5980	0.1833	0.00597	0.2013

从表 1-11 和图 1-11 2011~2015 年北京市餐饮类上市公司每股利润可以看出，行业均值在 2011 年到 2014 年呈现逐年下滑的状态，在 2014 年接近 0 值，但是 2015 年出现反弹，达到 0.2。湘鄂情在 2011 年到 2014 年每股利润出现依次下滑状态，在 2014 年出现了最低值 0.33，2015 年虽然出现了上涨，但

是每股利润仍为负值,表明股东利益受损,净资产利用不当。全聚德每股利润在2013年出现大幅下降,降至0.43,在之后的年度保持0.45左右,相较于之前的每股利润在1以上的状况,权益性资产利用率有所下降,盈利能力降低。

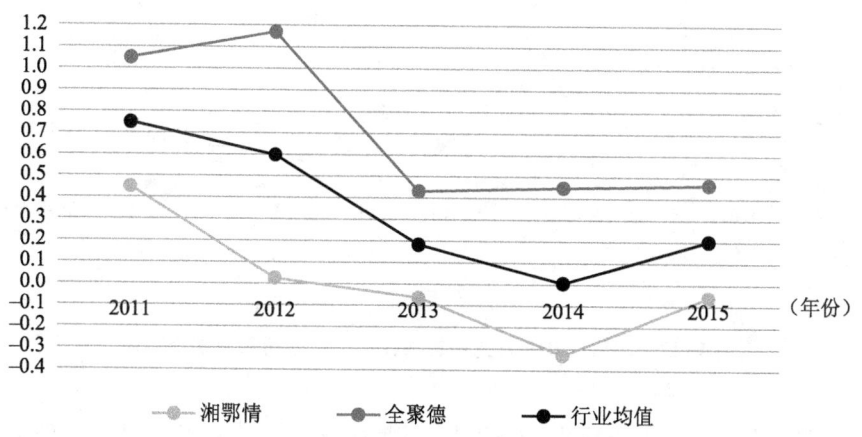

图1-11　2011~2015年北京市餐饮类上市公司每股利润

7.每股现金流量

每股现金流量主要反映企业平均每股资产所获得的现金流量。该指标隐含了上市公司在维持期初现金流量情况下,有能力发给股东的最高现金股利金额。每股利润则不能代表公司发放股利的能力。从这一点上来说,每股现金流量显得更实际、更直接。公司现金流强劲,很大程度上表明主营业务收入回款力度较大,产品竞争性强,公司信用度高,经营发展前景有潜力。从短期来看,每股现金流量比每股盈余更能显示从事资本性支出及支付股利的能力。一家公司的每股现金流量越高,说明这家公司的每股普通股在一个会计年度内所赚得的现金流量越多;反之,则表示每股普通股所赚得的现金流量越少。

表1-12　2011~2015年北京市餐饮类上市公司每股现金流量

年份 公司简称	2011	2012	2013	2014	2015
湘鄂情	0.3101	-0.2788	-0.0313	-0.0604	0.0067
全聚德	2.1002	1.9260	0.7266	0.5832	0.7826
行业均值	1.2052	0.8236	0.3477	0.2614	0.3947

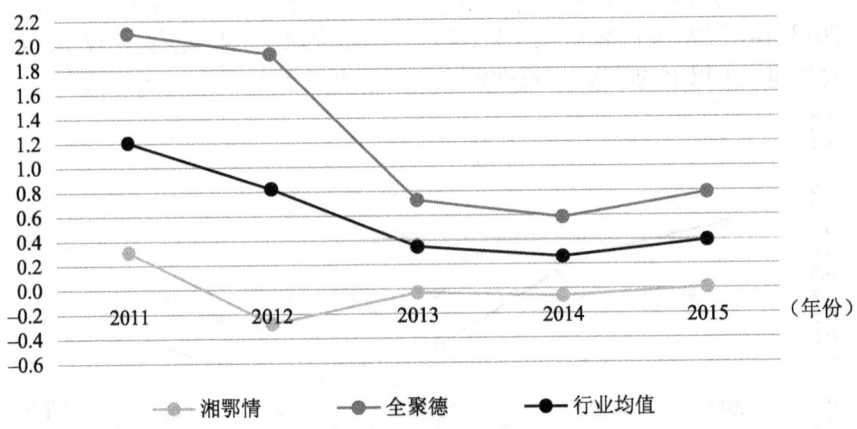

图1-12 2011~2015年北京市餐饮类上市公司每股现金流量

从表1-12和图1-12 2011~2015年北京市餐饮类上市公司每股现金流量可以看出,行业均值从2011年开始一路下滑,到2014年达到最低为0.26,每股现金流量反映了公司有能力返给股东的每股最大的现金股利,是衡量股东投资收益的重要指标。餐饮类行业每股现金流的下降表明行业可以为股东带来的每股实际收益能力下降,尤其是作为行业龙头企业的全聚德的每股现金流的大幅下滑,更是反映了餐饮类行业给股东带来的现金收益能力大幅下滑,但是2015年情况有所好转。

8.每股股利

每股股利反映的是上市公司每一普通股获取股利的大小,指标值越大表明公司获利能力越强。影响每股股利多少的因素主要是企业股利发放政策与利润分配政策。如果企业为扩大再生产、增强企业后劲而多留利,每股股利就少,反之则多。每股股利越大,则公司股本获利能力就越强;每股股利越小,则公司股本获利能力就越弱。每股收益是公司每一普通股所能获得的税后净利润,但上市公司实现的净利润往往不会全部用于分派股利。每股股利通常低于每股利润,其中一部分作为留存利润用于公司自我积累和发展。

表 1-13　2011～2015 年北京市餐饮类上市公司每股股利

年份 公司简称	2011	2012	2013	2014	2015
湘鄂情	0.45	0.076	0	0	0
全聚德	0.54	0.475	0.209	0.1919	0
行业均值	0.495	0.2755	0.1045	0.0960	0

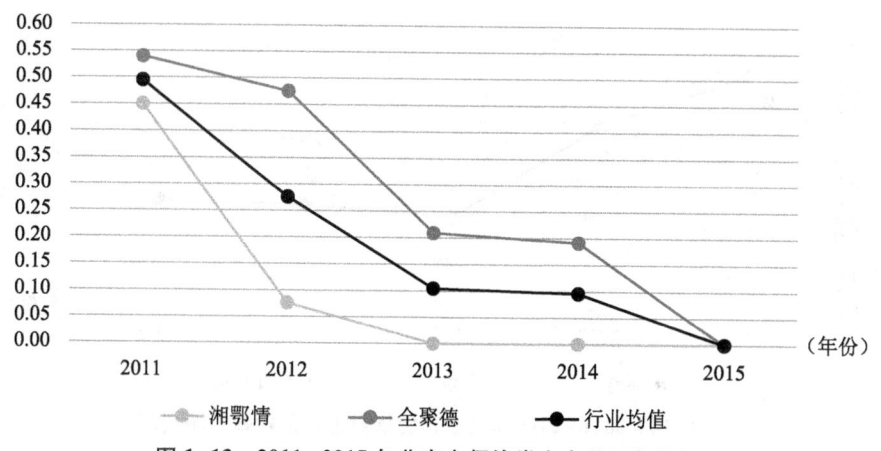

图 1-13　2011～2015 年北京市餐饮类上市公司每股股利

从表 1-13 和图 1-13 2011～2015 年北京市餐饮类上市公司每股股利可以看出,每股股利是每年下降的,表明餐饮类行业的股本获利能力下降,这也可能是企业为了今后的发展而增加留存收益导致的。

9.每股净资产

每股净资产反映每股股票所拥有的资产现值。每股净资产越高,股东拥有的资产现值越多;每股净资产越少,股东拥有的资产现值越少。通常每股净资产越高越好。每股净资产值反映了每股股票代表的公司净资产价值,为支撑股票市场价格的重要基础。每股净资产值越大,表明公司每股股票代表的财富越雄厚,通常创造利润的能力和抵御外来因素影响的能力越强,它标志着上市公司的经济实力和累积盈利能力。

表1-14 2011~2015年北京市餐饮类上市公司每股净资产

年份 公司简称	2011	2012	2013	2014	2015
湘鄂情	6.2753	2.9804	1.3267	1.017	0.9567
全聚德	6.2969	6.8348	3.562	4.501	4.758
行业均值	6.2861	4.9076	2.4444	2.759	2.8574

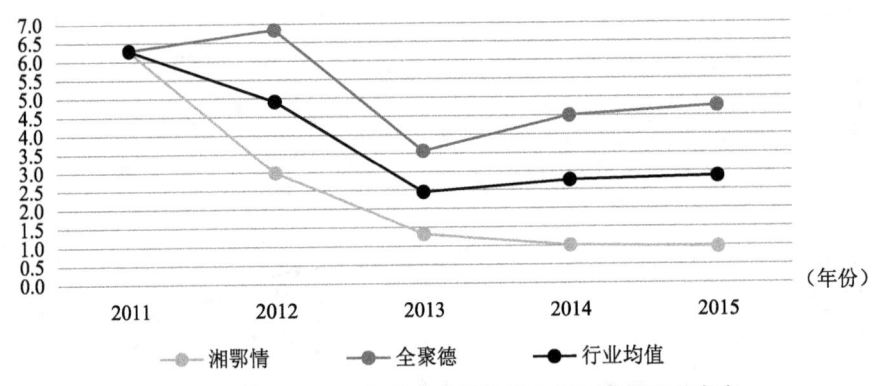

图1-14 2011~2015年北京市餐饮类上市公司每股净资产

从表1-14和图1-14 2011~2015年北京市餐饮类上市公司每股净资产可以看出,行业均值从2011年下降,一直到2013年形成底部,数值上达到2.44。但是2014年至2015年呈小幅上升趋势,表明近年来行业整体积累资本的能力有所提升。全聚德整体状况与行业基本相同,但是上升能力较行业平均水平来说较强劲。但是湘鄂情的每股净资产状况持续降低,表明企业急需增强创造利润的能力,从而增加资本积累。

10. 市盈率

市盈率也称"本益比""股价收益比率"和"市价盈利比"。市盈率是最常用来评估股价水平是否合理的指标之一,是由相应的股价除以年度每股盈余(EPS)计算得出。市盈率是一种股票每股市价与每股盈利的比率。市场广泛谈及市盈率通常指的是静态市盈率,通常用来作为比较不同价格的股票是否被高估或者低估的指标。一般认为,如果一家公司股票的市盈率过高,那么该股票的价格具有泡沫,价值有被高估的风险。市盈率是很具参考价值的股市指针,市盈率高的股票有可能在另一侧面上反映了该企业良好的发展前景。市场上几乎没有人不注意股票的市盈率,这种衡量指标很简单、直观,如果用好市盈率指标,对投资者提高收益帮助很大。但是市盈率相较于行业水平较高的状况,可以在一定程度上反映投资者对公司增长潜力的认同。

表 1-15　2011~2015 年北京市餐饮类上市公司市盈率

年份 公司简称	2011	2012	2013	2014	2015
湘鄂情	31.96	36.72	-7.26	-6.82	-33.52
全聚德	26.54	26.75	43.85	42.75	49.69
行业均值	29.25	31.74	18.30	17.97	8.09

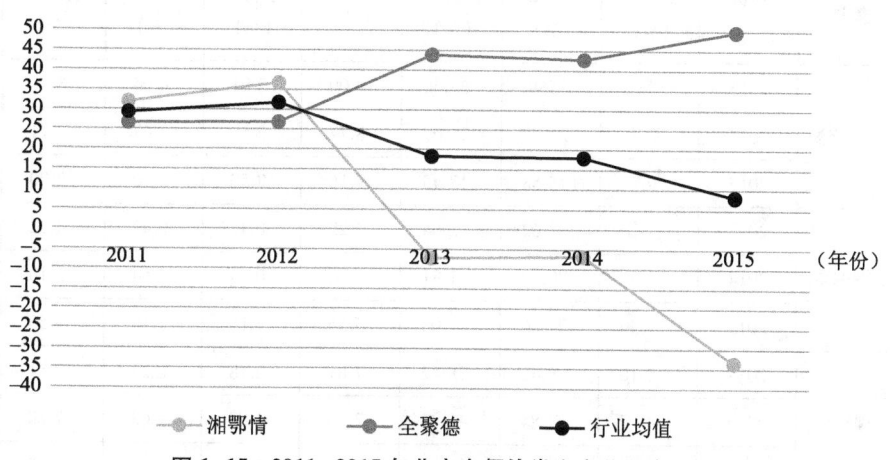

图 1-15　2011~2015 年北京市餐饮类上市公司市盈率

从表 1-15 和图 1-15 2011~2015 年北京市餐饮类上市公司市盈率可以看出,行业均值处于下降状态,表明市场对于餐饮行业未来发展信心不足,尤其是湘鄂情状况更是堪忧,在 2013 年之后一直处于负值状态,说明公司急需加强营运管理盈利能力。但是相比较而言,全聚德则一直处于市盈率提高的良好势头,表明市场对全聚德未来的发展是看好的。

二、旅行社类企业盈利能力分析

(一)旅行社类企业总体盈利能力分析

北京市上市旅游板块中,旅行社企业主要包括众信旅游(002707),以及包含在新三板中的海涛股份(833216)、视野股份(835495)、山水股份(833741)、明游天下(833935)这5家。因为众信旅游于2014年上市,所以只有从2013年开始的公开数据,同时由于剩下的4家属于在新三板上市的公司,因此股转书上也只有从2013年开始的数据。并且由于其交易的特殊性,所以市盈率无法计算,这导致对市盈率的分析中数据缺失。表1-16 为2013~2015年北京市旅行社类上市企业盈利能力指标汇总表。

表1-16 2013~2015年北京市旅行社类上市企业盈利能力指标汇总(上)

公司简称	年份	资产报酬率(%)	净资产报酬率(%)	股东权益报酬率(%)	毛利率(%)	销售净利率(%)	成本费用净利率(%)	主营业务利润率(%)
众信旅游	2013	14.58	35.40	35.40	10.00	2.91	4.04	8.81
	2014	12.44	24.92	25.09	8.77	2.58	3.67	7.71
	2015	9.77	18.58	17.45	9.16	2.50	3.20	7.20
海涛股份	2013	1.73	3.02	2.64	4.22	0.42	0.42	4.22
	2014	5.91	20.10	1.31	3.10	0.54	0.54	3.10
	2015	7.39	21.06	14.03	5.55	1.18	1.19	5.55
视野股份	2013	5.10	38.42	38.42	7.81	2.18	2.25	7.81
	2014	4.97	41.84	41.84	7.20	1.58	1.63	7.20
	2015	2.56	5.63	5.63	10.17	1.03	1.06	10.16
山水股份	2013	1.57	6.54	6.54	4.57	0.13	0.13	4.57
	2014	4.52	18.27	18.95	5.74	0.56	0.57	5.57
	2015	0.46	2.92	2.95	6.39	0.07	0.07	6.39
明游天下	2013	-7.71	-18.27	-18.61	2.17	-5.83	-5.50	2.17
	2014	17.06	27.80	28.31	14.27	3.69	3.89	14.27
	2015	0.00	0.00	0.00	0.00	0.00	0.00	0.00

续表

公司简称	年份	资产报酬率（%）	净资产报酬率（%）	股东权益报酬率（%）	毛利率（%）	销售净利率（%）	成本费用净利率（%）	主营业务利润率（%）
行业均值	2013	3.05	13.02	12.88	5.75	-0.04	0.27	5.52
	2014	8.98	26.59	23.10	5.40	1.79	2.06	7.57
	2015	5.05	12.05	10.02	7.82	1.20	1.38	7.33

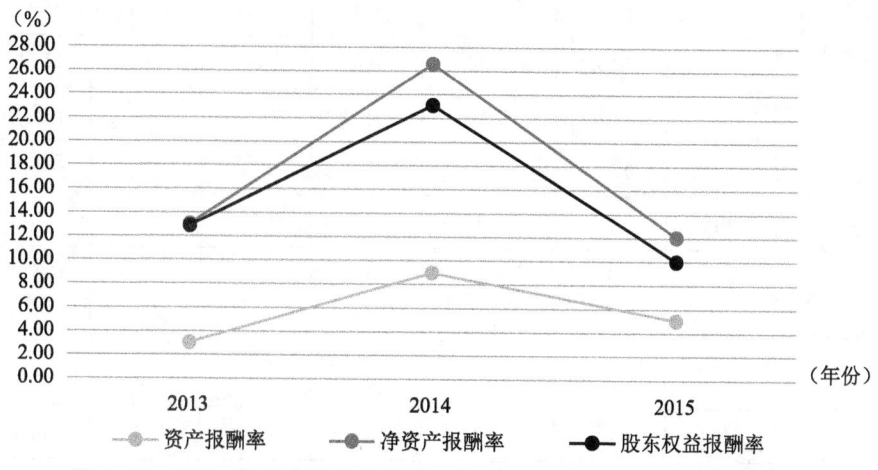

图 1-16　2013~2015 年北京市旅行社类上市企业盈利能力指标均指（上）

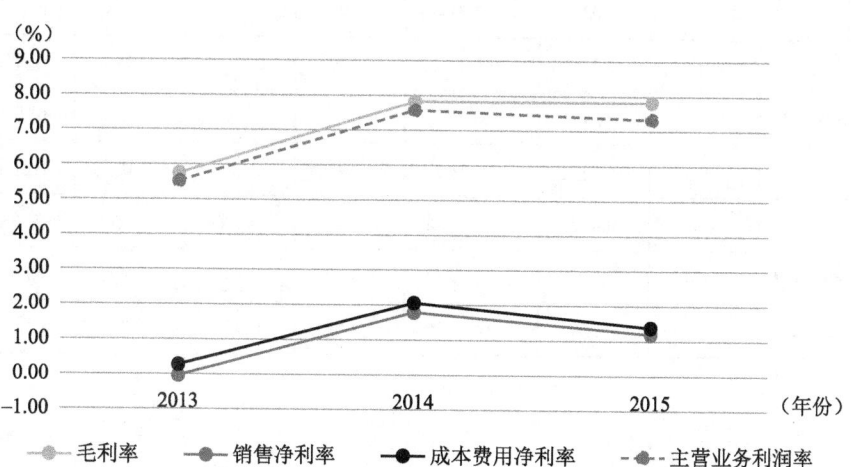

图 1-17　2013~2015 年北京市旅行社类上市企业盈利能力指标均指（下）

从图 1-16 和图 1-17 2013~2015 年北京市旅行社类上市公司盈利能力利润指标均值变化可以看出,旅行社类净资产报酬率较高,且在 2014 年达到了最大值,为 26.59%。同样的销售毛利率、销售净利率、成本费用净利率、主营业务利润率均在 2014 年大幅提升,表明行业在 2014 年整体盈利能力良好。

表 1-17 2013~2015 年北京市旅行社类上市企业盈利能力指标汇总(下)

公司简称	年份	每股利润	每股现金流量	每股股利	股利发放率	每股净资产	市盈率
众信旅游	2013	1.7151	1.3379	0.19	0.1166	5.703	缺失
	2014	1.8371	1.1734	0.19	0.1089	9.8313	65.43
	2015	0.5021	0.03	0.05	0.0996	4.0122	63.61
海涛股份	2013	0.32	-0.05	0	0	1.02	不适用
	2014	0.23	-0.9	0	0	1.25	不适用
	2015	0.66	-2.1785	0	0	4.15	不适用
视野股份	2013	0.52	0.41	0	0	1.35	不适用
	2014	0.7161	-1.34	0	0	2.07	不适用
	2015	0.2457	-1.0727	0	0	6.22	不适用
山水股份	2013	0.12	-0.43	0	0	1.01	不适用
	2014	0.27	-0.1	0	0	1.17	不适用
	2015	0.03	-2.3145	0	0	1.2	不适用
明游天下	2013	-0.3	-1.15	0	0	0.85	不适用
	2014	0.27	-0.94	0	0	1.12	不适用
	2015	缺失	缺失	缺失	缺失	缺失	不适用
行业均值	2013	0.4750	0.0236	0.19	0.1166	1.9866	缺失
	2014	0.6646	-0.4213	0.19	0.1089	3.0883	65.43
	2015	0.3595	-1.3839	0.05	0.0996	3.8956	63.61

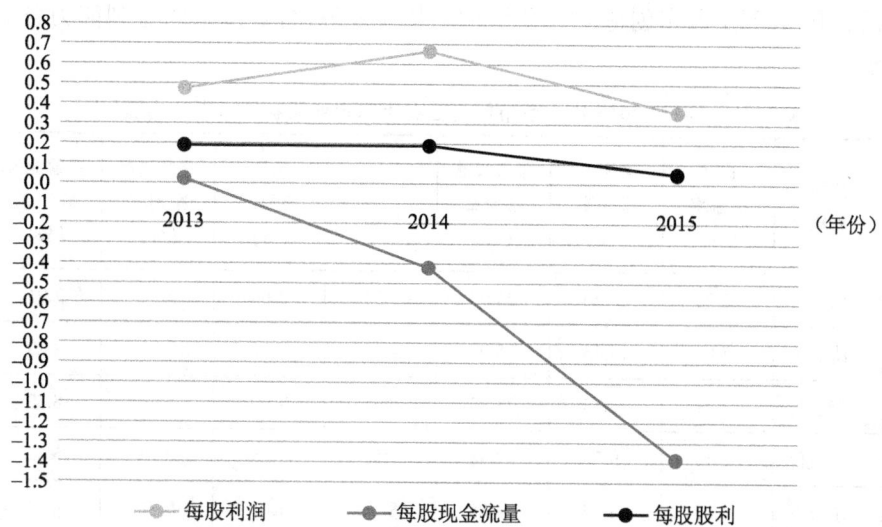

图1-18　2013~2015年北京市旅行社类上市企业盈利能力指标均值(上)

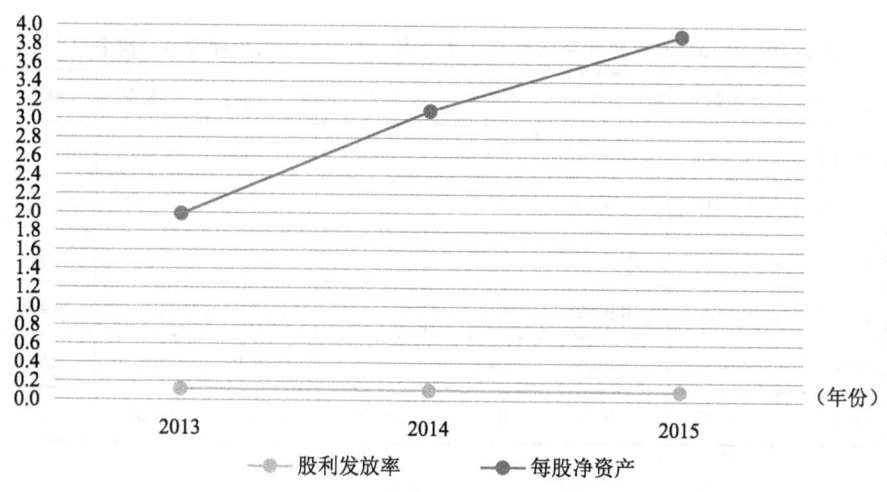

图1-19　2013~2015年北京市旅行社类上市企业盈利能力指标均值(下)

从图1-18和图1-19 2013~2015年北京市旅行社类盈利能力每股指标均值变化可以看出，每股现金流量和每股股利逐年下滑，每股利润在2014年出现小幅上涨之后，在2015年也出现了下滑，表明旅行社类企业给股东带来的财富能力近年有增长的趋势，但是每股现金减少。同时每股净资产逐年大幅攀升,表明给股东创造的收益增加。整体来说,行业未来的盈利能力较为乐观。

表 1-18 2013~2015 年北京市旅行社类上市企业盈利能力指标均值(上)

公司简称	资产报酬率(%)	净资产报酬率(%)	股东权益报酬率(%)	毛利率(%)	销售净利率(%)	成本费用净利率(%)	主营业务利润率(%)
众信旅游	12.26	26.30	25.98	9.31	2.66	3.64	7.91
海涛股份	5.01	14.73	5.99	4.29	0.71	0.72	4.29
视野股份	4.21	28.63	28.63	8.39	1.60	1.65	8.39
山水股份	2.18	9.24	9.48	5.57	0.25	0.26	5.52
明游天下	4.68	4.77	4.85	8.22	-1.07	-0.81	8.22
行业均值	5.69	17.22	15.33	7.13	0.98	1.24	6.81

表 1-19 2013~2015 年北京市旅行社类上市企业盈利能力指标均值及排名(下)

公司简称	每股利润	每股现金流量	每股股利	股利发放率	每股净资产	市盈率	排名
众信旅游	1.3514	0.8471	0.1433	0.1084	6.5155	43.01	1
海涛股份	0.4033	-1.0428	0	0	2.1400	0	3
视野股份	0.4939	-0.6676	0	0	3.2133	0	2
山水股份	0.1400	-0.9482	0	0	1.1267	0	4
明游天下	-0.0150	-1.0450	0	0	0.9850	0	5
行业均值	0.4997	-0.5939	0.1433	0.1084	2.9902	64.62	

从 5 家公司 2013~2015 年的指标均值排名对比发现,众信旅游盈利能力较强且每股指标均表现良好,利润指标均值排名也靠前。同时我们也发现,新三板中有的公司表现出良好的发展势头,例如每股净资产和每股利润都排名第二的视野股份。表明新三板中有的公司有着良好的发展潜力,未来非常具有盈利能力。

(二)旅行社类企业具体盈利能力分析

1.资产报酬率

表1-20　2013~2015年北京市旅行社类上市公司资产报酬率

单位:%

年份 公司简称	2013	2014	2015
众信旅游	14.58	12.44	9.77
海涛股份	1.73	5.91	7.39
视野股份	5.10	4.97	2.56
山水股份	1.57	4.52	0.46
明游天下	-7.71	17.06	0
行业均值	3.05	8.98	5.05

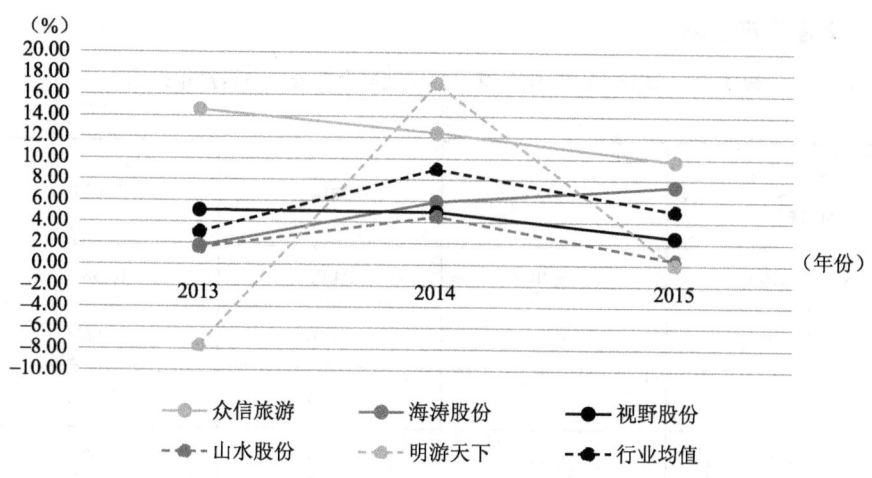

图1-20　2013~2015年北京市旅行社类上市公司资产报酬率

从表1-20和图1-20 2013~2015年北京市旅行社类上市公司资产报酬率可以看出,行业均值在2014年达到最大值,为8.98%,之后有所下降,而且可以发现各个公司表现不一致。众信旅游和视野股份逐年下降,而海涛股份却逐年上升。明游天下2015年数据缺失,但是从现有的数据来看2014年资产报酬率大幅上涨。山水股份则是在2014年出现最大值之后,2015年有所下降。但是整体而言,旅行社类资产报酬率有着小幅增长的态势。

表1-21为旅行社类上市公司资产报酬率年度排名情况。

表1-21　2013~2015年北京市旅行社类上市公司资产报酬率各年度排名情况

年份 公司简称	2013	2014	2015
众信旅游	1	2	1
海涛股份	3	3	2
视野股份	2	4	3
山水股份	4	5	4
明游天下	5	1	

2. 净资产报酬率

表1-22　2013~2015年北京市旅行社类上市公司净资产报酬率

单位:%

年份 公司简称	2013	2014	2015
众信旅游	35.40	24.92	18.58
海涛股份	3.02	20.10	21.06
视野股份	38.42	41.84	5.63
山水股份	6.54	18.27	2.92
明游天下	-18.27	27.80	0
行业均值	13.02	26.59	12.05

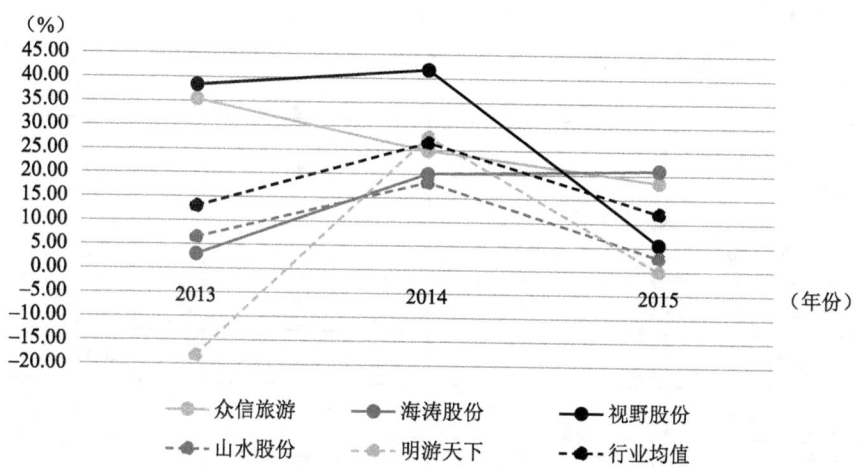

图 1-21 2013~2015 年北京市旅行社类上市公司净资产报酬率

从图 1-21 和表 1-22 2013~2015 年北京市旅行社类上市公司净资产报酬率来看,行业均值在 2014 年达到最大值 26.59%,之后在 2015 年下降至 12.05%。众信旅游从 2013 年一直下降,在 2015 年达到 18.58%。视野股份、明游天下、山水股份的净资产报酬率在 2014 年达到最高值之后,在 2015 年下降。海涛股份从 2013 年开始净资产报酬率一直增长,2015 年至 21.06%,说明其产品盈利能力强,股东投资收益率高。

表 1-23 为北京市旅行社类上市公司净资产报酬率各年排名情况。

表 1-23 2013~2015 年北京市旅行社类上市公司资产报酬率各年度排名情况

年份 公司简称	2013	2014	2015
众信旅游	2	3	2
海涛股份	4	4	1
视野股份	1	1	3
山水股份	3	5	4
明游天下	5	2	

3.毛利率

表1-24　2013~2015年北京市旅行社类上市公司毛利率

单位:%

年份 公司简称	2013	2014	2015
众信旅游	10.00	8.77	9.16
海涛股份	4.22	3.10	5.55
视野股份	7.81	7.20	10.17
山水股份	4.57	5.74	6.39
明游天下	2.17	14.27	0
行业均值	5.75	5.40	7.82

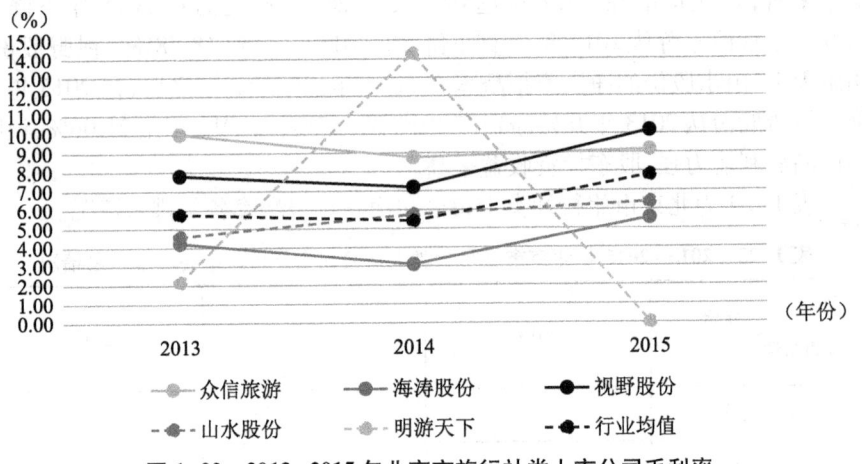

图1-22　2013~2015年北京市旅行社类上市公司毛利率

从图1-22和表1-24 2013~2015年北京市旅行社类上市公司毛利率可以看出,行业均值在2014年略有下降后,2015年大幅上升,达到7.82%。相较于其他公司在2013年到2014年毛利率均有所下降的情况,明游天下在2014年毛利率大幅上升至14.27%,增长了接近6倍,表明其产品盈利能力相对较强。其他企业在2014年均出现不同程度的毛利率下降的情况,但是在2015

年均出现了回升现象,表明总体来说,行业产品的盈利能力较强。

表 1-25 为北京市旅行社类上市公司毛利率各年度排名情况。

表 1-25　2013~2015 年北京市旅行社类上市公司毛利率各年度排名情况

年份 公司简称	2013	2014	2015
众信旅游	1	2	2
海涛股份	4	5	4
视野股份	2	3	1
山水股份	3	4	3
明游天下	5	1	

4.销售净利率

表 1-26　2013~2015 年北京市旅行社类上市公司销售净利率

单位:%

年份 公司简称	2013	2014	2015
众信旅游	2.91	2.58	2.50
海涛股份	0.42	0.54	1.18
视野股份	2.18	1.58	1.03
山水股份	0.13	0.56	0.07
明游天下	-5.83	3.69	0
行业均值	-0.04	1.79	1.20

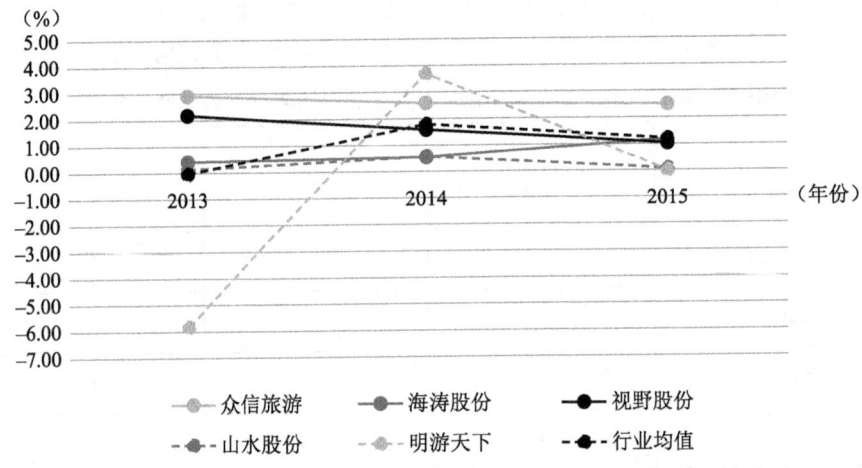

图 1-23　2013~2015 年北京市旅行社类上市公司销售净利率

从表 1-26 和图 1-23 2013~2015 年北京市旅行社类上市公司销售净利率来看,行业均值在经历了 2013 年的负值之后,2014 年达到了最大值 1.79%。明游天下同样经历了 2013 年的 -5.83% 之后在 2014 年大幅上升,达到 3.69%。众信旅游和山水股份整体来说销售净利率较为平稳,视野股份销售净利率近年来一直下降,从 2013 年的 2.18% 下降至 2015 年的 1.03%。相反海涛股份则一直处于上升状态,从 2013 年的 0.42% 上升至 2015 年的 1.18%,表明公司销售能力提高。

表 1-27 为北京市旅行社类上市公司销售净利率各年度排名情况。

表 1-27　2013~2015 年北京市旅行社类上市公司销售净利率各年度排名情况

年份 公司简称	2013	2014	2015
众信旅游	1	2	1
海涛股份	3	5	2
视野股份	2	3	3
山水股份	4	4	4
明游天下	5	1	

5.主营业务利润率

表1-28 2013~2015年北京市旅行社类上市公司主营业务利润率

单位:%

年份 公司简称	2013	2014	2015
众信旅游	8.81	7.71	7.20
海涛股份	4.22	3.10	5.55
视野股份	7.81	7.20	10.16
山水股份	4.57	5.57	6.39
明游天下	2.17	14.27	0
行业均值	5.52	7.57	7.33

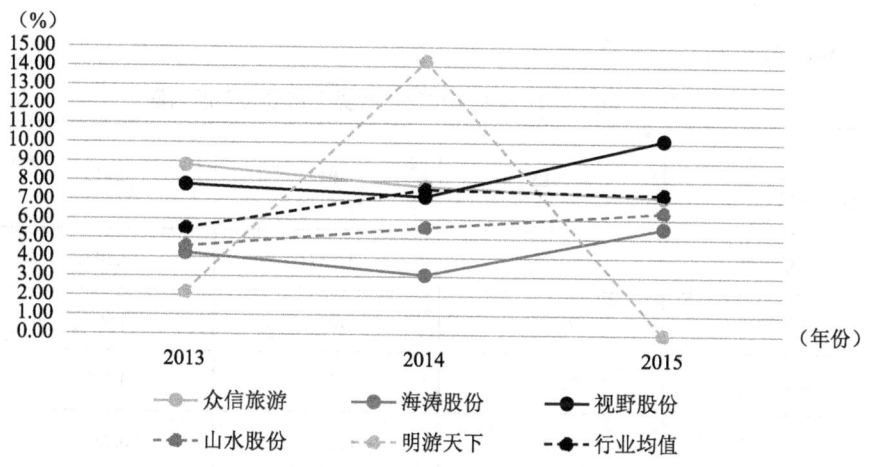

图1-24 2013~2015年北京市旅行社类上市公司主营业务利润率

从表1-28和图1-24 2013~2015年北京市旅行社类上市公司主营业务利润率来看,行业均值在2014年达到最大值7.57%,2015年略有下降。明游天下仍然一枝独秀,2014年主营业务利润率达到14.27%,远远高于行业水平。山水股份和视野股份也是逐年上升的情况,表明主营业务盈利能力较强,产品收益率高。众信旅游的主营业务利润率则是逐年下降的状态,在

2015年达到最小值7.20%,公司应该加强主营业务盈利能力。海涛股份在2014年主营业务利润率达到最小值3.10%,但2015年大幅上升至5.55%。

表1-29为北京市旅行社类上市公司主营业务利润率各年度排名情况。

表1-29 2013~2015年北京市旅行社类上市公司主营业务利润率排名

年份 公司简称	2013	2014	2015
众信旅游	1	2	2
海涛股份	4	5	4
视野股份	2	3	1
山水股份	3	4	3
明游天下	5	1	

6. 每股利润

表1-30 2013~2015年北京市旅行社类上市公司每股利润

年份 公司简称	2013	2014	2015
众信旅游	1.7151	1.8371	0.5021
海涛股份	0.32	0.23	0.66
视野股份	0.52	0.7161	0.2457
山水股份	0.12	0.27	0.03
明游天下	-0.3	0.27	0
行业均值	0.475	0.6646	0.3595

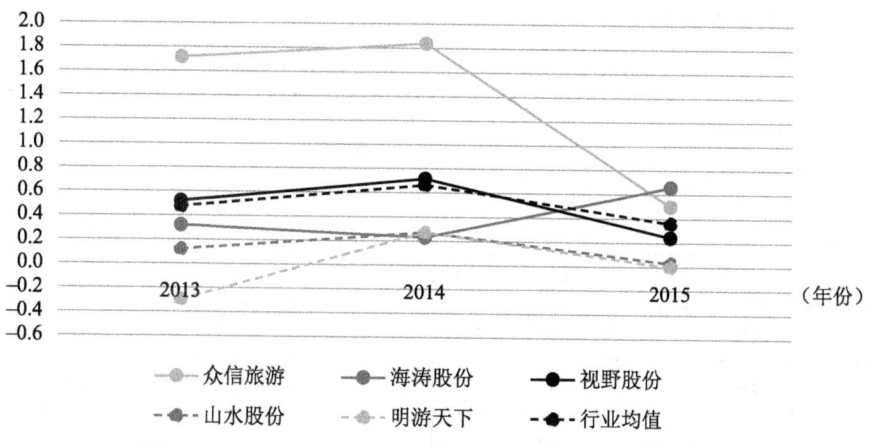

图 1-25 2013~2015 年北京市旅行社类上市公司每股利润

从表 1-30 和图 1-25 2013~2015 年北京市旅行社类上市公司每股利润来看,行业均值在 2014 年达到最大值 0.6646 之后,2015 年出现大幅下滑,至 0.3595。视野股份的情况基本与行业均值的变化状况相同。众信旅游、山水股份同样在 2014 年达到最大值之后出现大幅下滑,尤其是众信旅游由 1.8371 降至 0.5021,下降了将近 2/3,表明公司应该加强盈利能力管理。海涛股份则是在经历了 2014 年小幅下降达到 0.23 之后,2015 年上升至 0.66。

表 1-31 为北京市旅行社类上市公司每股利润各年度排名情况。

表 1-31 2013~2015 年北京市旅行社类上市公司每股利润各年度排名情况

年份 公司简称	2013	2014	2015
众信旅游	1	1	2
海涛股份	3	4	1
视野股份	2	2	3
山水股份	4	3	4
明游天下	5	3	

7.每股现金流量

表1-32　2013~2015年北京市旅行社类上市公司每股现金流量

年份 公司简称	2013	2014	2015
众信旅游	1.3379	1.1734	0.03
海涛股份	−0.05	−0.9	−2.1785
视野股份	0.41	−1.34	−1.0727
山水股份	−0.43	−0.1	−2.3145
明游天下	−1.15	−0.94	0
行业均值	0.0236	−0.4213	−1.3839

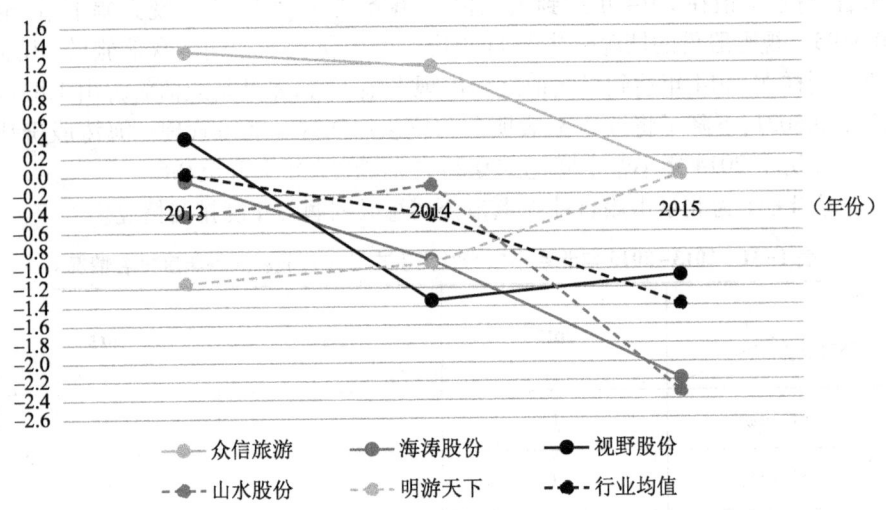

图1-26　2013~2015年北京市旅行社类上市公司每股现金流量

从表1-32和图1-26 2013~2015年北京市旅行社类上市公司每股现金流量来看,行业均值近三年来一直处于下降状态,2015年达到最低值−1.3839,表明行业每股资产产生现金流量的能力处于下降状态。同样一直下降的还有众信旅游,从2013年的1.3379一直下降至2015年的0.03,表明公司需要加强产品的盈利能力,加强应收账款的回收力度。海涛股份同样保持每年下降的状况,直到 2015 年达到最小值 -2.1785。视野股份的变化则具有波动性,在 2014 年下降至最低值之后,在 2015 年有所回升。山水股份同样出现波动性的变化情况,在 2014 年达到最大值 -0.1,表明公司急需加强产品的盈利能力,增强现金流管理,应该注重应收账款的回收。

表 1-33 为北京市旅行社类上市公司每股现金流量各年度排名情况。

表 1-33 2013~2015 年旅行社类上市公司每股现金流量排名

年份 公司简称	2013	2014	2015
众信旅游	1	1	1
海涛股份	3	3	3
视野股份	2	5	2
山水股份	4	2	4
明游天下	5	4	

8.每股净资产

表 1-34 2013~2015 年北京市旅行社类上市公司每股净资产

年份 公司简称	2013	2014	2015
众信旅游	5.703	9.8313	4.0122
海涛股份	1.02	1.25	4.15
视野股份	1.35	2.07	6.22
山水股份	1.01	1.17	1.2
明游天下	0.85	1.12	0.0
行业均值	1.9866	3.0883	3.8956

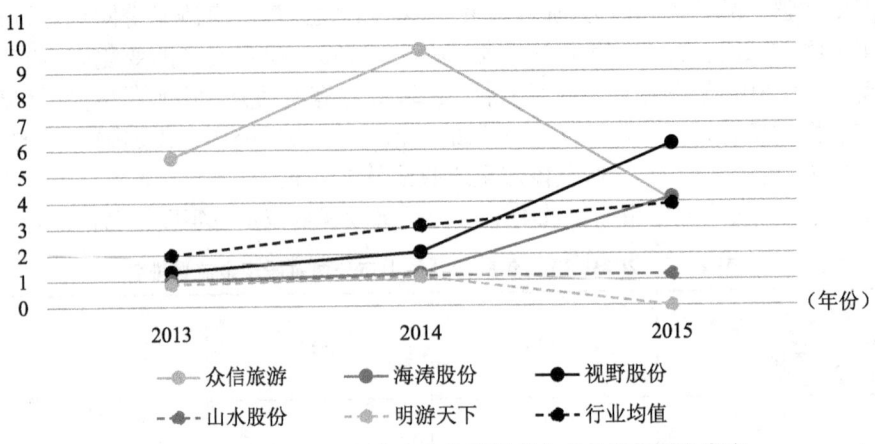

图1-27　2013~2015年北京市旅行社类上市公司每股净资产

从表1-34和图1-27 2013~2015年北京市旅行社类上市公司每股净资产来看，行业均值处于上升状态，从2013年的1.9866上升至2015年的3.8956。众信旅游虽然处于行业领先状态，但是每股净资产则出现波动状态，2014年出现了最大值达到了9.8313，但是2015年大幅下滑至4.0122，表明众信旅游应该加强产品的盈利能力，提高收益率从而增加每股净资产。视野股份和海涛股份的每股净资产在2015年出现了大幅上升。山水股份在研究期间每股净资产基本保持平稳状态没有大的起伏波动，均值在1.1左右。

表1-35为北京市旅行社类上市公司每股净资产各年度排名情况。

表1-35　2013~2015年北京市旅行社类上市公司每股净资产排名

年份 公司简称	2013	2014	2015
众信旅游	1	1	3
海涛股份	3	3	2
视野股份	2	2	1
山水股份	4	4	4
明游天下	5	5	

三、酒店类企业盈利能力分析

表1-36　2011~2015年酒店类企业具体盈利能力（上）

公司简称	年份	资产报酬率（%）	净资产报酬率（%）	股东权益报酬率（%）	毛利率（%）	销售净利率（%）	成本费用净利率（%）	主营业务利润率（%）
首旅酒店	2011	5.74	4.74	4.74	30.96	4.66	4.92	29.21
	2012	6.00	5.38	5.38	32.84	4.55	4.81	30.98
	2013	6.17	5.40	5.40	32.25	4.61	4.85	30.44
	2014	6.07	5.07	5.07	33.44	4.79	5.03	31.57
	2015	3.64	4.10	4.10	86.39	8.46	8.70	87.06

表1-37　2011~2015年酒店类企业具体盈利能力（下）

公司简称	年份	每股利润	每股现金流量	每股股利	股利发放率	每股净资产	市盈率
首旅酒店	2011	0.5111	-0.1259	0.2	0.3913	5.3086	24.57
	2012	0.5978	1.4567	0.25	0.4182	5.3404	18.99
	2013	0.5904	1.0349	0.25	0.4235	5.5897	24.43
	2014	0.577	1.065	0.15	0.26	5.8049	25.94
	2015	0.4871	1.572	0.15	0.3079	6.0772	21.79

1. 资产报酬率

资产报酬率又叫总资产报酬率，表示企业全部资产获取收益的水平，全面反映了企业的获利能力和投入产出状况。资产报酬率越高，表明资产利用效率越高，说明企业在增加收入、节约资金使用等方面取得了良好的效果；该指标越低，说明企业资产利用效率越低，应分析差异原因，提高销售利润率，加速资金周转，提高企业经营管理水平。通过对该指标的深入分析，可以增强各方面对企业资产经营的关注，促进企业提高单位资产的收益水平。一般情况下，企业可据此指标与市场资本利率进行比较，如果该指标大于市场利率,则表明企业可以充分利用财务杠杆,进行负债经营,获取尽可能多的收益,提高公司的盈利能力。

表1-38 2011~2015年酒店类上市公司资产报酬率

公司简称	年份	资产报酬率(%)
首旅酒店	2011	5.74
	2012	6.00
	2013	6.17
	2014	6.07
	2015	3.64

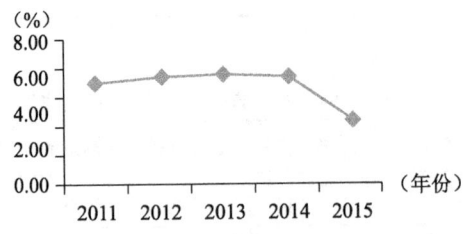

图1-28 2011~2015年酒店类上市公司资产报酬率

从表1-38和图1-28 2011~2015年首旅酒店资产报酬率来看,首旅酒店的资产报酬率在6.0%左右,2011~2013总体呈现缓慢上升,三年从5.74%到6.17%共上升0.43%,从2014年开始出现下降,尤其2015年下降幅度增加,下降多达2.43%。

2.净资产报酬率

净资产报酬率又叫所有者权益报酬率,是企业一定时期内获得的报酬总额与平均净资产总额的比率。它是反映企业资产综合利用效果的指标,也是衡量企业利用所有者权益总额所取得的盈利的重要指标。该指标越高,表明企业的资产利用效益越好,企业盈利能力越强,经营管理水平越高。这一指标反映了企业净资产获取收益的能力。资产占用的资金来源包括了两部分:一是属于股东的资金,即所有者权益,为企业自有资金;二是来源于债权人提供的资金,为企业借入资金,这部分资金对企业而言,虽然可以暂时占用,但却需要偿还甚至是需要付息的。所以,净资产报酬率反映的是企业利用自有资金获取收益的能力。

表1-39 2011~2015年酒店类上市公司净资产报酬率

公司简称	年份	净资产报酬率(%)
首旅酒店	2011	4.74
	2012	5.38
	2013	5.40
	2014	5.07
	2015	4.10

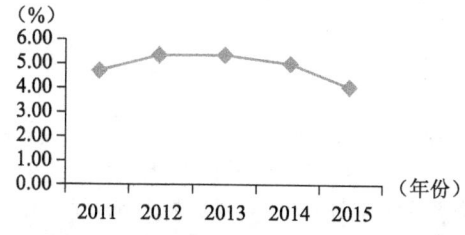

图1-29 2011~2015年酒店类上市公司净资产报酬率

从表1-39和图1-29 2011~2015年酒店类上市公司净资产报酬率来看,净资产报酬率在5%左右,首旅酒店总体上先是缓慢上升后大幅度下降。2011~2013年从4.74%小幅度上涨到5.40%,共上升0.66%。2014年开始下降,2015年大幅度下降,下降到4.10%,下降了0.97%。

3.毛利率

毛利率是营业收入扣除营业成本后,占企业营业收入的比重,反映的是一个商品经过生产转换内部系统以后增值的那一部分。也就是说,企业商品增值得越多,毛利自然也就越多。毛利是企业经营获利的基础,企业要经营盈利,首先要获得足够的毛利,在其他条件不变的情况下,毛利额越大,毛利率越高,则意味着利润总额增加得越多,企业盈利能力越强。

表 1-40　2011~2015 年酒店类上市公司毛利率

公司简称	年份	毛利率(%)
首旅酒店	2011	30.96
	2012	32.84
	2013	32.25
	2014	33.44
	2015	86.39

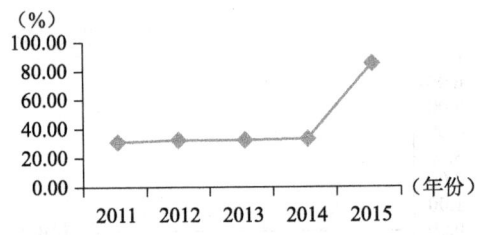

图 1-30　2011~2015 年酒店类上市公司毛利率

从表 1-40 和图 1-30 2011~2015 年首旅酒店毛利率来看,首旅酒店的毛利率 2011~2014 年变化不大,在 2015 年呈现大幅上涨。2011~2014 年毛利率从 30.96% 上升至 33.44%,累计上涨 2.5%,在 2015 年上涨至 86.39%,上涨幅度为 52.95%。

4.销售净利率

销售净利率体现了企业实现净利润与销售收入的对比关系,用以衡量企业在一定时期的销售收入获取能力。按照其驱动因素,提高销售利润率主要有以下四个方法:提高销量、提高价格、降低营业成本、降低营业费用。通过分析销售净利率的升降变动,可以促使企业在扩大销售的同时,注意改进经营管理,提高企业的盈利水平。

表 1-41　2011~2015 年酒店类上市公司销售净利率

公司简称	年份	销售净利率(%)
首旅酒店	2011	4.66
	2012	4.55
	2013	4.61
	2014	4.79
	2015	8.46

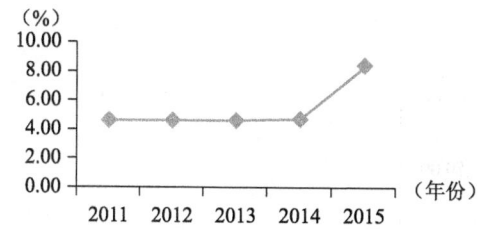

图 1-31　2011~2015 年酒店类上市公司销售净利率

从表 1-41 和图 1-31 2011~2015 年首旅酒店销售净利率来看,2011~2014 年变化幅度较小,基本维持在 4.6%;2015 年出现大幅度上涨,从 2014 年的 4.79%上升至 8.46%,上升额为 3.67%。2015 年的销售净利率为 2011~2015 的最高值。

5. 主营业务利润率

主营业务利润率是指企业一定时期主营业务利润同主营业务收入净额的比率,是公司主业所产生的利润率。它表明企业每单位主营业务收入能带来多少主营业务利润,反映了企业主营业务的获利能力,是评价企业经营效益和盈利能力的主要指标。主营业务利润率是从企业主营业务的盈利能力和获利水平方面对资本金收益率指标的进一步补充,体现了企业主营业务利润对利润总额的贡献,以及对企业全部收益的影响程度。该指标高,说明企业产品或商品定价科学,产品附加值高,营销策略得当,主营业务市场竞争力强,发展潜力大,获利水平高。只有当公司主营业务突出,即主营业务利润率较高的情况下,才能在竞争中占据优势地位。

表1-42　2011~2015年酒店类上市公司主营业务利润率

公司简称	年份	主营业务利润率(%)
首旅酒店	2011	29.21
	2012	30.98
	2013	30.44
	2014	31.57
	2015	87.06

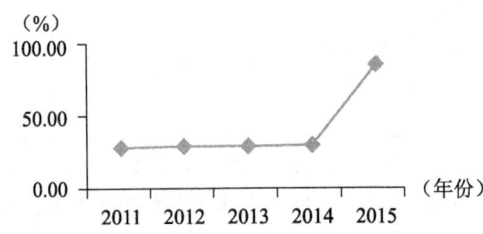

图1-32　2011~2015年酒店类上市公司主营业务利润率

从表1-42和图1-32 2011~2015年首旅酒店主营业务利润率来看，2011~2014年变化幅度不大，基本维持在30%左右，在2011~2014年中最高值为2014年的31.57%，最低值为2011年的29.21%。2015年出现大幅度的上涨，上涨至87.06%，相较于2014年上涨55.49%。

6.每股利润

每股利润(EPS)即每股的利润、每股的收益，也称每股盈余、每股获利等。每股利润为公司获利能力的最后结果。每股利润高代表着公司每单位资本额的获利能力高，这表示公司具有某种较佳的能力，如产品行销、技术能力、管理能力等，使得公司可以用较少的资源创造出较高的获利。每股利润通常也代表着该年度所能配发的股利，反映公司给股东创造价值的能力。

表 1-43　2011~2015 年酒店类上市公司每股利润

公司简称	年份	每股利润
首旅酒店	2011	0.5111
	2012	0.5978
	2013	0.5904
	2014	0.577
	2015	0.4871

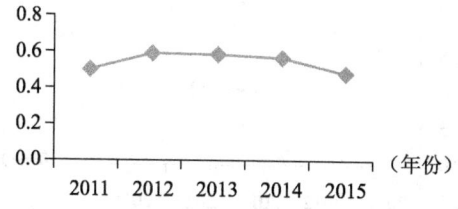

图 1-33　2011~2015 年酒店类上市公司每股利润

从表 1-43 和图 1-33 2011~2015 年首旅酒店每股利润来看,总体比较稳定,维持在 0.57 左右。首先 2011~2012 出现小幅度上升,上涨至 0.5978,这是近 5 年最高值。2013~2015 年出现小幅度下降,下降到 2015 年的 0.4871,也是近 5 年最低值。

7.每股现金流量

每股现金流量主要反映企业平均每股资产所获得的现金流量。该指标隐含了上市公司在维持期初现金流量情况下,有能力发给股东的最高现金股利金额。每股利润则不能代表公司发放股利的能力。从这一点上来说,每股现金流量显得更实际、更直接。公司现金流强劲,很大程度上表明主营业务收入回款力度较大,产品竞争性强,公司信用度高,经营发展前景有潜力。从短期来看,每股现金流量比每股盈余更能显示从事资本性支出及支付股利的能力。一家公司的每股现金流量越高,说明这家公司的每股普通股在一个会计年度内所赚得的现金流量越多;反之,则表示每股普通股所赚得的现金流量越少。

表 1-44 2011~2015 年酒店类上市公司每股现金流量

公司简称	年份	每股现金流量
首旅酒店	2011	-0.1259
	2012	1.4567
	2013	1.0349
	2014	1.065
	2015	1.572

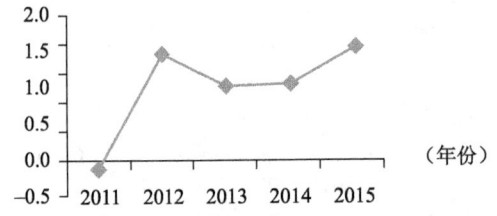

图 1-34 2011~2015 年酒店类上市公司每股现金流量

从表 1-44 和图 1-34 2011~2015 年首旅酒店每股现金流量来看,呈现波浪式变化。2011 年为负数即-0.1259;2012 年大幅度上涨,上涨额为 1.5826;2013 年开始下降,相对于 2012 年下降幅度减弱,下降额为 0.4218;2014 年与 2013 年相差不大;2015 年又小幅度上升,上升 0.507,上升至 1.572。

8.每股股利

每股股利反映的是上市公司每一普通股获取股利的大小,指标值越大表明公司获利能力越强。影响每股股利多少的因素主要是企业股利发放政策与利润分配政策。如果企业为扩大再生产、增强企业后劲而多留利,每股股利就少,反之则多。每股股利越大,则公司股本获利能力就越强;每股股利越小,则公司股本获利能力就越弱。每股收益是公司每一普通股所能获得的税后净利润,但上市公司实现的净利润往往不会全部用于分派股利。每股股利通常低于每股利润,其中一部分作为留存利润用于公司自我积累和发展。

表 1-45　2011~2015 年酒店类上市公司每股股利

公司简称	年份	每股股利
首旅酒店	2011	0.2
	2012	0.25
	2013	0.25
	2014	0.15
	2015	0.15

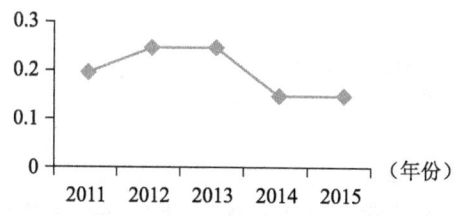

图 1-35　2011~2015 年酒店类上市公司每股股利

从表 1-45 和图 1-35 2011~2015 年首旅酒店每股股利来看,每股股利呈现波浪式变化,基本在 0.2 左右波动。2011~2012 年上升 0.05,上升至 0.25。2013 年每股股利维持在 0.25。2014 开始下降至 0.15,下降 0.1。2015 年与 2014 年持平。

9.每股净资产

每股净资产反映每股股票所拥有的资产现值。每股净资产越高,股东拥有的资产现值越多;每股净资产越少,股东拥有的资产现值越少。通常每股净资产越高越好。每股净资产值反映了每股股票代表的公司净资产价值,为支撑股票市场价格的重要基础。每股净资产值越大,表明公司每股股票代表的财富越雄厚,通常创造利润的能力和抵御外来因素影响的能力越强,它标志着上市公司的经济实力和累积盈利能力。

表 1-46　2011~2015 年酒店类上市公司每股净资产

公司简称	年份	每股净资产
首旅酒店	2011	5.3086
	2012	5.3404
	2013	5.5897
	2014	5.8049
	2015	6.0772

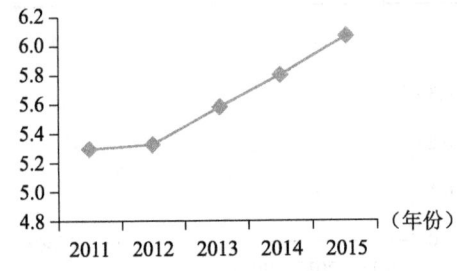

图 1-36　2011~2015 年酒店类上市公司每股净资产

从表 1-46 和图 1-36 2011~2015 年首旅酒店每股净资产来看，每股净资产不断上涨。2011~2012 年上涨幅度比较小，只上升 0.0318，2012~2015 年相较于 2011~2012 年大幅上涨，从 5.3404 上涨到 6.0772，上升额为 0.7368。

10. 市盈率

市盈率也称"本益比""股价收益比率"和"市价盈利比"。市盈率是最常用来评估股价水平是否合理的指标之一，由股价除以年度每股盈余（EPS）得出。市盈率是某种股票每股市价与每股盈利的比率。市场广泛谈及市盈率通常指的是静态市盈率，通常用来作为比较不同价格的股票是否被高估或者低估的指标。一般认为，如果一家公司股票的市盈率过高，那么该股票的价格具有泡沫，价值被高估。市盈率是很具参考价值的股市指针，市盈率高的股票有可能在另一侧面上反映了该企业良好的发展前景。市场上几乎没有人不注意股票的市盈率，这种衡量指标很简单、直观，如果用好市盈率指标，对投资者提高收益帮助很大。市盈率高，在一定程度上反映了投资者对公司增长潜力的认同。首旅酒店 2011~2015 年市盈率均保持在 20 左右，2014 年达到最高值，2015 年有所下降。

表 1-47　2009~2013 年酒店类上市公司市盈率

公司简称	年份	市盈率
首旅酒店	2011	24.57
	2012	18.99
	2013	24.43
	2014	25.94
	2015	21.79

根据旅游统计年鉴的数据,近两年北京市星级酒店营业收入呈下降的趋势,每年同比下降5%左右,2013年下降了6.4%,2014年下降约5.6%。由于物价上涨、互联网等新兴营销方式的出现,酒店的利润减少,部分酒店出现亏损状态,盈利能力有所下降。

四、综合旅游类上市公司盈利能力分析

（一）综合旅游类企业总体盈利能力分析

中国上市旅游板块中综合类企业主要包括中青旅（600138）、中国国旅（601888）、北京旅游（000802）总计3家公司。其中行知探索非上市公司,且公开的年报只有2015年,其他年份数据缺失。表1-48为2011~2015年综合旅游类上市企业盈利能力指标汇总表。

表 1-48　综合旅游类上市企业盈利能力指标汇总（上）

公司简称	年份	资产报酬率(%)	净资产报酬率(%)	股东权益报酬率(%)	毛利率(%)	销售净利率(%)	成本费用净利率(%)	主营业务利润率(%)
中青旅	2011	6.26	13.41	20.70	20.49	6.00	6.54	20.49
	2012	6.47	12.33	19.49	19.95	5.13	5.51	19.95
	2013	5.97	11.38	16.52	19.80	5.14	5.38	19.80
	2014	5.92	10.48	10.48	19.95	4.78	5.06	18.79
	2015	10.59	14.89	14.89	21.17	4.32	4.56	20.01

续表

公司简称	年份	资产报酬率(%)	净资产报酬率(%)	股东权益报酬率(%)	毛利率(%)	销售净利率(%)	成本费用净利率(%)	主营业务利润率(%)
中国国旅	2011	11.78	17.29	19.02	20.74	6.58	7.13	20.30
	2012	14.20	20.81	22.96	21.66	7.32	8.00	21.14
	2013	13.56	18.68	20.25	23.83	8.51	9.49	23.05
	2014	12.08	16.30	16.30	23.86	8.38	9.37	21.91
	2015	11.31	15.18	15.18	24.43	8.09	9.00	22.46
北京旅游	2011	1.31	1.73	1.74	58.51	5.26	5.50	58.51
	2012	2.88	3.35	3.37	54.81	16.47	18.17	54.38
	2013	3.14	3.83	3.85	52.01	19.76	19.93	51.56
	2014	5.94	8.66	8.66	48.76	18.39	24.40	40.80
	2015	1.40	2.09	2.09	48.46	5.89	5.22	44.81
行知探索	2015	−17.00	−27.76	−27.76	40.12	−9.51	−7.77	29.51
行业均值	2011	9.04	13.86	16.14	24.94	6.32	6.87	24.22
	2012	8.73	12.95	14.56	28.06	7.27	7.92	27.30
	2013	8.43	12.17	13.14	30.98	8.60	9.24	30.17
	2014	6.46	9.03	9.68	33.89	7.90	8.88	31.81
	2015	8.02	11.16	11.66	36.20	9.91	10.98	34.45

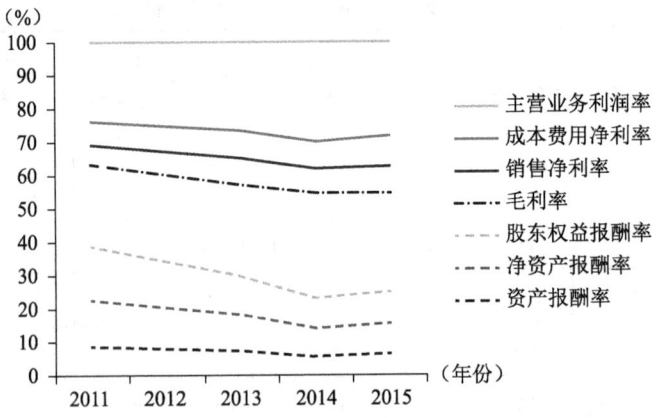

图1-37 2011~2015年综合旅游类行业盈利能力指标均值(上)

表 1-49 综合旅游类上市企业盈利能力指标汇总(下)

公司简称	年份	每股利润	每股现金流量	每股股利	股利发放率	每股净资产	市盈率
中青旅	2011	1.2157	1.4713	0.18	0.1481	9.0684	12.39
	2012	1.2708	0.6027	0.1425	0.1121	10.3064	12.53
	2013	1.1521	1.1909	0	0	10.1263	15.29
	2014	0.8738	0.9026	0.1246	0.1426	9.6967	23.47799
	2015	0.6308	0.7049	0.1	0.1585	4.2102	36.9538
中国国旅	2011	0.9491	0.6272	0.09	0.0948	5.4904	27.64
	2012	1.3413	1.4461	0.3325	0.2479	6.4454	20.44
	2013	1.5997	1.5841	0.38	0.2375	8.5655	22.95
	2014	1.7111	1.5322	0.46	0.2688	11.0552	33.63429
	2015	1.7634	1.6092	0.5	0.3107	12.1819	33.63429
北京旅游	2011	0.057	0.0686	0.018	0.3155	3.294	191.54
	2012	0.1459	0.2215	0.0285	0.1954	4.3519	54.84
	2013	0.1144	0.0616	0.019	0.166	2.9905	74.68
	2014	0.2057	-0.4415	0.02	0.0972	2.4775	57.40499
	2015	0.0053	0.1321	0	0	2.6675	639.85087
行知探索	2015	-0.638	-0.9269	0	0	2.3775	
行业均值	2011	0.7406	0.722366667	0.096	0.186133333	5.950933333	77.19
	2012	0.919333333	0.756766667	0.167833333	0.185133333	7.034566667	29.27
	2013	0.9554	0.945533333	0.133	0.1345	7.227433333	37.64
	2014	0.9302	0.664433333	0.201533333	0.169533333	7.743133333	38.17242333
	2015	0.440375	0.379825	0.15	0.1173	5.359275	236.8129867

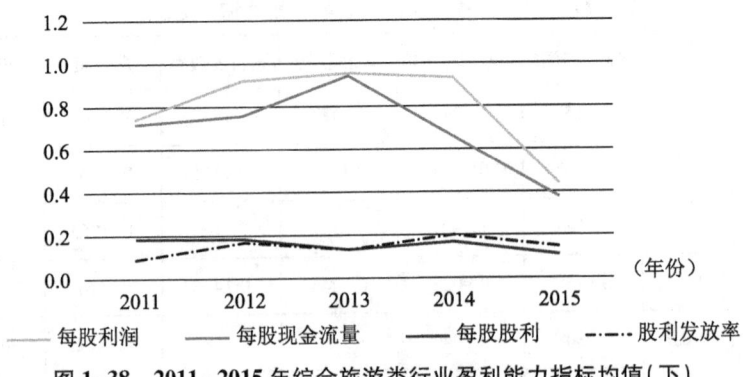

图1-38　2011~2015年综合旅游类行业盈利能力指标均值(下)

图1-37与图1-38表明,综合旅游类行业的资产报酬率、净资产报酬率、股东权益报酬率、毛利率、销售净利率、成本费用率和主营业务利润率自2011年到2014年逐年下降,从2015年开始逐渐恢复。每股股利和股利发放率呈现平稳状态。每股利润、每股现金流量在2013年达到最高,之后2014、2015年迅速下降。综上可知,综合旅游类行业盈利能力在逐年下降,自2015年呈现缓慢复苏势态。

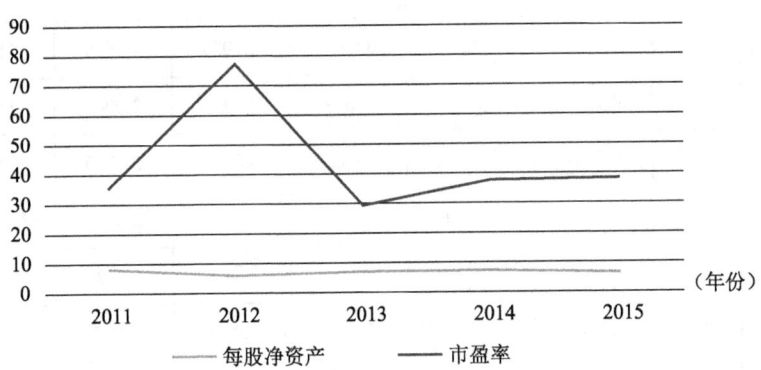

图1-39　2011~2015年综合旅游类行业每股净资产与市盈率的行业均值

图1-39表明,综合旅游类行业中,每股净资产总体平稳但是略微下降;而市盈率大幅度变动,2012年大幅度上涨,2013年又大幅度下降,随后2014~2015年趋于平稳且与2011年相差不大。

表 1-50　2011~2015 年综合旅游类上市企业盈利能力指标均值(上)

公司简称	资产报酬率(%)	净资产报酬率(%)	股东权益报酬率(%)	毛利率(%)	销售净利率(%)	成本费用净利率(%)	主营业务利润率(%)
中青旅	7.04	12.50	16.42	20.27	5.07	5.41	19.81
中国国旅	12.59	17.65	18.74	22.90	7.78	8.60	21.77
北京旅游	2.93	3.93	3.94	52.51	13.15	14.64	50.01
行知探索	-17.00	-27.76	-27.76	40.12	-9.51	-7.77	29.51
行业均值	8.14	11.84	13.04	30.82	8.00	8.78	29.59

表 1-51　2011~2015 年综合旅游类上市企业盈利能力指标均值(下)

公司简称	每股利润	每股现金流量	每股股利	股利发放率	每股净资产	市盈率	排名
中青旅	1.02864	0.97448	0.10942	0.11226	8.6816	13.403333	2
中国国旅	1.47292	1.35976	0.3525	0.23194	8.74768	23.676667	1
北京旅游	0.10566	0.00846	0.0171	0.15482	3.15628	107.02	3
行知探索	-0.638	-0.9269	0	0	2.3775	—	4
行业均值	0.797182	0.693785	0.149673	0.15852	6.663068	—	—

注：根据 2011~2015 年企业每股利润的均值进行排名。

通过以上 4 家公司 2011~2015 年近 5 年的企业盈利能力指标均值及排名对比发现，中青旅和中国国旅每股利润在行业内排名靠前，说明这两家公司总体的盈利能力在行业内比较强。与行业均值相比，中青旅每股利润、每股现金流、每股净资产均高于行业平均水平，说明企业盈利能力处于行业高水平；但是毛利率、销售净利率、主营业务利润率等盈利指标均低于行业平均水平，说明其主营业务的盈利能力有待提高。中国国旅也是毛利率、销售净利率和主营业务利润率略低于行业平均水平，应提高主营业务的盈利能力。而行知探索资产报酬率、销售净利率、成本费用净利率均为负数，企业亏损严重，其主营业务盈利能力需要加强提高。

(二)综合旅游类企业具体盈利能力分析

1.资产报酬率

表1-52　2011~2015年综合旅游类上市公司资产报酬率

单位:%

年份	中青旅	中国国旅	北京旅游	行知探索	行业均值
2011	6.26	11.78	1.31	—	9.04
2012	6.47	14.20	2.88	—	8.73
2013	5.97	13.56	3.14	—	8.43
2014	5.92	12.08	5.94	—	6.46
2015	10.59	11.31	1.40	-17.00	8.02

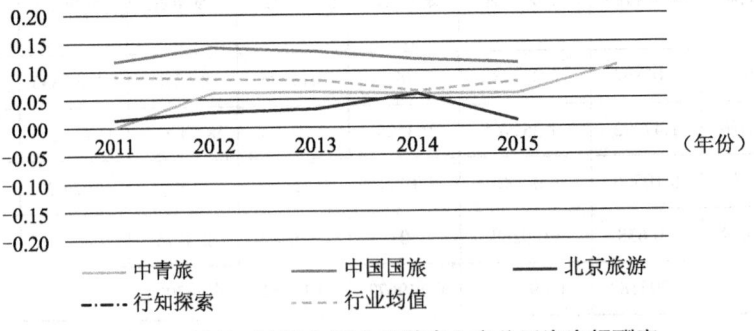

图1-40　2011~2015年综合旅游类上市公司资产报酬率

从表1-52和图1-40中2011~2015年综合旅游类上市公司资产报酬率来看,行业平均资产报酬率在8.43%左右。中国国旅资产报酬率相对较高,是行业内总资产盈利能力相对较高的。中国国旅资产报酬率呈现小波浪式变化,2012年达到最高的14.20%,且一直处于行业领先水平;中青旅近5年资产报酬率平缓上涨,在5%~6%波动;北京旅游从2011年到2014年资产报酬率逐年上升,2015年有所下降,但仍处于行业低水平,资产盈利能力一般,需要增强资产管理效率和产品盈利能力,提高资产报酬率。

表 1-53 2011~2015 年综合旅游类上市公司资产报酬率排名

年份	中青旅	中国国旅	北京旅游	行知探索
2011	2	1	3	
2012	2	1	3	
2013	2	1	3	
2014	3	1	2	
2015	2	1	3	4

2.净资产报酬率

表 1-54 2011~2015 年综合旅游类上市公司净资产报酬率

单位:%

年份	中青旅	中国国旅	北京旅游	行知探索	行业均值
2011	13.41	17.29	1.73	—	13.86
2012	12.33	20.81	3.35	—	12.95
2013	11.38	18.68	3.83	—	12.17
2014	10.48	16.30	8.66	—	9.03
2015	14.89	15.18	2.09	−27.76	11.16

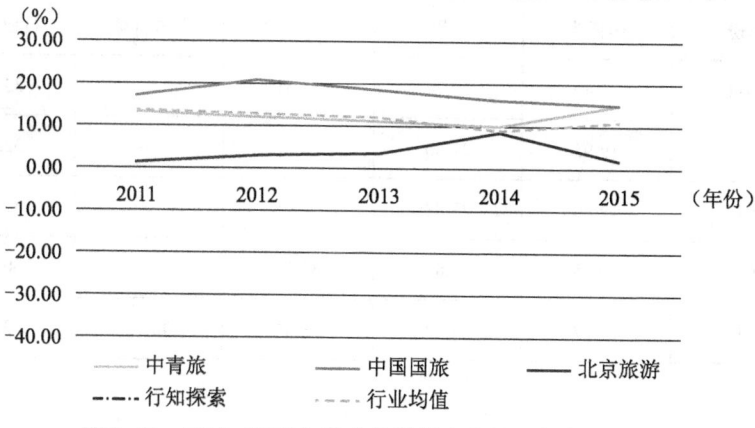

图 1-41 2011~2015 年综合旅游类上市公司净资产报酬率

从表1-54和图1-41 2011~2015年综合旅游类上市公司净资产报酬率来看,行业平均净资产报酬率在12.17%左右。中国国旅和中青旅的净资产报酬率相对较高,是行业内净资产盈利能力相对较高的。中国国旅近5年净资产报酬率呈折线变化,2012年表现最好,并且一直保持在行业领先水平,2013年起有所下降;中青旅最近5年净资产报酬率的变化方向和中国国旅差不多,波动幅度更小,比较稳定;行知探索需要增强净资产管理效率和产品盈利能力,提高净资产报酬率。

表1-55 2011~2015年综合旅游类上市公司净资产报酬率排名

年份	中青旅	中国国旅	北京旅游	行知探索
2011	2	1	3	
2012	2	1	3	
2013	2	1	3	
2014	2	1	3	
2015	2	1	3	4

3.毛利率

表1-56 2011~2015年综合旅游类上市公司毛利率

单位:%

年份	中青旅	中国国旅	北京旅游	行知探索	行业均值
2011	20.49	20.74	58.51	—	33.25
2012	19.95	21.66	54.81	—	32.14
2013	19.80	23.83	52.01	—	31.88
2014	19.95	23.86	48.76	—	30.86
2015	21.17	24.43	48.46	40.12	33.55

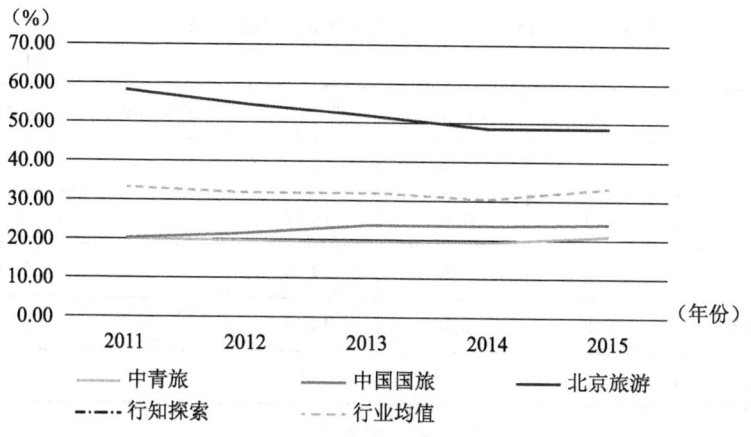

图 1-42 2011~2015 年综合旅游类上市公司毛利率

从表 1-56 和图 1-42 2011~2015 年综合旅游类上市公司毛利率来看，行业平均毛利率在 30.00% 以上。北京旅游毛利率相对较高，近 5 年毛利率均在 48.46% 以上，行业内产品盈利能力相对较高；中青旅和中国国旅的毛利率旗鼓相当，均为 20% 左右。中国国旅这 5 年的毛利率总的来看小幅度上升，并且一直处于行业中等水平；北京旅游 5 年毛利率逐年下降，说明其产品盈利能力近年来有所降低，但其毛利率处于行业领先水平；行知探索 2015 年的毛利率为 40.12%，远高于行业平均水平，处于行业领先位置。

表 1-57 2011~2015 年综合旅游类上市公司毛利率排名

年份	中青旅	中国国旅	北京旅游	行知探索
2011	3	2	1	
2012	3	2	1	
2013	3	2	1	
2014	3	2	1	
2015	4	3	1	2

4.销售净利率

表1-58 2011~2015年综合旅游类上市公司销售净利率

单位:%

年份	中青旅	中国国旅	北京旅游	行知探索	行业均值
2011	6.00	6.58	5.26	—	5.95
2012	5.13	7.32	16.47	—	9.64
2013	5.14	8.51	19.76	—	11.14
2014	4.78	8.38	18.39	—	10.52
2015	4.32	8.09	5.89	-9.51	2.20

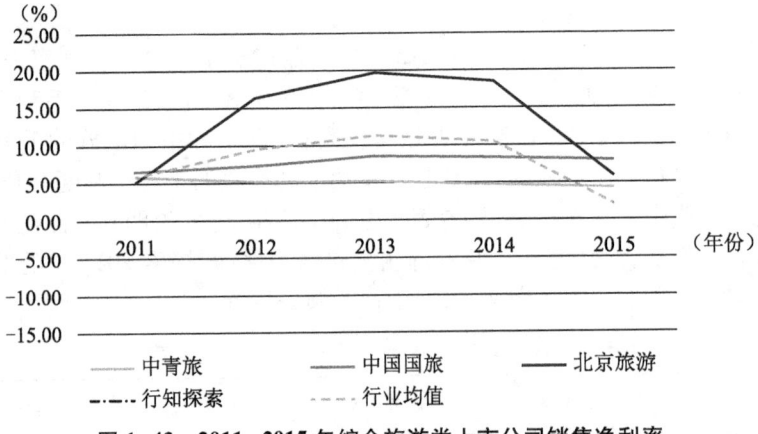

图1-43 2011~2015年综合旅游类上市公司销售净利率

从表1-58和图1-43 2011~2015年综合旅游类上市公司销售净利率来看,行业平均销售净利率在8%左右。北京旅游销售净利率相对较高,是行业内销售能力和商品盈利能力相对较高的。中青旅近5年销售净利率总体呈现平稳趋势,2012~2014年低于行业均值,与中国国旅变化趋势趋同,但低于中国国旅。行知探索销售净利率为负数,需要增强商品销售量和提高产品盈利能力,从而提高公司销售净利率。

表 1-59　2011~2015 年综合旅游类上市公司销售净利率排名

年份	中青旅	中国国旅	北京旅游	行知探索
2011	2	1	3	
2012	3	2	1	
2013	3	2	1	
2014	3	2	1	
2015	3	1	2	4

5.主营业务利润率

表 1-60　2011~2015 年综合旅游类上市公司主营业务利润率

单位:%

年份	中青旅	中国国旅	北京旅游	行知探索	行业均值
2011	20.49	20.30	58.51	—	33.10
2012	19.95	21.14	54.38	—	31.82
2013	19.80	23.05	51.56	—	31.47
2014	18.79	21.91	40.80	—	27.17
2015	20.01	22.46	44.81	29.51	29.20

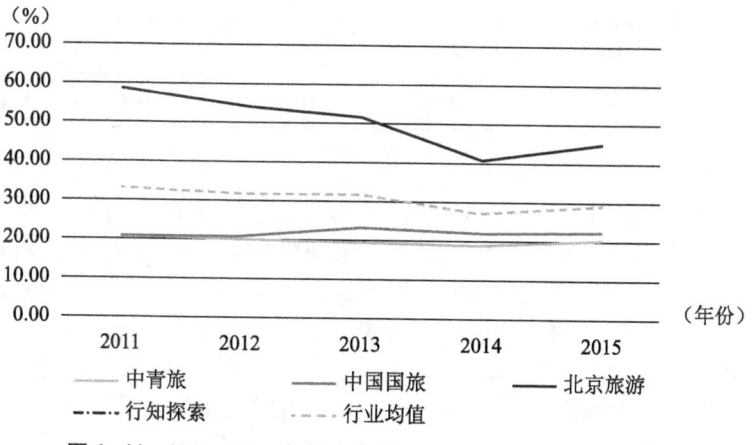

图 1-44　2011~2015 年综合旅游类上市公司主营业务利润率

从表1-60和图1-44 2011~2015年综合旅游类上市公司主营业务利润率来看,行业平均主营业务利润率在30%左右。北京旅游主营业务利润率相对较高,且近5年均高于行业平均水平,是行业内主营业务盈利能力相对较好的;但是总体呈大幅下降趋势。中青旅和中国国旅主营业务利润率几乎不变,且低于行业均值,需要增强主营业务的盈利能力,提高主营业务利润率。

表1-61 2011~2015年综合旅游类上市公司主营业务利润率排名

年份	中青旅	中国国旅	北京旅游	行知探索
2011	2	3	1	
2012	3	2	1	
2013	3	2	1	
2014	3	2	1	
2015	4	3	1	2

6. 每股利润

表1-62 2011~2015年综合旅游类上市公司每股利润

年份	中青旅	中国国旅	北京旅游	行知探索	行业均值
2011	1.2157	0.9491	0.057	—	0.7406
2012	1.2708	1.3413	0.1459	—	0.9193
2013	1.1521	1.5997	0.1144	—	0.8554
2014	0.8738	1.7111	0.2057	—	0.9302
2015	0.6308	1.7634	0.0053	-0.638	0.4404

从表1-62和图1-45 2011~2015年综合旅游类上市公司每股利润来看,行业平均每股利润在0.8左右。中国国旅和中青旅每股利润相对较高,是行业内公司给股东创造价值的能力相对较高的。中国国旅每股利润逐年上升,特别是2011~2013年增长幅度很大;中青旅近5年每股利润则逐年下降,特别是2013~2015下降幅度较大;北京旅游每股利润变动不大,但是近5年均低于行业均值,需要增强企业资产创造价值的能力,提高每股利润。

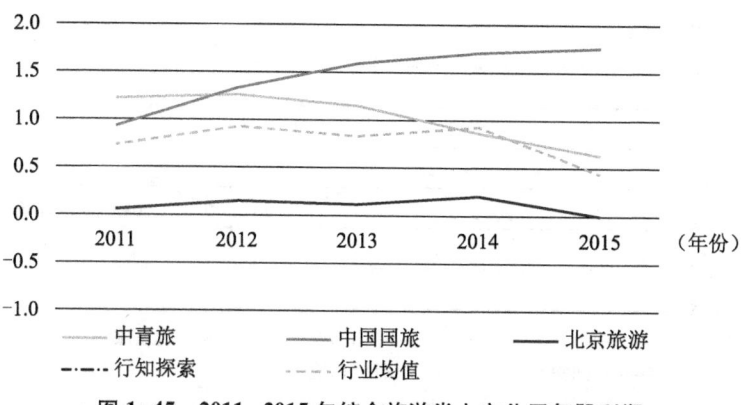

图 1-45 2011~2015 年综合旅游类上市公司每股利润

表 1-63 2011~2015 年综合旅游类上市公司每股利润排名

年份	中青旅	中国国旅	北京旅游	行知探索
2011	1	2	3	
2012	2	1	3	
2013	2	1	3	
2014	2	1	3	
2015	2	1	3	4

7.每股现金流量

表 1-64 2011~2015 年综合旅游类上市公司每股现金流量

年份	中青旅	中国国旅	北京旅游	行知探索	行业均值
2011	1.4713	0.6272	0.0686	—	0.7223
2012	0.6027	1.4461	0.2215	—	0.7568
2013	1.1909	1.5841	0.0616	—	0.9456
2014	0.9026	1.5322	-0.4415	—	0.6644
2015	0.7049	1.6092	0.1321	-0.9269	0.3799

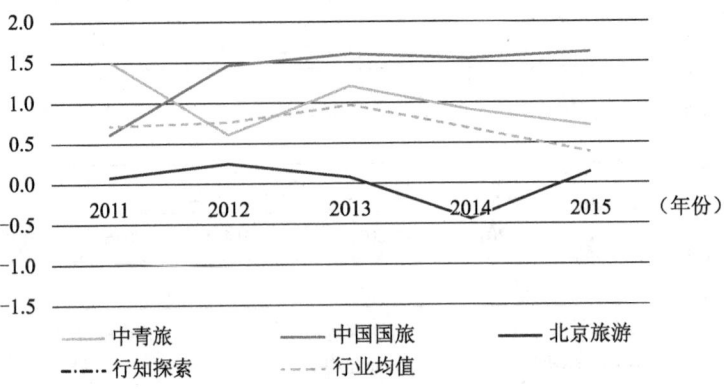

图1-46 2011~2015年综合旅游类上市公司每股现金流量

从表1-64和图1-46 2011~2015年综合旅游类上市公司每股现金流量来看,行业平均每股现金流量在0.7左右。中国国旅和中青旅每股现金流量相对较高,是行业内每股资产产生现金流量的能力相对较强的。中国国旅每股现金流量逐年稳步增长,每股现金流量2012年大幅度增长,2013年~2015年平稳增长,且处于行业领先水平;中青旅近5年每股现金流量变化较大,2011年和2012年大幅下降后,2013年又大幅上升;北京旅游2011~2013年比较稳定,2014年下降,2015年又大幅度上升,但是近5年均处于行业低水准,需要增强产品盈利能力和回款力度,提高企业每股现金流量。

表1-65 2011~2015年综合旅游类上市公司每股现金流量排名

年份	中青旅	中国国旅	北京旅游	行知探索
2011	1	2	3	
2012	2	1	3	
2013	2	1	3	
2014	2	1	3	
2015	2	1	3	4

8.每股股利

表1-66　2011~2015年综合旅游类上市公司每股股利

年份	中青旅	中国国旅	北京旅游	行知探索	行业均值
2011	0.18	0.09	0.018	—	0.096
2012	0.1425	0.3325	0.0285	—	0.1678
2013	0	0.38	0.019	—	0.133
2014	0.1246	0.46	0.02	—	0.2015
2015	0.1	0.5	0	0	0.15

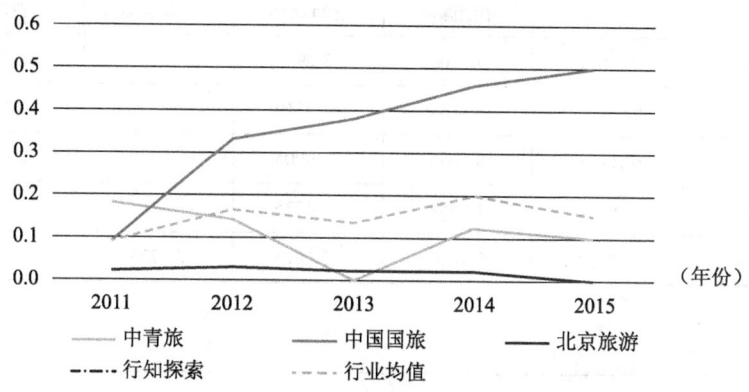

图1-47　2011~2015年综合旅游类上市公司每股股利

从表1-66和图1-47 2011~2015年综合旅游类上市公司每股股利来看，行业平均每股股利在0.13左右。中国国旅每股股利相对较高，是行业内发放的每股股利相对较高的，近5年每股股利逐年增加，且发放的股利增长很快；中青旅股利发放率起伏不定，2011~2012年逐渐下降，2013年未发放现金股利，2014年与2015年又发放股利；北京旅游股利发放一直维持比较低的水平即0.02左右，需要增强企业产品的盈利能力，提高公司每股股利。

表1-67　2011~2015年综合旅游类上市公司每股股利排名

年份	中青旅	中国国旅	北京旅游	行知探索
2011	1	2	3	
2012	2	1	3	

续表

年份	中青旅	中国国旅	北京旅游	行知探索
2013	3	1	2	
2014	2	1	3	
2015	2	1	3	3

9. 每股净资产

表1-68　2011~2015年综合旅游类上市公司每股净资产

年份	中青旅	中国国旅	北京旅游	行知探索	行业均值
2011	9.0684	5.4904	3.294	—	5.9509
2012	10.3064	6.4454	4.3519	—	7.0346
2013	10.1263	8.5655	2.9905	—	7.2274
2014	9.6967	11.0552	2.4775	—	7.7431
2015	4.2102	12.1819	2.6675	2.3775	5.353

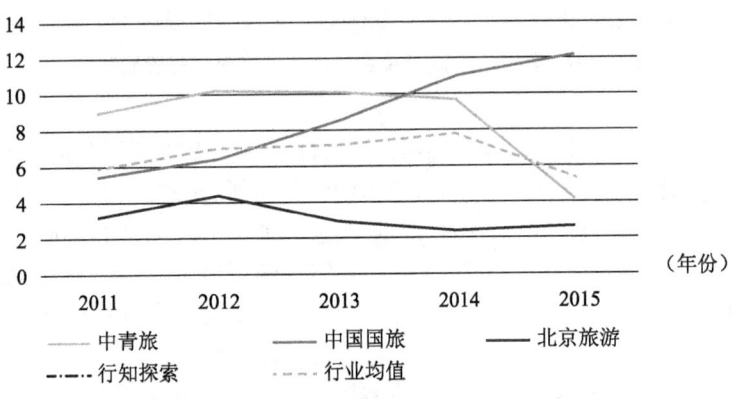

图1-48　2011~2015年综合旅游类上市公司每股净资产

从表1-68和图1-48 2011~2015年综合旅游类上市公司每股净资产来看,行业平均每股净资产在7.0左右。中青旅每股净资产相对较高,是行业内积累资本的能力相对较强的,2011~2014年比较稳定且均高于行业均值,但是

2015 年大幅度下降且降至行业平均水平之下。中国国旅近 5 年一直呈现大幅度上升趋势,2012 年后开始高于行业平均水平。北京旅游每股净资产水平比较稳定,需要增强企业创造利润和积累资本的能力,从而提高公司每股净资产。

表 1-69 2011~2015 年综合旅游类上市公司每股净资产排名

年份	中青旅	中国国旅	北京旅游	行知探索
2011	1	2	3	
2012	1	2	3	
2013	1	2	3	
2014	2	1	3	
2015	3	1	2	4

10.市盈率

表 1-70 2011~2015 年综合旅游类上市公司市盈率

年份	中青旅	中国国旅	北京旅游	行业均值
2011	12.39	27.64	191.54	77.19
2012	12.53	20.44	54.84	29.27
2013	15.29	22.95	74.68	37.64
2014	23.47799	33.63429	57.40499	38.17242333
2015	36.9538	33.63429	639.85087	236.8129867

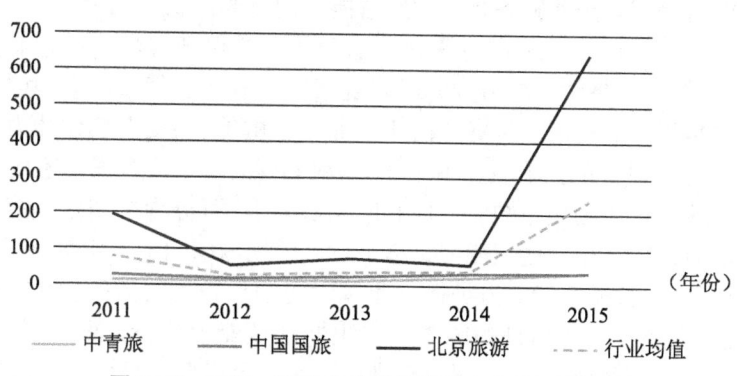

图 1-49 2011~2015 年综合旅游类上市公司市盈率

从表1-70和图1-49可以发现,该行业市盈率变化巨大,其中由于北京旅游的市盈率起伏巨大而使得计算的数据有些不适用,但是该行业和各个公司总体上2012~2015年是上升的。其中,北京旅游总体处于行业领先水平,2012~2014年相对2011与2015年是平稳的,而2015年大幅度上涨,市盈率达到639。中青旅和中国国旅与北京旅游比较,市盈率变化则十分温和,中国国旅在20~34浮动,中青旅在12~37浮动,且两个公司均呈现上升趋势。

表1-71 2011~2015年综合旅游类上市公司市盈率排名

年份	中青旅	中国国旅	北京旅游
2011	3	2	1
2012	3	2	1
2013	3	2	1
2014	3	2	1
2015	2	3	1

第二部分 北京市旅游上市公司偿债能力分析

偿债能力是指企业用其资产偿还长期债务与短期债务的能力。企业在现金流方面的情况和偿债方面的能力,决定了企业能否持续健康的经营。企业偿债能力是反映企业财务状况和经营能力的重要标志。

偿债能力是企业偿还到期债务的承受能力或保证程度。从企业清偿负债的方式讲,可以将偿债能力分为静态偿债能力和动态偿债能力,其中,静态偿债能力是指企业利用自身资产偿还企业债务的能力,动态偿债能力是指企业以其经营过程中的盈利能力做偿债来源和保证,实现债务偿还或做出承诺。从企业所偿还的债务的紧迫性和时间长短看,可分为短期偿债能力和长期偿债能力,其中,短期偿债能力是指企业对短期内(1年内)到期的债务所具有的偿还能力,长期偿债能力是指企业对偿还期限较长的债务所具有的分期付息、到期偿还本金和利息的能力。在短期偿债能力分析方面,我们选取流动比率、速动比率、现金比率、现金流量比率这4个指标进行分析和衡量,这4个指标具体的计算公式和意义说明可参见表2-1。在长期偿债能力分析方面，我们选取资产负债率、权益乘数、有形净值债务率、偿债保障比率、利息保障倍数和现金流量利息保障倍数这6个指标进行分析和衡量，这6个指标具体的计算公式和意义说明可参见表2-2。

表2-1　短期偿债能力指标计算公式及意义

短期偿债能力指标	指标计算公式	指标意义
流动比率	流动资产/流动负债	用来衡量企业流动资产在短期债务到期以前，可以变为现金用于偿还负债的能力
速动比率	（流动资产-存货）/流动负债	它是衡量企业流动资产中可以立即变现用于偿还流动负债的能力
现金比率	（现金+现金等价物）/流动负债	反映企业即时付现能力
现金流量比率	经营活动现金净流量/流动负债	反映企业经营活动产生的现金净流量偿还短期负债的能力

表2-2　长期偿债能力指标计算公式及意义

长期偿债能力指标	指标计算公式	指标意义
资产负债率	负债总额/资产总额	反映在总资产中有多大比例是通过借债来筹资的，也可以衡量企业在清算时保护债权人利益的程度
权益乘数	资产总额/股东权益总额	用来衡量企业的财务风险。权益乘数越大，代表公司向外融资的财务杠杆倍数也越大，公司将承担较大的风险
有形净值债务率	负债总额/（股东权益-无形资产净额）	有形净值债务率主要是用于衡量企业的风险程度和对债务的偿还能力，指标越大，表明风险越大
偿债保障比率	经营活动现金净流量/负债总额	反映用企业经营活动产生的现金净流量偿还全部债务所需的时间，亦被称为债务偿还期
利息保障倍数	（税前利润+利息费用）/利息费用	用以衡量企业支付负债利息的能力
现金流量利息保障倍数	经营现金净流量/利息费用	比收益基础的利息保障倍数更可靠，因为实际用以支付利息的是现金，而非收益

在样本公司选择中,本文选取公开披露财务信息的北京市旅游公司。这些公司分别在上交所和深交所上市,以及在全国中小企业股份转让系统(新三板)挂牌。这些公司财务信息不仅公开披露,而且经过会计师事务所审计,财务信息的真实性和严谨性有所保证。数据的真实可靠保证了本章北京市旅游上市公司偿债能力分析的有效性。通过分析具有代表性的北京市旅游上市公司的偿债能力,我们可以以微知著了解北京市旅游上市公司在偿债方面的财务能力。

另外,本文根据企业的主营业务性质,将样本公司分为酒店类、旅行社类、餐饮类和综合类。酒店类公司为首旅酒店(600258),旅行社类有众信旅游(002707)、海涛股份(833216)、视野股份(835495)、山水股份(833741)、明游天下(833935),餐饮类有中科云网(002306)、全聚德(002186),综合类有行知探索(835073)、中国国旅(601888)、中青旅(600138)、北京文化(000802)。值得注意的是:在信息披露的公司中旅行社类和综合类公司较多,而旅行社类公司在新三板挂牌的较多。这在某种程度上说明北京市旅游的业态:一些旅行社专注特色精品服务,一般为中小企业;随着旅游业的发展,旅游公司仅仅专注景区、旅行社服务都无法实现公司价值最大化,同时旅游行业是关联性和渗透性很强的产业,多元化是旅游上市公司做大做强的一种趋势。

一、北京市酒店类企业偿债能力

首旅酒店是国内大型综合性旅游上市公司,从事酒店管理、景区、旅行社等经营,是以酒店经营管理为主营业务的系列品牌发展平台。公司接受各类酒店业主委托,承担受托酒店的经营管理工作;实施连锁品牌经营,努力实现"酒店类资产证券化"和"品牌+资本"的发展战略,通过资本的运作实现对品牌的支撑,努力把公司打造成为在酒店市场和资本市场上具有较强竞争能力的专业化酒店管理集团。

表 2-3 首旅酒店偿债能力指标

报告期		2015 年	2014 年	2013 年	2012 年	2011 年
短期偿债能力	流动比率	0.22	0.96	0.95	1.06	0.97
	速动比率	0.21	0.93	0.92	1.03	0.93

续表

报告期		2015年	2014年	2013年	2012年	2011年
短期偿债能力	现金比率	0.10	0.45	0.45	0.57	0.40
	现金流量比率	0.21	0.45	0.36	0.47	-0.05
长期偿债能力	资产负债率	0.64	0.40	0.40	0.45	0.44
	权益乘数	2.82	1.66	1.68	1.83	1.80
	现金流量利息保障倍数	3.32	8.59	7.75	8.16	-0.86
	偿债保障比率	0.14	0.28	0.27	0.33	-0.03
	利息保障倍数	2.37	7.66	7.22	5.90	5.69
	有形净值债务率	1744.78	123.41	139.28	182.24	167.85

（一）短期偿债能力

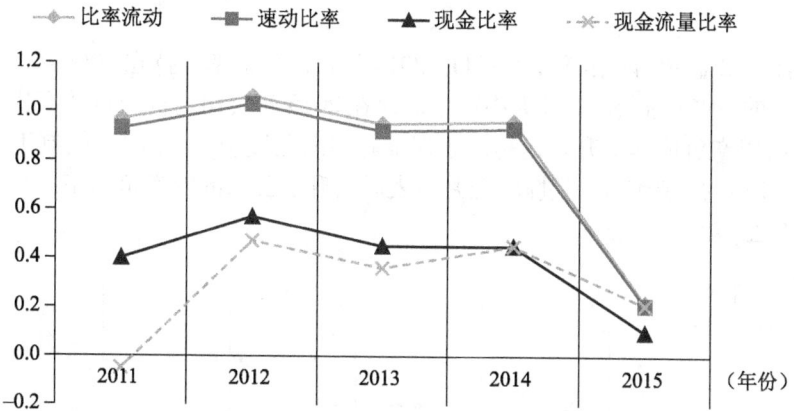

图 2-1　首旅酒店短期偿债能力

首旅酒店 2011 年短期偿债能力表现较差,源于南山景区分成款协议于 2011 年开始执行,带来了流动资产和流动负债以及经营现金流的影响,使指标出现短暂的变动。公司在 2012、2013、2014 年运行平稳,偿债能力平稳。公司 2015 年短期负债能力指标出现近五年历史低值,这并非正常经营所造成的,而是源于公司的重大资产重组。2015 年公司置出神州国旅旅行社业务,新增宁波南苑酒店资产和业务。公司酒店主业进一步增强。流动资产总额，以及进一步明细科目增加比例相比流动负债都较少，流动负债中短期借款增加了266.39%，应付账款增加了74.14%，预收账款增加了406.69%，增加比例异常源于承担了南苑股份的流动负债。

（二）资产负债率

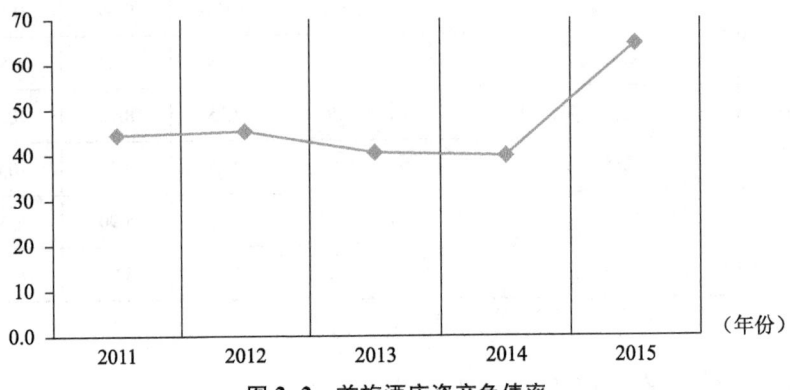

图2-2　首旅酒店资产负债率

图2-2显示，首旅酒店在2011～2014年资产负债率保持在40%～50%，具有稳定的资产负债率，并且大小适中。而在2015年公司的资产负债率达到了64.5%，资产负债率上升。这是源于现金并购南苑股份，为非同一控制下的合并，经评估的资产负债率过高，合并报表后抬升了公司的资产负债率。

（三）权益乘数

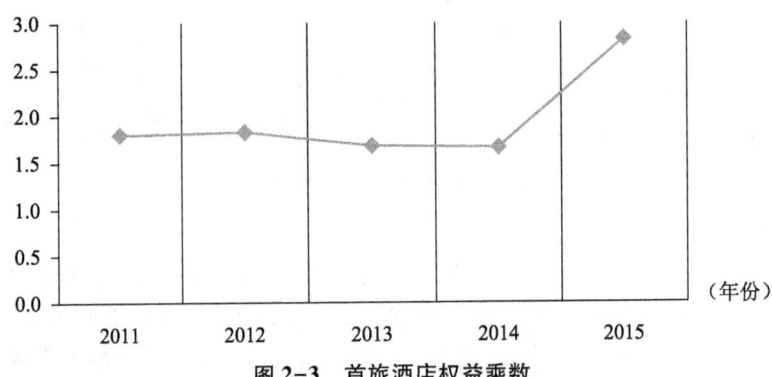

图2-3　首旅酒店权益乘数

图2-3显示,首旅酒店在2011~2014年权益乘数一直较为稳定,保持在1.5~2;而在2015年权益乘数攀升到2.82。这是由于2015年首旅酒店现金购置南苑股份,承担其过高的负债所造成的。

(四)利息兑付比率

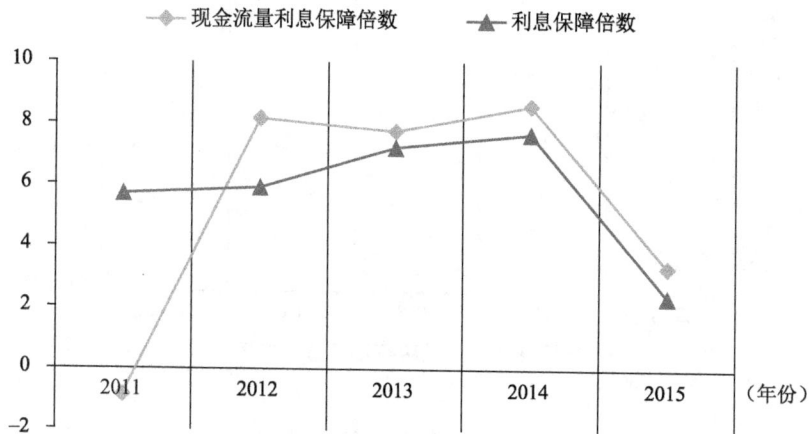

图2-4 首旅酒店利息偿付比率

图2-4显示,首旅酒店在2012~2014年利息费用支付能力一直保持稳定。2011年较低是因为南山收入分成的影响。而2015年突然下降,源于收购的南苑股份其负债中借款较多,承担了较多的利息费用。

(五)偿债保障比率

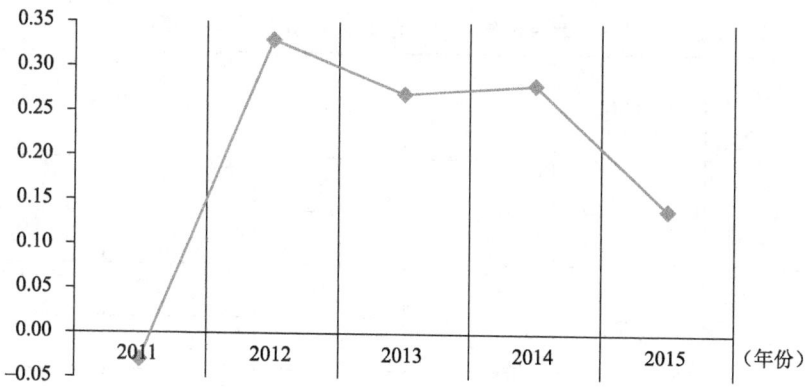

图2-5 首旅酒店偿债保障比率

图 2-5 显示,偿债保障比率与现金流量利息保障倍数趋势较为一致,企业经营现金流趋势决定了这两个指标的走向。

(六)有形净值债务率

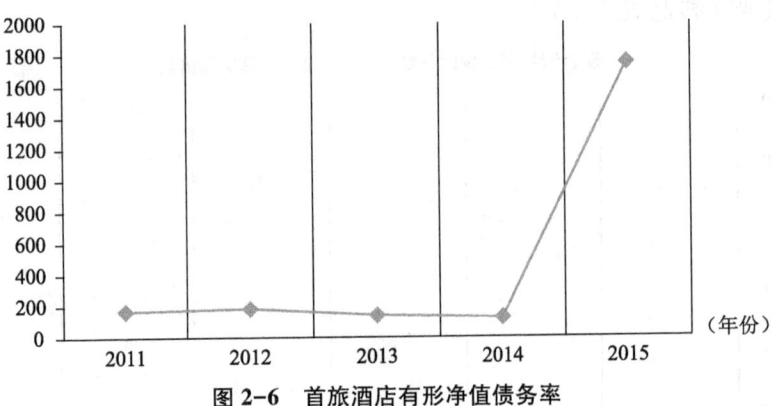

图 2-6 首旅酒店有形净值债务率

图 2-6 显示,首旅酒店 2015 年有形净值债务率攀升,这是源于 2015 年高溢价购买南苑股份,形成了巨大的商誉,造成资产中有形资产比率减少,同时收购南苑股份公司承担了较多的负债。

二、北京市旅行社类企业偿债能力

(一)流动比率(速动比率)

表 2-4 北京市旅行社类企业流动比率(速动比率)

年份 企业	2011	2012	2013	2014	2015
众信旅游	1.63	1.59	1.70	1.99	1.39
海涛股份	—	—	2.34	1.26	1.90
视野股份	—	—	0.94	1.12	3.66
山水股份	—	—	1.24	1.31	1.11
明游天下	—	—	1.49	1.32	—

第二板块 旅游财务篇

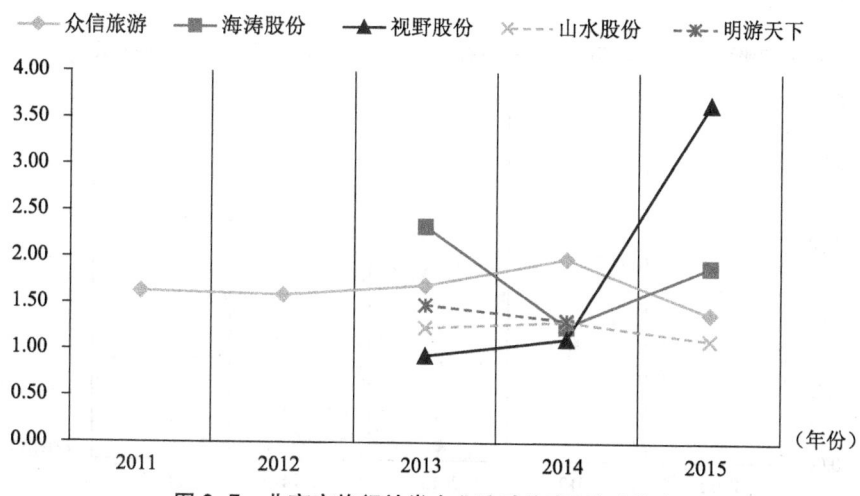

图 2-7　北京市旅行社类企业流动比率（速动比率）

旅行社类企业服务产品提供商，属于服务业，不存在商品生产销售。因此旅游上市公司不存在存货，也因此旅游类企业流动比率和速动比率是一致的。

表 2-4 和图 2-7 显示，北京市旅行社类企业的流动比率适中，较为稳定，一般在 1~2，部分企业在一些年份达到 2 以上。部分企业在某些年度波动较大，是因为旅行社作为旅游产品的提供者，一般都为轻资产运营并且款项来往较为频繁，这就造成了一些企业部分年份出现较大值。但即使波动较大，北京市旅行社类企业短期偿债能力依然较强。

（二）现金比率

表 2-5　北京市旅行社类企业现金比率

年份 企业	2011	2012	2013	2014	2015
众信旅游	0.76	0.76	0.69	0.85	0.62
海涛股份	—	—	1.45	0.04	0.19
视野股份			0.12	0.14	1.97
山水股份			0.27	0.27	0.26
明游天下			0.47	0.01	—

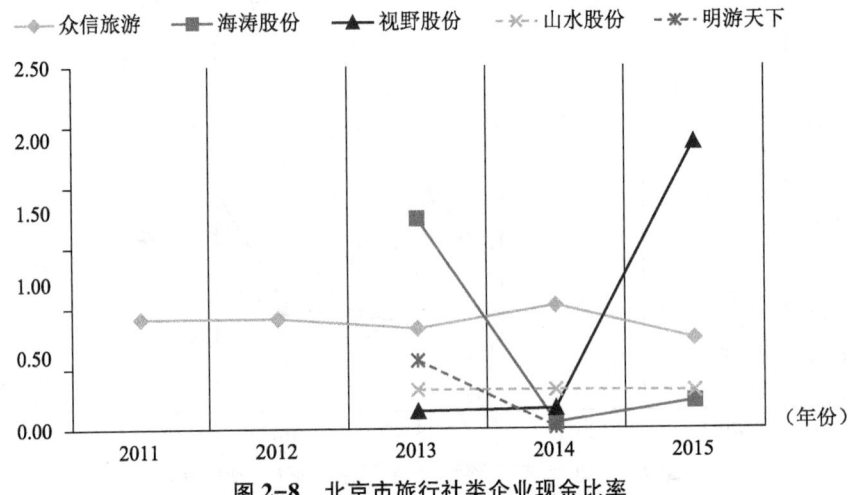

图 2-8 北京市旅行社类企业现金比率

表 2-5 和图 2-8 显示，北京市旅行社类企业现金比率保持稳定的公司包括众信旅游和山水股份。其中，众信旅游现金持有水平较高，保持在较高位。其他企业在部分年份波动较大，如视野股份 2015 年银行存款大增。

（三）现金流量比率

表 2-6　北京市旅行社类企业现金流量比率

年份 企业	2011	2012	2013	2014	2015
众信旅游	0.25	0.20	0.18	0.14	0.01
海涛股份	—	—	-0.07	-0.19	-0.41
视野股份	—	—	0.05	-0.09	-0.45
山水股份	—	—	-0.13	-0.03	-0.25
明游天下	—	—	-0.99	-0.54	—

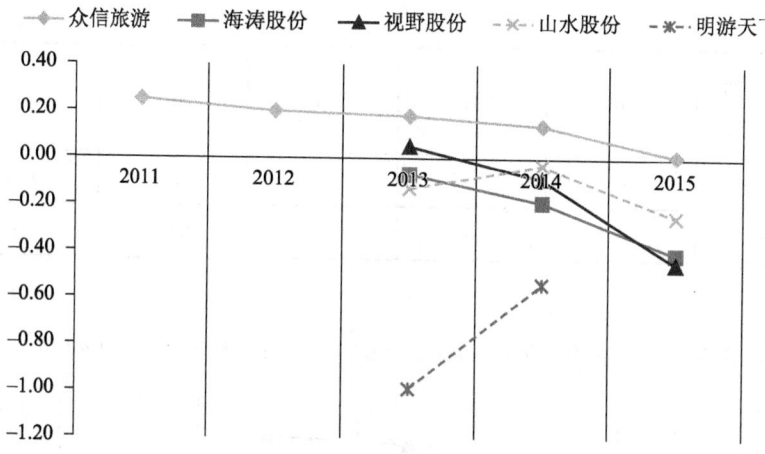

图 2-9　北京市旅行社类企业现金流量比率

在北京市五家旅行社类企业中,众信旅游是唯一一家上市公司,而其他四家都是在新三板挂牌的中小企业。我国监管部门对于上市公司的盈利能力和商业模式都有较高要求。众信旅游在商业模式和经营能力方面已经进入一个稳定期,因此经营现金流量状况较好。

而其他四家公司处于发展期,都是做出境游。出境游是新型和火爆的旅游业态。目前,这四家公司的经营现金流量都为负值。经营性现金净流量连续为负主要是行业特点所导致的,公司需提前预付未来一定期间的航空票款、地接款等,以满足后期旅游服务所需,随着公司营业规模不断扩大,预付款规模不断扩大,经营活动现金流出较大,从而导致报告期内经营活动产生的现金流量净额为负。公司在扩大经营的过程中将可能面临着某一时段内经营活动现金流量为负的情况。

(四)资产负债率

表 2-7　北京市旅行社类企业资产负债率

企业＼年份	2011	2012	2013	2014	2015
众信旅游	0.60	0.61	0.57	0.46	0.48
海涛股份	—	—	0.43	0.79	0.59
视野股份	—	—	0.87	0.89	0.27

续表

年份 企业	2011	2012	2013	2014	2015
山水股份	—	—	0.76	0.75	0.88
明游天下	—	—	0.58	0.61	—

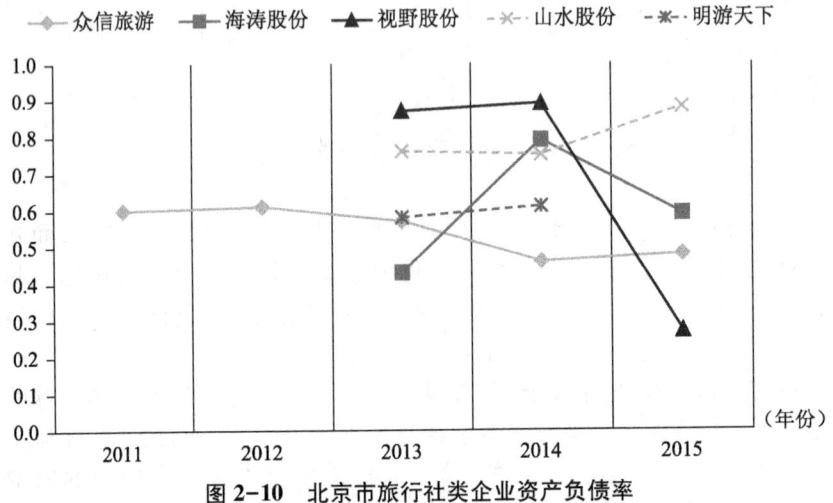

图 2-10　北京市旅行社类企业资产负债率

表 2-7 和图 2-10 显示，众信旅游资产负债率在本类企业一直保持较为稳定的低位资产负债率水平。旅行社类企业属于轻资产运营模式，长期资产较少，一般都是短期资产。短期资产和负债多为正常款项来往，因此部分旅行社类企业较高的资产负债率是由短期款项来往所造成的。这属于行业特点。

（五）权益乘数

表 2-8　北京市旅行社类企业权益乘数

年份 企业	2011	2012	2013	2014	2015
众信旅游	2.51	2.58	2.33	1.84	1.92
海涛股份	—	—	1.75	4.75	2.42

续表

年份 企业	2011	2012	2013	2014	2015
视野股份	—	—	7.53	9.01	1.37
山水股份	—	—	4.16	3.97	8.58
明游天下	—	—	2.37	2.57	—

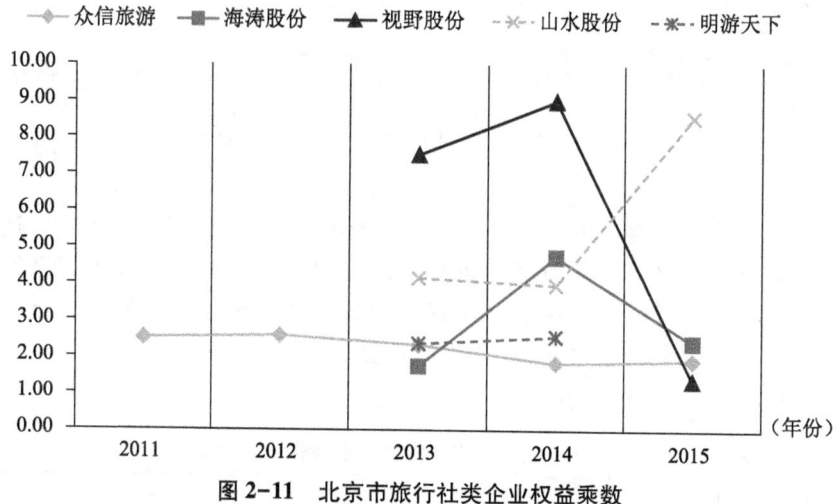

图 2-11　北京市旅行社类企业权益乘数

权益乘数反映的内容大体与资产负债率是一致的。表 2-8 和图 2-11 显示，众信旅游权益乘数一直维持较为稳定的低位水平。其他企业变化较大，源于企业各年短期款项的波动。旅行社类企业资产构成多为短期资产。

（六）现金流量利息保障倍数

表 2-9　众信旅游和山水股份现金流量利息保障倍数

年份 企业	2011	2012	2013	2014	2015
众信旅游	293.90	76.55	80.88	75.80	1.28
山水股份	—	—	-8.21	-2.07	—

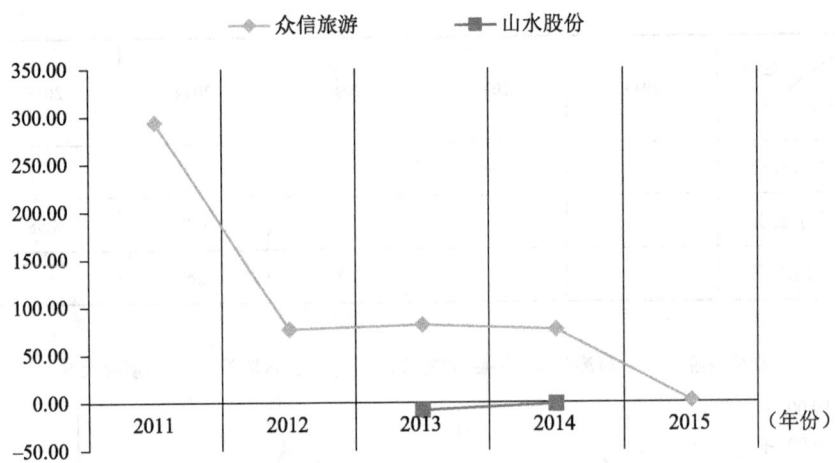

图 2-12　众信旅游和山水股份现金流量利息保障倍数

北京市旅行社类上市公司大多数经营现金流量净额为负值,因此构造现金流量利息保障倍数并无意义。在新三板挂牌的旅行社企业多为新兴的出境游企业,处于发展期,存在现金流状况紧张局面。新三板挂牌的旅行社类企业多年经营现金流量为负值,此指标无意义。

(七)偿债保障比率

表 2-10　北京市旅行社类企业偿债保障比率

年份 企业	2011	2012	2013	2014	2015
众信旅游	0.25	0.20	0.18	0.14	0.01
海涛股份	—	—	-0.07	-0.19	-0.37
视野股份	—	—	0.05	-0.08	-0.45
山水股份	—	—	-0.13	-0.03	-0.25
明游天下	—	—	-0.99	-0.54	—

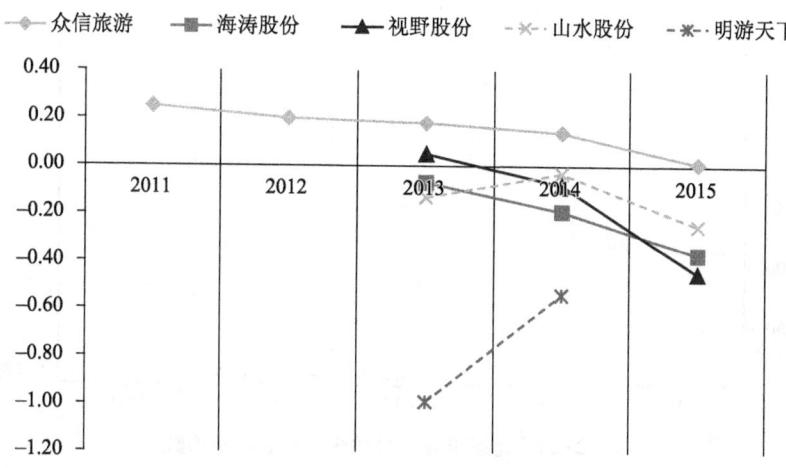

图 2-13 北京市旅行社类企业偿债保障比率

表 2-10 和图 2-13 显示，北京市旅行社类企业此指标在近年走低，说明整个行业负债压力在增大。在新三板挂牌的旅行社类企业，经营现金流状况并不乐观。

（八）利息保障倍数

表 2-11 北京市旅行社类企业利息保障倍数

年份 企业	2011	2012	2013	2014	2015
众信旅游	284.74	93.95	129.06	130.77	26.53
海涛股份	—	—	—	—	10.07
山水股份	—	—	3.73	7.38	1.48
明游天下	—	—	—	4.42	—

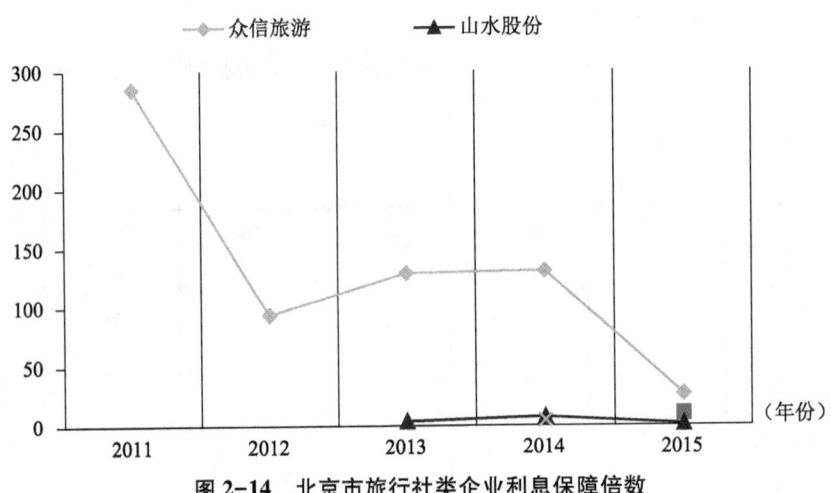

图2-14 北京市旅行社类企业利息保障倍数

部分企业财务费用明细并未披露,部分企业部分年份未获得数据。

表2-11和图2-14显示,众信旅游与其他旅行社类企业相比,在偿付利息能力方面优势明显,显现出了上市公司的盈利能力较强。其他旅行社类企业在这个指标上也是差距较大,表明其不同的经营特点。

(九)有形净值债务率

表2-12 北京市旅行社类企业有形净值债务率

年份 企业	2011	2012	2013	2014	2015
众信旅游	1.52	1.64	1.37	0.88	1.57
海涛股份	—	—	0.75	3.78	1.42
视野股份	—	—	6.61	8.35	0.39
山水股份	—	—	3.74	3.10	8.21
明游天下	—	—	1.37	1.57	—

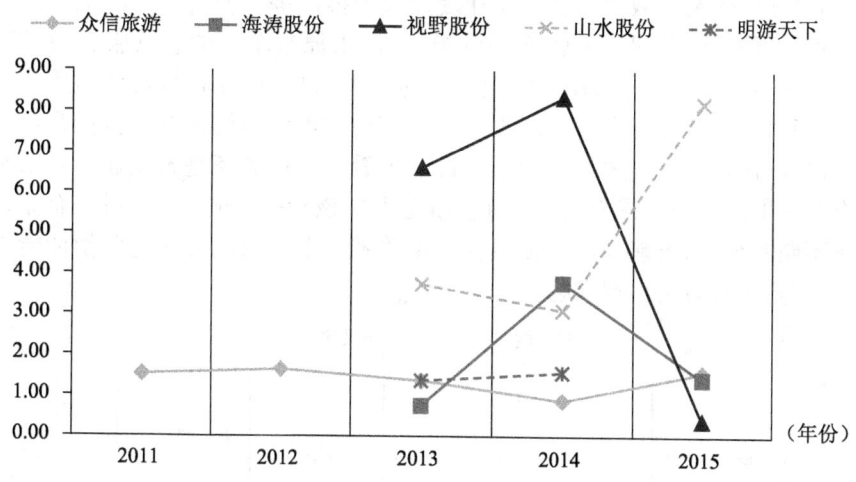

图 2-15 北京市旅行社类企业有形净值债务率

表 2-12 和图 2-15 显示,旅行社类企业无形资产较少,而资产中短期资产较多,短期资产中负债比重较高,因此高资产负债率导致有形净值债务率也较高。同时,往来款项变动较大也导致有形净值债务率变动较大。

三、北京市餐饮类企业偿债能力

（一）流动比率

表 2-13　北京市餐饮类企业流动比率

企业 \ 年份	2011	2012	2013	2014	2015
中科云网	2.05	1.75	1.11	0.98	0.49
全聚德	1.15	1.33	1.15	2.47	2.51

表 2-13 和图 2-16 显示,近五年中科云网流动比率不断降低,短期偿债能力不断减弱;而全聚德流动比率在上升,短期偿债能力在增强。中科云网由餐饮企业湘鄂情改名而来,是一家集餐饮服务与管理、食品工业、环保科

技、网络新媒体及大数据处理研究开发及应用推广等产业为一体的综合性集团公司。近年来,公司积极转变经营模式,已由原来单一的餐饮服务商转变为多元化的控股集团。2013年,公司通过并购,进入环保科技及生物质能领域,又通过并购涉足影视文化产业。2014年建立网络新媒体及大数据联合实验室协议,涉足新一代视频搜索。但目前来看主营业务还是餐饮业。餐饮类的企业一般现金流状况较好,短期偿债能力应该较强,而中科云网反而流动比率不断减少,这可能与业务转型有一定关系。中科云网目前短期偿债能力变差,资金周转容易出现问题。

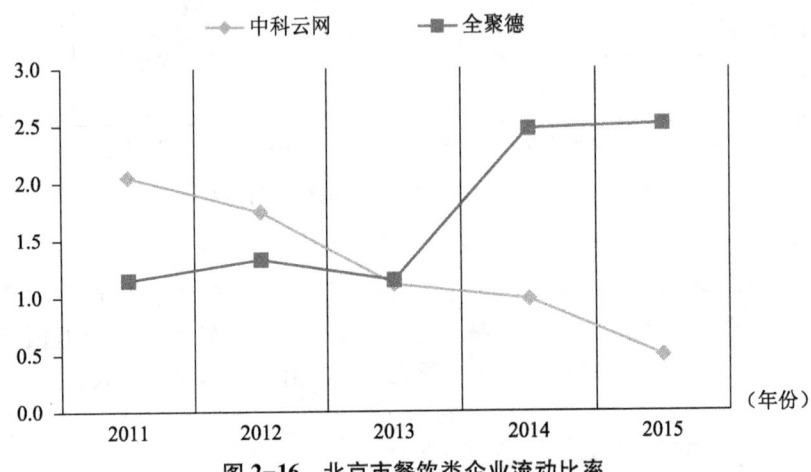

图2-16　北京市餐饮类企业流动比率

注:中科云网2015年数据为第三季度的。

全聚德在2014与2015年企业流动比率保持在高位,在2以上,同时公司中短期资产货币资金比重较大,充分显示了餐饮类企业的特点,现金流状况较好。

(二)速动比率

表2-14　北京市餐饮类企业速动比率

年份 企业	2011	2012	2013	2014	2015
中科云网	1.89	1.61	1.01	0.85	0.41
全聚德	0.85	1.08	0.94	2.27	2.31

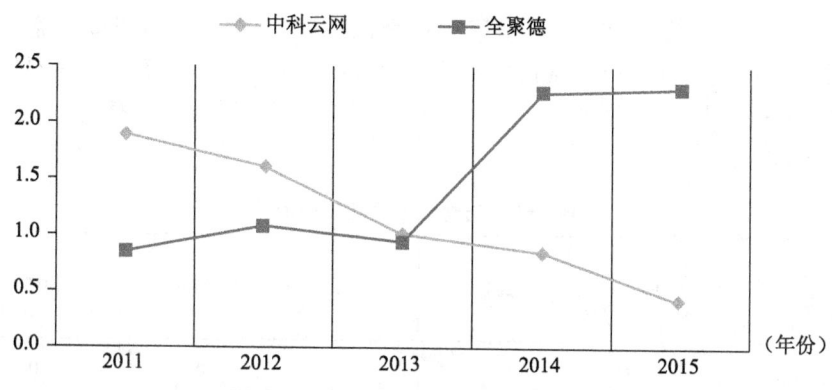

图 2-17　北京市餐饮类企业速动比率

注：中科云网 2015 年数据为第三季度的。

餐饮类企业存货一般较少，符合行业特点。北京市两家餐饮类企业存货比重较低，速动比率的趋势与流动比率的趋势较为一致。

（三）现金比率

表 2-15　北京市餐饮类企业现金比率

年份 企业	2011	2012	2013	2014	2015
中科云网	0.69	0.59	0.14	0.19	0.05
全聚德	0.70	0.72	0.73	2.01	2.08

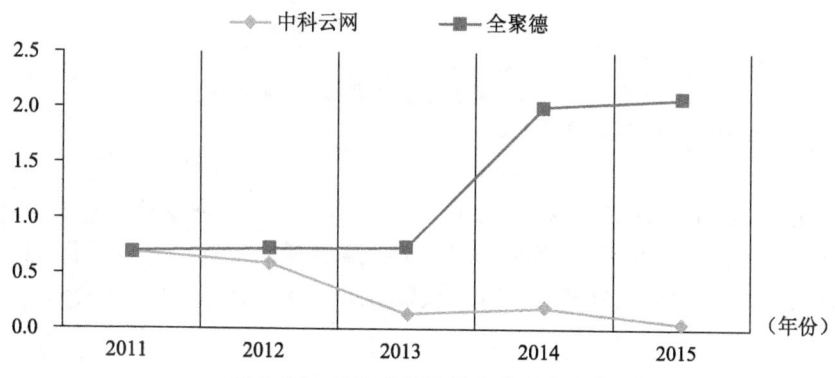

图 2-18　北京市餐饮类企业现金比率

注：中科云网 2015 年数据为第三季度的。

表2-15和图2-18显示,全聚德现金比率依然很高,货币资金在流动资产中比重很高。而中科云网在2013年没有转型之前,现金比率与全聚德相差无几,而在2013年转型之后,短期偿债能力较弱,现金流情况变差。

(四)现金流量比率

表2-16 北京市餐饮类企业现金流量比率

年份 企业	2011	2012	2013	2014	2015
中科云网	0.69	0.33	-0.3	-0.14	-0.04
全聚德	0.99	0.79	0.56	0.56	0.64

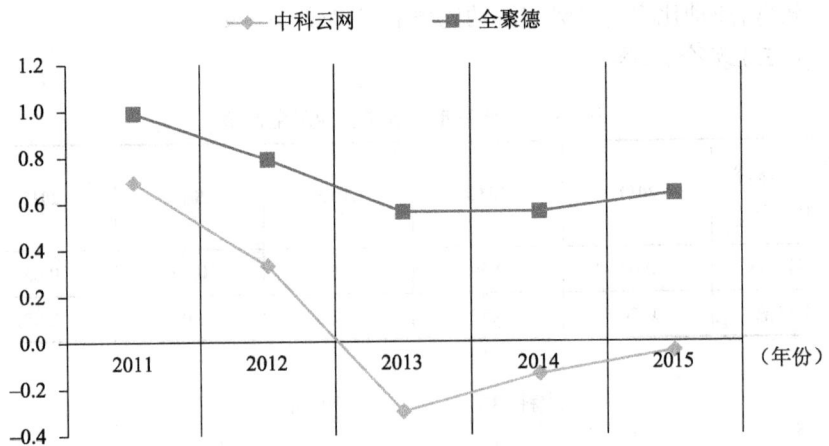

图2-19 北京市餐饮类企业现金流量比率

注:中科云网2015年数据为第三季度的。

表2-16和图2-19显示,自2013年起,两家餐饮类企业现金流量的趋势有所改变。这是源于2013年初以来,受中高端餐饮市场需求低迷影响。同时,中科云网开始进行业务转型,经营现金流量可能受到影响。

(五)资产负债率

表 2-17　北京市餐饮类企业资产负债率

年份 企业	2011	2012	2013	2014	2015
中科云网	28.92	43.38	64.15	105.48	125.95
全聚德	29.96	29.05	28.15	19.48	21.10

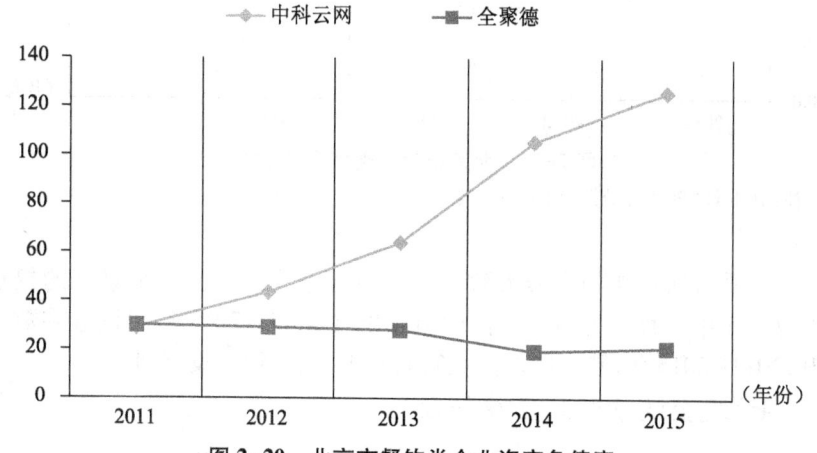

图 2-20　北京市餐饮类企业资产负债率

注：中科云网 2015 年数据为第三季度的。

表 2-17 和图 2-20 显示，中科云网自 2011 年资产负债率一直攀升，一方面是因为市场低迷造成的经营业绩欠佳，另一方面是因为业务转型还未见成效。公司在 2013 年与 2014 年持续亏损，所有者权益变为负值，公司财务状况不容乐观。全聚德一直保持较低的资产负债率，企业财务状况较为稳定。

(六)权益乘数

表 2-18　北京市餐饮类企业权益乘数

年份 企业	2011	2012	2013	2014	2015
中科云网	1.41	1.77	2.79	—	—
全聚德	1.43	1.41	1.39	1.24	1.27

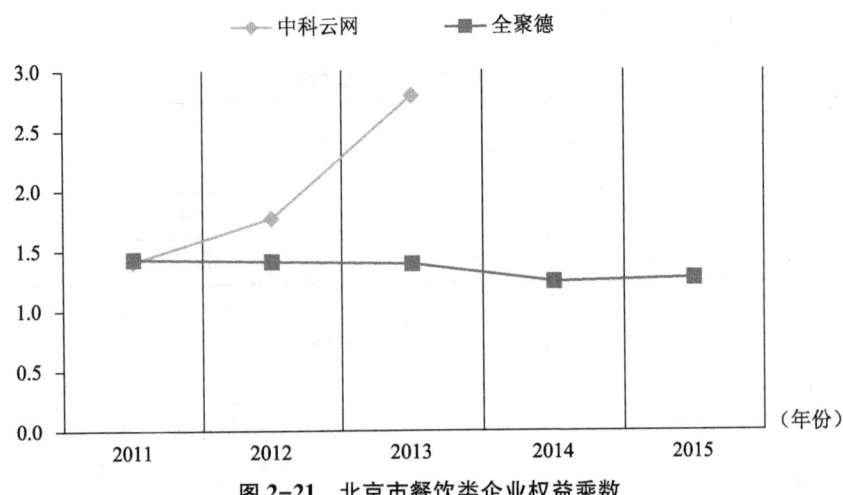

图2-21 北京市餐饮类企业权益乘数

注：中科云网2015年数据为第三季度的。

权益乘数所反映的内容大致与资产负债率是一致的。全聚德的权益乘数在这五年中一直较为稳定。而中科云网在2011~2013年间权益乘数一直攀升，2014~2015年所有者权益为负值，数据没有意义，没有列示。

（七）现金流量利息保障倍数

表2-19 北京市餐饮类企业现金流量利息倍数

年份 企业	2011	2012	2013	2014	2015
中科云网	51.02	3.92	-3.97	-1.52	—
全聚德	23.04	65.07	89.40	133.56	10587.33

表2-19和图2-22显示，中科云网自2013年起经营现金流量逐渐恶化，从现金流量利息倍数这个指标来看，偿债能力较差。而全聚德经营现金流量状况较好，此指标一直攀升。

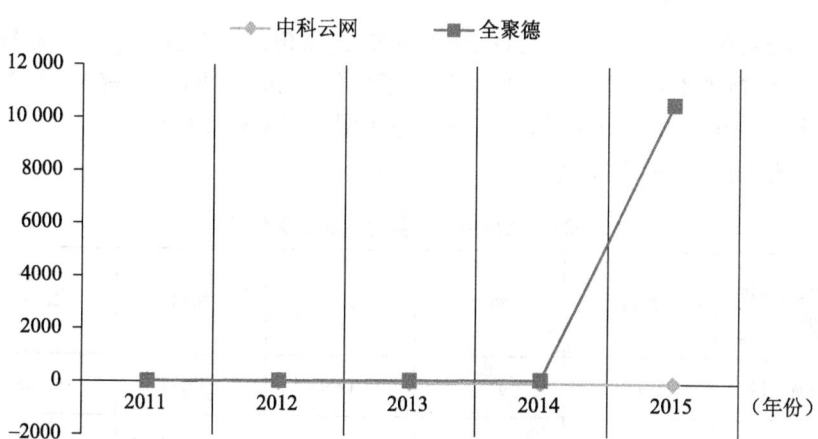

图 2-22　北京市餐饮类企业现金流量利息倍数

注：中科云网 2015 年数据为第三季度的。

（八）偿债保障比率

表 2-20　北京市餐饮类企业偿债保障比率

年份 企业	2011	2012	2013	2014	2015
中科云网	0.58	0.17	-0.17	-0.07	-0.03
全聚德	0.78	0.69	0.52	0.54	0.61

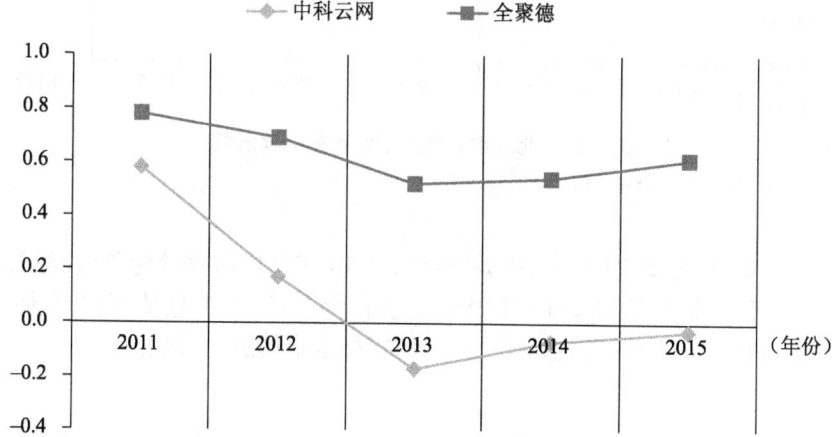

图 2-23　北京市餐饮类企业偿债保障比率

注：中科云网 2015 年数据为第三季度的。

表 2-20 和图 2-23 显示,自 2013 年起,北京市两家餐饮类上市企业偿债保障比率趋势改变,源于市场环境发生了变化。中科云网变动较大,自 2013 年起偿债保障比率一直为负值,因其业务转型一直未有效执行。

(九)利息保障倍数

表 2-21　北京市餐饮类企业利息保障倍数

年份 企业	2011	2012	2013	2014	2015
中科云网	279.97	4.37	-12.98	-13.73	-5.05
全聚德	15.21	50.16	71.86	114.04	7096.33

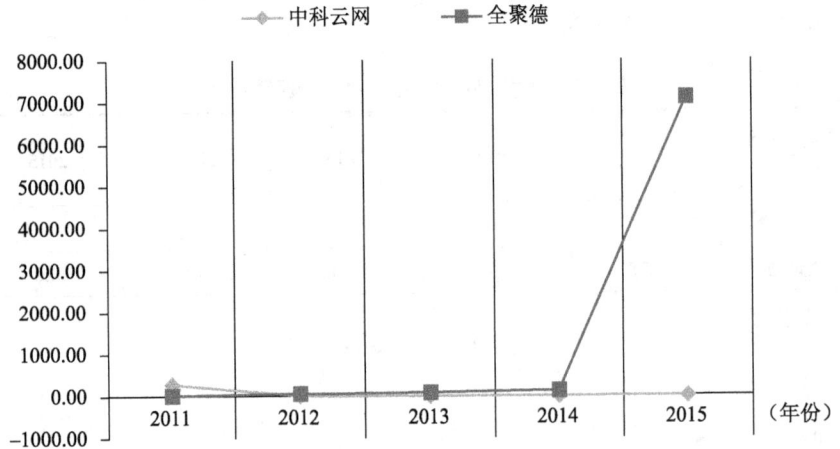

图 2-24　北京市餐饮类企业利息保障倍数

注:中科云网 2015 年数据为第三季度的。

表 2-21 和图 2-24 显示,中科云网自 2013 年息税前收益为负值,经营能力变差。全聚德虽然自 2013 年经营业绩有所下滑,而带息债务也减少,在 2015 年只有 2 万多元的利息支出,因此此指标全聚德能力较强。

（十）有形净值债务率

表 2-22　北京市餐饮类企业有形净值债务率

年份 企业	2011	2012	2013	2014	2015
中科云网	0.55	1.39	6.31	-4.86	-3.01
全聚德	0.30	0.65	0.60	0.31	0.34

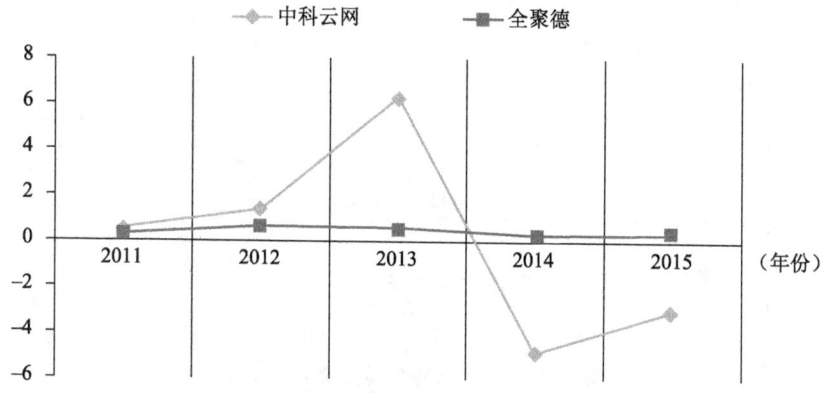

图 2-25　北京市餐饮类企业有形净值债务率

注：中科云网 2015 年数据为第三季度的。

表 2-22 和图 2-25 显示，中科云网自 2013 年起，此指标开始恶化，在 2014 年、2015 年变为负值。全聚德有形净值债务率较为平稳，并且在降低，负债能力增强。

四、北京市综合类旅游上市公司偿债能力

（一）流动比率

表 2-23　北京市综合类企业流动比率

年份 公司简称	2011	2012	2013	2014	2015
北京文化	6.67	4.93	2.88	4.16	2.85
中国国旅	2.22	2.46	3.07	2.82	3.22

续表

年份 公司简称	2011	2012	2013	2014	2015
中青旅	1.15	1.14	0.93	1.14	1.05
行知探索	—	—	1.11	2.58	0.86

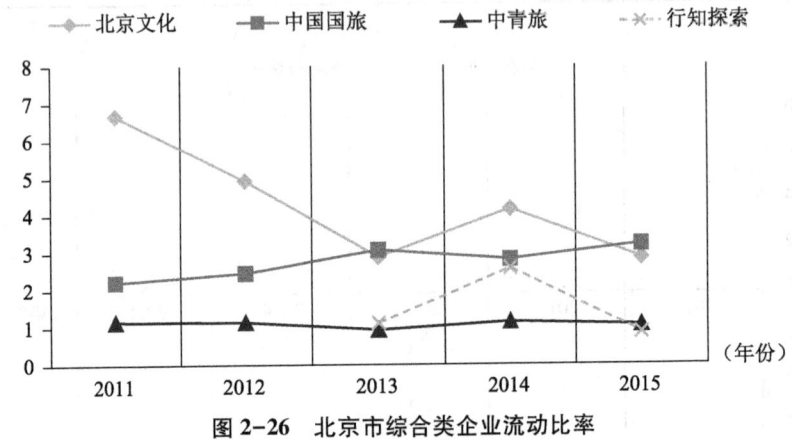

图2-26 北京市综合类企业流动比率

北京市具有代表性的四家综合类企业业务构成是不相同的。北京文化是北京市首家以地方旅游为主导产业，涵盖旅游景点、宾馆饭店、旅游产品、百货批发和建筑装饰等不同行业的综合性上市公司。2013年底，正式进入影视文化行业。现在公司以旅游和影视文化两个主业协同发展。

中国国旅是集旅游服务及旅游商品相关项目的投资与管理，旅游服务配套设施的开发、改造与经营，旅游产业研究与咨询服务为一体的大型股份制企业，主要经营旅行社业务和免税业务。

中青旅主要从事旅游、高科技的投资；经营入境旅游、国内旅游、中国公民自费出境旅游业务；从事高科技产品开发和技术服务、旅游资源配套开发等业务。旅行社业务是公司的主要业务，也是公司经营的核心。

行知探索是一家以深度文化体验产品的设计、执行为核心的文化创意公司，主要业务包括体验式文化赛事和体验式文化教育。

这四家综合类旅游上市公司流动比率情况较好，短期负债能力较强。四家综合类企业目前从流动比率指标来看，短期偿债能力较为稳定。北京文化此指标能力较强。

(二)速动比率

表 2-24 北京市综合类企业速动比率

年份 企业	2011	2012	2013	2014	2015
北京文化	6.56	4.83	2.83	3.51	2.39
中国国旅	1.87	2.09	2.67	2.43	2.72
中青旅	0.79	0.87	0.73	0.91	0.89
行知探索	—	—	1.08	2.51	0.76

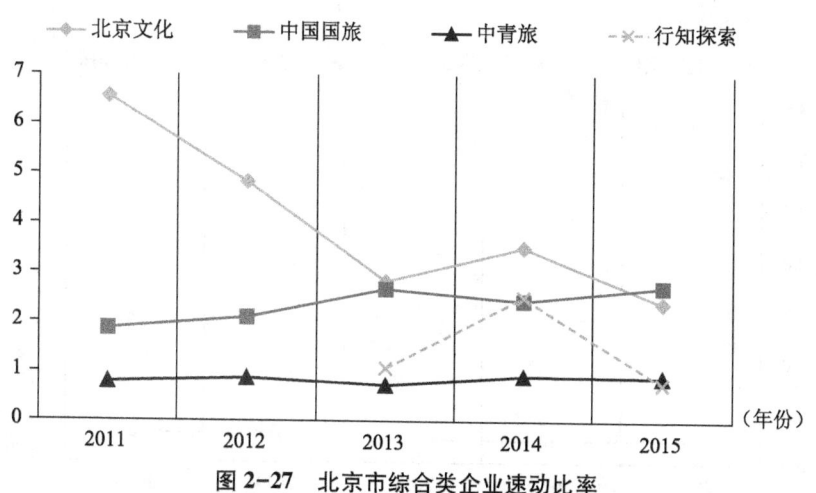

图 2-27 北京市综合类企业速动比率

北京市综合类企业存货比重较少,所以北京市综合类企业速动比率与流动比率变动趋势较为一致。北京市综合类企业速动比率情况较好,短期偿债能力较强。北京文化此指标能力较强。中国国旅经营免税品,速动比率与其他公司比较也具有优势,这表明中国国旅在免税品存货管理方面较为高效。

(三)现金比率

表 2-25　北京市综合类企业现金比率

年份 企业	2011	2012	2013	2014	2015
北京文化	3.25	1.14	1.31	1.77	0.99
中国国旅	1.26	1.45	2.18	1.89	1.43
中青旅	0.23	0.22	0.22	0.30	0.27
行知探索	—	—	0.44	0.77	0.19

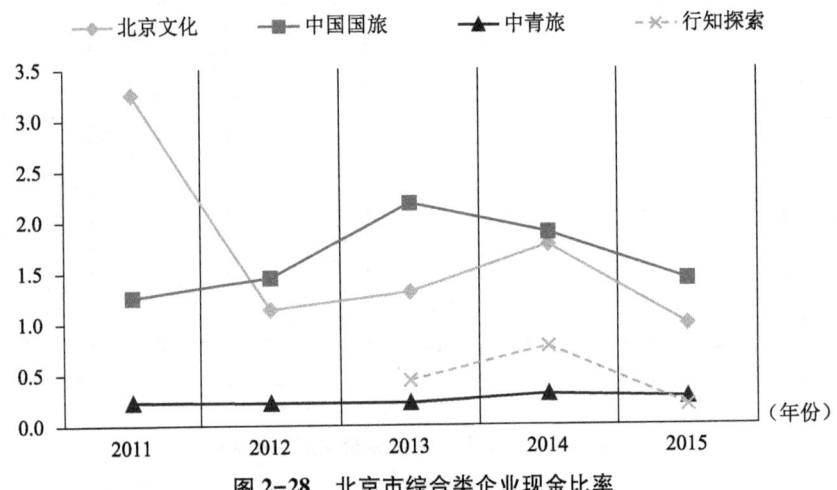

图 2-28　北京市综合类企业现金比率

表 2-25 和图 2-28 显示,在现金持有水平方面,中国国旅优于北京文化,因此现金比率指标方面,中国国旅优于北京文化。而其他公司趋势未有显著变化。中青旅现金持有水平较低,现金比率较低。

(四)现金流量比率

表 2-26　北京市综合类企业现金流量比率

企业＼年份	2011	2012	2013	2014	2015
北京文化	0.17	0.54	0.09	−0.79	0.21
中国国旅	0.22	0.47	0.45	0.39	0.43
中青旅	0.14	0.08	0.13	0.17	0.15
行知探索	—	—	0.47	−0.51	−0.55

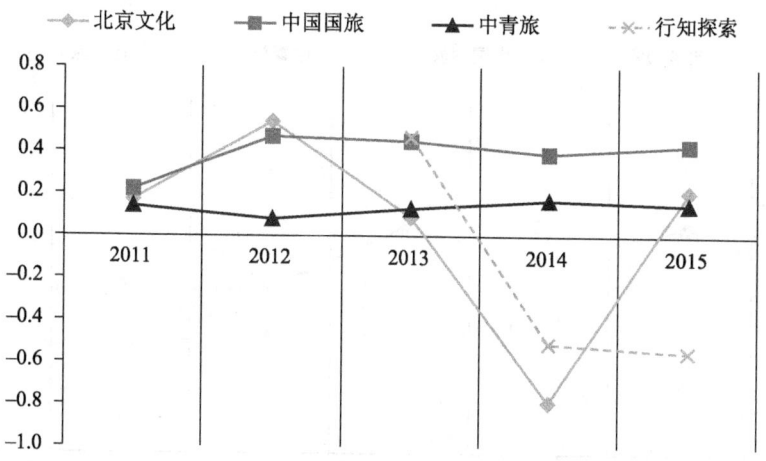

图 2-29　北京市综合类企业现金流量比率

表 2-26 和图 2-29 显示,中国国旅现金流量比率指标较高且稳定,这表明其运营能力稳定而成熟,短期偿债能力稳定而良好。中青旅现金流量比率偏低,但是较为稳定,已经形成了较为稳定的经营状态。北京文化此指标变动较大,因为公司影视制作的收入和成本每年变化较大。行知探索还处于发展期,业绩较为不稳定。

（五）资产负债率

表2-27　北京市综合类企业资产负债率

企业＼年份	2011	2012	2013	2014	2015
北京文化	15.14	13.21	22.27	38.15	27.14
中国国旅	33.08	30.64	25.12	26.59	24.40
中青旅	50.81	43.90	50.99	36.57	37.20
行知探索	—	—	71.96	27.81	47.26

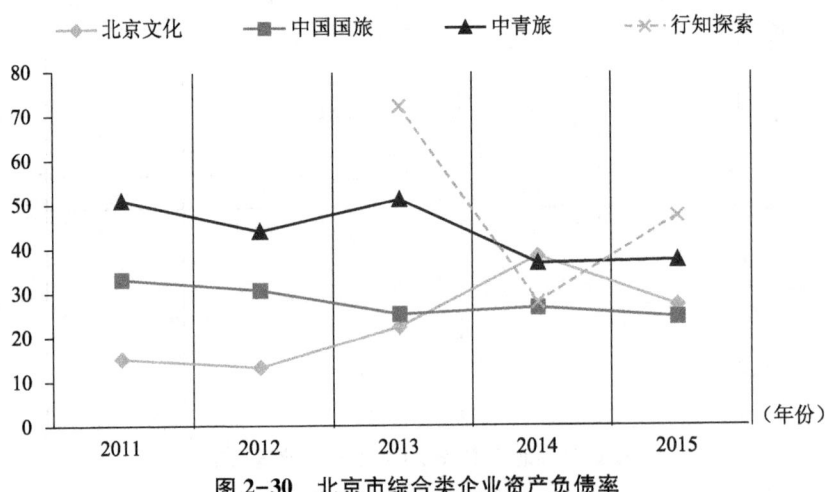

图2-30　北京市综合类企业资产负债率

表2-27和图2-30显示，北京市综合类企业资产负债率整体不高。其中，北京文化和中国国旅两家企业资产负债率偏低，长期偿债能力较强。行知探索企业处于发展期，属于中小企业，资产负债率变化较大。

（六）权益乘数

表 2-28　北京市综合类企业权益乘数

年份 企业	2011	2012	2013	2014	2015
北京文化	1.18	1.15	1.29	1.62	1.37
中国国旅	1.49	1.44	1.34	1.36	1.32
中青旅	2.03	1.78	2.04	1.58	1.59
行知探索	—	—	3.57	1.39	1.90

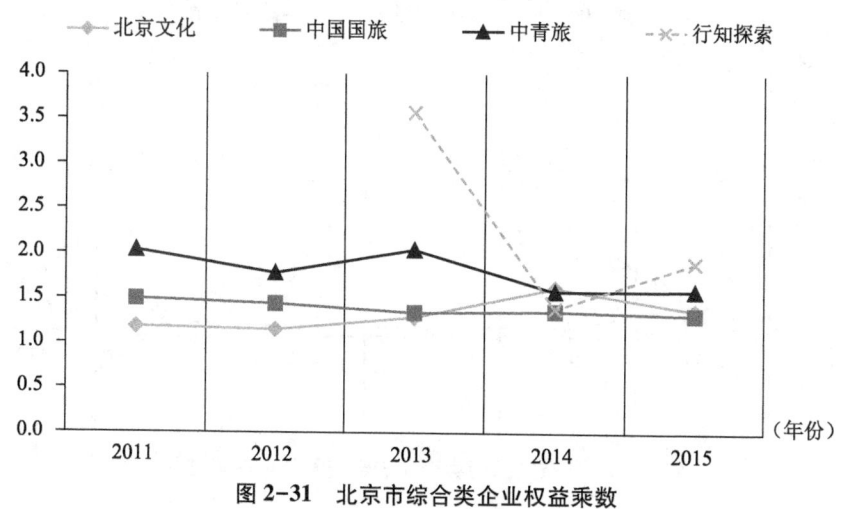

图 2-31　北京市综合类企业权益乘数

权益乘数指标与资产负债率指标在性质方面具有一致性。北京市 5 家综合类旅游上市公司，其中有 4 家权益乘数指标基本集中在 1~2。行知探索处于发展期，变动较大。

(七)现金流量利息保障倍数

表 2-29 北京市综合类企业现金流量利息保障倍数

年份 企业	2011	2012	2013	2014	2015
北京文化	4.61	—	3.59	-40.83	2.36
中国国旅	25.78	119.90	256.00	257.05	244.85
中青旅	35.38	10.72	9.81	10.79	14.14
行知探索	—	—	—	—	—

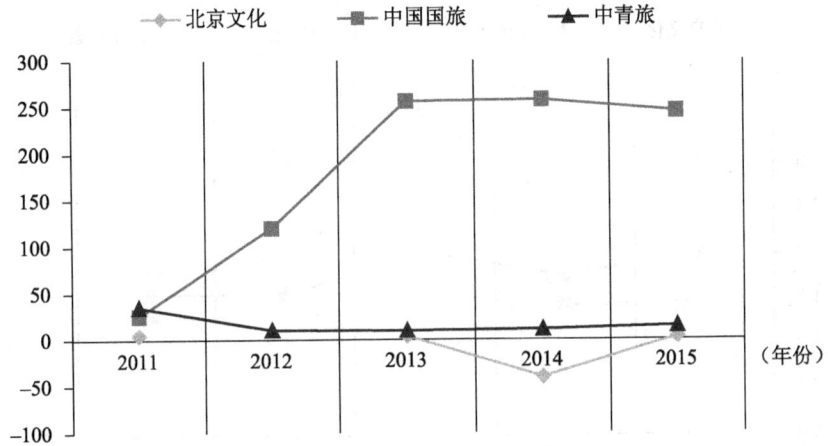

图 2-32 北京市综合类企业现金流量利息保障倍数

中国国旅在利息兑付的偿债能力方面,是 5 家综合类企业最强的。中青旅和北京文化现金流量利息保障倍数偏小,说明这两家企业带息债务占债务的比率较高。行知探索经营现金流为负值,此指标无意义。

(八)偿债保障比率

表 2-30　北京市综合类企业偿债保障比率

企业＼年份	2011	2012	2013	2014	2015
北京文化	0.08	0.33	0.07	−0.29	0.13
中国国旅	0.22	0.47	0.45	0.38	0.41
中青旅	0.14	0.07	0.12	0.16	0.14
行知探索	—	—	0.47	−0.51	−0.44

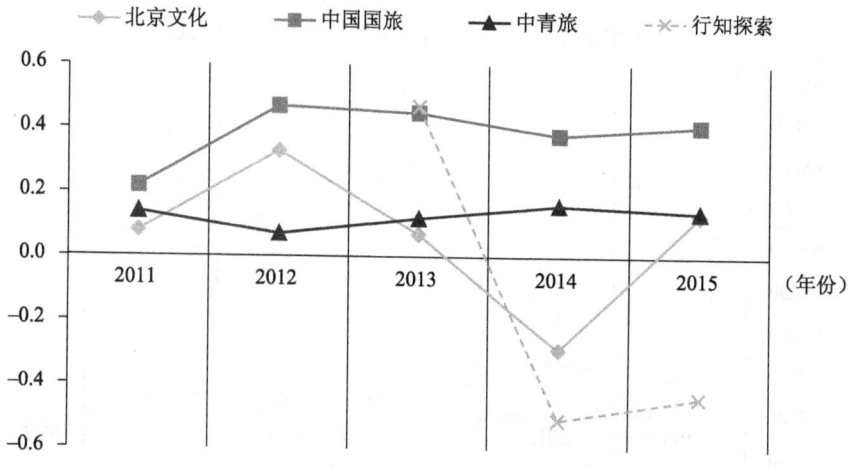

图 2-33　北京市综合类企业偿债保障比率

表 2-30 和图 2-33 显示,中国国旅偿债保障比率整体最高,显示了其现金流状况较佳。北京文化该指标变动较大,源于影视业务的经营现金流状况变动较大。中青旅偿债保障比率一直保持较低水平。而行知探索处于发展期,经营现金流变动较大。

(九)利息保障倍数

表 2-31 北京市综合类企业利息保障倍数

企业\年份	2011	2012	2013	2014	2015
北京文化	2.56	—	-0.40	10.87	-2.30
中国国旅	44.53	123.50	293.66	347.18	331.91
中青旅	40.40	61.93	15.31	19.97	23.63
行知探索	—	—	—	—	—

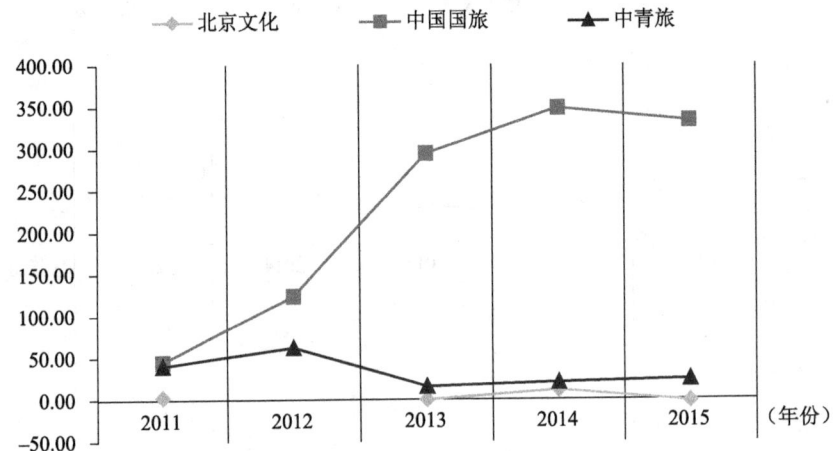

图 2-34 北京市综合类企业利息保障倍数

表 2-31 和图 2-34 显示，中国国旅利息保障倍数一直递增，显示强大的营运能力带来了偿债能力的提高。北京文化利息保障倍数变动较大，源于息税前收益变动大。中青旅利息保障倍数在各年变动不大。

（十）有形净值债务率

表 2-32　北京市综合类企业有形净值债务率

年份 企业	2011	2012	2013	2014	2015
北京文化	0.2	0.17	0.34	0.87	0.52
中国国旅	0.73	0.62	0.41	0.45	0.40
中青旅	2.85	1.64	2.16	0.94	0.96
行知探索	—	—	2.61	0.39	1.23

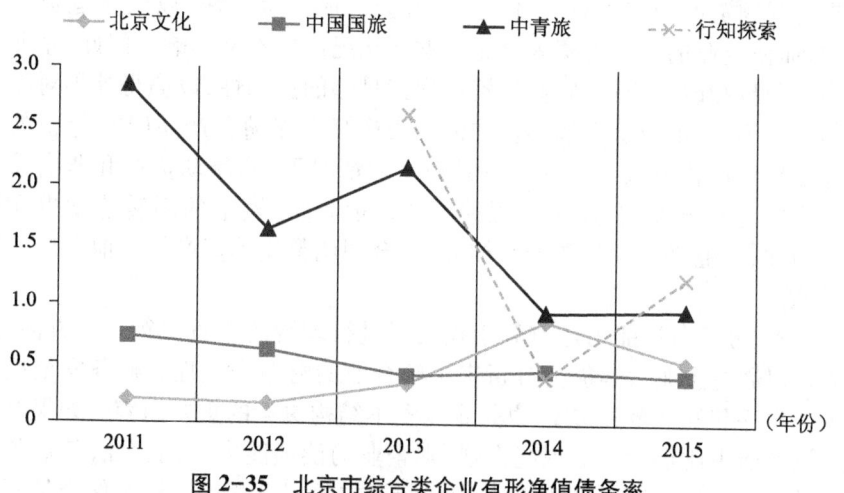

图 2-35　北京市综合类企业有形净值债务率

表 2-32 和图 2-35 显示，北京文化和中国国旅有形净值债务率近五年一直较低，长期偿债能力较强。中青旅近五年该指标在波动中降低，长期负债能力变强。行知探索处于发展期，资产负债变动较大，因此有形净值债务率变动较大。

第三部分　北京市旅游上市公司营运能力分析

营运能力是指企业充分利用现有资源创造社会财富的能力，它可以用来评价企业对其拥有资源的利用程度和营运活动能力。其实质是要以尽可能少的资源占用和尽可能短的周转时间,产生出尽可能多的产品,创造出尽可能多的销售收入,而要实现这个目的,就必须提高企业的营运能力水平。一般使用存货周转率、应收账款周转率、流动资产周转率和总资产周转率等财务指标来衡量和分析企业资金运营周转的情况,以及对经济资源管理、运用的效率。

对企业营运能力进行科学合理的分析,有利于企业管理当局改善经营管理。第一,优化资产结构。资产结构即各类资产之间的比例关系。不同资产对企业经营结果具有不同影响。通过资产结构分析,可以发现和揭示与企业经营性质、经营时期不相适应的结构比例,并及时加以调整,形成合理的资产结构。第二,改善财务状况。企业在一定时点上的存量资产,是企业取得收益或利润的基础。然而,当企业的长期资产、固定资产占用资金过多、出现有问题资产或资产质量不高时,就会形成资金积压,以致营运资金不足,从而使企业的短期投资人对企业财务状况产生不良影响。因此,企业必须注重分析和改善资产结构,使资产保持足够的流动性,以赢得外界对企业的信心。第三,加速资金周转。非流动资产只有伴随着产品(或商品)的销售才能形成销售收入。在资产总量一定的情况下,非流动资产和非商品资产所占的比重越大,企业所实现的周转价值越小,资金的周转速度也就越低。为此,企业必须通过资产结构分析,合理调整流动资产与其他资产的比例关系。

另外,分析营运能力还有利于投资者进行理智的投资决策。一方面,投资者可以通过企业营运能力分析来了解企业的财务安全性。财务安全性对企业的生存和发展至关重要,也是企业资本结构决策的重要内容。如果企业流动资产所占比重大且变现能力强,则企业的偿债能力就比较强,其财务安全性就较高。另一方面,投资者可以了解资本的保全程度。资本保全是所有者或股东投入资本时所关心的重要问题。合理的资产结构和拥有高质量的资产是资本保全的物质基础。除要求在资产的运用过程中资产的净损失不得冲减资本金外,较高的资产运用效率不仅表明了资产管理的良好效果,而且也可以揭示资本的安全程度。

对于北京市旅游上市公司的营运能力分析,我们主要选取了存货周转率、应收账款周转率、流动资产周转率、固定资产周转率和总资产周转率这5个企业运营能力分析指标来进行评价和衡量。这5个指标具体的计算公式和意义说明见表3-1。

表 3-1 企业营运能力分析指标

营运能力指标	指标计算公式	指标意义
存货周转率	销售成本/平均存货	反映存货的周转速度,存货管理效率
应收账款周转率	销售收入/平均应收账款余额	公司应收账款的周转速度,反映公司应收账款转为现金的次数,资金运营效率
流动资产周转率	销售收入/平均流动资产余额	反映公司流动资产的周转速度,流动资产的利用效率
固定资产周转率	销售收入/平均固定资产净额	反映公司固定资产的周转速度,固定资产的利用效率
总资产周转率	销售收入/平均资产总额	综合评价公司全部资产的经营质量和利用效率,反映公司的销售能力

此外,由于各旅游上市公司的主营业务不同,我们把北京市旅游上市公司按照业务范围的不同分为酒店类、旅行社类、餐饮类和综合类。以下就对这四类企业分别进行分析。

一、酒店类企业营运能力分析

(一)酒店类企业总体营运能力分析

北京市旅游板块中酒店类上市企业主要有首旅酒店(600258),其 2011 年至 2015 年营运能力各指标如表 3-2 所示:

表 3-2 2011~2015 年酒店类上市企业营运能力指标汇总

公司简称	年份	存货周转率	应收账款周转率	流动资产周转率	固定资产周转率	总资产周转率
首旅酒店	2011	3.52	54.77	5.48	0.81	0.28
	2012	2.95	63.24	3.26	0.93	0.25
	2013	2.72	64.27	1.47	1.07	0.20
	2014	2.97	50.78	1.03	1.07	0.17
	2015	3.65	47.05	1.53	1.19	0.14

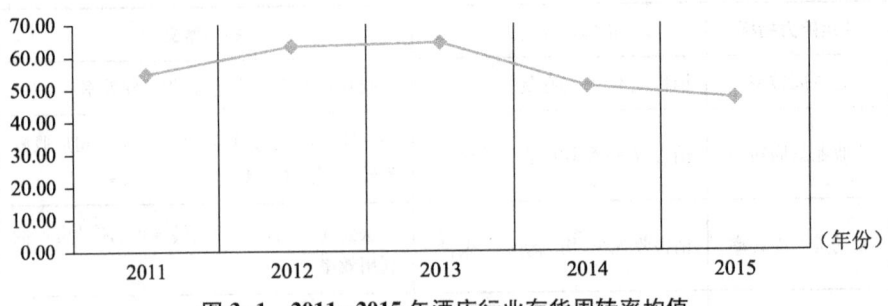

图 3-1 2011~2015 年酒店行业存货周转率均值

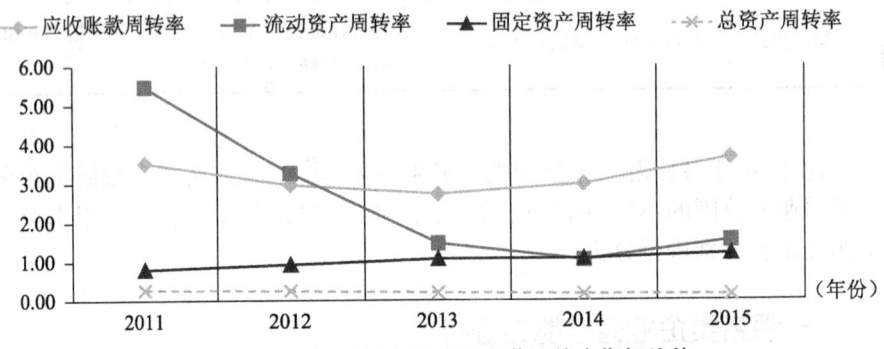

图 3-2 2011~2015 年酒店行业营运能力指标均值

从图 3-1 和图 3-2 首旅酒店 2011~2015 年营运能力指标折线图中我们可以看出,首旅酒店这五年来存货周转率呈现先上升后下降的趋势,应收账款周转率和总资产周转率基本持平没有较大波动,固定资产周转率五年来稳步上升,而流动资产周转率呈现大幅下降的趋势,到 2015 年才有略微回升。总的来说,首旅酒店资产营运能力在稳步加强,特别是固定资产的管理和周转能力有了较大提高,而流动资产营运能力还有待提升。

(二)酒店类企业具体营运能力分析

1. 存货周转率

企业的流动资产包括存货、应收账款和其他流动资产等项目。存货是一种重要的流动资产,一般由原材料、半成品、库存产品和装运产品等组成。持有存货既有成本,也有收益。存货管理的任务就是评估成本和收益,寻求一个合理的平衡点,以保证企业的生产经营活动正常进行。

存货周转率反映存货的周转速度,即存货的流动性及存货资金占用量是否合理。其计算公式为:存货周转次数=销货成本/存货平均余额。存货周转率是分析企业营运能力的重要指标之一,是衡量和评价企业购入存货、投入生产、销售收回等各生产经营环节管理状况的综合性指标。存货周转率越高,说明企业存货周转得越快,企业的销售能力越强,营运资金占用在存货上的金额就越少,企业对存货的管理效率也就越高。

表3-3反映了首旅酒店2011年至2015年存货周转率的变动情况。

表3-3　2011～2015年酒店类上市公司存货周转率

年份 公司名称	2011	2012	2013	2014	2015
首旅酒店	54.77	63.24	64.27	50.78	47.05

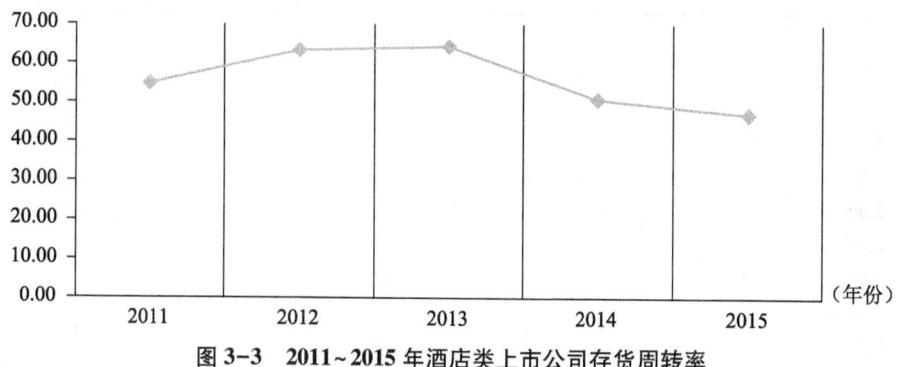

图3-3　2011～2015年酒店类上市公司存货周转率

从图3-3中可以看出,首旅酒店从2011年至2013年存货周转率处于上升状态,但是从2013年之后呈现下降的趋势。说明企业对存货的管理和利用效率有所下降,需要进一步加强存货周转效率。

2. 应收账款周转率

另一项重要的流动资产是应收账款,当企业出售商品给其他企业或政府机构时,通常不能立即得到偿付。这些尚未偿付的账单或商业信用,成为应收账款的主体部分。企业还可以基于信用出售商品给最终消费者,消费信用就构成应收账款的余下部分。从营运资本变化的角度考察,可以将企业的经营活动分为增加净营运资本的活动和消耗净营运资本的活动,即资金流入和资金流出。在这种意义上,营运资本通常称为资金。在企业的营业运行过程中,营运资本形态随着企业的生产经营过程不断变化,经历着资金→存货→应收账款→资金的演变。这一变化过程的快慢,即流动资产周转速度,标志着企业运用资产的效率。

应收账款周转率是指一定期间内公司应收账款转为现金的平均次数。公司的应收账款如能及时收回,公司的资金使用效率便能大幅提高。一般情况下,应收账款周转率越高越好。周转率高,表明收账迅速,账龄较短;资产流动性强,短期偿债能力强;可以减少坏账损失;等等。反之,说明营运资金过多呆滞在应收账款上,影响正常资金周转及偿债能力。

表3-4 2011~2015年酒店类上市公司应收账款周转率

年份 公司名称	2011	2012	2013	2014	2015
首旅酒店	3.52	2.95	2.72	2.97	3.65

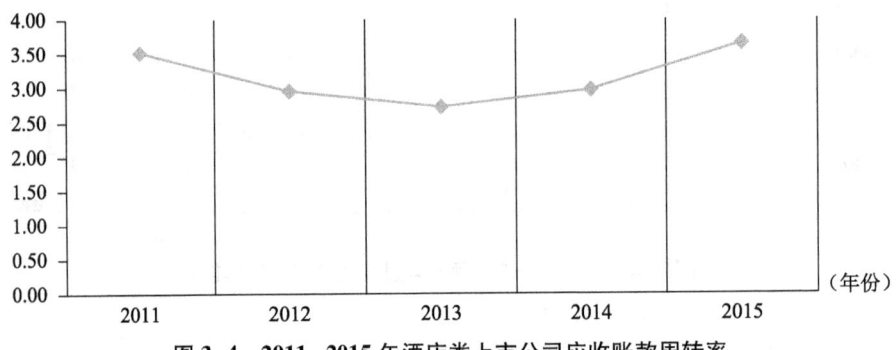

图3-4 2011~2015年酒店类上市公司应收账款周转率

从图3-4中可以看出,从2011到2013年首旅酒店的应收账款周转率呈下降趋势,但从2013年开始应收账款周转率稳步上升。说明首旅酒店开始加强了对应收账款的管理,这对于提高企业资金使用效率是大有裨益的。

3.流动资产周转率

流动资产周转率反映了企业流动资产的周转速度,是从企业全部资产中流动性最强的流动资产角度对企业资产的利用效率进行分析,以进一步揭示影响企业资产质量的主要因素,是评价企业流动资产利用率和营运能力的一个重要指标。

要实现该指标的良性变动,应以主营业务收入增幅高于流动资产增幅做保证。通过该指标的对比分析,可以促进企业加强内部管理,充分有效地利用流动资产,如降低成本、调动暂时闲置的货币资金用于短期投资以创造收益等,还可以促进企业采取措施扩大销售,提高流动资产的综合使用效率。一般情况下,该指标越高,表明企业流动资产周转速度越快,利用越好。在较快的周转速度下,流动资产会相对节约,相当于流动资产投入的增加,在一定程度上增强了企业的盈利能力;而周转速度慢,则需要补充流动资金参加周转,会形成资金浪费,降低企业盈利能力。

表3-5 2011~2015年酒店类上市公司流动资产周转率

年份 公司名称	2011	2012	2013	2014	2015
首旅酒店	5.48	3.26	1.47	1.03	1.53

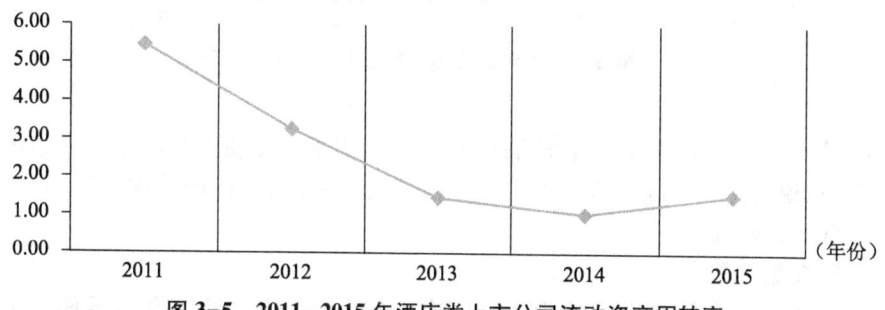

图3-5 2011~2015年酒店类上市公司流动资产周转率

从图3-5来看,首旅酒店从2011年到2014年流动资产周转率一直呈下降趋势,直到2015年才略有回升。说明企业开始重视对流动资产的管理,但仍需继续加强。

4.固定资产周转率

为了更加全面地评价企业营运能力,还应对固定资产周转情况和总资产周转情况进行分析,对相应财务比率指标进行计算。

固定资产周转率也称固定资产利用率,主要用于分析对厂房、房屋、机器设备等固定资产的利用效率,比率越高,说明利用率越高,管理水平越好。如果固定资产周转率与同行业平均水平相比偏低,则说明企业对固定资产的利用率较低,可能会影响企业的获利能力。它反映了企业资产的利用程度和企业固定资产的营运能力。

表3-6　2011~2015年酒店类上市公司固定资产周转率

年份 公司名称	2011	2012	2013	2014	2015
首旅酒店	0.81	0.93	1.07	1.07	1.19

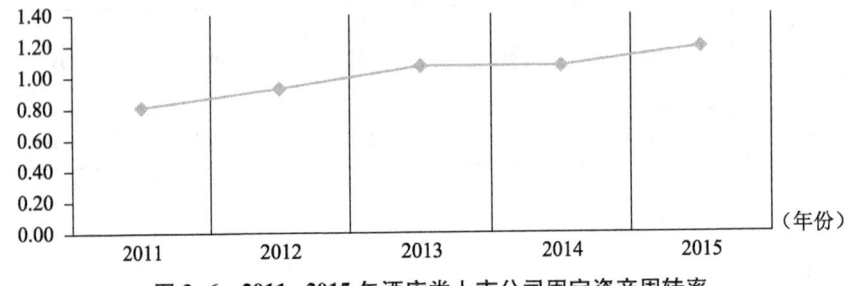

图3-6　2011~2015年酒店类上市公司固定资产周转率

从图3-6中可以看出,首旅酒店从2011年开始固定资产周转率一直稳步上升,这说明企业的固定资产处于一个良好的水平,固定资产结构合理,而且使用效率比较高。

5.总资产周转率

总资产周转率,是指一定财务期间内,企业全部资产所占资金循环一次所需要的天数。它反映企业全部资产与它周转所完成的销售收入的比例关系。由此看出综合性指标的衡量要考虑经营性比率的影响。计算公式为:总资产周转次数=产品销售收入/平均资产总额。

总资产周转率是综合评价企业全部资产的经营质量和利用效率的重要指标。周转率越大,说明总资产周转越快,反映出销售能力越强。企业可以通过薄利多销的办法,加速资产的周转,带来利润绝对额的增加。总资产周转率综合反映了企业整体资产的营运能力,一般来说,资产的周转次数越多或周转天数越少,表明其周转速度越快,营运能力也就越强。

表 3-7　2011~2015 年酒店类上市公司总资产周转率

年份 公司名称	2009	2010	2011	2012	2013
首旅酒店	0.28	0.25	0.20	0.17	0.14

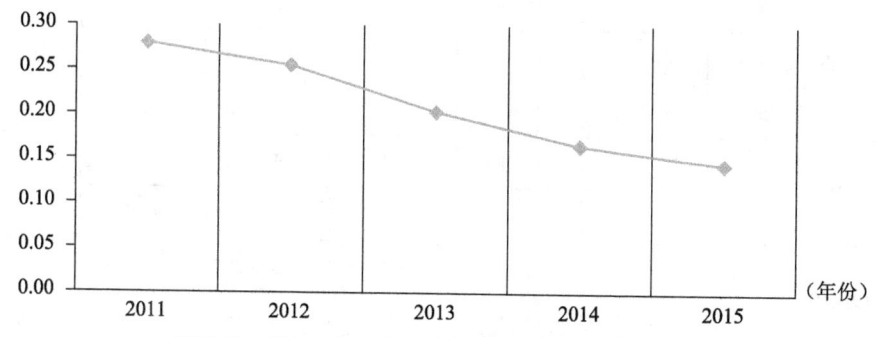

图 3-7　2011~2015 年酒店类上市公司总资产周转率

从图 3-7 中可以看出,自 2011 年以来,企业的总资产周转率一直下降,即资产周转次数越少,或总周转天数越长,说明总资源共享金周转率速度慢(周转周期长),进而说明企业利用其资产进行经营的效率较差,长此以往,会影响企业的获利能力,企业应采取措施提高销售收入或处置资产,以提高总资产利用率。

二、旅行社类企业营运能力分析

(一)旅行社类企业总体营运能力分析

北京市旅游板块中旅行社类上市企业主要有众信旅游(002707),新三板旅游板块中旅行社类企业有海涛股份(833216)、视野股份(835495)、山水股份(833741)和明游天下(833935)。由于 2014 年 1 月 23 日,北京市众信国际旅行社股份有限公司在深圳中小企业板上市,所以我们只能获得其 2013 至 2015 年的营运能力指标数据。而海涛股份、视野股份、山水股份和明游天下均为 2015 年在新三板挂牌上市的企业,因此只有 2014 年和 2015 年两年的数据。明游天下还未发布 2015 年财务报告,因此只有 2014 年的数据。我们选取一些新三板企业进行分析,一方面是为了拓展分析样本数量,另一方面也对比了新三板企业和传统上市企业在营运能力方面的情况。表3-8为旅行社类企业2013年至2015年营运能力指标汇总。

表3-8 2013~2015年旅行社类企业营运能力指标汇总

公司简称	年份	存货周转率	应收账款周转率	流动资产周转率	固定资产周转率	总资产周转率	排名
众信旅游	2013	—	41.32	5.25	544.97	4.98	4
	2014	17 679.80	32.47	5.54	695.76	4.87	
	2015	8537.25	23.64	3.72	746.28	2.09	
海涛股份	2014	—	39.51	11.05	4454.10	11.01	1
	2015	—	10.40	6.29	3243.02	6.27	
视野股份	2014	—	51.94	3.74	876.20	3.15	3
	2015	—	35.71	2.66	2028.16	2.50	
山水股份	2014	—	90.87	8.33	308.52	8.06	2
	2015	—	63.76	6.37	773.03	6.26	
明游天下	2014	—	108.97	3.67	2994.78	3.04	5
	2015	—	—	—	—	—	
行业均值	2013	—	41.32	41.32	41.32	41.32	
	2014	17 679.80	64.75	6.47	1865.87	6.03	
	2015	8537.25	26.70	3.81	1358.10	3.42	

根据企业总资产周转率2013年到2015年的均值进行排名。

从表3-8中可以看出,新三板企业在营运能力方面的表现要优于众信旅游。根据企业总资产周转率的排名,海涛股份位列第一,山水股份和视野股份紧随其后,众信旅游只排在第四,而明游天下由于只有2014年的数据,暂列第五名。

总的来说,新三板企业的营运能力还是不错的,说明其资产运营效率、资金使用效率还有资本安全度都较高。虽然只有两年的数据,但是对于其未来的发展,我们拭目以待。

(二)旅行社类企业具体营运能力分析

1.存货周转率

由于旅行社类上市公司大多没有存货,或存货甚少,因此存货周转率分析并不适用,略去不表。

2.应收账款周转率

表 3-9　2013~2015 年旅行社类公司应收账款周转率

年份 企业	2013	2014	2015
众信旅游	41.32	32.47	23.64
海涛股份	—	39.53	10.4
视野股份	—	51.94	35.71
山水股份	—	90.87	63.76
明游天下	—	108.97	

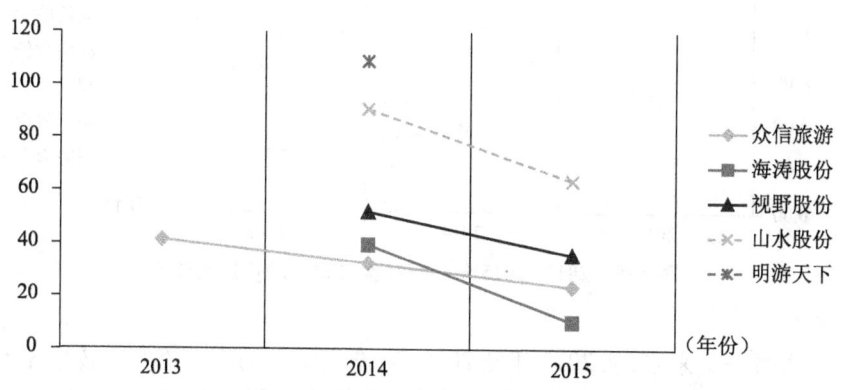

图 3-8　2013~2015 年旅行社类公司应收账款周转率

从图 3-8 来看,基本上所有的企业应收账款周转率都呈现下降趋势。这说明应收账款周转次数较少,实际收回账款的天数超过了企业规定的应收账款天数。另外,也说明债务人拖欠时间长、资信度低,企业信用调查和催收账款不力,使结算资产形成了呆账、悬账甚至坏账,造成了企业资产流动性差,企业的资源配置效益比较低。未来旅行社类企业还需进一步加强对应收账款的管理，以提高资金使用效率。

3.流动资产周转率

表 3-10　2013~2015 年旅行社类公司流动资产周转率

年份 企业	2013	2014	2015
众信旅游	5.25	5.54	3.72
海涛股份	—	11.05	6.29
视野股份	—	3.74	2.66
山水股份	—	8.33	6.37
明游天下	—	3.67	—

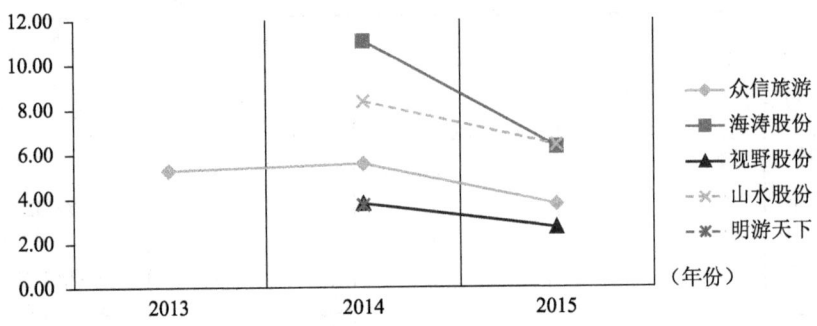

图 3-9　2013~2015 年旅行社类公司流动资产周转率

从图 3-9 来看，从 2013 年至 2015 年，众信旅游的流动资产周转率先上升后下降，其他几家公司的流动资产周转率都呈现下降的趋势。说明这几家企业流动资产可能结构不合理，或者存量过大，企业需要加强对流动资产的管理，变卖一些流动资产，或者利用闲置资金进行投资，从而进一步提高流动资产的周转效率。

4. 固定资产周转率

表 3-11　2009~2013 年旅行社类公司固定资产周转率

年份 企业	2013	2014	2015
众信旅游	544.97	695.76	746.28
海涛股份	—	4454.10	3243.02
视野股份	—	876.20	2028.16
山水股份	—	308.52	773.03
明游天下	—	2994.78	—

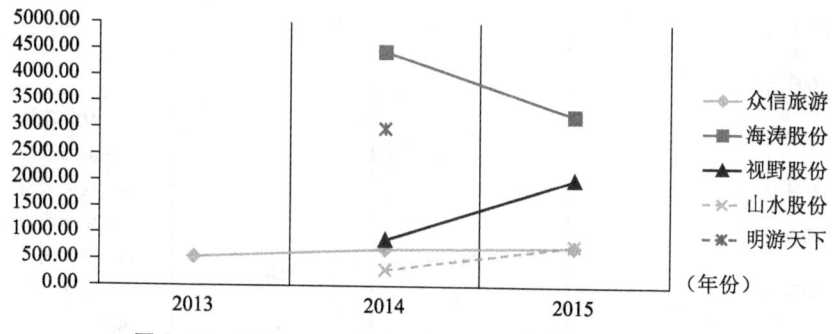

图 3-10　2009~2013 年景点类上市公司固定资产周转率

从图 3-10 来看,旅行社类上市公司的固定资产周转率普遍较高,这说明旅行社类企业固定资产较少,大多是办公用品之类的资产,因此周转率都很高。具体来看,众信旅游三年来固定资产周转率稳步上升,说明其对固定资产的管理效率较高。视野股份和山水股份的固定资产周转率有较大幅度的提升,一方面说明其收入在不断上升,另一方面说明这两家公司对固定资产的管理水平在不断提高。海涛股份的固定资产周转率虽然在几家公司中处于最高水平,但却呈现下降的趋势,这意味着其管理者还是要继续加强对固定资产的管理。

5.总资产周转率

表 3-12　2009~2013 年旅行社类公司总资产周转率

年份 企业	2013	2014	2015
众信旅游	4.98	4.87	2.09
海涛股份	—	11.01	6.27
视野股份	—	3.15	2.50
山水股份	—	8.06	6.26
明游天下	—	3.04	—

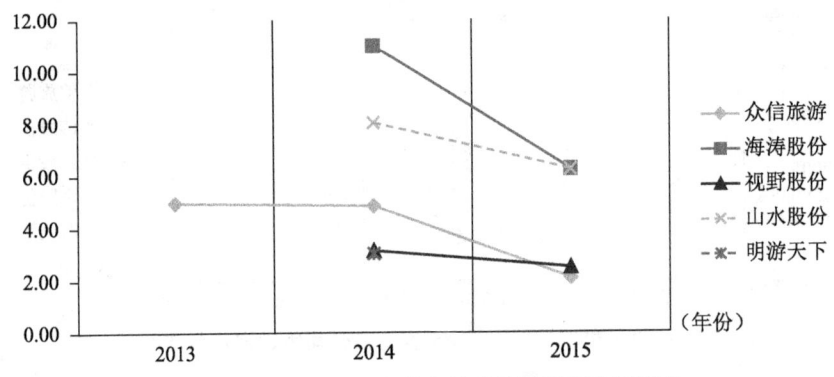

图 3-11　2013~2015 年旅行社类公司总资产周转率

与应收账款和流动资产类似,旅行社类上市公司的总资产周转率也呈现下降趋势。总资产周转率表明了企业运用全部资产的效率。企业应该建立合理的资产结构并采取措施提高各项资产的利用程度,提高销售收入,从而不断提高企业的总资产周转率。

三、餐饮类企业营运能力分析

(一)餐饮类企业总体营运能力分析

北京市旅游板块中餐饮上市类企业主要有中科云网(002306)、全聚德

(002186)。由于中科云网还未发布 2015 年的财务报告,因此只有 2011~2014 年四年的数据。表 3-13 为餐饮类企业 2011 年至 2015 年营运能力指标汇总表。

表 3-13　2011~2015 年餐饮类上市企业营运能力指标汇总表

公司简称	年份	存货周转率	应收账款周转率	流动资产周转率	固定资产周转率	总资产周转率
中科云网	2011	5.91	49.14	0.35	8.45	0.21
	2012	5.21	39.32	0.32	7.76	0.15
	2013	3.00	17.33	0.10	1.50	0.05
	2014	4.11	24.00	0.08	1.49	0.04
	2015	—	—	—	—	—
全聚德	2011	33.43	74.12	8.83	2.78	0.83
	2012	39.74	215.85	10.67	2.61	0.88
	2013	44.47	206.22	5.93	2.64	0.78
	2014	45.79	276.10	2.34	2.72	0.63
	2015	44.02	374.70	1.37	2.81	0.53

　　总的来看,全聚德各方面的营运能力都要优于中科云网。全聚德是中国老字号餐饮企业,一直发展良好。2016 年 4 月,全聚德还发布了"互联网+"战略:利用好全聚德的百年老字号品牌、完整的供应链体系、百年工匠烤鸭技艺以及丰富的线下门店等独特的资源,从经营产品、经营门店,到启动用户经营计划,利用互联网工具和互联网思维,全面拥抱互联网、拥抱年轻人。2016 年我国餐饮市场"互联网+"热潮持续,其中餐饮外送服务竞争逐渐白热化。老字号拥抱"互联网+"是顺应潮流的尝试。

　　另一家餐饮企业中科云网原为湘鄂情,是国内 A 股首家民营餐饮上市企业。公司的主业目前仍然为餐饮业。2014 年,受外部市场环境影响,公司原来以公务、商务接待消费为主的高端餐饮市场大幅萎缩;与此同时,内部运营成本大幅上升。在此双重压力下,作为公司主业的餐饮业务业绩大幅下滑。为此公司虽然采取了关停部分门店、向大众餐饮市场转型及加大促销手段来吸引消费者的办法以降低亏损,提高营业收入,但依然无法抵挡成本高昂和利润微薄的双重压力。2014年7月,湘鄂情将名称变更为中科云网科技集团股份有限公司,变更之后,公司的发展方向和定位与大数据生存环境相关。2014年10月,公司收到证监会《调查通知书》,因涉嫌证券违法违规行为,证监会决定对公司立案调查。中科云网发布公告称,公司股票、债券自10月13日起停牌。

同样是餐饮企业,发展路径却有如此大的不同,接下来就具体分析一下两家企业的营运能力的差异。

(二)餐饮类企业具体营运能力分析

1.存货周转率

表3-14 2011~2015年餐饮类上市公司存货周转率

年份 企业	2011	2012	2013	2014	2015
中科云网	5.91	5.21	3.00	4.11	—
全聚德	33.43	39.74	44.47	45.79	44.02

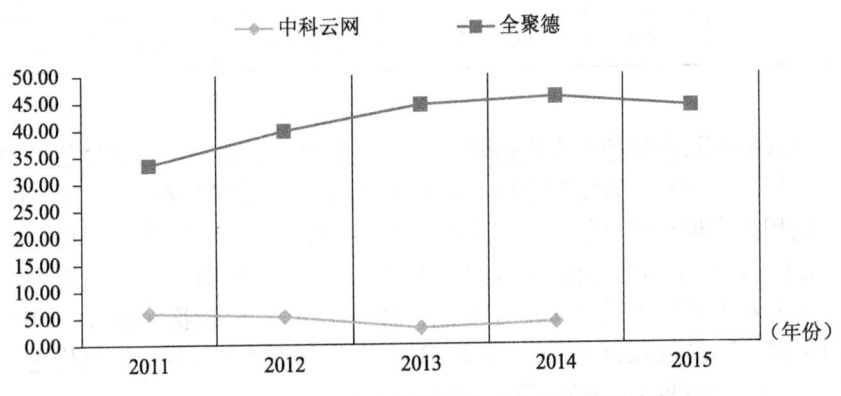

图3-12 2011~2015年餐饮类上市公司存货周转率

从图3-12中可以明显看出,全聚德的存货周转率要大于中科云网。全聚德从2011年以来存货周转率一直处于上升态势,到2015年略有下降。而中科云网的存货周转率一直在下降,说明中科云网的存货结构不够合理,且管理效率较差。

2.应收账款周转率

表 3-15　2011~2015 年餐饮类上市公司应收账款周转率

年份 企业	2011	2012	2013	2014	2015
中科云网	49.14	39.32	17.33	24.00	—
全聚德	74.12	215.85	206.22	276.10	374.70

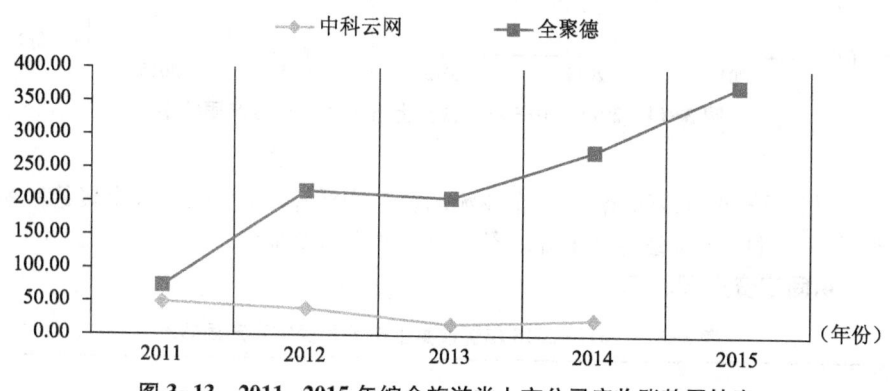

图 3-13　2011~2015 年综合旅游类上市公司应收账款周转率

从图 3-13 中可以看出,在 2011 年的时候,两家企业的应收账款周转率相差不大,此后几年差距越来越大。这与两家企业不同的管理模式和发展路径是分不开的。全聚德专注于自己的餐饮事业,精耕细作并不断寻求创新。而中科云网以前依靠公务消费来作为主要收入,这种发展模式显然不能满足现在的需求。因此中科云网的应收账款周转率越来越低,对应收账款的管理越来越差。

3.流动资产周转率

表 3-16　2011~2015 年餐饮类上市公司流动资产周转率

年份 企业	2011	2012	2013	2014	2015
中科云网	0.35	0.32	0.10	0.08	—
全聚德	8.83	10.67	5.93	2.34	1.37

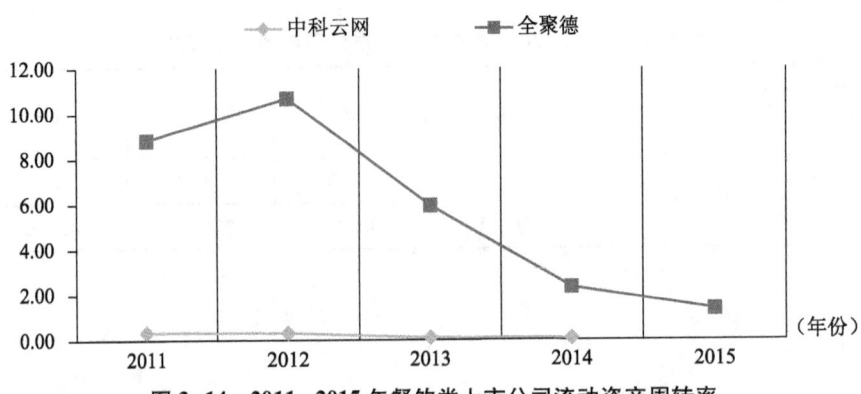

图 3-14　2011~2015 年餐饮类上市公司流动资产周转率

从图 3-14 可以看出，两家企业流动资产周转率不断降低，且全聚德跌幅更显著。说明两家公司对于流动资产的管理都需要加强。

4. 固定资产周转率

表 3-17　2011~2015 年餐饮类上市公司固定资产周转率

年份 企业	2011	2012	2013	2014	2015
中科云网	8.45	7.76	1.50	1.49	—
全聚德	2.78	2.61	2.64	2.72	2.81

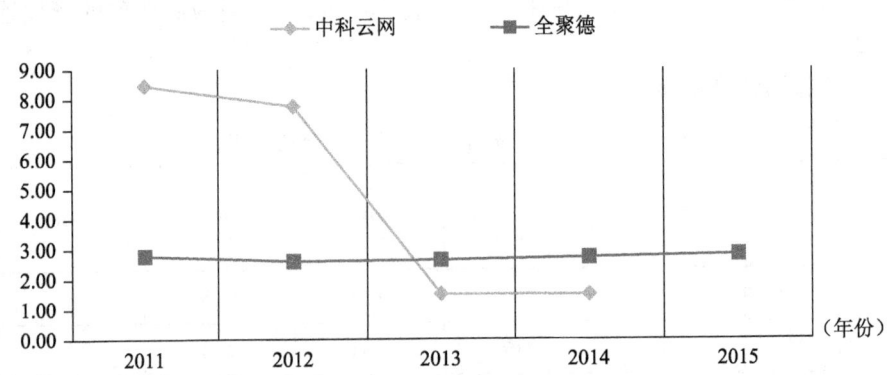

图 3-15　2011~2015 年餐饮类上市公司固定资产周转率

从图 3-15 中可以看出,全聚德的固定资产周转率这五年来处于轻微波动状态,基本没有变化,而中科云网从一开始的高固定资产周转率到现在跌幅显著。因此,中科云网需要反思自己的固定资产管理效率,固定资产规模要与收入相匹配。全聚德则需要稳中求升,进一步优化固定资产结构。

5.总资产周转率

表 3-18　2011~2015 年餐饮类上市公司总资产周转率

年份 企业	2011	2012	2013	2014	2015
中科云网	0.21	0.15	0.05	0.04	—
全聚德	0.83	0.88	0.78	0.63	0.53

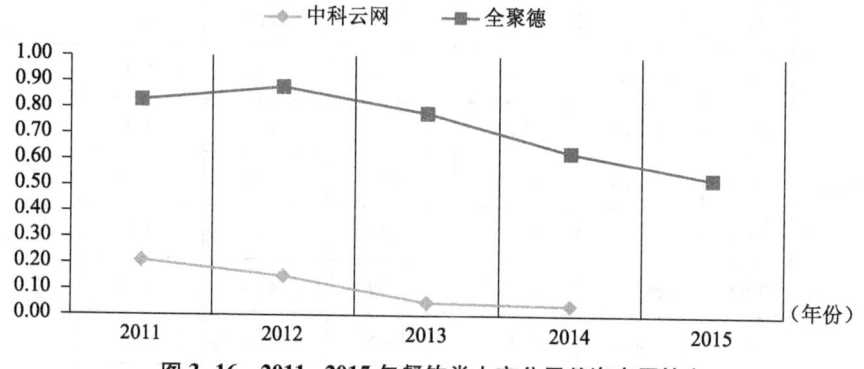

图 3-16　2011~2015 年餐饮类上市公司总资产周转率

从图 3-16 可以看出,两家企业的总资产周转率呈现下降的趋势。总资产周转率表明了企业运用全部资产的效率。企业应该建立合理的资产结构并采取措施提高各项资产的利用程度,提高销售收入,从而不断提高企业的总资产周转率。

四、综合类企业营运能力分析

(一)综合类企业总体营运能力分析

北京市旅游板块中综合类上市企业主要有中国国旅(601888)、中青旅

(600138)和北京文化(000802)。新三板旅游板块中综合类企业有行知探索(835073)。由于行知探索为2015年在新三板挂牌上市的企业,因此只有2014年和2015年两年的数据。表3-19为综合类企业2011年至2015年营运能力指标汇总表。

表3-19 2011~2015年综合旅游类企业营运能力指标汇总

公司简称	年份	存货周转率	应收账款周转率	流动资产周转率	固定资产周转率	总资产周转率	排名
中国国旅	2011	13.54	17.14	2.28	23.25	1.79	2
	2012	13.44	20.27	2.61	29.06	1.94	
	2013	11.62	21.75	2.09	31.01	1.59	
	2014	10.72	24.33	1.91	18.31	1.44	
	2015	9.53	23.35	1.87	13.35	1.40	
中青旅	2011	1195.41	15.37	1.48	3.54	0.45	3
	2012	1222.81	12.23	1.49	3.94	0.46	
	2013	1241.84	10.04	1.39	4.32	0.46	
	2014	1311.98	10.97	1.45	4.81	0.44	
	2015	1667.64	11.77	1.49	4.99	0.42	
北京文化	2011	3.16	44.68	0.45	0.82	0.15	4
	2012	1.14	41.37	0.20	0.86	0.08	
	2013	1.07	56.33	0.17	1.01	0.07	
	2014	1.12	124.38	0.22	1.85	0.10	
	2015	1.46	163.75	0.17	1.65	0.07	
行知探索	2014	125.90	448.36	5.19	52.03	3.91	1
	2015	33.53	32.75	3.67	21.72	1.79	

根据企业总资产周转率2011年到2015年的均值进行排名。

从表3-19中可以看出,与旅行社类上市公司类似,综合类旅游上市公司中,新三板公司的表现也比较优异。根据总资产周转率的排名,行知探索位列第一,中国国旅紧随其后,而中青旅和北京文化分别位于三四名。

行知探索文化发展集团是一家以深度文化体验产品的设计和实施为核心能力的文化创意集团,业务涉及体验式赛事、体验式培训、体验式旅行三大板块。相比于传统旅游上市公司来说,行知探索的发展模式更具有吸引力,而且根据 2014 年和 2015 年的数据来看,其营运能力也高于行业平均水平。

(二)综合类企业具体营运能力分析

1.存货周转率

表 3-20　2011~2015 年综合旅游类上市公司存货周转率

年份 企业	2011	2012	2013	2014	2015
中国国旅	13.54	13.44	11.62	10.72	9.53
中青旅	1195.41	1222.81	1241.84	1311.98	1667.64
北京文化	3.16	1.14	1.07	1.12	1.46
行知探索	—	—	—	125.90	33.53

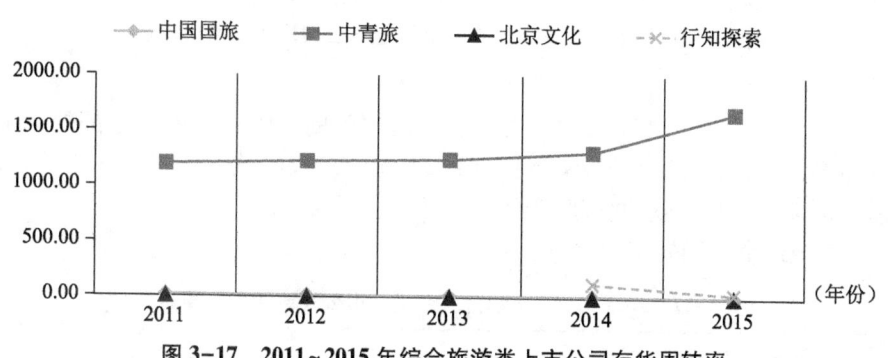

图 3-17　2011~2015 年综合旅游类上市公司存货周转率

从图 3-17 来看,中青旅的存货周转率要明显优于其他三家公司,且五年来呈现逐步上升趋势。行知探索的存货周转率在 2015 年有了明显的下降,因为其在 2015 年增加了大量的存货。中国国旅和北京文化的存货周转率都在逐步下降。

2. 应收账款周转率

表 3-21　2011~2015 年综合旅游类上市公司应收账款周转率

年份 企业	2011	2012	2013	2014	2015
中国国旅	17.14	20.27	21.75	24.33	23.35
中青旅	15.37	12.23	10.04	10.97	11.77
北京文化	44.68	41.37	56.33	124.38	163.75
行知探索	—	—	—	448.36	32.75

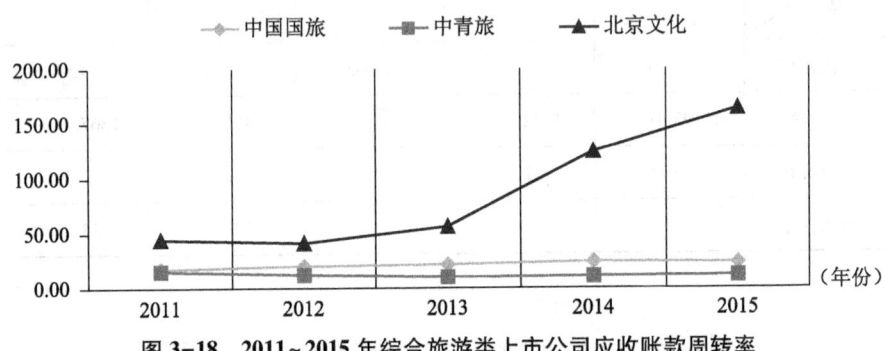

图 3-18　2011~2015 年综合旅游类上市公司应收账款周转率

从 2011 年至 2015 年,北京文化和中国国旅的应收账款周转率都处于上升态势,北京文化的上升势头更猛,而中青旅的应收账款周转率则逐年下降,需要加强对应收账款的管理。

3. 流动资产周转率

表 3-22　2011~2015 年综合旅游类上市公司流动资产周转率

年份 企业	2011	2012	2013	2014	2015
中国国旅	2.28	2.61	2.09	1.91	1.87
中青旅	1.48	1.49	1.39	1.45	1.49
北京文化	0.45	0.20	0.17	0.22	0.17
行知探索	—	—	—	5.19	3.67

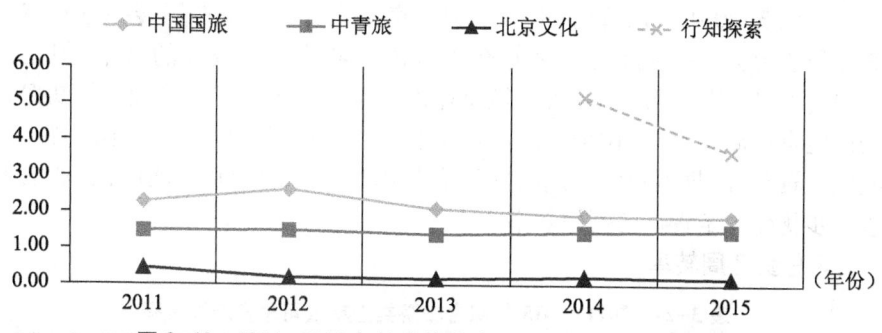

图 3-19　2011~2015 年综合旅游类上市公司流动资产周转率

从图 3-19 中可以看出，五年来中国国旅、中青旅和北京文化三家企业的流动资产周转率变化都不大，说明企业对于流动资产的管理水平一直比较稳定。而行知探索 2015 年流动资产周转率下降较大，主要是由于 2015 年增加了较多的应收账款导致的，因此行知探索需要加强对流动资产的管理。

4. 固定资产周转率

表 3-23　2011~2015 年综合旅游类上市公司固定资产周转率

年份 企业	2011	2012	2013	2014	2015
中国国旅	23.25	29.06	31.01	18.31	13.35
中青旅	3.54	3.94	4.32	4.81	4.99
北京文化	0.82	0.86	1.01	1.85	1.65
行知探索	—	—	—	52.03	21.72

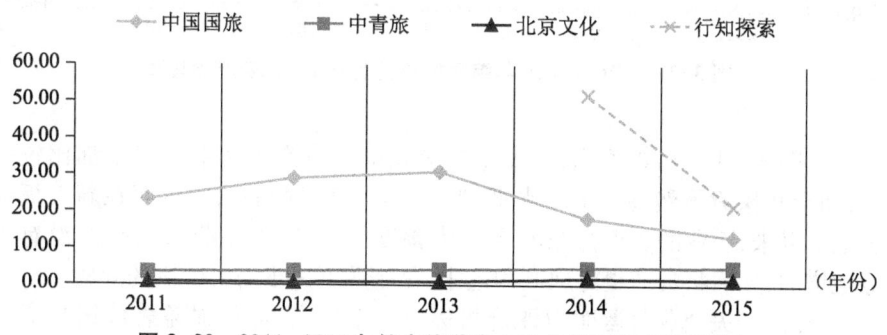

图 3-20　2011~2015 年综合旅游类上市公司固定资产周转率

从图 3-20 中可以看出,中青旅和北京文化的固定资产周转率五年来一直在稳步上升,中国国旅的固定资产周转率虽然处于较高的水平,但是从 2013 年以来开始逐年下降,说明该企业需要重视固定资产的管理。行知探索的固定资产周转率在 2015 年有大幅的下降,说明该公司在 2015 年添置了一些固定资产,但收入的增长速度并没有与固定资产的增长相匹配,企业需要进一步优化固定资产的利用效率。

5. 总资产周转率

表 3-24　2011~2015 年综合旅游类上市公司总资产周转率

年份 企业	2011	2012	2013	2014	2015
中国国旅	1.79	1.94	1.59	1.44	1.40
中青旅	0.45	0.46	0.46	0.44	0.42
北京文化	0.15	0.08	0.07	0.10	0.07
行知探索	—	—	—	3.91	1.79

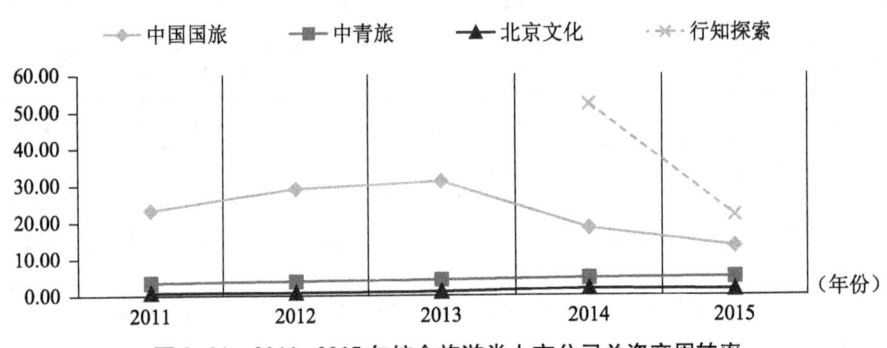

图 3-21　2011~2015 年综合旅游类上市公司总资产周转率

从图 3-21 中可以看出,三家上市公司的总资产周转率五年来都比较稳定,而行知探索虽然高于平均水平,但是 2015 年跌幅较大。说明在新三板挂牌上市以来,企业的资产总量有了较大幅度的增长,但是收入水平并没有相应地增加,如何将资产更好地利用起来,是企业下一步需要解决的问题。

总之,有关企业营运能力评价指标有一个特点,即将损益表数据与资产负债表数据有机结合起来。计算企业在某项资产中投资 1 元所形成的销售收入,并将计算结果加以比较分析,以提示企业在配置各种经济资源过程中的效率状况。

然而,要真正了解企业的经营效率,仅将注意力集中于企业的销售收入(销售成本)与各项资产的相对关系上是不够的。因为这些比率都是用资产负债表的数据与损益表的数据相比计算而得的,资产负债表反映的是时点值,而损益表反映的是时期值,虽然我们用了资产负债表期初和期末的数值进行平均,但是将二者进行对比还是难免有口径不一致之嫌。另外,由于现行应收账款周转次数计算公式只是简单地将赊销收入与应收账款平均余额相比,没有考虑到实际收回的赊销货款与应收账款余额的内在联系,在特定的条件下,计算出的结果与事实显然不符。同时,应收账款周转率(次数)计算公式中,分子是赊销净额,但在实际计算中,由于企业公开发表的会计资料很少标明赊销数字,所以往往就用销售总额来取代赊销净额,这样的计算会高估应收账款的周转率或缩短应收账款的回收天数。此外,总资产周转率的计算中,现行计算公式拿销售收入与企业平均资产总额直接相比。但在企业资产中,有一部分是与企业销售收入的形成没有必然联系的,这些账户的存在会歪曲企业总资产周转率而使其比实际要低,即实际周转率比计算所显示的要好。

即使有以上局限性,利用营运能力指标来对企业资产使用效率进行分析还是有很大参考性的。通过对企业营运能力指标的分析评价,并结合其他方面的指标,我们能够正确判断企业持续经营能力及企业资产使用效率,从而提高企业的经营管理水平。

第四部分　北京市旅游上市公司发展能力分析

企业的发展能力,顾名思义也就是企业的成长能力或者增长能力,是企业通过自身的生产经营活动不断扩大积累而形成的发展潜能。传统意义上的财务分析从静态的角度出发分析企业的财务状况和经营成果,只强调偿债能力、营运能力和盈利能力的分析,对企业的发展能力分析不足。由于市场经济的发展和竞争的加剧,静态的财务分析已经显得不够全面。

企业的价值主要取决于未来的盈利能力,取决于销售收入、收益以及股利在未来的增长,而不是目前或者过去所取得的收益情况。再者,增强企业的偿债能力、营运能力和盈利能力都是为了企业在未来生存和发展的需要,是为了促进企业的发展,即发展能力是企业盈利能力、营运能力和偿债能力的综合体现。要全面衡量一个企业的价值,不仅要从静态的角度分析其经营能力,还应从动态的角度出发,分析和预测企业的发展能力。

从微观和宏观的角度来看,都需要关注企业的发展能力。注重对企业长远发展能力的分析与评价,不仅能使企业真正按照市场原则进行运作,在防止和减少投资或经营失误、提高企业效益的同时,逐步消化历史包袱,增强企业的发展潜力和后劲,而且可以推动企业经营管理科学化,促进企业的技术进步。

而从信息使用者角度来看,投资者、债权人、经营者以及其他利益相关者都需要关注企业的发展能力。投资者投资于企业,希望获得持续的回报,而不仅仅局限于眼前利益。所以,投资者在关注企业即期回报水平的同时,会更多地关注其企业的持续发展和生存能力。而债权人在关注企业偿债能力的同时,也关注企业的持续经营状况,因为只有企业良好的成长性,债权人长期债权的风险性才有可能降低,而通过对企业发展能力的分析,也能帮助债权人准确地判断企业未来的盈利能力,为其信贷活动提供正确可靠的决策依据。另外,从企业经营者的角度来讲,准确的评价和比较企业经营业绩的变化情况,识别竞争对手的潜在弱点和预测未来行为,都需要分析其自身和竞争对手的发展能力,而分析的重点则主要集中于企业的销售收入、利润及股利成长率等方面,以便为企业的经营决策和财务决策提供有力的帮助。

对于北京市旅游上市公司的发展能力分析,我们主要集中在销售增长指标、资产增长指标、资本扩张指标和利润增长指标等方面进行详细的分析和描述,各指标的具体描述和计算方式见表4-1。

表4-1 企业发展能力分析指标

发展能力指标		指标计算公式	指标意义
销售增长指标	销售增长率	本期销售增长额/上期销售收入	反映企业在销售方面的发展能力,销售情况越好说明企业在市场中所占的份额越大
	可持续增长率	销售净利率×总资产周转率×留存收益率×权益乘数	反映企业当前经营效率和财务决策所决定的内在增长率,是公司在当前条件不变的情况下所能获得的最大销售增长率

续表

发展能力指标		指标计算公式	指标意义
资产增长指标	资产增长率	本期总资产增长额/期初资产总额	反映企业资产的稳定增长状况,是考核企业资产投入增长幅度的指标
	固定资产成新率	平均固定资产净值/平均固定资产原值	反映企业固定资产更新的快慢和持续发展的能力,表明企业固定资产的服务时限和对扩大再生产的准备情况
资本扩张指标	所有者权益增长率	本期所有者权益增长额/期初所有者权益	反映企业当年净资产的变动水平,反映投资者投入企业资本的保全性和增长性
	股利增长率	本年每股股利增长额/上年每股股利	反映了资本扩张速度的快慢,也与企业价值有密切关系
利润增长指标	营业利润增长率	本年营业利润增长额/上年营业利润	反映企业利润的增减变动,是评价企业经营发展和营业能力的综合指标
	净利润增长率	(本期净利润-上期净利润)/上期净利润	反映企业实现价值最大化的扩张速度,是综合衡量企业资产运营与管理业绩,以及成长状况和发展能力的综合指标

此外,由于各旅游上市公司的主营业务不同,我们把北京市旅游上市公司按照业务范围的不同分为酒店类、旅行社类、餐饮类和综合类。以下就对这四类企业分别进行分析。

一、酒店类企业发展能力分析

(一)酒店类企业总体发展能力分析

北京市旅游上市公司中酒店类企业主要有首旅酒店(600258),其2011年至2015年发展能力指标如表4-2和表4-3所示:

表 4-2　2011~2015 年酒店类上市企业发展能力指标汇总（上）

公司简称	年份	销售增长率（%）	可持续增长率（%）	资产增长率（%）	固定资产成新率（%）
首旅酒店（600258）	2011	10.23	6.05	15.50	37.84
	2012	12.72	6.03	-4.32	32.29
	2013	-2.51	6.90	-3.72	31.73
	2014	-5.87	8.64	2.64	28.81
	2015	-52.24	6.43	77.69	47.66

表 4-3　2011~2015 年酒店类上市企业发展能力指标汇总（下）

公司简称	年份	所有者权益增长率（%）	股利增长率（%）	营业利润增长率（%）	净利润增长率（%）
首旅酒店（600258）	2011	-1.21	-0.15	-46.75	-50.19
	2012	-9.40	0.09	7.79	7.71
	2013	5.97	-0.05	-5.03	-1.25
	2014	7.19	-0.37	-4.03	-2.21
	2015	3.51	0.12	-21.13	-15.62

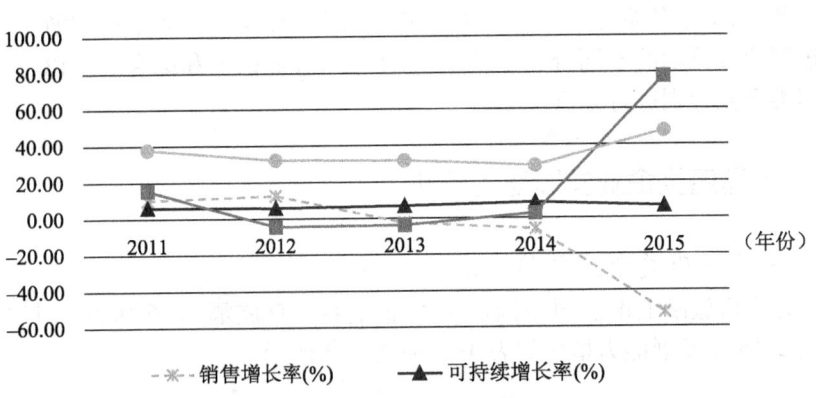

图 4-1　2011~2015 年酒店类上市企业发展能力指标趋势（上）

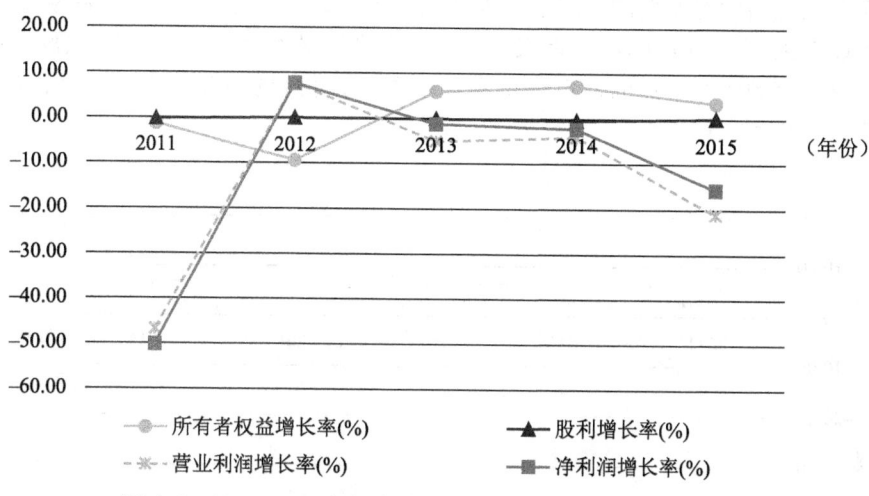

图 4-2　2011~2015 年酒店类上市企业发展能力指标趋势(下)

从图 4-1 可以看出,酒店类上市企业的销售增长率呈总体下降趋势,自 2013 年开始,其销售增长率呈现负增长。而酒店类上市公司的可持续增长率变化较为平稳,除 2014 年有较大幅度增长外,其他年度均维持在6%~7%的水平。从资产增长率的角度来看,酒店类上市公司的资产增长率呈现出先下降后上升的趋势,2015 年的上升幅度较大,相较 2014 年整体资产增长率上升了75%。而从固定资产成新率来看,北京市酒店类上市公司的固定资产成新率也呈现出先下降后上升的趋势,2014 年达到最低值 28.81%,而后 2015 年迅速上升至 47.66%。

从图 4-2 可以看出,酒店类上市企业的所有者权益增长率呈现出先下降再上升,而后又下降的 S 形特征。而酒店类上市企业的股利增长率基本维持一种正负相间的趋势,在-0.37%~0.12%变动。而酒店类上市企业的营业利润增长率和净利润增长率的变化趋势基本相同,都呈现出先迅速上升,达到 2012 年的利润峰值之后,开始缓慢下降且有加速的趋势。

(二)酒店类企业具体发展能力指标分析

1.销售增长指标

从图 4-3 可以看到,2011~2015 年首旅酒店(600258)的销售增长率呈现出小幅上升,然后加速下降的趋势;2015 年首旅酒店的销售增长率下降幅度超过 50%,销售前景不容乐观。而从首旅酒店的可持续增长率来看,除 2014 年有较大幅度的变化,其他年度均在 6%~7%的水平,而可持续增长率是在公布公司当前状况不变的情况下所能达到的销售增长率的最大值,因此从图中可以看到,自2013年开始,首旅酒店的销售增长率远远小于其可持续增长率,可见首旅酒店对市场的占有率正在逐步萎缩,对市场的开发明显不足,以致销售增长率大幅下滑。

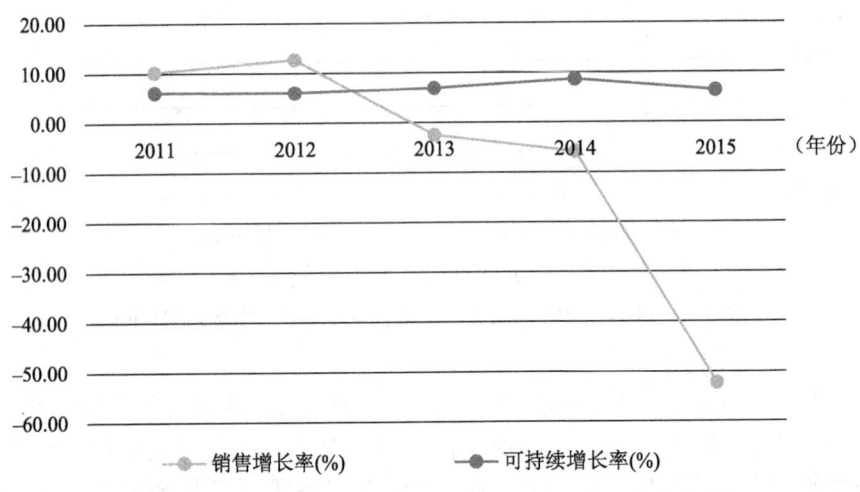

图4-3　2011~2015年酒店类上市公司销售增长指标趋势

2.资产增长指标

从图4-4可以看到,首旅酒店的资产增长率呈现出先下降后上升的趋势,而其固定资产成新率也呈现出先下降后上升的趋势。首旅酒店的资产增长率在2012年达到最低值,2014年到2015年迅速攀升,增长幅度超过75%。而相较销售增长率来说,2012年刚好是企业销售增长最快的年份,2014年到2015年刚好是企业销售增长率下滑最快的年份,由此可见首旅酒店的资产增长率和销售增长率呈现出刚好相反的变动趋势。而首旅酒店的固定资产成新率在2014年到2015年也出现较大幅度的攀升,可见在首旅酒店销售业绩低迷的年度,较容易出现大规模购置固定资产的现象。

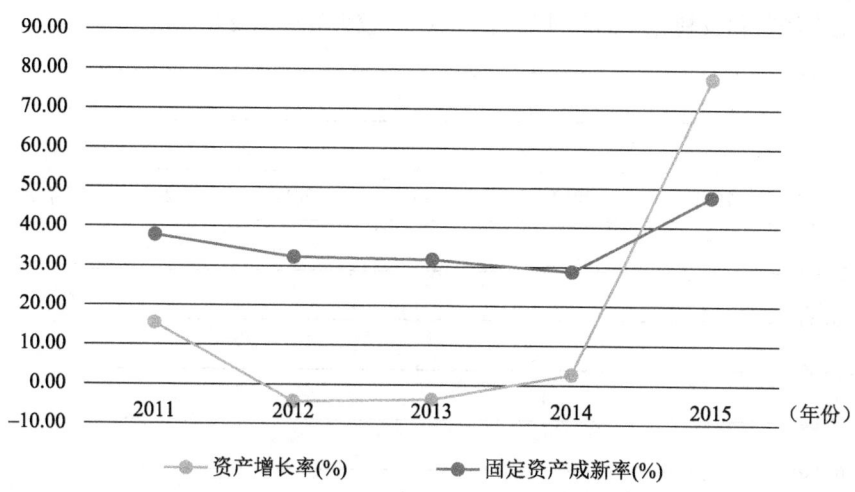

图 4-4 2011~2015 年酒店类上市公司资产增长指标趋势

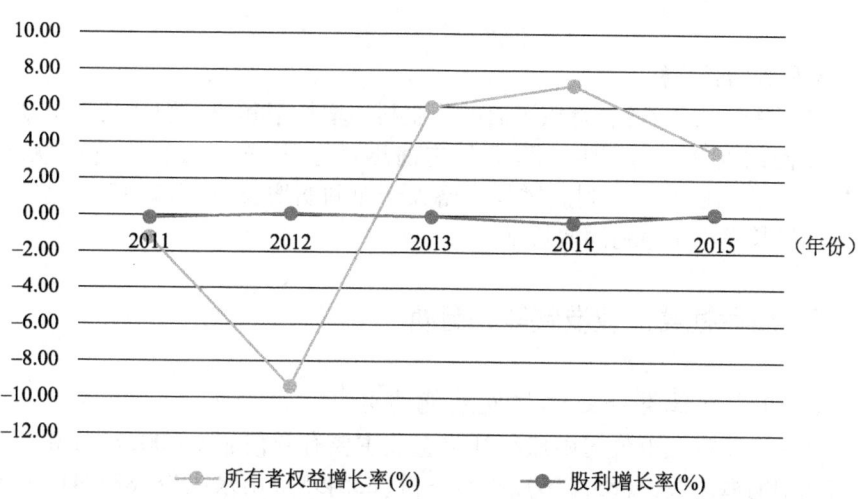

图 4-5 2011~2015 年酒店类上市公司资本扩张指标趋势

3.资本扩张指标

从图 4-5 可以看出,首旅酒店的所有者权益增长率呈现出先下降后上升,而后再下降的 S 形趋势。而首旅酒店的股利增长率基本维持在平均零增长的状态,股利增长率在-0.37%~0.12%变动。与销售增长率相比较,在销售增长率较高的年份,所有者权益增长率反而呈现出较为低迷的状态,可见企业在除正常经营和股利分配的其他项目上发生了较大规模的支出状况。

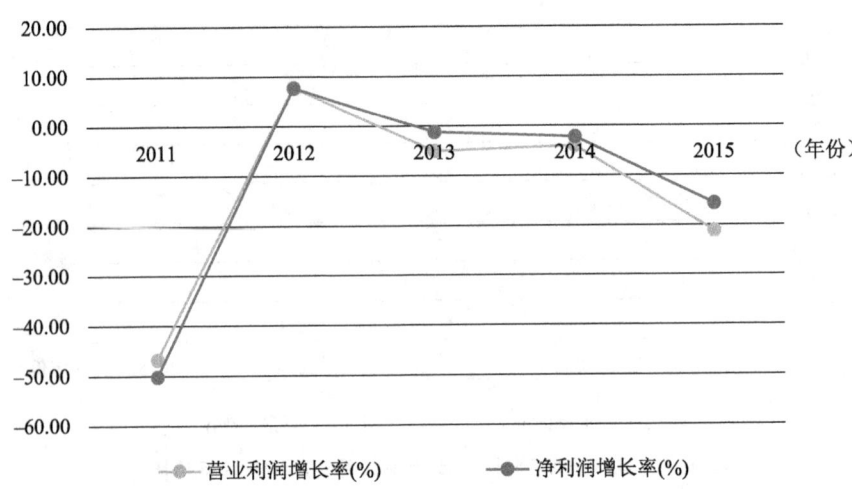

图 4-6　2011~2015 年酒店类上市公司利润增长指标趋势

4.利润增长指标

从图 4-6 可以看出,首旅酒店的营业利润增长率和净利润增长率呈现出基本相同的变化趋势,即在 2012 年之前迅速上升,然后缓慢下降的状况。2012 年首旅酒店的营业利润增长率略大于净利润增长率,而 2012 年之后营业利润增长率小于净利润增长率。

二、旅行社类企业发展能力分析

(一)旅行社类企业总体发展能力分析

北京市旅游上市公司中旅行社类企业主要有众信旅游(002707)和新三板市场中的海涛股份(833216)、视野股份(835495)、山水股份(833741)和明游天下(833935)。2014 年 1 月 23 日,北京市众信国际旅行社股份有限公司才在深圳中小企业板上市,而多数新三板市场企业都是刚刚在 2015 年挂牌上市的新鲜面孔。表 4-4 和表 4-5 为旅行社类企业 2011 年至 2015 年发展能力指标汇总表。我们选取一些新三板企业进行分析,一方面是为了拓展分析样本数量,另一方面也对比了新三板企业和传统上市企业在营运能力方面的情况。

表 4-4　2011~2015 年旅行社类企业发展能力指标汇总(上)

公司简称	年份	营业收入增长率(%)	可持续增长率(%)	总资产增长率(%)	固定资产成新率(%)
众信旅游 (002707)	2011	53.89	—	37.03	0.63
	2012	34.98	—	47.13	0.94
	2013	39.78	37.27	29.15	0.90
	2014	40.32	32.61	58.49	0.57
	2015	98.48	32.33	200.16	0.33
海涛股份 (833216)	2013	—	—	—	—
	2014	474.69	—	232.46	0.32
	2015	141.92	—	—	0.16
山水股份 (833741)	2013	—	—	—	2.25
	2014	-3.86	—	83.99	0.79
	2015	—	—	—	0.78
名游天下 (833935)	2013	—	—	—	0.14
	2014	179.40	—	43.30	0.07
视野股份 (835495)	2013	—	—	—	0.60
	2014	90.41	—	83.05	0.23
行业均值	2011	53.89	—	37.03	0.63
	2012	34.98	—	47.13	0.94
	2013	39.78	37.27	29.15	0.90
	2014	156.19	32.61	100.26	0.40
	2015	120.20	32.33	100.08	0.24

表4-5　2011~2015年旅行社类企业发展能力指标汇总（下）

公司简称	年份	净资产增长率(%)	股利增长率(%)	营业利润增长率(%)	净利润增长率(%)
众信旅游（002707）	2011	31.83	—	46.84	44.82
	2012	43.65	—	35.87	39.89
	2013	43.01	—	41.55	41.53
	2014	98.04	-0.04	25.43	24.32
	2015	171.60	-0.13	76.01	92.81
海涛股份（833216）	2013	—	—	—	—
	2014	22.35	—	-42.45	640.64
	2015	—	—	-86.01	-629.84
山水股份（833741）	2013	—	—	—	—
	2014	92.77	—	323.77	309.02
	2015	—	—	—	—
名游天下（833935）	2013	—	—	—	—
	2014	32.29	—	307.45	276.73
视野股份（835495）	2013	—	—	—	—
	2014	52.90	—	46.11	37.71
行业均值	2011	31.83	—	46.84	44.82
	2012	43.65	—	35.87	39.89
	2013	43.01	—	41.55	41.53
	2014	59.67	—	132.06	257.68
	2015	85.80	—	-5.00	-268.52

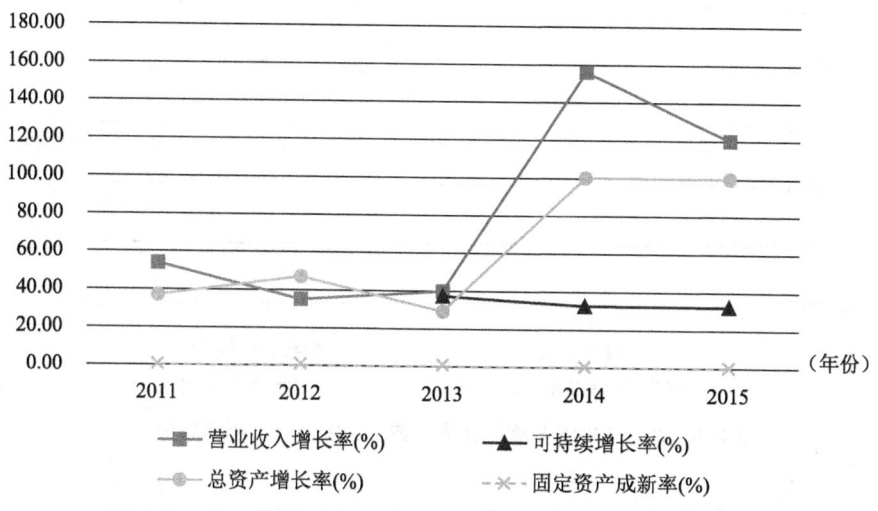

图 4-7　2011~2015 年旅行社类上市企业发展能力指标趋势（上）

从图 4-7 可以看出，旅行社类上市公司的营业收入增长率呈现出先下降再上升，而后再下降的 S 形趋势，在 2013~2014 年旅行社类上市公司的营业收入增长率呈现出较大幅度的上升趋势。而旅行社类上市公司的可持续增长率有下降的趋势，但其可持续增长率超过 30%，是酒店类上市公司指标的 5 倍左右。另外，旅行社类上市公司的总资产增长率呈现出先上升再下降，再上升而后下降的 M 形趋势，与营业收入增长率相似，在 2013~2014 年旅行社类上市公司的总资产增长率呈现出较大幅度的上升趋势。而旅行社类企业的固定资产成新率基本维持在 1% 以下的水平，可见旅行社类企业的固定资产投资水平相对较低。

从图 4-8 可以看出，旅行社类上市公司的净资产增长率呈现逐年上升的趋势，2014~2015 年增长幅度接近 30%，增长较为迅速。已获取的数据没有关于旅行社类企业派发股利的信息。而旅行社类企业的营业利润增长率和净利润增长率的变化趋势基本相似，基本呈现先上升后下降的趋势，2014 年的净利润增长率和营业利润增长率分别达到 258% 和 132%。

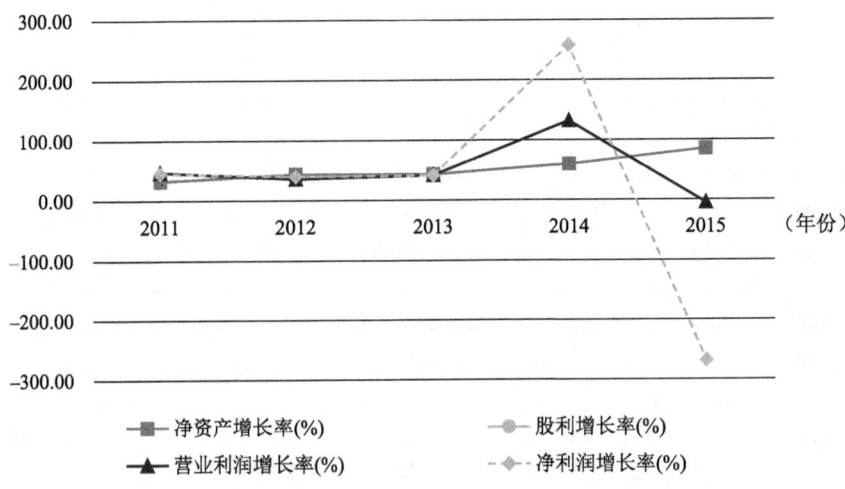

图 4-8 2011~2015 年旅行社类上市企业发展能力指标趋势（下）

（二）旅行社类企业具体发展能力指标分析

1.销售收入增长率

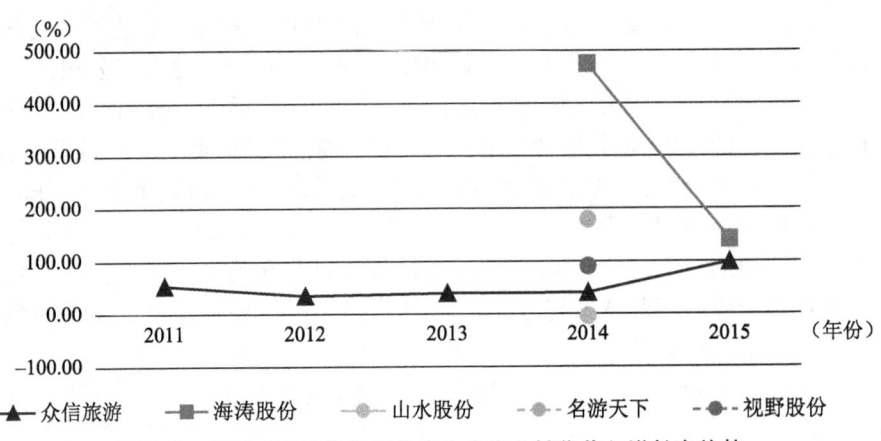

图 4-9 2011~2015 年旅行社类上市企业销售收入增长率趋势

从图 4-9 中可以看出，众信旅游的销售收入增长率呈现出先下降后上升的趋势，与总体趋势相一致，在 2014~2015 年出现了较大幅度的增长。而海涛股份的销售收入增长率则呈现出了巨幅的下降，从 474% 下降到了 142%。另外三家公司由于只有一年的数据，较难判断趋势。

2.可持续增长率

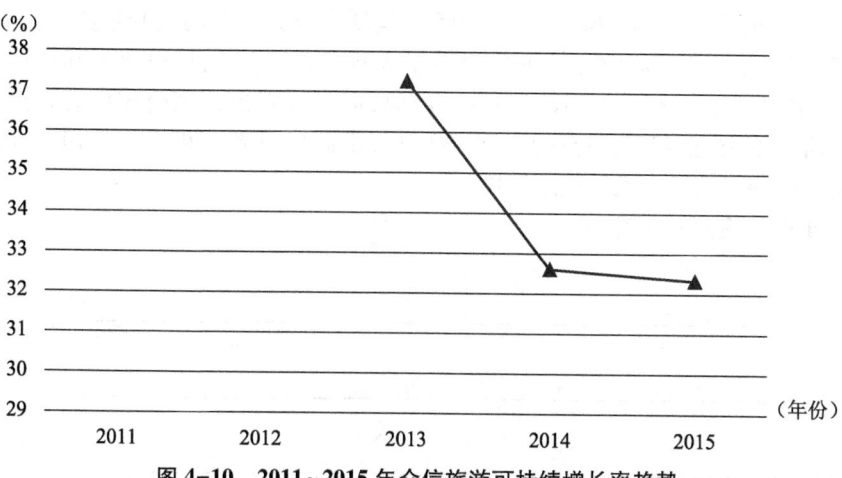

图 4-10　2011~2015 年众信旅游可持续增长率趋势

从图 4-10 中可以看出,众信旅游的可持续增长力迅速下滑,下滑幅度接近 5%,但截至 2015 年仍处在 32.33% 的较高水平,是酒店类上市公司 6% 左右水平的 5 倍。另外四家上市公司由于可获取的数据较少,可持续增长率的计算具有一定的困难,无法预测其趋势。

3.总资产增长率

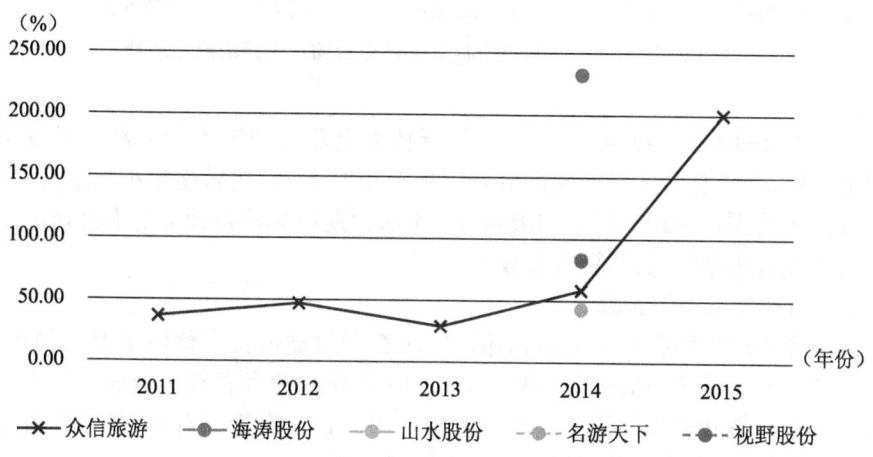

图 4-11　2011~2015 年旅行社类上市企业总资产增长率趋势

从图 4-11 中可以发现,众信旅游的总资产增长率呈现先上升再下降,而后再上升的趋势,并且 2013 年到 2015 年呈现出较大幅度的上升趋势,增幅高达 170%,可见众信旅游在这期间进行了大规模的资产项目投资。其他四家公司,由于仅有一年数据,较难预测其趋势,但可以看出四家公司中总资产增长率最低的超过 43%,最高的达到 232.5%,由此可见新三板上市公司处在较高的积累水平阶段,积累速度较快。

4. 固定资产成新率

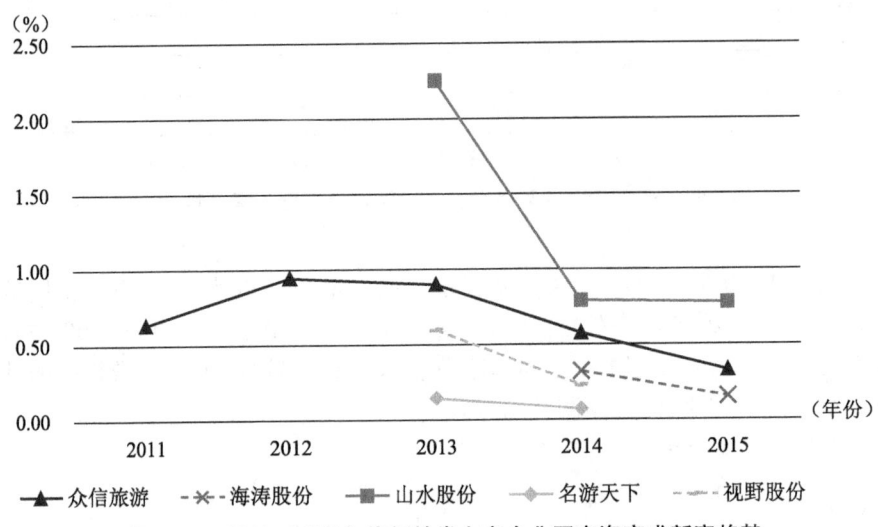

图 4-12　2011~2015 年旅行社类上市企业固定资产成新率趋势

从图 4-12 中可以看出,大部分旅行社类企业的固定资产成新率呈现下降的趋势,众信旅游的固定资产成新率先有小幅上升,然后逐年小幅下降,但所有公司的固定资产成新率均未超过 2.3%,由此可见旅行社类上市公司的固定资产投资水平较低,投资规模较小。

5. 所有者权益增长率

从图 4-13 中可以看出,众信旅游的所有者权益增长率整体呈上升趋势,所有者权益增长率最低为 31.83%,最高为 171.6%,投资者投入企业的资本有较高的保全性和较长期的回报性。而另外四家企业由于只有一年数据,较难预测其趋势,但其净资产回报率均处于较高水平。

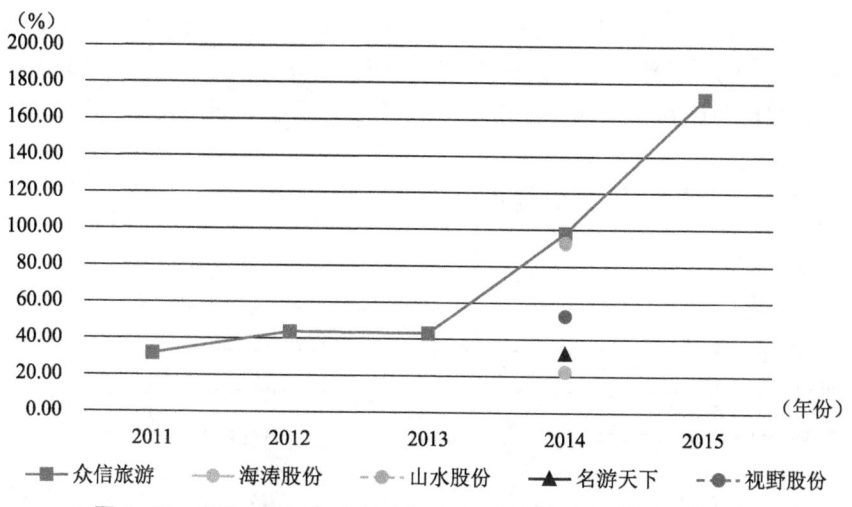

图4-13　2011~2015年旅行社类上市企业所有者权益增长率趋势

6.股利增长率

从图4-14中可以看出,众信旅游的股利增长率连续两年负增长,而其他四家上市公司,没有派发股利的信息。

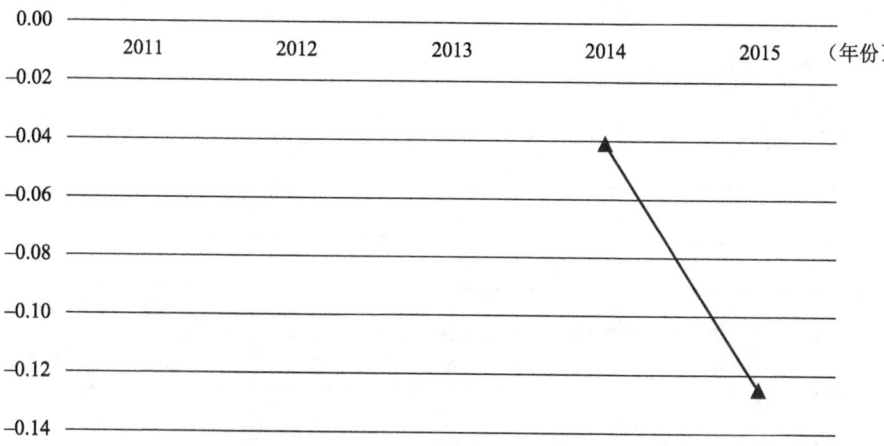

图4-14　2011~2015年众信旅游股利增长率趋势

7.营业利润增长率

从图4-15中我们发现,众信旅游的营业利润增长率呈现先下降后上升的趋势,营业利润增长率从2011年的46.84%下降到2014年的25.43%,而2015年度上涨至76.01%,涨幅超过50%。而海涛股份的营业利润呈现负增长的态势,从-42.4%降至-82%。另外三家上市公司由于缺少数据,无法预测其趋势,但可以看到其利润增长率均处在较高的水平,山水股份2014年的营业利润增长率达到323.7%,名游天下2014年的营业利润增长率达到307%。

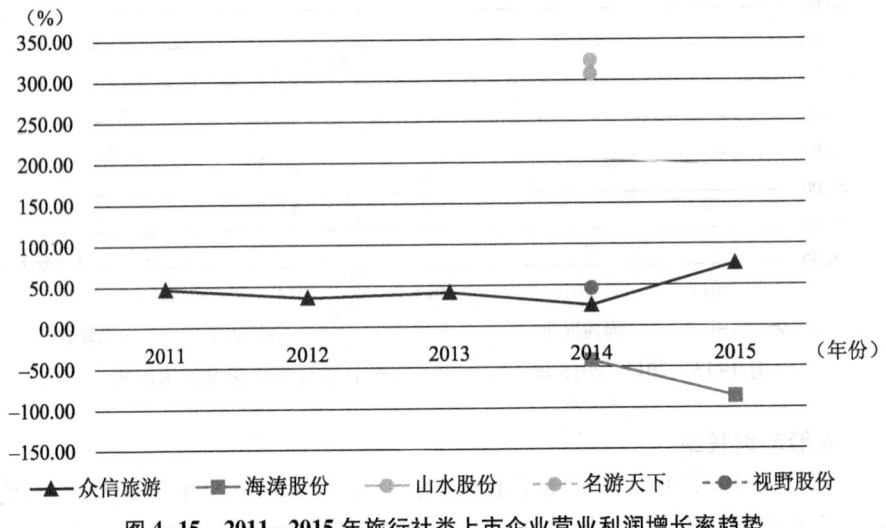

图4-15　2011~2015年旅行社类上市企业营业利润增长率趋势

8. 净利润增长率

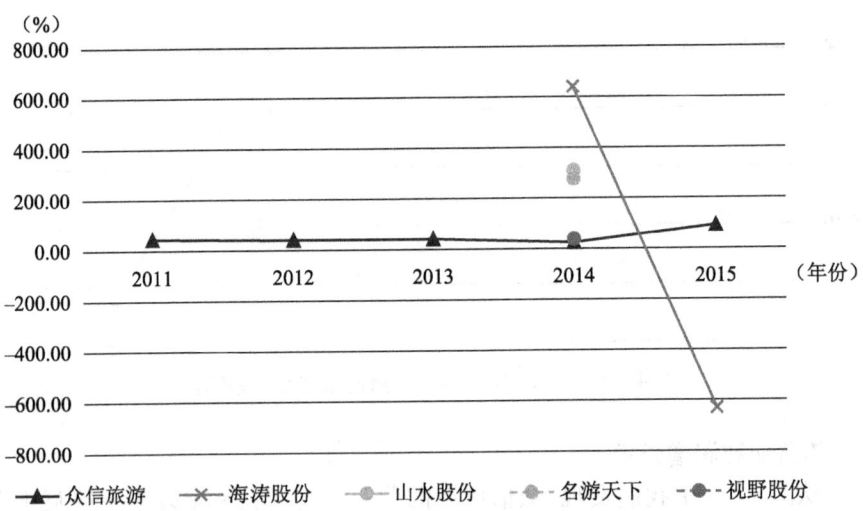

图4-16　2011~2015年旅行社类上市企业净利润增长率趋势

从图 4-16 中可以发现,众信旅游的净利润增长率呈现先微幅下降,然后大幅上升的状况,2015 年较 2014 年增长幅度达到 55%。另外,海涛股份的净利润增长率变化幅度较大,下跌幅度超过 1200%。其他三家公司的数据无法准确预测净利润增长率的趋势。

三、餐饮类企业发展能力分析

(一)餐饮类企业总体发展能力分析

北京市旅游板块中餐饮类上市企业主要有中科云网(002306)、全聚德(002186)。表 4-6 和表 4-7 是餐饮类上市公司发展能力指标汇总。根据表 4-6 和表 4-7 的内容可以得到图 4-17 和图 4-18。

表 4-6 2011~2015 年餐饮类上市企业发展能力指标汇总(上)

公司简称	年份	销售收入增长率(%)	可持续增长率(%)	总资产增长率(%)	固定资产成新率(%)
全聚德 (002186)	2011	34.57	6.58	0.92	48.12
	2012	7.84	10.98	7.15	43.37
	2013	-2.13	6.06	2.93	39.24
	2014	-2.96	7.64	22.85	36.55
	2015	0.39	5.27	7.88	32.60
中科云网 (002306)	2011	33.75	-0.59	23.90	16.53
	2012	10.47	4.04	26.88	15.77
	2013	-41.19	—	-23.42	24.63
	2014	-22.56	—	-37.22	33.78
	2015	-50.28		-48.39	37.98
行业平均	2011	34.16	2.99	12.41	32.32
	2012	9.16	7.51	17.01	29.57
	2013	-21.66	6.06	-10.24	31.93
	2014	-12.76	7.64	-7.19	35.16
	2015	-24.95	5.27	-20.26	35.29

表 4-7 2011~2015 年餐饮类上市企业发展能力指标汇总（下）

公司简称	年份	净资产增长率(%)	股利增长率(%)	营业利润增长率(%)	净利润增长率(%)
全聚德 (002186)	2011	7.81	-0.07	34.89	33.78
	2012	8.33	-0.29	11.62	15.30
	2013	4.50	0.22	-17.49	-26.43
	2014	43.25	-0.12	0.50	13.56
	2015	5.26	0.04	8.26	3.15
中科云网 (002306)	2011	5.34	—	49.91	50.93
	2012	0.70	-0.64	-19.64	-13.31
	2013	-51.38	-1.00	-497.89	-799.96
	2014	-114.36	—	-58.25	-25.41
	2015	-148.23	—	-46.21	-92.91
行业均值	2011	6.57	-0.07	42.40	42.36
	2012	4.51	-0.46	-4.01	1.00
	2013	-23.44	-0.39	-257.69	-413.19
	2014	-35.56	-0.12	-28.88	-5.92
	2015	-71.48	0.04	-18.98	-44.88

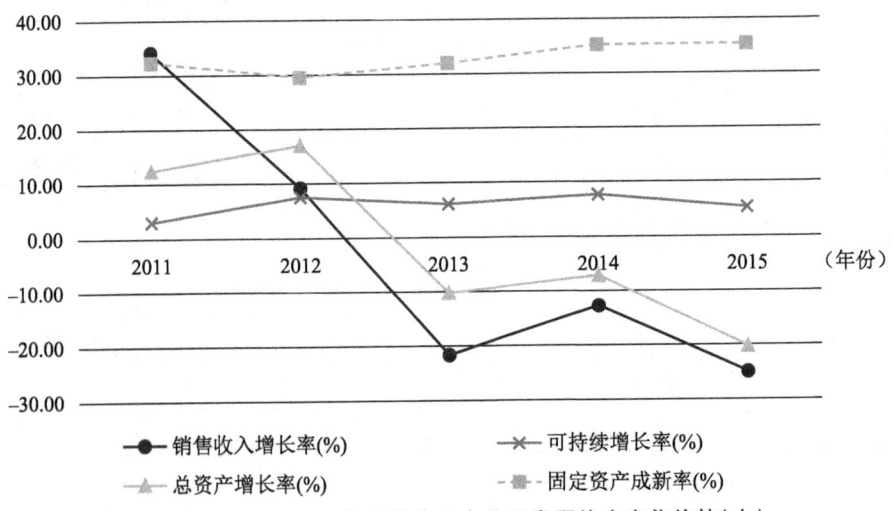

图 4-17 2011~2015 年餐饮类上市公司发展能力变化趋势（上）

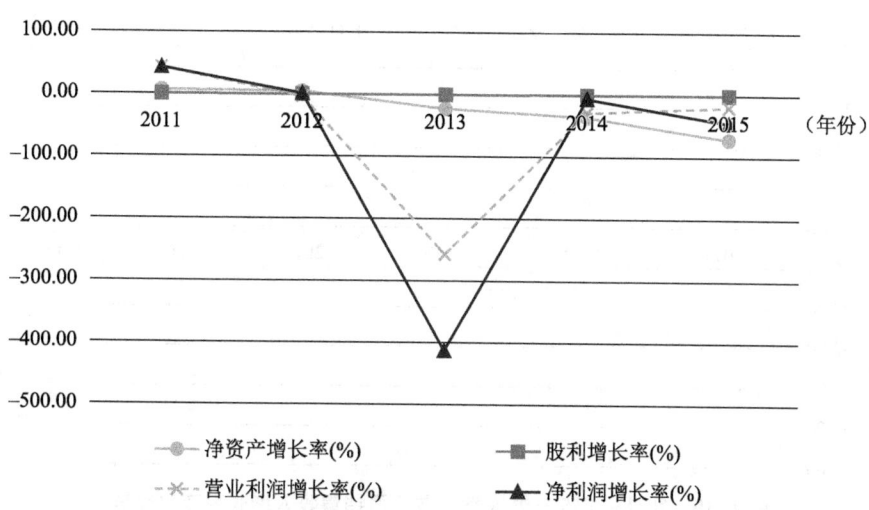

图 4-18　2011~2015 年餐饮类上市公司发展能力变化趋势(下)

从图 4-17 可以看到,餐饮类上市公司的销售收入增长率呈现先下降再上升,而后再下降的趋势,且 2011 年到 2013 年有较大的下降幅度。从可持续增长率的变化趋势来看,可持续增长率的变化较为平缓,总体来看呈现先上升后下降的趋势。从总资产增长率来看,餐饮类上市公司的总资产周转率的变化趋势呈 M 形。另外,从固定资产成新率来看,呈现先下降再上升的总体趋势,且餐饮类上市公司的固定资产投资水平较高。

从图 4-18 可以发现,餐饮类上市公司的净资产增长率呈现下降的趋势,且降幅逐渐加速。从股利增长率来看,餐饮类上市公司的股利增长率变化幅度并不大,但总体来说呈负向变化。而餐饮类上市公司的营业利润增长率和净利润增长率呈基本一致的变化趋势,2013 年均出现了较大幅度的下滑,造成图 4-18 呈一个开口较大的 V 字形。

(二)餐饮类企业具体发展能力指标分析

1.销售收入增长率

从图 4-19 可以看到,全聚德的销售收入增长率呈持续下降的趋势,2015 年有回升的态势。而中科云网的销售收入增长率总体上呈下降的趋势,尽管 2014 年有回升的态势,但 2015 年跌破 2013 年同期最低值且跌幅巨大。

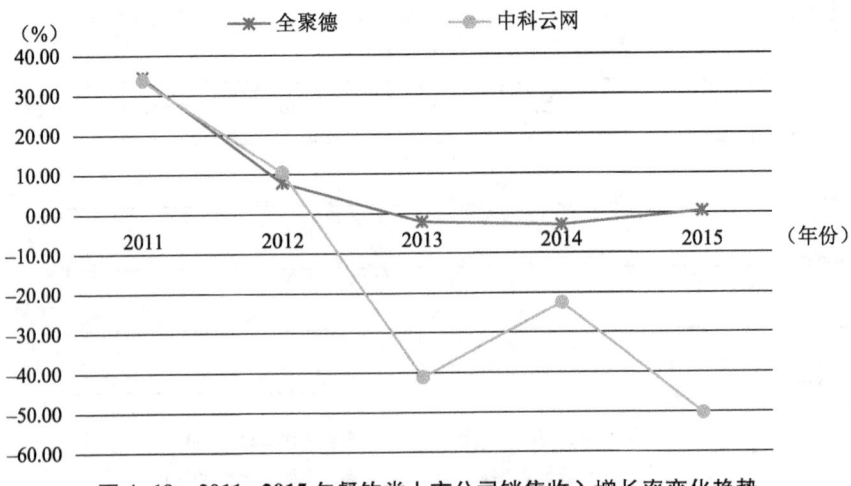

图 4-19　2011~2015 年餐饮类上市公司销售收入增长率变化趋势

2. 可持续增长率

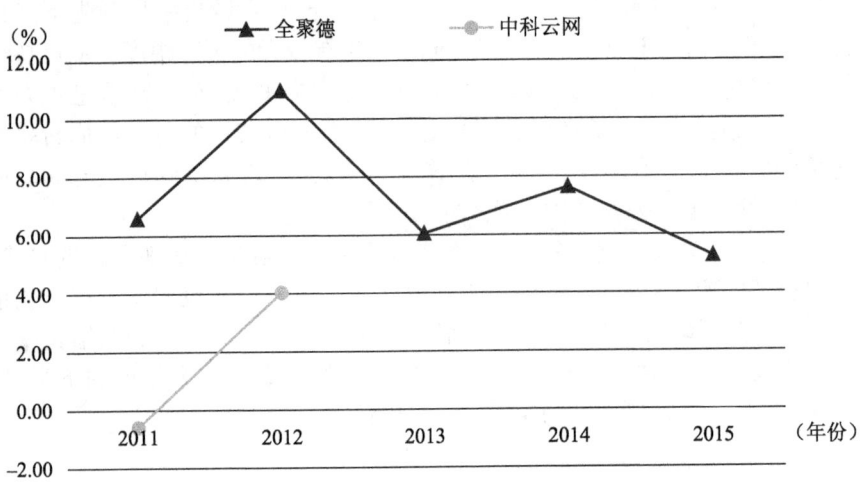

图 4-20　2011~2015 年餐饮类上市公司可持续增长率变化趋势

从图 4-20 可以看到，全聚德的可持续增长率呈明显的 M 形变化，2015 年可持续增长率跌破 6%，较酒店类上市公司来说，可持续增长率略显不足。而中科云网的可持续增长率在 2011 年到 2012 年呈现显著上升的趋势，但之后由于公司接连重组，对其可持续增长率的计算显得失去意义。

3.总资产增长率

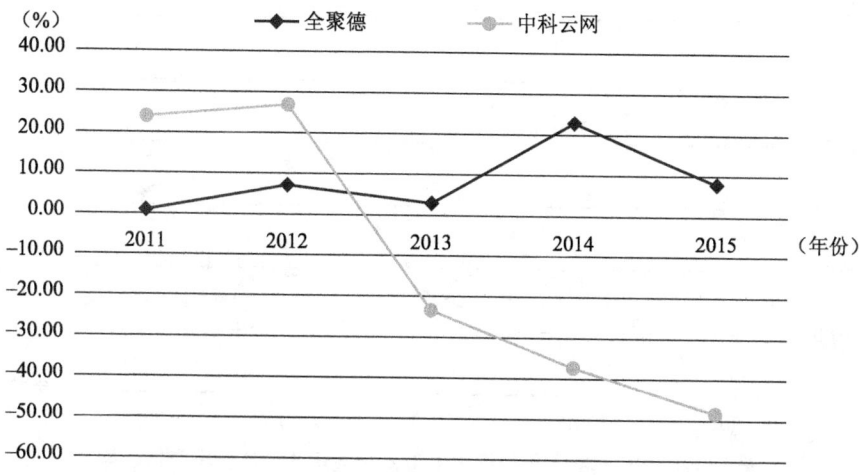

图4-21 2011~2015年餐饮类上市公司总资产增长率变化趋势

从图4-21可以看到,全聚德的总资产增长率呈现先上升后下降的趋势,但总体增长率大于0。而中科云网在经过2012年的小幅微涨后,2013年开始总资产增长率呈现负增长,且增长率持续下滑。

4.固定资产成新率

从图4-22的趋势来看,全聚德的固定资产成新率呈现持续下降的趋势,可见其固定资产的投资和更新有所缩减,但其总体固定资产的投资水平依然较高。与全聚德不同的是,中科云网的固定资产成新率持续上升,呈逐年增加的态势,并在2015年超过全聚德的成新率水平。

5.所有者权益增长率

从图4-23可以看出,全聚德的所有者权益增长率在2014年出现了较大幅度的上涨,涨幅接近40%,但2015年基本恢复以前年度的水平,总体来说全聚德的所有者权益增长率维持在一个较为稳定的水平上。与之不同的是,中科云网的所有者权益增长率呈现加速下滑的趋势,截至2015年所有者权益增长率为-148%,五年内年均降幅达到30%,无论是其投资价值还是对投资者的保护,都会受到市场的强烈质疑。

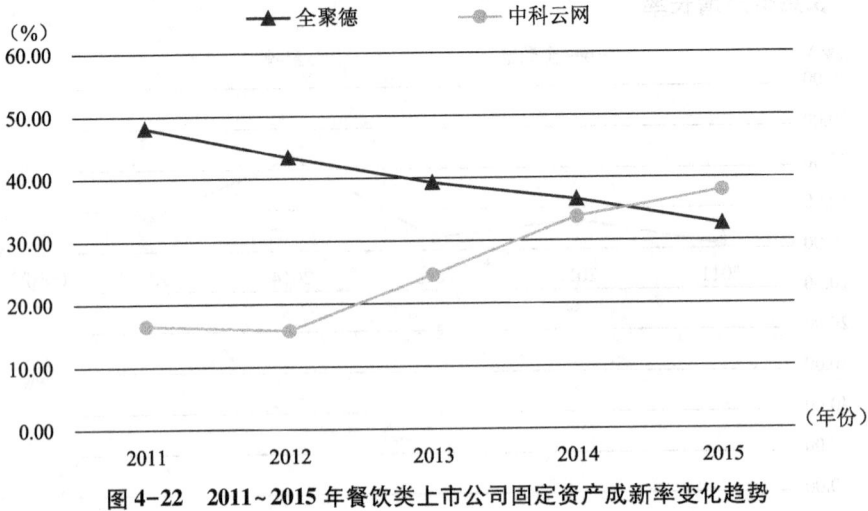

图 4-22　2011~2015 年餐饮类上市公司固定资产成新率变化趋势

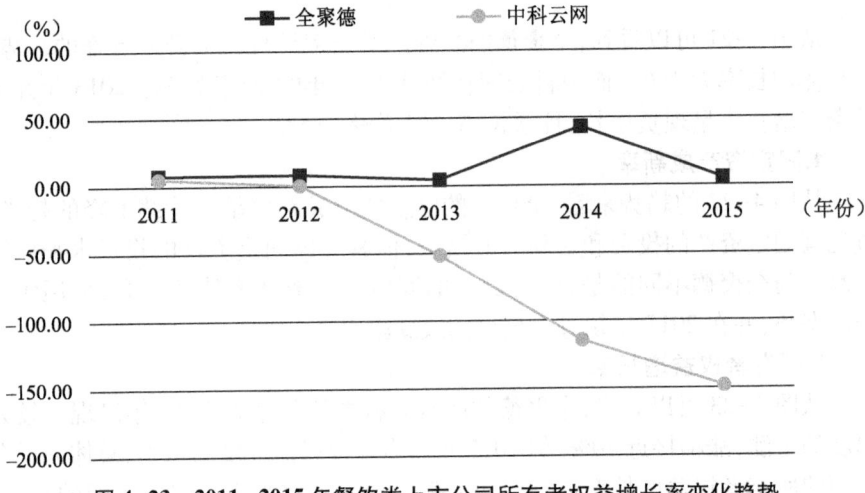

图 4-23　2011~2015 年餐饮类上市公司所有者权益增长率变化趋势

6.股利增长率

从图 4-24 可以看到,全聚德的股利增长率呈 W 形走势,尽管也有负增长的情况出现,但总体来说较为稳定。而中科云网在已有的数据年度内,股利增长率呈现较大幅度的下降趋势。

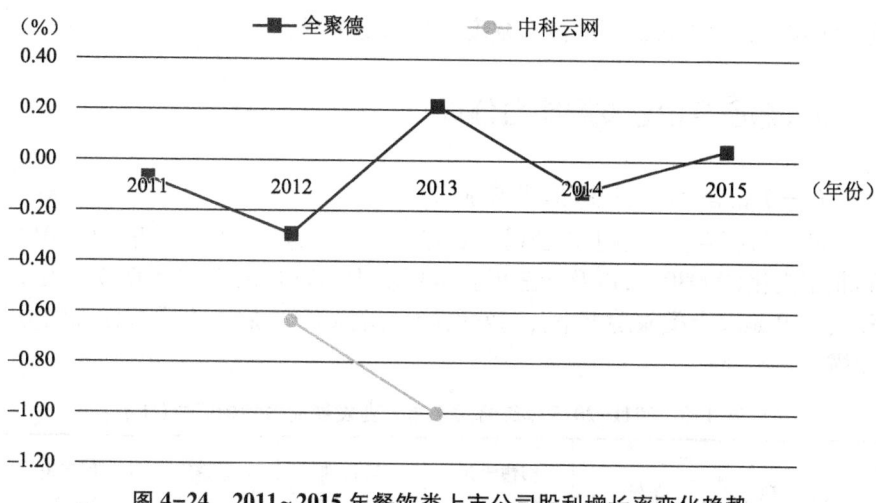

图 4-24 2011~2015 年餐饮类上市公司股利增长率变化趋势

7. 营业利润增长率和净利润增长率

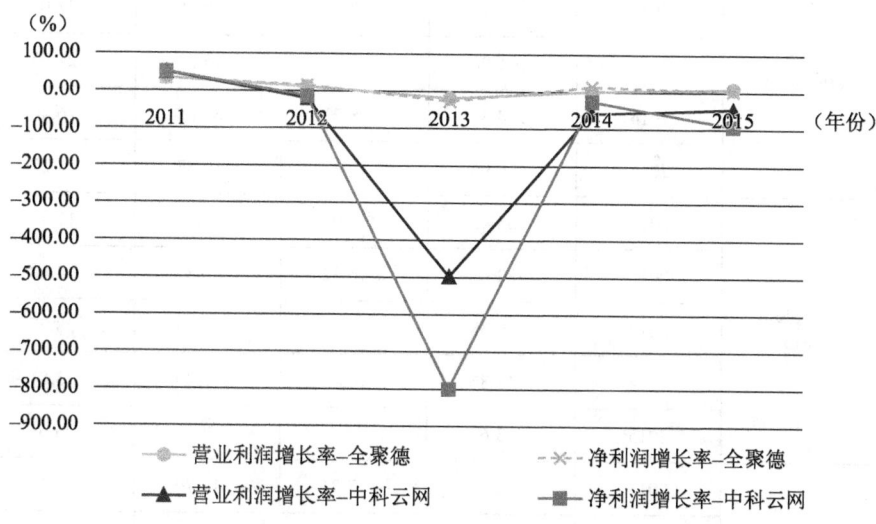

图 4-25 2011~2015 年餐饮类上市公司利润增长指标变化趋势

从图 4-25 可以看到,尽管全聚德的营业利润增长率和净利润增长率有较大的变化幅度,累计变化率分别达到 51% 和 59%,但与中科云网-800% 的变化幅度相比,很难在图中得到体现,因此在图 4-25 中,全聚德的利润增长指标的变化幅度显得相对平缓。但总体来看,二者的利润增长指标都有较大幅度的波动,而中科云网的波动幅度则显得更为异常。

四、综合类企业发展能力分析

(一)综合类企业总体发展能力分析

北京市综合类旅游上市公司主要有中国国旅(601888)、中青旅(600138)和北京文化(000802),以及新三板旅游板块中的行知探索(835073)。表4-8和表4-9是综合类旅游上市公司发展能力指标汇总,后文将进行详细的分析和描述。

表4-8 2011-2015年综合类上市企业发展能力指标汇总(上)

公司简称	年份	销售收入增长率(%)	可持续增长率(%)	总资产增长率(%)	固定资产成新率(%)
北京文化 (000802)	2011	6.63	1.99	102.60	24.26
	2012	-5.78	2.71	0.65	27.05
	2013	-1.96	3.01	15.24	21.95
	2014	158.31	8.22	37.08	16.46
	2015	-16.96	—	-5.57	14.22
中青旅 (600138)	2011	38.42	14.95	12.31	17.43
	2012	22.07	16.32	-8.85	24.60
	2013	-9.38	—	6.19	28.77
	2014	13.86	10.44	7.49	23.81
	2015	-3.63	—	3.57	25.55
中国国旅 (601888)	2011	32.11	17.74	18.70	7.11
	2012	27.09	17.50	16.03	6.30
	2013	8.15	18.51	45.14	4.34
	2014	14.26	12.80	13.42	10.99
	2015	8.66	—	11.28	9.52

续表

公司简称	年份	销售收入增长率(%)	可持续增长率(%)	总资产增长率(%)	固定资产成新率(%)
行知探索 (835073)	2013	—	—	—	8.64
	2014	43.14	—	42.95	6.72
行业均值	2011	25.72	11.56	44.54	16.27
	2012	14.46	12.18	2.61	19.32
	2013	-1.06	10.76	22.19	15.92
	2014	62.14	10.48	25.24	14.49
	2015	-3.98	—	3.10	16.43

表4-9 2011~2015年综合类上市企业发展能力指标汇总(下)

公司简称	年份	所有者权益增长率(%)	股利增长率(%)	营业利润增长率(%)	净利润增长率(%)
北京文化 (000802)	2011	200.58	—	1954.57	107.69
	2012	2.91	-0.52	95.60	195.06
	2013	3.27	0.11	84.80	17.68
	2014	8.84	-0.58	232.52	140.39
	2015	9.29	-1.00	-94.73	-73.41
中青旅 (600138)	2011	9.59	-0.01	24.65	20.22
	2012	12.31	-0.32	7.96	4.53
	2013	2.15	-1.00	-28.99	-9.34
	2014	50.93	—	49.75	23.37
	2015	4.75	—	-10.46	-13.48

续表

公司简称	年份	所有者权益增长率(%)	股利增长率(%)	营业利润增长率(%)	净利润增长率(%)
中国国旅 (601888)	2011	14.02	-0.40	52.29	50.53
	2012	19.67	1.38	33.87	41.33
	2013	61.86	-0.02	30.81	25.78
	2014	11.39	0.01	16.29	12.51
	2015	11.14	-1.00	10.04	10.81
行知探索 (835073)	2013	—	—	—	—
	2014	268.04		510.26	3641.88
行业均值	2011	74.73	-0.14	677.17	59.48
	2012	11.63	0.18	45.81	80.31
	2013	22.43	-0.30	28.87	11.37
	2014	23.72	-0.19	99.52	58.75
	2015	8.39	-0.67	-31.72	-25.36

从图4-26中可以看到，综合类上市公司的销售收入增长率与酒店类和旅行社类上市公司相比，明显具有较大的波动幅度。而从可持续增长率指标来看，综合类上市公司的可持续增长率指标较为稳定，维持在11%～12%的水平。在总资产增长率方面，尽管其波动幅度没有销售收入增长率的波动幅度那么大，但综合类上市公司的总资产增长率也具有较大的变动范围，2011年到2012年经过较大幅度的下滑之后，2013年和2014年有一定程度的上升，但2015年再一次较大幅度滑落。而综合类上市公司的固定资产成新率维持在一个较为稳定的水平，且综合类上市公司的固定资产投资水平并不是很高。

从图4-27中可以发现，综合类上市公司的所有者权益增长率在2011年经过一次大幅下滑之后，逐渐趋于稳定，总体呈下降趋势。而综合类上市公司的股利增长率的变化幅度较为稳定，负增长的时候居多。从营业利润增长率来看，2011年到2012年综合类上市公司经历了一次较大幅度的营业利润增长率的下滑,最高降幅超过 640%。从图中可以看到,营业利润增长率和净利润增长率的波动较为频繁和剧烈。

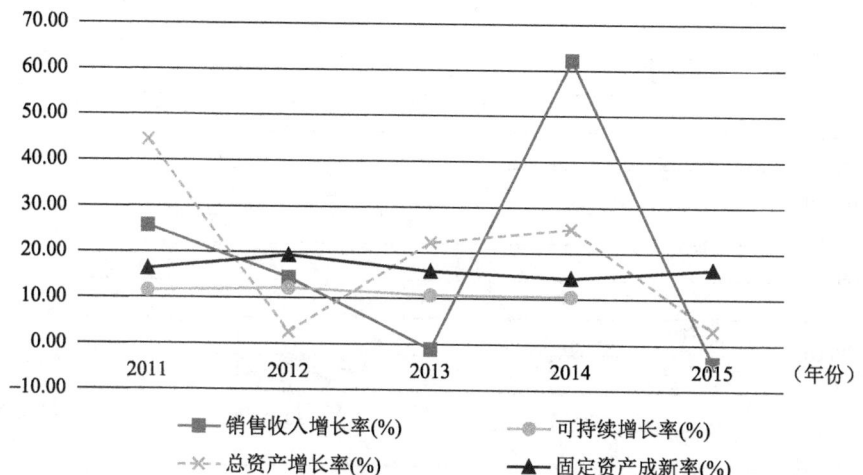

图 4-26　2011~2015 年综合旅游类上市公司发展能力变化趋势(上)

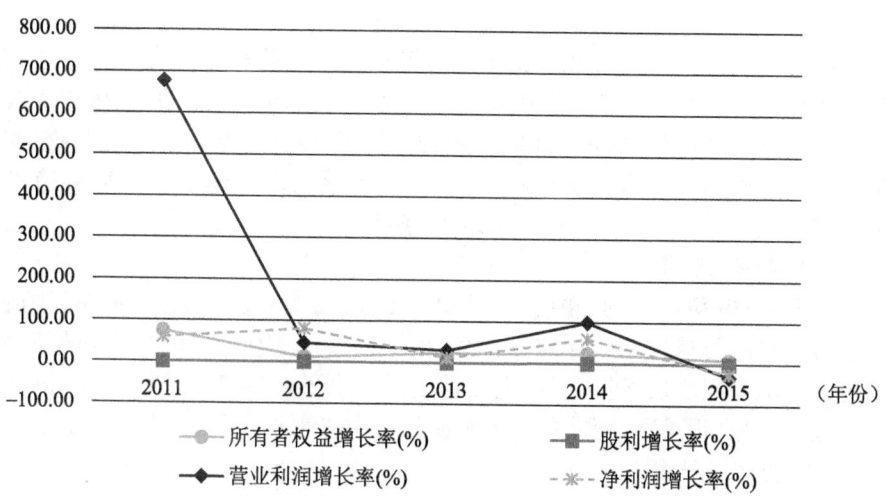

图 4-27　2011~2015 年综合旅游类上市公司发展能力变化趋势(下)

(二)综合类企业具体发展能力分析

1.销售收入增长率

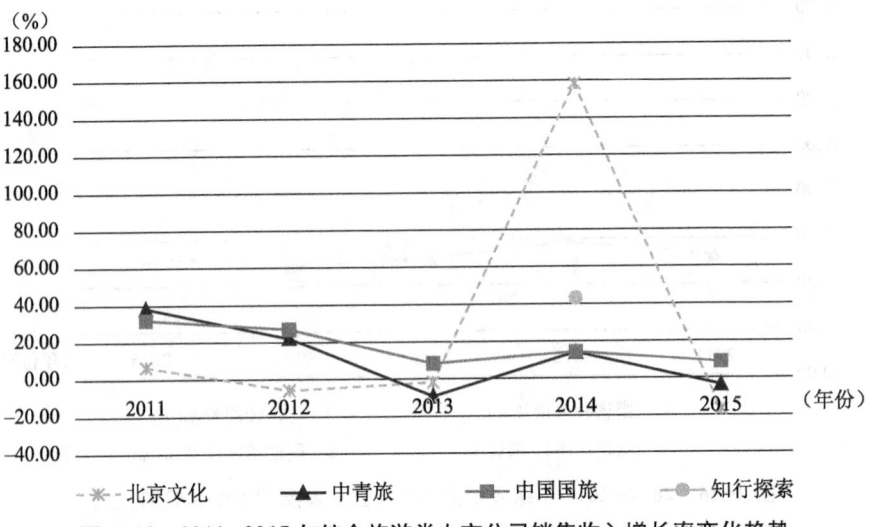

图 4-28 2011~2015 年综合旅游类上市公司销售收入增长率变化趋势

从图 4-28 可以知道,北京文化的销售收入的变动幅度较大,五年内经历过三次负增长,和 2014 年一次较大幅度的正增长。而中青旅的销售收入增长率总体上呈下降趋势,尽管 2014 年略有好转,但 2015 年基本接近历史最差水平。与中青旅相似的是,中国国旅的销售收入增长率总体上也呈下滑趋势,但其变动较为平缓,并没有较大幅度的跌落与增长。

2.可持续增长率

从图 4-29 可以看到,北京文化的可持续增长率平稳上涨,其水平与酒店类上市公司的可持续增长率水平大致相当。而中国国旅的可持续增长率在经历过小幅微涨之后,迅速下滑至相对较低的水平。中青旅的可持续增长率由于数据不足,很难准确预测,总体来说处于中等水平。

3.总资产增长率

从图 4-30 可以发现,北京文化的总资产增长率呈先下降然后上升,而后下降的 S 形变化,总体上呈下降的趋势。中青旅的总资产增长率一定程度下降之后,出现了小幅的回升。而中国国旅的总资产增长率呈现先上升后下降、中间对称的变化趋势。

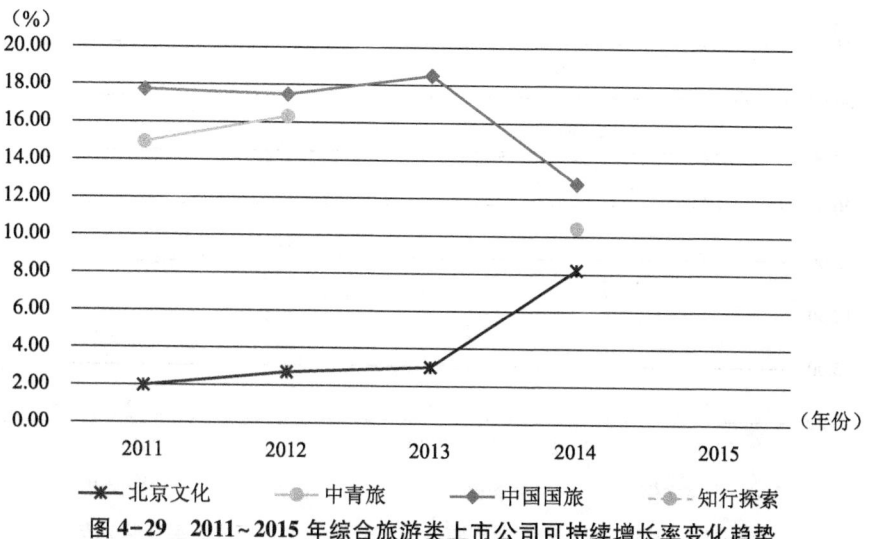

图 4-29　2011~2015 年综合旅游类上市公司可持续增长率变化趋势

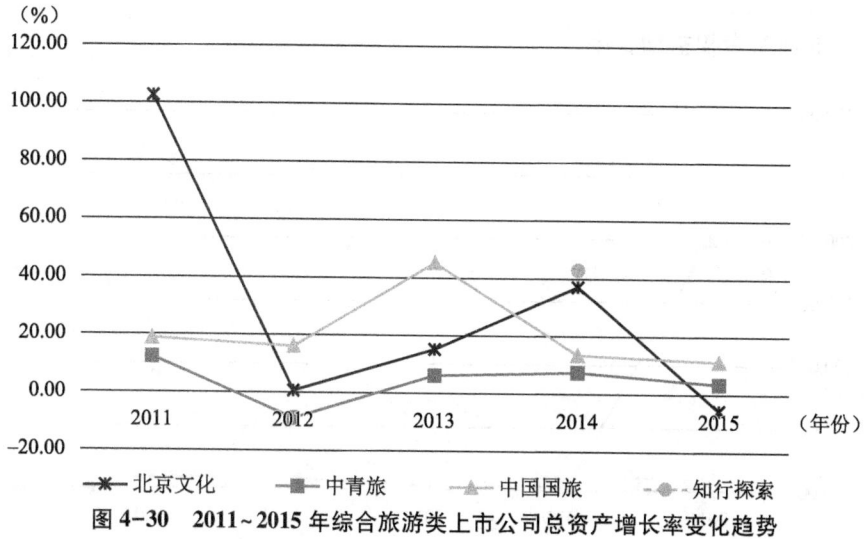

图 4-30　2011~2015 年综合旅游类上市公司总资产增长率变化趋势

4.固定资产成新率

　　从图 4-31 来看,北京文化的固定资产成新率经过小幅微涨之后迅速下降,而中青旅的固定资产成新率总体上有小幅微涨的趋势,中国国旅则出现缓慢下降而后大幅波动的情况,知行探索则呈现一定程度的下降趋势。总体来看,北京文化和知行探索有所下降,而中青旅和中国国旅则在总体上呈现小幅微涨的趋势。

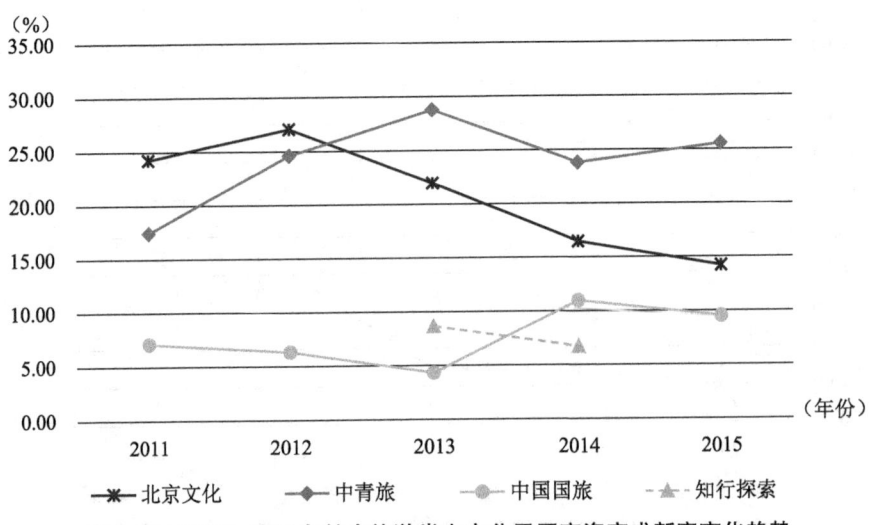

图 4-31　2011~2015 年综合旅游类上市公司固定资产成新率变化趋势

5.所有者权益增长率

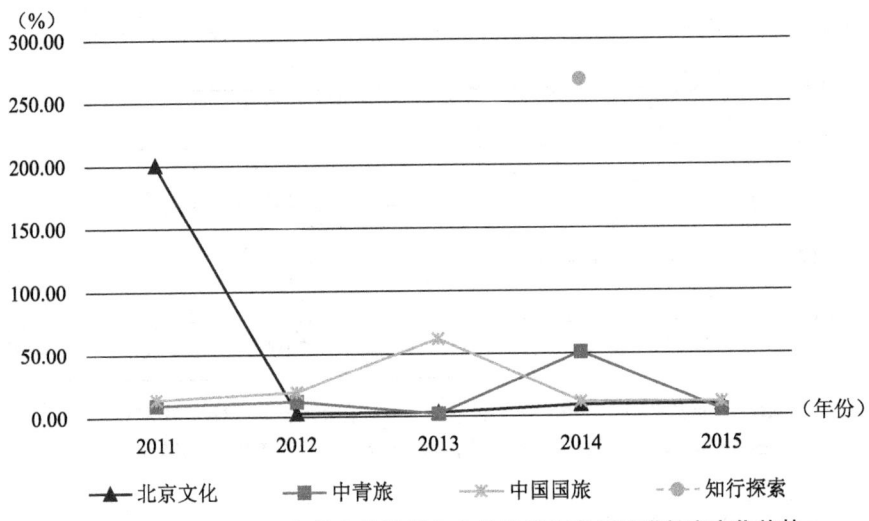

图 4-32　2011~2015 年综合旅游类上市公司所有者权益增长率变化趋势

从图 4-32 我们发现,北京文化的所有者权益增长率在 2012 年大幅跌落之后,尽管有小幅回升,但所有者权益增长率始终维持在较低水平。而中国国旅和中青旅都呈现出了先升后降的变化趋势,中国国旅和北京文化的净资产增长率维持在相似水平,而中青旅的净资产增长率下滑明显。

6.股利增长率

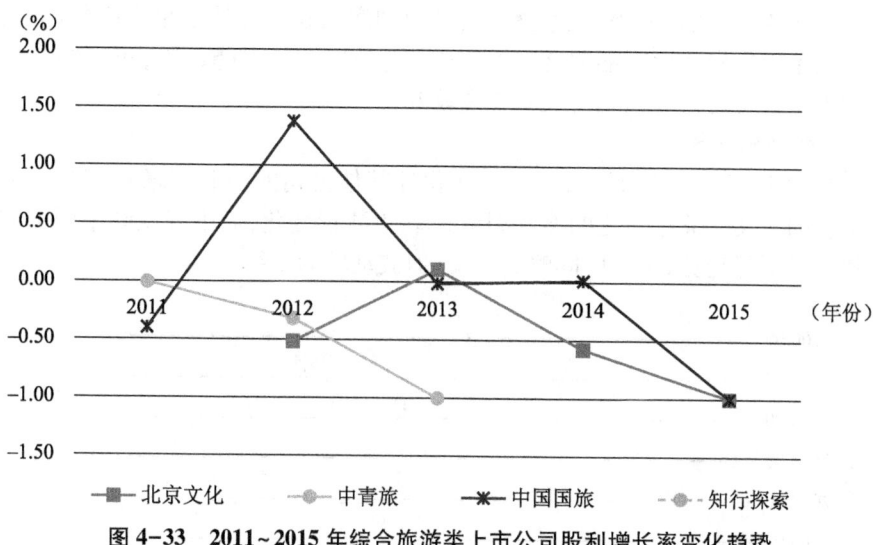

图 4-33　2011~2015 年综合旅游类上市公司股利增长率变化趋势

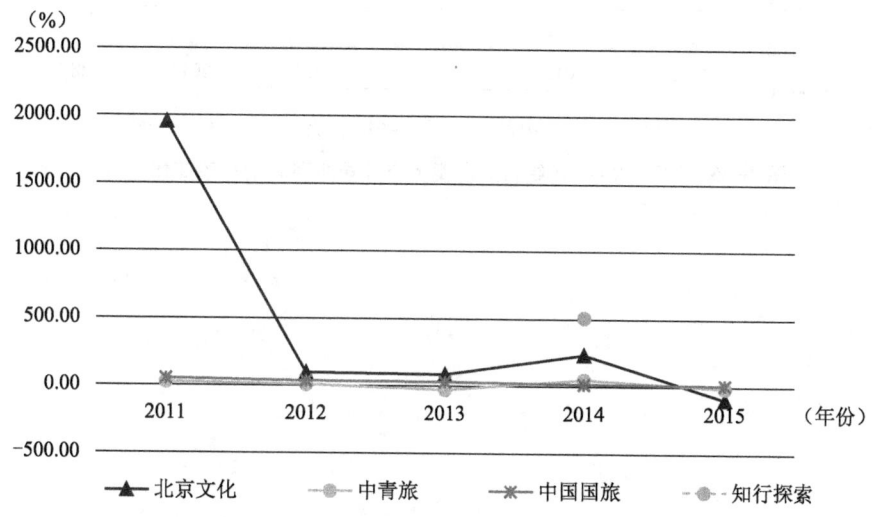

图 4-34　2011~2015 年综合旅游类上市公司营业利润增长率变化趋势

从图 4-33 中我们可以看到,中青旅的股利增长率呈持续下降的趋势,负增长明显。而北京文化和中国国旅的股利增长率则呈现出先升后降的趋势,但 2013 年之后也出现了负增长的状况,且到 2015 年时达到历史最低水平。

7. 营业利润增长率

从图 4-34 我们发现,北京文化的营业利润增长率总体上呈下降的趋势,中青旅呈现出先降后升的趋势,中国国旅则是平缓的下降趋势,可见综合类旅游上市公司的营业利润增长率表现较差。

8. 净利润增长率

从表 4-35 中可以看到,除北京文化外其他公司的净利润增长率都无太大幅度的波动。北京文化的净利润增长率呈 M 形变化,而中青旅和中国国旅总体上呈下降趋势,尽管中间略有波动,但波动较为平缓。

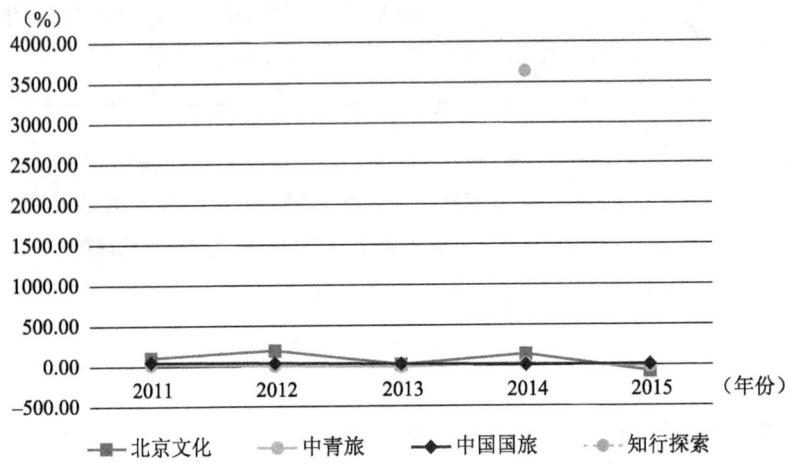

图 4-35　2011~2015 年综合旅游类上市公司净利润增长率变化趋势

第三板块

酒店篇

2015年北京市饭店业发展报告①

张超　李超然②

　　2015年是饭店产业转型升级的关键年,合并收购、跨界合作、创新联盟、非标住宿、众筹、"互联网+"等新名词都与饭店业的发展息息相关。锦江国际斥资13亿欧元收购法国罗浮宫酒店集团,如家与首旅达成合并最终协议,2015年饭店行业的合并与收购事件贯穿始终,饭店行业竞争实现了从客源和产品到资源、渠道、流量以及全服务链的全覆盖。2015年饭店业亦出现了前所未有的创新热潮,饭店产品的界限被重新定义,阅读生活空间、社交平台、社区客厅等创新型的功能空间和智能化服务快速出现并被运用,饭店产品本身日益从标准化转向特色化、个性化、跨界化。在"互联网+"大数据的平台上,互联网思维下的跨界合作也进一步拓展了饭店的空间属性,图书吧、时尚馆和家居消费场都能够在饭店的功能中得以实现。2015年也是非标住宿快速发展时期,客栈、民宿、公寓、度假别墅、小木屋、帐篷、房车、集装箱等产品层出不穷,以多样化和特色化的功能占领市场,并以投资规模小、周期短、回报优而得到投资者的青睐。

　　在大众创业、万众创新的宏观环境下,在互联网技术日新月异的大平台上,北京市星级饭店总体发展状况良好并且逆势呈现稳步上升的态势。从客源方面来看,尽管入境市场旅游仍然低迷,但降幅收窄;国内旅游市场保持稳定增长;从经营状况来看,2015年的北京市星级饭店销售量稳步回升,平均房价平稳,各星级饭店出租率均实现不同程度的增长,经营收入整体提升,呈现出稳步向好的回暖态势。与此同时,北京市饭店业开始注重与其他业态间的融合创新,发展新型的住宿业态,为全市饭店业的进一步发展注入新鲜的血液。2015年,北京市在线短租市场保持高速增长,健康养生酒店发展前景广

---

① 本研究系北京哲学社会科学年度项目"北京旅游品牌的自媒体传播研究"的研究成果。
② 张超,北京第二外国语学院酒店管理学院教授,经济学博士,硕士研究生导师。李超然,北京第二外国语学院酒店管理学院硕士研究生。

阔，北京市饭店业正朝多元化模式发展。

一、北京市饭店市场总体情况

2015年，在入境旅游市场持续低迷的情况下，北京市国内旅游市场保持了稳定向好的态势，全市旅游业整体发展平稳良好。2015年北京市接待旅游总人数2.73亿人次，同比增长4.3%，其中，全市接待国内旅游总人数2.69亿人次，同比增长4.4%；2015年接待入境游客（含港澳台同胞）420万人次，同比减少1.8%。全年实现旅游总收入4607.1亿元，同比增长7.6%。其中，国内旅游总收入4320.3亿元，与去年相比，增长8.1%；实现旅游外汇收入46.1亿美元，下降0.1%（折合人民币286.8亿元，同比增长1.3%）。

纵观2015年，北京市住宿业呈现稳回升的态势。根据北京市旅游发展委员会公布的统计数据，截至2015年底，全市共有星级饭店554家，其中五星级64家，四星级130家，三星级203家，二星级147家，一星级10家。同去年北京市星级饭店相比，各档次星级饭店数量变化不大。全市星级饭店平均出租率57.6%，平均房价513.1元/间天。2015年，全市规模以上住宿企业（包括554家星级饭店和700家年收入200万元以上的非星级饭店）接待住宿者4422.2万人次，同比增长6.9%；全年共实现营业收入433亿元，比去年增长2.4%。其中非星级饭店的接待量和收入增幅均高于星级饭店。

二、北京市饭店业发展的基本特征

（一）销售量稳步回升，国内市场仍是主要客源，入境市场降幅收窄，港澳市场增速明显

2015年北京市星级饭店共接待住宿人数2008.6万人次，同比增长3.5个百分点。其中，国内住宿者1775.7万人次，同比增长4.8个百分点，占接待住宿总人次的88.4%；入境住宿者232.9万人次，同比下降5.5个百分点，占接待住宿总人次的11.6%。2015年北京市星级饭店共接待住宿人天数3790.7万，同比增长3.4个百分点。由此可见，2015年，北京市星级饭店市场开始摆脱低迷态势，与2014年相比，在接待住宿人数与住宿天数上均有所增长（详见表1）。2015年，国内旅游市场稳定增长，国内住宿者仍是北京市星级饭店的主要客源。需要特别指出的是，2015年，北京市星级饭店接待澳门同胞的住宿人数比2014年增长11.2%；香港同胞接待量达到18.5万人次，比上年增长

8.1%,香港同胞的住宿人天数也比上年增长4.1%,实现了双向突破,这显示出北京市作为旅游目的地在香港、澳门地区的知名度越来越高,吸引香港同胞与澳门同胞慕名前来,进而促进了北京饭店业的发展。

表1 2015年北京市星级饭店接待住宿者情况比较(按住宿者类别划分)

项 目	接待量	同比增长(%)
接待住宿人数(人次)	20 085 919	3.5
国内住宿者	17 757 159	4.8
入境住宿者	2 328 760	-5.5
台湾同胞	125 679	-3.5
澳门同胞	9241	11.2
香港同胞	184 652	8.1
外国人	2 009 188	-6.8
接待住宿人天数(人天)	37 906 831	3.4
国内住宿者	32 982 978	5.5
入境住宿者	4 923 853	-8.3
台湾同胞	278 446	-6.6
澳门同胞	22 483	1.4
香港同胞	373 148	4.1
外国人	4 249 776	-9.4

资料来源:根据北京市旅游发展委员会网站(http://www.bjta.gov.cn)2015年统计信息整理。

逐月分析市场客源情况(不考虑1~2月累计统计量)(如图1和图2所示)。从接待住宿人数来看,星级饭店的接待住宿者随月份变动特征显著。北京市星级饭店销售量年最低值出现在冬季12月,7月和8月仍为旺季,销售量处于较高值。2015年北京市星级饭店销售量稳定向好,全年只有12月呈现负增长,但减幅仅为0.6%,其他各月份同比增长率均为正值,增长幅度也有所加大。2015年增幅最大的是3月,接近8%,其次是11月,同比增长率为6.3%。从接待住宿人天数来看,2015年北京全市星级饭店市场总体形势乐观,全年同比增长率均为正值。2015年北京市星级饭店接待住宿人天数最低值仍出现在淡季 12 月;值得注意的是,2015 年接待住宿天数最多的月份并非出现在旺季的七八月,而是出现在 10 月。十一黄金周为人们提供了出游机会,"9·3"大阅兵后更是掀起了新一轮的来京热潮。

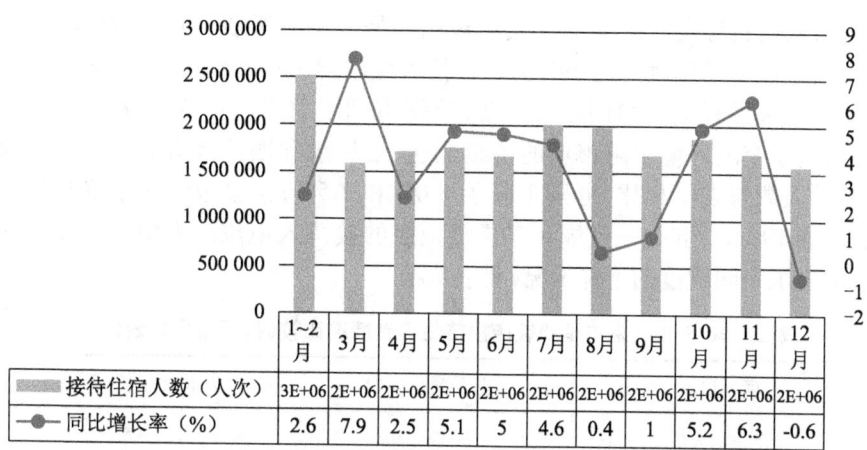

图 1　2015 年各月份北京市星级饭店接待住宿人数比较

资料来源:根据北京市旅游发展委员会网站(http://www.bjta.gov.cn)2015 年统计信息整理。

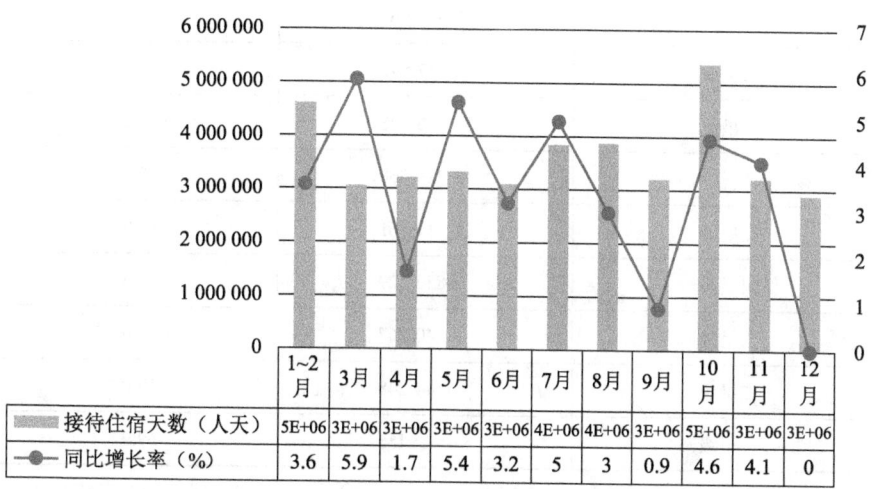

图 2　2015 年各月份北京市星级饭店接待住宿人天数比较

资料来源:根据北京市旅游发展委员会网站(http://www.bjta.gov.cn)2015 年统计信息整理。

按照不同星级饭店接待住宿者的情况来比较,四星级饭店的全年情况要明显好于其他星级饭店,其住宿接待量达到 670.4 万人次,占到了总人数的 33.4%,较去年增长 7.6%;其次为五星级和三星级饭店,分别占总接待量的 27.4% 和 27.7%。可见,中高星级饭店在北京市饭店业占据主要市场。与中高星级饭店良好发展态势形成截然对比的是一星级饭店,与去年相比,其接待住宿人数下降比例高达 49%。从接待入境旅游市场的情况来看,入境旅行者更愿意选择五星级和四星级饭店,分别占到了总市场的 56.3% 和 35.7%。但是,由于全国入境旅游市场的持续低迷,五星级和四星级饭店接待入境旅行者的人数与去年相比,分别下降了 6.0% 和 2.5%;二星级饭店下降幅度最大,达到 19%。同时,一星级和三星级饭店的接待入境旅游者情况也不容乐观,出现了不同程度的下降情况(见表 2)。

表 2 2015 年北京市星级饭店接待住宿者情况比较(按饭店星级划分)

项 目	接待量(人次)	同比增长(%)
接待住宿人数	20 085 919	3.5
五星级	5 509 379	6.6
四星级	6 703 505	7.6
三星级	5 569 065	2.8
二星级	2 257 842	-9.5
一星级	46 128	-49.0
接待入境住宿人数	2 328 760	-5.5
五星级	1 311 161	-6.0
四星级	832 429	-2.5
三星级	140 767	-12.6
二星级	44 248	-19.0
一星级	155	-9.9

资料来源:根据北京市旅游发展委员会网站(http://www.bjta.gov.cn)2015 年统计信息整理。

比较各月份北京市星级饭店接待住宿者情况(不考虑 1~2 月累计统计量)。纵观全年,北京市各星级饭店销售量仍有明显的淡旺季之分,呈倒 U 形趋势。各星级饭店从 4 月开始接待量就有回升趋势,五星级、四星级和三星级饭店占据主要市场,以四星级饭店销售量最佳,其全年接待住宿人数最高值出现在 7 月,接待量达到 67.1 万人次,较去年增长 13%。五星级饭店的全年最高值出现在 10 月,三星级饭店最高值出现在 7 月,二星级饭店则出现在 5 月,一星级饭店销售量平平,各月情况差异不明显。与 2014 年同期相比,五星级、四星级和三星级饭店销售量均有所增长,但走势趋于平缓,说明各星级饭店接待人数与 2014 年情况基本持平。比较而言,二星级和一星级饭店接待人数走势刚好相反,一星级饭店更是呈波浪式下滑,至 12 月,负增长率达到了 65%;二星级饭店仅 3 月出现了 24.4% 的增幅,其他各月份的接待量则呈现不同程度的下降(如图 3 所示)。

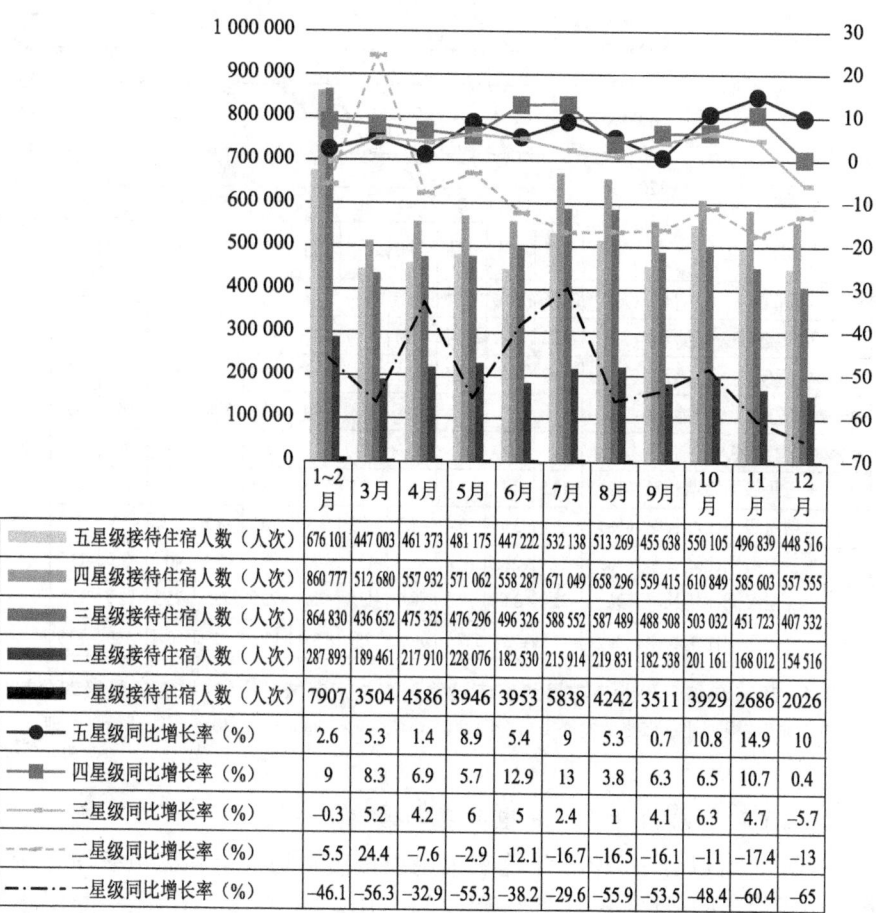

	1~2月	3月	4月	5月	6月	7月	8月	9月	10月	11月	12月
五星级接待住宿人数(人次)	676 101	447 003	461 373	481 175	447 222	532 138	513 269	455 638	550 105	496 839	448 516
四星级接待住宿人数(人次)	860 777	512 680	557 932	571 062	558 287	671 049	658 296	559 415	610 849	585 603	557 555
三星级接待住宿人数(人次)	864 830	436 652	475 325	476 296	496 326	588 552	587 489	488 508	503 032	451 723	407 332
二星级接待住宿人数(人次)	287 893	189 461	217 910	228 076	182 530	215 914	219 831	182 538	201 161	168 012	154 516
一星级接待住宿人数(人次)	7907	3504	4586	3946	3953	5838	4242	3511	3929	2686	2026
五星级同比增长率(%)	2.6	5.3	1.4	8.9	5.4	9	5.3	0.7	10.8	14.9	10
四星级同比增长率(%)	9	8.3	6.9	5.7	12.9	13	3.8	6.3	6.5	10.7	0.4
三星级同比增长率(%)	−0.3	5.2	4.2	6	5	2.4	1	4.1	6.3	4.7	−5.7
二星级同比增长率(%)	−5.5	24.4	−7.6	−2.9	−12.1	−16.7	−16.5	−16.1	−11	−17.4	−13
一星级同比增长率(%)	−46.1	−56.3	−32.9	−55.3	−38.2	−29.6	−55.9	−53.5	−48.4	−60.4	−65

图 3　2015 年各月份北京市星级饭店接待住宿者情况比较(按饭店星级划分)

资料来源:根据北京市旅游发展委员会网站(http://www.bjta.gov.cn)2015 年统计信息整理。

从接待入境住宿者的情况看,入境旅行者还是更青睐于高档酒店,五星级饭店的接待量更是遥遥领先,占据首位,四星级饭店又明显优于三星级及以下星级饭店。四星级和五星级饭店接待量较大的月份普遍为4月、5月和10月,12月的接待量全年最低,一星级饭店销售量几乎可以忽略不计。同2014年同期相比,二星级及以上星级饭店接待入境住宿人数降幅收窄,同比增长率在0上下波动,说明接待入境住宿人数与去年情况基本持平。一星级饭店销售量波动较大,同比增长率出现大起大落现象(如图4所示)。

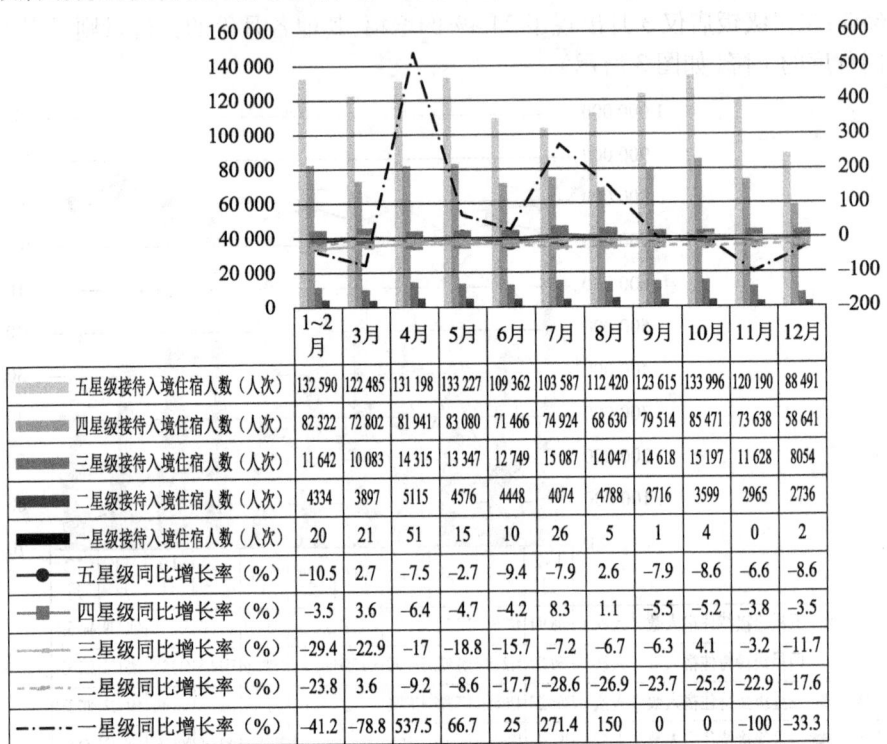

	1~2月	3月	4月	5月	6月	7月	8月	9月	10月	11月	12月
五星级接待入境住宿人数(人次)	132590	122485	131198	133227	109362	103587	112420	123615	133996	120190	88491
四星级接待入境住宿人数(人次)	82322	72802	81941	83080	71466	74924	68630	79514	85471	73638	58641
三星级接待入境住宿人数(人次)	11642	10083	14315	13347	12749	15087	14047	14618	15197	11628	8054
二星级接待入境住宿人数(人次)	4334	3897	5115	4576	4448	4074	4788	3716	3599	2965	2736
一星级接待入境住宿人数(人次)	20	21	51	15	10	26	5	1	4	0	2
五星级同比增长率(%)	-10.5	2.7	-7.5	-2.7	-9.4	-7.9	2.6	-7.9	-8.6	-6.6	-8.6
四星级同比增长率(%)	-3.5	3.6	-6.4	-4.7	-4.2	8.3	1.1	-5.5	-5.2	-3.8	-3.5
三星级同比增长率(%)	-29.4	-22.9	-17	-18.8	-15.7	-7.2	-6.7	-6.3	4.1	-3.2	-11.7
二星级同比增长率(%)	-23.8	3.6	-9.2	-8.6	-17.7	-28.6	-26.9	-23.7	-25.2	-22.9	-17.6
一星级同比增长率(%)	-41.2	-78.8	537.5	66.7	25	271.4	150	0	0	-100	-33.3

图4　2015年各月份北京市星级饭店接待入境住宿者情况比较(按饭店星级划分)

资料来源:根据北京市旅游发展委员会网站(http://www.bjta.gov.cn)2015年统计信息整理。

(二)平均房价平稳,出租率稳步提高

从表3可以看出,2015年北京市星级饭店平均房价和出租率均有所上涨。星级饭店的平均房价为520.2元/间,同比增长1.4%。其中,一星级饭店房价增长33.9%,增幅最快;三星级、四星级和五星级饭店平均房价均有小幅度上涨;只有二星级饭店平均房间出现负增长现象。

较为乐观的是,北京市星级饭店出租率较去年相比呈上升趋势,2015年星级饭店平均出租率为60.6%,同比增长3%。各星级饭店平均出租率均实现不同程度的增长,一星级饭店增幅最大,同比增长12.7个百分点;五星级饭店也出现了1%的增长,说明五星级饭店平均房价虽有所上涨,但并没有影响其出租率。从北京市饭店业的整体经营状况来看,星级饭店销售情况开始呈现回暖迹象。

表3 2015年北京市星级饭店平均房价及出租率

项　目	绝对值	同比增长(%)
星级饭店平均房价(元/间)	520.2	1.4
一星级	203.7	33.9
二星级	253.2	-8.2
三星级	360.9	1.5
四星级	490.5	0.5
五星级	821.4	1.7
星级饭店平均出租率(%)	60.6	3.0
一星级	42.9	12.7
二星级	58.8	5.3
三星级	57.6	3.0
四星级	61.4	3.3
五星级	64	1.0

资料来源:根据北京市旅游发展委员会网站(http://www.bjta.gov.cn)2015年统计信息整理。

从每个月的情况来看,五星级饭店的平均房价明显高于其他星级饭店的平均房价。2015年,各星级饭店的平均房价全年走势相对平缓,并未出现大幅上涨或大幅跌落情况。同2014年的平均房价相比,二星级及以上星级饭店平均房价同比增长率波动不大,房价与去年基本持平。唯有一星级饭店平均房价变动较大,除12月出现负增长外,全年一星级饭店平均房价均有所增长,10月上升幅度最大,比去年增长64.8个百分点;其次为11月,同比增长约61个百分点(如图5所示)。值得一提的是,近两年一星级饭店平均房价同比增长率极其不稳定,2014 年,一星级饭店平均房价负增长率达到 30 个百分点;而 2015 年,一星级饭店平均房价又出现增幅,同比增长 33.9%。可见,近两年,一星级饭店房价波动较大,市场急需重新整顿。

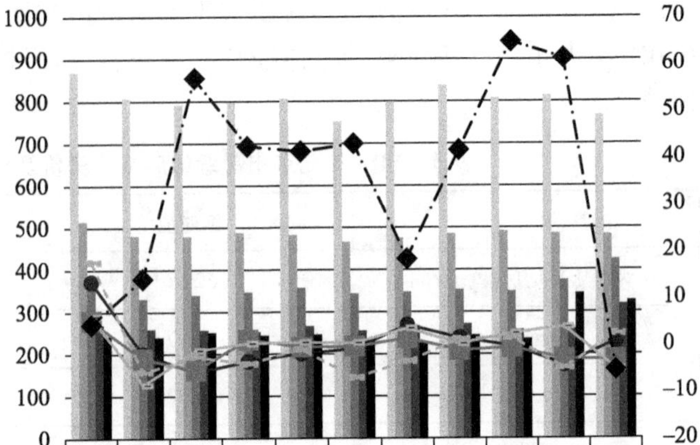

	1~2月	3月	4月	5月	6月	7月	8月	9月	10月	11月	12月
五星级饭店平均房价(元/间)	869.8	807.6	792.5	796.5	806.3	751.9	798.6	837.5	807.3	813.6	766.6
四星级饭店平均房价(元/间)	514.5	481.3	478.8	488.1	482.4	465.9	474.4	484.6	490.7	486	482.5
三星级饭店平均房价(元/间)	380.7	331.2	338.9	347.2	357.1	343	347.8	352	348.8	375.9	423.3
二星级饭店平均房价(元/间)	269	259.5	256.7	252.6	266.5	255.4	267	271.7	257.8	259.5	317.6
一星级饭店平均房价(元/间)	244	240.3	251.7	245	246.5	234.5	226.3	244.5	235.9	343.4	326.5
五星级同比增长率(%)	13.5	-2	-5.9	-3.6	-1.9	-0.9	4.2	1.4	-0.3	-4.3	0.7
四星级同比增长率(%)	5.2	-3	-5.5	1.1	-0.5	-0.4	1.4	-1.2	-0.6	-3	-3.2
三星级同比增长率(%)	6.1	-8.6	-1.3	0.3	0.5	0	3.5	0.2	2.4	3.8	-5.2
二星级同比增长率(%)	17.7	-5.9	-2.6	-4.1	-1	-7.1	-3.6	1.2	1.5	-5	2.3
一星级同比增长率(%)	4.4	14.1	56.9	42.4	41.3	43	18.3	41.6	64.8	61.3	-5.4

图 5　2015 年各月份北京市星级饭店平均房价情况比较

资料来源:根据北京市旅游发展委员会网站(http://www.bjta.gov.cn)2015 年统计信息整理。

从各月份星级饭店出租情况来看,二星级及以上星级饭店平均出租率差异变化不大,且出租高峰集中在 7 月和 8 月,一星级饭店平均出租率高峰则出现在 3 月和 4 月。五星级饭店平均出租率虽然在个别月份出现负增长,但降幅较小,整体态势较为稳定,其他星级饭店平均出租率全年均实现正增长。其中,以一星级饭店增幅最为显著,4 月同比增长率最高,为 21.7%,四星级饭店平均出租率也分别在 7 月和 11 月出现较为明显的增幅。可见,2015 年北京市星级饭店平均出租率呈现稳步提高的良好态势(如图 6 所示)。

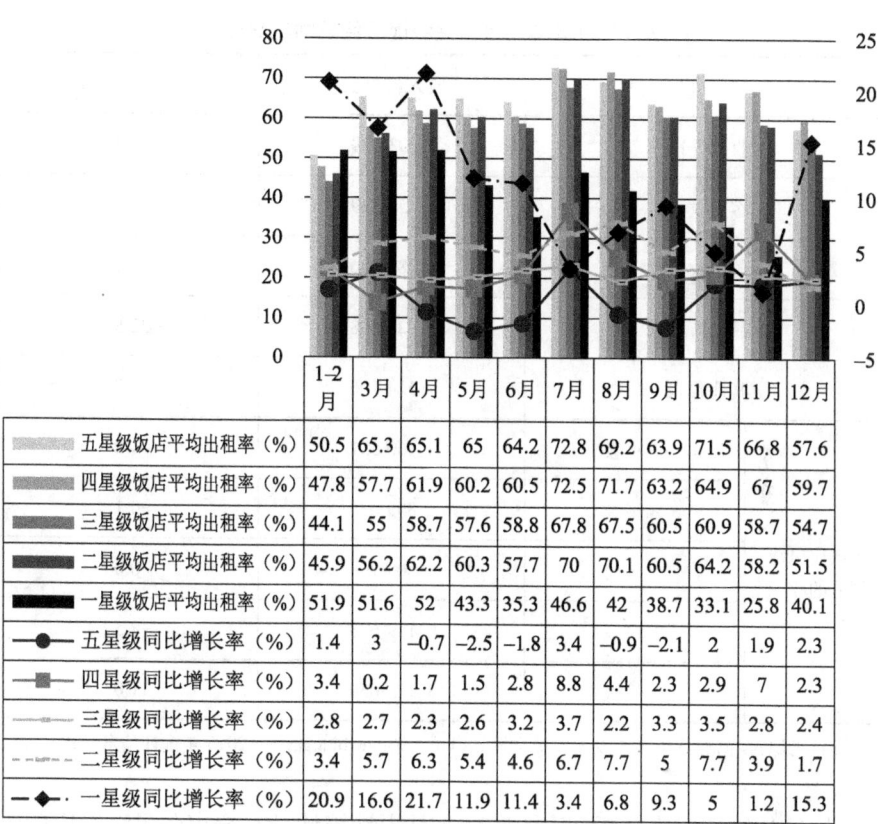

图 6　2015 年各月份北京市星级饭店平均出租率情况比较

资料来源：根据北京市旅游发展委员会网站（http://www.bjta.gov.cn）2015 年统计信息整理。

（三）经营情况良好，经营收入整体提升

2015 年，北京市星级饭店共实现了 259.3 亿元的收入，与 2014 年 255.9 亿元相比，增长了 1.3 个百分点。星级饭店收入的主要来源仍然是客房，占总收入的 48.6%，同比增长 2.7%。餐费收入虽呈现负增长，但降幅收窄，同去年相比，仅下降了 0.2 个百分点。商品销售市场仍然不景气，降幅最大，达到 22.5 个百分点。比较各星级饭店的收入，五星级饭店仍然占比最大，为 44.8%。从表 4 中可以看到，与上年相比，只有二星级饭店收入出现略微明显的降幅，同比下降 8.5%；四星级饭店收入虽也有回落，但降幅仅为 0.1%；一星级饭店收入增幅最大，同比增长了 11%；其次为五星级饭店，实现同比增长 4%。可见，2015 年，北京市星级饭店经营状况良好，经营收入整体提升（见表 4）。

表4 2015年北京市星级饭店经营情况比较

项　目		收入（万元）	同比增长（%）
收入合计		2 593 039	1.3
客房收入		1 259 839	2.7
餐费收入		787 086	-0.2
商品销售收入		22 008	-22.5
其他收入		524 106	1.7
按饭店星级划分的收入	五星级	1 160 531	4.0
	四星级	809 077	-0.1
	三星级	500 708	0.0
	二星级	119 673	-8.5
	一星级	3050	11.0

资料来源：根据北京市旅游发展委员会网站（http://www.bjta.gov.cn）2015年统计信息整理。

从各月的情况来分析（不考虑1~2月累计统计量），全市各星级饭店收入低潮期普遍出现在6月，7月开始呈现回升态势。五星级饭店情况较好的月份集中在8月、9月、10月和11月，各月收入均超过10亿元，以10月收入最佳。四星级饭店从7月开始，实现各月收入均超过7亿元。三星级饭店在12月出现明显增长，突破5亿元。一星级和二星级饭店全年情况趋于平稳。与2014年相比，二星级饭店收入情况略差，全年出现负增长，但降幅不大，情况最差时仅为15%左右；三星级、四星级饭店全年同比增长率波动不大，收入情况与去年基本持平；五星级饭店同比增长率除了在4月和5月出现负增长以外，其余各月均为正增长，增幅最大的9月达到了9.5%；一星级饭店收入情况不容乐观，从7月开始出现负增长，降幅最大的8月达到了50%以上（如图7所示）。

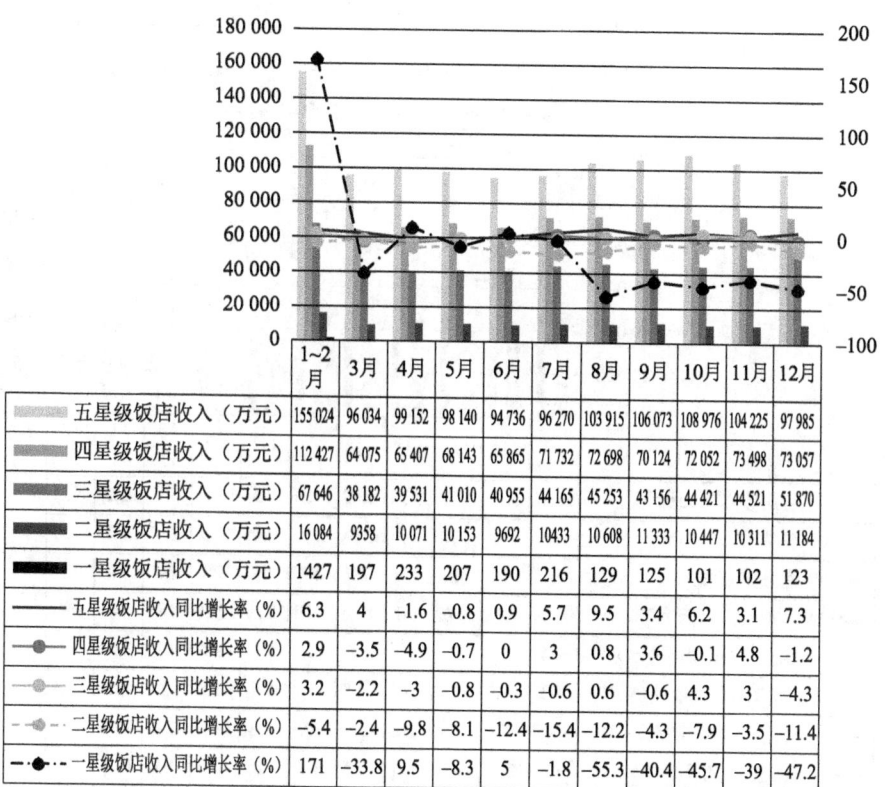

图7　2015年各月份北京市星级饭店经营情况比较

资料来源：根据北京市旅游发展委员会网站(http://www.bjta.gov.cn)2015年统计信息整理。

分析各分项的收入情况(不考虑1~2月累计统计量)如下。客房收入、餐费收入和其他收入构成了北京市饭店主要收入来源,商品销售收入所占份额较小。以客房收入为例,客房收入全年收益较好,均突破10亿大关;与2014年的收入构成相比,客房收入除4月和5月出现负增长外,其余各月均为正增长。餐费收入从9月开始出现明显回升,约超过7亿元,虽同比增长率全年多为负值,但降幅不断减小,收入情况与去年基本持平。商品销售收入除9月实现正增长外,其余各月同比增长均为负值,降幅最大的8月达到了51.4%(如图8所示)。可见,在饭店住宿过程中,顾客消费仍集中在吃、住两方面。

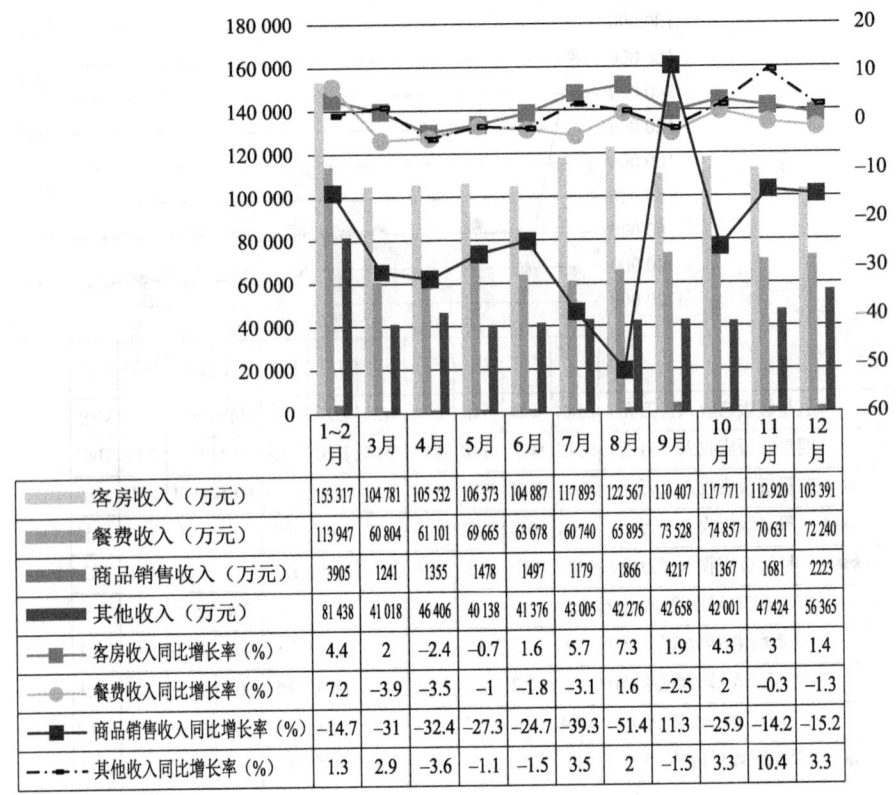

图8 2015年各月份北京市星级饭店分项经营情况比较

资料来源：根据北京市旅游发展委员会网站（http://www.bjta.gov.cn）2015年统计信息整理。

综上所述，在节俭新政导向、经济增速放缓及环境压力增大的宏观环境下，北京星级饭店的整体经营情况良好并且逆势呈现稳步上升的态势，这与国内部分饭店经营不善形成了一定的对比。中国经济持续向好，北京市作为中国的政治文化中心，旅游资源丰富，优势明显，但在市场拓展和企业绩效等方面仍面临较大挑战。为此，北京市饭店行业管理部门迫切需要整合官、产、学、研、民、媒各界资源，适应新常态，寻求新道路，实现突破式发展。

三、北京市饭店新型业态的拓展

2015年是中国饭店业的创新与转型之年，也是新型住宿业态黄金十年的开始。星级饭店模式由唯一走向之一，其传统的经营模式已然不能满足不断细分的消费阶层的需求,与此伴随的,是近年来以主题精品酒店、度假租赁、非标住宿等为代表的新兴住宿业态的快速发展。中国旅游研究院在《中国旅游住宿业发展报告 2015》中指出,旅游住宿业的关注焦点,经历了从星级标准酒店到品牌标准酒店,再到非标准住宿业态的过程,新兴旅游住宿业态的支配性力量正日益凸显,创新创业正成为住宿业的发展的主基调,这些新兴住宿业态突破了传统饭店业的局限,提供差异化产品,极大地蚕食了目前传统饭店市场。

与此同时,北京市饭店业积极顺应业态创新的潮流,加速与其他领域的创新融合,涌现出一批新型住宿业态。

(一)在线短租市场势头强劲

国外巨头 Airbnb 和 Homeway 的成功让在线短租进入人们视线,度假租赁、短租等住宿资源的整合成为"互联网+"和共享经济的热点。途家、小猪短租、住百家等创新企业借鉴国外短租模式,于 2015 年完成新一轮融资,成为这一业态下的典型代表。据《中国在线租房市场研究报告》称,2015 年中国在线短租市场交易规模将突破 100 亿元,并将保持高速增长。

从在线短租人群的地域分布图中可以看出,2015 年北京市在线短租人群排在首位,远远领先于其他城市。有数据表明,在线租客职业分布以企业白领和在校学生为主,这也解释了为何北京的在线短租人群远远高于其他城市。作为全国一线城市及教育中心,企业白领与在校学生在北京流动人口中占较大比例,这两类人群都是相对开放的年轻群体,更愿意使用这种高性价比的新型住宿方式。较传统星级饭店而言,短租房已形成了自己的竞争优势,居住环境更为舒适,价格却相对低廉,让出门在外的短租户享受到家的感觉,由此吸引着越来越多的商务及旅游人士。未来北京市短租市场前途不可估量。

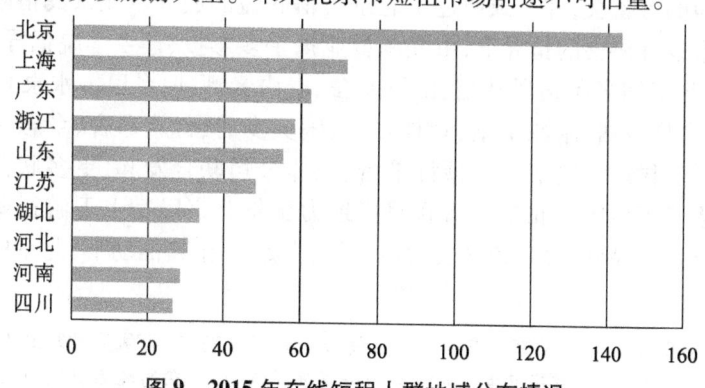

图 9 2015 年在线短租人群地域分布情况

资料来源:速途研究院 2015 年在线短租市场分析报告。

(二)"酒店+健康"前景广阔

医疗旅游市场的进一步发展催生了饭店业向医疗与健康服务方向的转型,健康养生酒店是住宿与医疗、健康产业的融合。北京市人卫酒店①便是医疗与住宿融合发展的成功先例。短短一年时间,人卫酒店从一家高端商务酒店融合升级为全国第一家传递健康生活理念、会聚健康产业精英人群的健康主题酒店,成功转型为医药卫生行业里的品牌酒店,饭店行业里的健康专家。

人卫酒店的转型之路上的两次跨界,一是在饭店行业中突出健康生活体验,二是把一个品牌酒店带入了医疗行业中,为当下寻求创新、寻求突破的单体酒店提供了转型思路。2015年,饭店业态创新与转型已成为必然趋势,目前国内健康产业具有很强劲的上升趋势,这为北京市饭店业的进一步发展与创新提供了一种思路:联合全国在健康主题开发上志同道合的酒店,形成健康酒店联盟。

目前国家正在大力发展中医药产业,北京市医疗水平全国领先,具有丰富的资源优势,而饭店正是一个很好的平台,可以将具有中医特色的产品和服务项目涵盖进来,发展以中医药理疗和针灸为特色的健康主题酒店。

(三)民宿市场持续繁荣

近年来,民宿市场发展迅猛,已逐渐成为现代人工作之余放松身心、休闲度假的重要场所,"民宿"在互联网上的搜索量已有超越"酒店"之势。北京民宿业也在高消费需求的带动下,在旅游资源良好的怀柔、密云和延庆等地,催生出众多情怀与生意兼具的企业逐步选址、设计和准备开业,而民宿下游的众筹、培训、设计、运营公司也都在高速发展中。

2016年8月26日,北京民宿业具有代表性的20家企业共同召开了北京民宿联盟的筹备会,并一致通过了北京民宿联盟的成立。北京民宿联盟是在北京勘察设计协会的指导下,由九源智业携手多彩投、佳乡学院倡导发起,并由11家北京知名民宿风林宿、山里寒舍、麦语云栖、原乡里·水泉031、北京壹号院、大地乡居、旅课草堂、森林乡居、国奥乡居、首旅寒舍、乡志·圣水鸣琴、云掌柜、村游等民宿行业预订平台、媒体公司联合发起,更多联盟发起单位正在逐步审核中。北京民宿联盟将致力于将北京民宿上下游行业整合成一个整体进行品牌推广、市场发力以及共同成长,在其推动下,北京民宿行业

---

① 人卫酒店,位于北京市东南二环风景秀丽的龙潭湖畔,隶属于国家卫生计生委直属人民卫生出版社,是医药卫生行业唯一的一家五星级酒店,在高端酒店激烈的竞争中找到了自己的发展道路。

的整体发展速度和质量将提升到一个新的台阶。

四、北京市饭店业融合创新的趋势

在经历了近两年的发展缓慢期之后,北京饭店业转型升级的步伐加快,尤其体现在互联网领域与金融领域的融合创新做法层出不穷。

(一)酒店新三板上市

新三板是指全国中小企业股份转让系统,是经国务院批准设立、中国证监会监管下的全国性证券场外市场,与上海证券交易所和深圳证券交易所两家场内市场具有同等法律地位。新三板属于私募发行,新三板挂牌后企业也可以选择不出让股份、零交易。在北京、广州、深圳等地投资管理了50余家酒店的中青旅山水酒店,属于中档酒店定位,拥有山水时尚和山水S两个酒店品牌,于2015年9月决定在新三板上市。创立于2007年的胜高酒店集团,在北京、上海、广州等地拥有在营、在建、签约门店数十家,也于2015年9月在新三板挂牌成功。

(二)"首旅+如家"打造中国第二大饭店集团

2015年底,首旅集团宣布将以每股普通股17.90美元或每份ADS 35.80美元现金,即约110.52亿元人民币的交易金额,直接及间接持有如家酒店集团100%股权。收购完成后,首旅将在国内300余个城市运营3000余家酒店,一举成为中国第二大饭店集团。

首旅集团收购如家后,除了迅速扩大规模市场外,品牌体系也将得到丰富。如家酒店集团现如今拥有如家、莫泰、和颐、云上四季等酒店品牌,主要涵盖"经济型"及"中档商务"酒店类型。而首旅集团旗下则以三星以上酒店为主,如建国酒店、京伦饭店、谭阁美、欣燕都等,同时还持有北京饭店、颐和安缦、喜来登长城、三亚悦榕庄、北京莱佛士等酒店物业。

除了是中国第二大饭店集团,首旅集团还是中国唯一一家涵盖高、中、低端酒店品牌的上市公司,而一直想要向高端品牌扩张的如家,也可以获取到大量资金来转型。饭店集团之间的组团发展,除了实现资本整合外,还意味着以庞大的饭店规模,实现更强大的流量、会员、品牌及资源获取,最终形成大数据资源。同时,这也可以用来对抗OTA等在线预订平台对客房利润的挤压。

五、北京市饭店业发展建议

(一)发挥政府宏观调控职能,营造饭店业良好发展环境

北京饭店行业管理部门可充分发挥宏观调控职能,联合发改委等相关部

门,通过组织专家、学者进行科学论证,鼓励饭店业多业态、多区域、多层级协同发展。对于星级饭店,在鼓励投资多元化的同时,全盘考虑饭店业发展与北京地区经济社会发展的协调性,谨防非理性投资和盲目投资,做好饭店业发展规划,加强新建饭店项目数量、选址等方面的引导与控制,强化发展规划的指导性和权威性,减少产能持续过剩造成的不利影响,推动饭店准入制的合理性和规范性。对于民宿、在线短租、医疗酒店等新业态的蓬勃发展,给予财政及税收方面的优惠政策,并通过目的地城市营销系统重点推荐、广泛推广的方式,扩大其在全国市场乃至全球市场的影响力。

(二)拓展饭店业创新领域,鼓励更广泛的跨界协同发展

近年来,促进健康服务业发展已上升为国家战略。广义上的健康服务需要走出传统的医疗机构(医院),需要更多嵌入人们日常生活空间的载体,如此来看,酒店最合适不过。无论是定义为"美丽""健康""愉悦"的新消费理念,还是生活环境和方式变化所导致的健康消费需求的增加,都为酒店与健康服务机构的融合发展提供了无限的商机。

就目前来看,酒店与健康服务机构融合发展有如下三种路径。第一种是以酒店为主体,开发健康服务主题产品。这其中又分为三类:其一,依托特有资源的度假酒店,以著名的养生保健项目为最大特色。例如,世界上历史最悠久的"养生酒店"是位于墨西哥加利福尼亚半岛的 Rancho La Puerta,创立于 1940 年,其首创的七天包价产品能够让顾客从饮食、运动、水疗、讲座、游戏、工作坊等各项活动中全方位地体验养生和疗愈的过程,使客人在离开酒店之后依然能够保持平衡和愉悦的生活状态。其二,在传统商务酒店的基础上,融合更多健康主题元素。最为典型的是洲际酒店集团于 2012 年创立的 Even Hotels 品牌,该品牌旨在打造拥有健康生活方式的商务休闲酒店,通过在持续健身(Keep Active)、健康饮食(Eat Well)、休息放松(Rest Easy)、高效办公(Accomplish More)四个方面的设施和服务,使得顾客在旅途中也能保持身心健康和愉悦,并拥有旺盛的工作精力。其三,依托现有酒店有形及无形资产,跨界与传统医疗与健康服务机构联合发展。例如,我国某些五星级酒店与知名母婴护理中心合作,将"月子中心"开进大酒店。

第二种是"高端医疗平台+酒店式服务质量管理",即在传统医疗机构的平台上,加强服务质量监控和管理,以提升患者及其陪同家人的就医体验和满意度为最终目标,如新加坡百汇医疗公司即属于此种类型。

第三种是共同体模式,即在规划初期就将医疗或健康服务机构与酒店就近选址,联合开发,形成集群效应,这种类型多见于大规模的健康产业园区(Health Region),如美国温德姆休斯敦医疗中心及酒店。

酒店的行业优势不仅能够为传统医疗服务机构中的病患提供更优质的住宿、餐饮、康复方面的便利,还能够充分保护患者的隐私、提升自信和安全感,进而促进疗效。与此同时,在人们日益重视健康管理、提倡健康消费的今天,酒店作为人们在居家生活之外重要的流动空间,也更有可能成为为更广大健康人群调理气血、放松身心、修身养性提供服务的重要场所。因此,服务管理是酒店业与健康服务业共同的理论内核,全球酒店业历经百年所积累的管理智慧和经验能够对未来健康服务业的发展起到重要的借鉴作用,酒店业也能够在与健康服务业融合发展的进程中承载更多的政治、经济、文化以及对外交往的职能,进而拓展出"酒店+健康"的新领域和新路径。

(三)借助移动互联网平台,促进网络用户向饭店顾客的引流

移动互联网把人的存在提到空前的高度,也由此沉淀了大量潜在顾客,并通过行业融合和由此衍生出的社群效应,形成商家与消费者之间的黏性互动。因此,饭店业市场的客户端可充分借助移动互联网平台,突破传统以旅游者和在地居民为主体的消费者结构,将潜在顾客群体扩大为更为广阔的互联网用户。

利用饭店作为流动性体验空间存在的先天优势,运用场景化思维,打造与众不同的用户体验,促进网络用户向饭店顾客的引流,能够为饭店业的发展创造更为广阔的客源市场基础。对于很多后验品而言,体验始终是消费者首先接触并最为关注的焦点。传统营销中,以满足大多数人的需求为目标,规模经济占主导,个性消费被压抑,人们在面对商品和服务时选择空间小,消费者对价格敏感,低价促销成为很多电商企业的重要经营策略之一。然而,随着移动互联网和人工智能技术的发展,个性化定制开始成为可能,饭店能够打造很多在线商品的体验空间,以顾客体验为核心,带动与顾客的即时互动,并由此定义产品和服务的新品类,开发新市场。这时,网络用户与酒店顾客的消费意愿更多由饭店所提供的场景的体验决定,而非价格所决定。由此,饭店所营造的体验空间,也在增加顾客黏性的基础上,进一步打通了庞大的互联网用户向饭店顾客的引流通道。

(四)打造中国服务理念,以服务生产力定义饭店价值

伴随着人类物质文明与精神文明的全面进步,饭店业所要承载的功能与使命也越来越丰富。以"星级服务""微笑服务""管家式服务"等优质服务为重要标志的酒店服务是现代服务业中最优秀的生产力代表。在国家全面深化改革,推动经济结构转型升级的新常态下,饭店业将在国家政治、经济、文化以及对外交往中发挥着越来越重要的作用。未来酒店不仅是人们旅途中

短暂停留的驿站,更是老百姓在居家之外享受生活的休闲港湾。未来饭店业也不仅是现代服务业的一个典型代表,更是后现代社会视野下人们消费方式变迁的缩影。

饭店业正以无限的想象空间迸发出前所未有的活力,饭店业的供给侧改革需要从过去、现在及未来三个时间维度进行考量,过去是记住乡愁,现在是业态创新,未来是智慧生活。以创新创业开拓新业态与新模式,以精益管理缔造精细化服务,以专注严谨弘扬工匠精神,应该成为北京饭店业未来发展的良好基因。北京是中国的首都,北京饭店业不仅具有无限的潜力和蓬勃的生命力,而且也更应该成为体现优质中国服务的重要窗口。

参考文献

[1]北京旅游发展研究基地.北京旅游发展研究报告2015[M].北京:旅游教育出版社,2015.

[2]北京市旅游发展委员会网站(http://www.bjta.gov.cn/).

[3]中国旅游住宿业发展报告(2015)[EB/OL].http://res.meadin.com/HotelData/122824_1.shtml4.

[4]2015年在线短租市场分析报告[EB/OL].http://www.sootoo.com/content/649964.shtml.

北京市餐饮业发展报告

李彬　牟丽梅　李超然　高颖[①]

一、全国及北京市餐饮业发展现状

（一）全国餐饮业发展现状

根据国家统计局最新数据，2015年全国餐饮收入实现32 310亿元，2014年全年全国餐饮收入27 860亿元，2015年收入总额同比增长11.7%。2015年全国线上餐饮收入8667亿元，同比增长7%，较2014年高出4.8个百分点。与此同时，2015年11月回落的增长态势也在2015年12月继续回升。2015年12月，全国餐饮收入3030亿元，同比增长11.2%，较11月的数据低0.3%；线上单位餐饮收入883亿元，同比增长6%。[②]

2014年，全国餐饮收入27 860亿元，同比增长9.7%，较上年增加0.7个百分点，终止了2011年以来连续三年增速下滑的颓势。餐饮收入增幅与社会消费品零售总额增幅（12%）的差距，也一改2011年至2013年持续扩大的态势，由2013年的4.1%收窄至2.3%，餐饮收入拉动社会消费品零售总额增长1.12%。限额以上餐饮企业（年收入200万元的企业）收入止跌回升，全年收入8208亿元，同比增长2.2%，比2013年提升了4个百分点。总体来看，2014年全国餐饮收入持续增长，9月全国餐饮收入同比增长数据达到12.4%，但稍后逐渐回落；11月开始回落到11.5%，回归到年初的理性增长。尽管增长态势在11月有所回落，但大环境经济增速放缓，餐饮行业这一表现也是"逆市向暖"，总体趋势向好。

受国家"三公"消费政策影响，高端餐饮依旧疲软，不论是大众消费本身

[①] 李彬，北京第二外国语学院酒店管理学院教师，酒店管理系主任。目前从事酒店与餐饮连锁集团管控、旅游企业创新创业等研究与教学工作。

牟丽梅、李超然、高颖，北京第二外国语学院酒店管理学院研究生。

[②] 中华人民共和国国家统计局数据。

的发展还是高端餐饮向大众消费转型,在餐饮业中的比例都在增长,这正是2014年餐饮行业逆市回暖的原因之一。2014年9月,中国饭店协会会长韩明曾表示,中国餐饮行业迈入以大众消费为主导的新增长时代,餐饮业大众消费所占比例已经达到80%。

从各地区的餐饮市场发展来看,大部分地区餐饮收入增速都有不同程度的增长,而且大多超过全国平均增幅。但是,也有少数省份仍未走出困境。在已公布的28个省区的数据中,唯有北京、河北两地餐饮收入(北京2014年餐饮收入为713亿元)同比出现负增长,增速分别下降0.8%、11.5%。

(二)近五年北京餐饮业发展现状

自2009年以来,北京市餐饮收入连续跨上500亿元、600亿元、700亿元、800亿元台阶。其中,2009~2011年餐饮收入同比增幅平均超过19%。2012年全市餐饮收入虽超过800亿元,但同比增幅仅为7.7%,增速渐呈下降趋势。2013年,受市场形势影响,全市餐饮收入为783.1亿元,同比下降5%,低于同期社会消费品零售额的13.7%,增幅比上年同期回落12.7%。

2013年以来,随着中央"八项规定"等政策的出台,国家开始不断限制三公消费,以公款消费为主体的餐饮企业,特别是高端餐饮行业迎来了"寒冬"。在北京市,餐饮行业一改之前高速增长的态势,开始出现负增长。2013年北京市餐饮收入为783.1亿元,同比下降5%。2014年全市实现餐饮收入713亿元,同比下降0.8%。

为适应中央出台"八项规定"以来的市场变化,北京高端餐饮企业通过调整经营定位、转变营销策略,实现转型,发展大众化餐饮,均取得了一定成效,终于扭转了往日的颓势。近期北京市餐饮行业协会发布了一组数据,2015年上半年北京市餐饮收入实现400亿元,同比增长2.7%,这是北京市餐饮收入继2013、2014两年连跌后首次呈现"正增长"。2015年北京餐饮总收入为846.8亿元,同比增速3.3%,比2014年同比变动4.1个百分点。①

纵观2015年全年,在国民经济增长放缓的大环境下,北京餐饮业紧紧抓住"回归市场"这一核心本质,以大众化餐饮为主体,出现了逆市回暖的迹象。

---

① 2010年到2015年北京市统计局数据。

二、2010年至2014年北京市与上海市餐饮业发展对比分析

北京市和上海市这两个特大型城市的餐饮业发展一直处于我国领先地位。由于上海市在人口规模、经济发展水平、行政区划的地位和等级等方面与北京市具有可比性,因此选取两个城市进行对比分析,希望能更好地分析北京市餐饮业存在的问题以及未来的发展方向。

(一)餐饮业法人企业数①

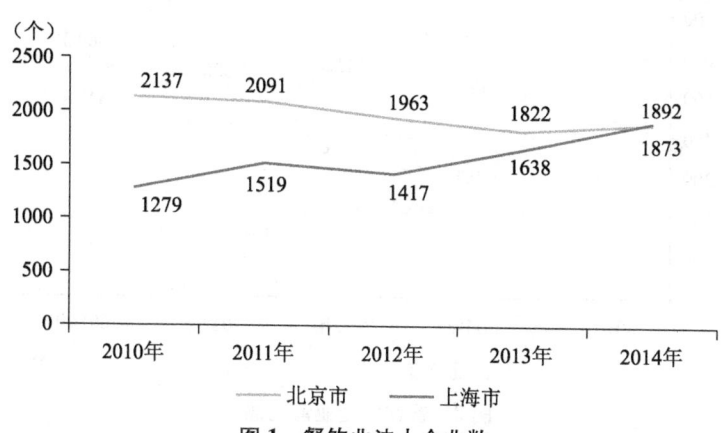

图1　餐饮业法人企业数

由图1可以看出:2010年到2015年,北京市的餐饮业法人企业数呈下降趋势,而上海的餐饮业法人企业数呈上升趋势;2010~2013年,北京市的餐饮业法人企业数一直多于上海市餐饮业法人企业数,但差距在逐渐缩小,直至2014年上海市餐饮业法人企业数首次实现赶超。由此可见,近五年来,上海市的餐饮产业发展速度较快,发展规模较大,产业发展较为活跃,发展趋势较好;而北京市餐饮业由于受到"八项规定"政策的影响较大,餐饮企业数量所反映出的餐饮业发展趋势不容乐观。

(二)餐饮业企业营业额

由图2可以看出:2010年至2014年,上海市的餐饮业企业营业额逐渐上升,且2013年至2014年的增长幅度最大。北京市的餐饮业企业营业额在2010年至2012年处于上升阶段,且上升幅度大于上海市。然而,到了2013

---

① 2010年到2014年中华人民共和国国家统计局数据,下同。

年北京市营业额却出现下降,2014年有所回升;而上海市餐饮业收入则持续加速上升,呈现出了增长明显的态势。这再一次表明,同样受外部政策环境的影响,与上海市餐饮业相比,北京市餐饮业受到的政策影响更大、对政策的敏感度更高。这一方面与北京市餐饮业过度依赖公款消费市场相关;另一方面也反映出北京市餐饮业的产业结构不合理,在大众餐饮等业态结构方面"发育不良",需要像上海市餐饮业大力倡导业态丰富的大众餐饮市场一样,尽快进行产业结构调整。

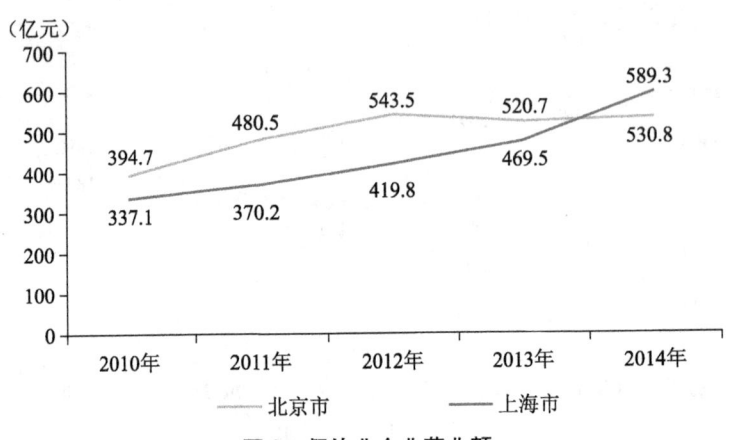

图2 餐饮业企业营业额

(三)餐饮业企业从业人数

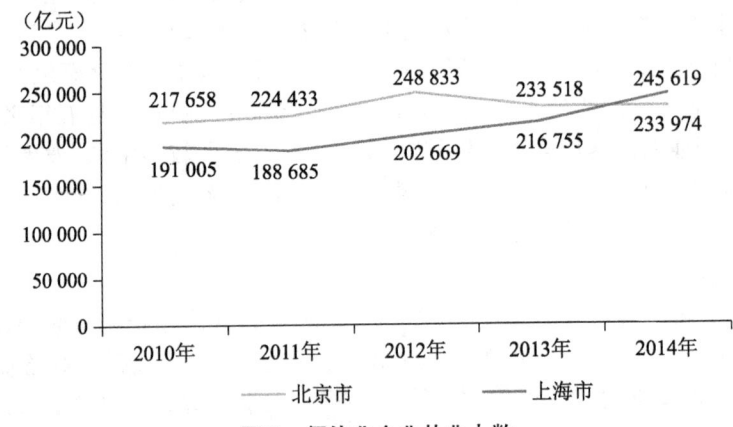

图3 餐饮业企业从业人数

由图 3 可以看出：北京市的餐饮业企业从业人数呈现"先升后降"的发展趋势，且在 2012 年达到近五年的最多人数 248 833 人。上海市的餐饮业企业从业人数基本上呈现上升的趋势，但是在 2010 年至 2013 年始终低于北京市，2014 年上海市超过北京市达到近五年的最多人数 245 619 人。由此可见，受到餐饮企业数量增长和收入的影响，北京市餐饮业吸引就业人数情况同样不容乐观，持续下降的餐饮行业就业人数表明餐饮业的更多人才正在流失。

（四）连锁餐饮企业总店数

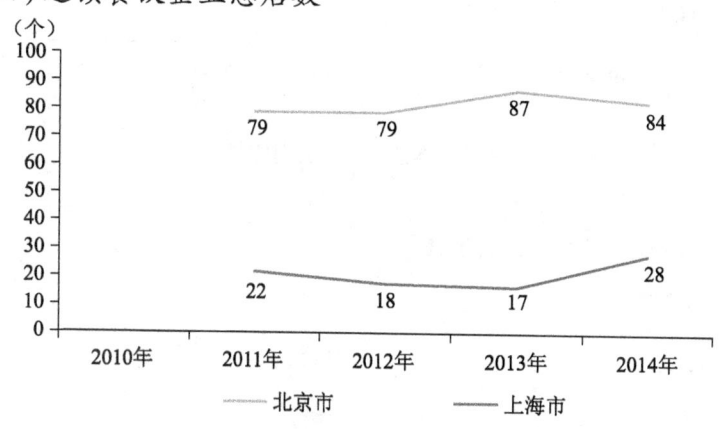

图 4　连锁餐饮企业总店数

由于 2010 的数据暂时缺失，暂只比较 2011 年至 2014 年的。由图 4 可以看出：北京市的连锁餐饮企业总店数远远多于上海市，两个城市的差距较大。2011 年至 2013 年，上海市的总店数逐步下降，直至 2014 年出现明显增加，说明上海市连锁餐饮企业总店数未来发展趋势良好；北京的总店数虽然在 2014 年出现小幅度的下降，但是其数量仍达到 84 家。由此可见，北京作为中国的首都，区位优势明显，成为很多连锁餐饮企业设立总店的首选城市。

（五）连锁餐饮企业门店数

由图 5 可以看出：北京市和上海市的连锁餐饮企业门店数基本上呈现上升趋势，说明连锁餐饮业在两个城市的发展趋势较好。2010 年，北京市和上海市的门店数差距不大，只相差 543 家；然而在 2011 年至 2013 年差距逐渐变大，直至 2013 年差距最大达 1559 家，2014 年差距缩小至 1186 家。上海市连锁企业规模增长趋势明显。餐饮业的连锁经营是餐饮业发展的必经之路，是反映餐饮产业集中度的重要指标之一。由数据可见，北京市的餐饮业中，连锁餐饮企业所占比重较大，餐饮业集中度更高，而上海市餐饮业中连锁企业也在快速发展。

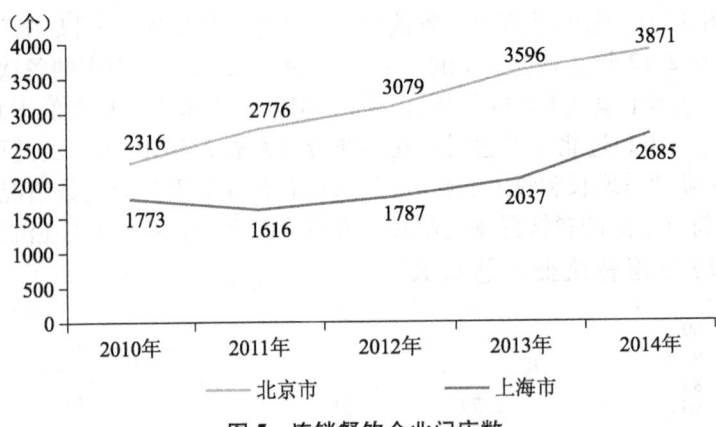

图 5 连锁餐饮企业门店数

（六）连锁餐饮企业营业额

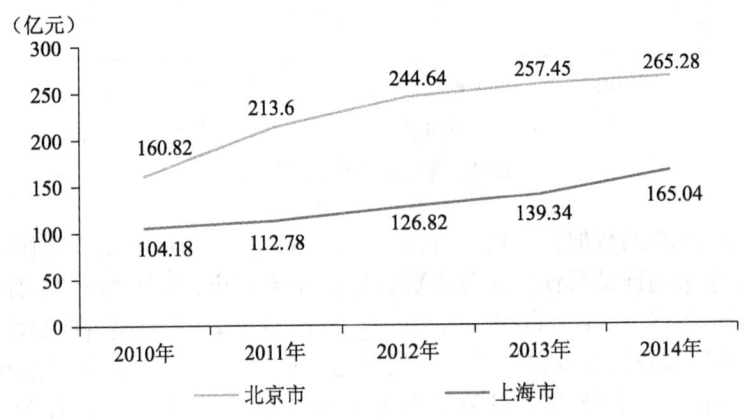

图 6 连锁餐饮企业营业额

由图 6 可以看出：北京市和上海市的连锁餐饮企业营业额均呈现上升的趋势，北京市的营业额一直高于上海市；北京市连锁餐饮企业营业额的上升幅度在逐渐减少，虽然上海市的营业额 2010 年至 2013 年增长缓慢，但 2014 年的增长幅度较大。2014 年，北京市和上海市的餐饮业企业营业总额分别为 530.8 亿元和 589.3 亿元。由此可见，北京市连锁餐饮企业的营业额占总营业额的比重较大，说明连锁餐饮企业在北京市餐饮业发展中的地位明显，发挥着非常重要的作用。

总之，2010 年至 2012 年，北京市和上海市餐饮行业均呈现上升趋势。但

2013年,北京市受到中央"八项规定""六项禁令"的影响更大,餐饮行业出现下滑趋势较为明显;而上海市的餐饮业企业虽然也受到影响,但恢复较快,如2014年上海市餐饮企业营业额呈现上升较快的趋势。这和上海市餐饮业具有良好的大众餐饮市场基础,没有过度依赖政务消费、公款消费有关。2014年,北京市餐饮企业营业额虽有所增长,但增长仍然较为缓慢。从连锁餐饮角度看,与上海市相比,北京市的餐饮连锁企业在北京市餐饮业发展中的地位更加突出,发挥的作用更加明显。可以看出,尽管受到政策、经济等因素的影响,但北京市连锁餐饮企业的发展并没有受到较大影响。另外,上海市连锁餐饮企业呈现快速增长势头,营业额也快速增长,可见,餐饮连锁化在一定程度上对缓解当前各方面压力有一定作用。

三、北京市餐饮发展特征与趋势

(一)网络营销,线下餐线上卖成为行业趋势

2015年中国互联网用户网上订餐比例接近40%①,网上订餐逐渐成为外卖的主流方式。预计到2016年,其市场规模将达700亿元。餐饮业仍然是传统的生活服务型行业之一,其互联网率不到28%。因此,在互联网方面的发展还有较大空间,2016年将会有越来越多餐饮企业向互联网化发展。例如,2016年,国内中端餐饮品牌麻辣诱惑开始在北京推出微信外卖,用户只要通过麻辣诱惑的官方微信下单,即可实现送餐上门,线下餐线上卖俨然已成业内趋势。

(二)餐饮企业集团中央厨房配送"工厂化"

为了保障各家门店出品品质和口味一致,加强对各个门店的统一把控,降低日益增长的人力成本压力,很多餐饮企业选择建立中央厨房(工厂)。中央厨房的作用是集中采购,在标准化流水线上生产成品或半成品,再统一配送到各个门店,门店的后厨只需要按照要求简单加工即可。尽管是否需要建立中央厨房仍然受到较多争议,但从当前北京市的连锁餐饮企业,如黄太吉、和合谷等新兴快餐连锁企业的实践来看,当连锁餐饮企业发展达到一定规模(如门店达到10家以上,且地理位置较为分散时),建立中央厨房,实现工厂化运作则成为趋势。

(三)单品店及品牌持续出现

单品店指的是以某类食材制作的菜品或者某一款菜品为主打,只搭配少

---

① 腾讯2015年互联网用户外卖使用调查报告。

量配菜、甜品或饮品的餐饮店,比如外婆家旗下的"炉鱼"、巴奴的毛肚火锅、57度湘餐饮集团旗下的"我爱鱼头"等都是单品店。单品店这种餐饮模式将越来越受到中国餐饮人的青睐。主要优势包括:第一,菜肴制作更专业。传统餐饮模式,一家酒店中至少要配备上百款菜品,菜品种类多了,厨师的关注点就会被分散;而单品店则不同,主打菜就是一款或者几款,所有厨师都围绕这几款菜肴下功夫,因而更专业。第二,备料过程更简单。菜品种类减少了,备货过程也就变得简单。管理者可以把目光更多地锁定在拳头产品的食材采购上并形成大宗采购,这样还可以降低采购的成本。第三,菜肴复制更方便。单品店的拳头产品大多只有一款。为了实现烹调的标准化,很多关键的烹调步骤,比如调味、腌制都在加工中心统一完成,所以后期烹调变得非常简单,便于菜肴的复制。第四,厨房人工成本降低。单品店的厨房中专业厨师极少,很多菜品制作完全可以由一些非专业人士来操作。这在很大程度上起到了降低人工成本的作用。第五,餐饮企业连锁扩张更便捷。在餐饮企业连锁扩张方面,单品店更具优势,因为绝大多数的单品店经营面积都不大,所以开店资金不高,再加之对单一产品的专注,所以开连锁分店就变得非常容易。

(四)餐饮IP化

在营销思维里,IP是一个非常有价值的理念,一个强大的IP品牌能够让消费者清晰地识别并唤起消费者对品牌的联想,进而促进消费者对其产品的需求,也就是说,但凡在餐饮运营中拥有独特价值环节,都能够成为餐厅的超级IP。

例如,伏牛堂就是餐饮IP化代表。伏牛堂的创始人张天一除强调"正宗湖南米粉"外,还会强调联想到伏牛堂的"霸蛮社群"。在创建伏牛堂初期,张天一为了解决生存和流量问题,便在微博找了一批种子用户,完成了新品牌冷启动,随后还成立了微信霸蛮社群,迄今为止已发展到20万人,为伏牛堂培养了一批又一批核心用户,并通过密度较高的粉丝社群运营,使用户变成"传教士",实现伏牛堂品牌曝光率的"裂变"。

四、北京市典型餐饮企业案例分析

(一)很久以前——只是家串店

1. 企业发展经营现状

很久以前只是家串店,是北京很久以前餐饮管理有限公司的旗下品牌,主营中式烧烤。该品牌在将店面环境做到独具特色的基础上,不断提升自己的出品和服务质量;将目标人群定位在年轻人,做受年轻人喜爱的撸串圣地。

北京很久以前餐饮管理有限公司是一家专营烧烤的餐饮管理公司。自2008年开业至今,经过近8年的努力,"很久以前"将一个6万元的烤串店变成了市值6个亿的公司,整整翻了1万倍。公司定位只是家串店,门店现已经遍布北京、上海、天津、福州、郑州、洛阳、济宁、东营等十几个大中城市。截至2015年底,"很久以前"已有70多家门店,其中,品牌直营店40余家。北京市门店数已突破30家。

2.企业发展历程

2008年是"很久以前"首创之年。2008年4月28日,创始人宋吉①在北京顺义区西门,开了很久以前的第一家店,标志着"很久以前"品牌正式创立。当时,这家门店面积不足100平方米,共有10张桌子,总投资6万元。

自2011年起,"很久以前"开始在全国各中大城市展开强势猛攻。

2011年8月23日,顺义京汉店正式开业。自此,"很久以前"开始打造有灵魂的店面,融入人类的历史文化元素,逐渐形成了石器时代、陶器时代、青铜时代、铁器时代、蒸汽时代、电气自动化时代、现代网络时代和未来机器人时代等装修范儿。顺义京汉店是"很久以前"装修风格形成的第一家店,在这家店之前,店面名称均用的是"很久以前烤串坊"。

2012年8月20日,"很久以前"第一家开往市区的门店——朝阳路店开业。这对"很久以前"来说,是一次飞越,门店名称也调整成为"很久以前|只是家串店"。

2013年11月23日,上海大华三路店开业,标志着"很久以前"的品牌正式进军上海。

2015年,"很久以前"已遍布在北京、上海、天津、山东、河南,乃至千里以外的福州,每年仍有数十家的新店开业。

自开业至今,"很久以前"仅用了6年的时间成为全国烧烤行业第一名。但"很久以前"从未停止前进的步伐,仍在探索着自己的品牌之路。

3.企业发展特色

"很久以前"一直坚持着"为他人着想,奉献社会"的品牌理念,形成了自己独树一帜的企业文化。"很久以前只是家串店"简称"前串"。首先,"前串"是"很久以前只是家串店"的简称;其次,"前串"又是古代钱串的谐音,是

---

① http://china.globrand.com/news/269634.html。

对客人财运的祝福。

品牌名称中还蕴含着"很""久""以""前"四大服务范儿。"很"包括"四很",即很干净、很整齐、很快、很帅。很干净、很整齐要求个人形象要很干净、很整齐(工服、工鞋、发型、指甲),工作区域要很干净、很整齐。很快要求走路很快,工作效率很高。很帅一是指员工发型很帅、妆容很帅;二是指工作熟能生巧,做到极致,有观赏性。"久"指持久很干净、持久很整齐、持久很快、持久很帅。"以"要求以上"四很"用心做到。"前"指必将前所未有,预示着"很久以前"的发展目标和发展愿景。

与同类产品相比,"很久以前"利用特殊工艺,在烤制之前经过精细处理,先进排酸、层层入味,再加上酱料的双重配合,将普通烧烤做出堪比澳洲极品的滋味,甚至更具口感、更有嚼劲。经过6年多的探索,"很久以前"已形成自己独特的产品系列。

当然,很久以前餐饮品牌的成功也离不开其网络化、移动化的营销方式和管理模式。"很久以前"顺应"互联网+餐饮"大趋势,瞄准线上市场,积极开拓网络营销方式,短短6年,"很久以前"微信会员数量已在全国餐饮企业排名第一位,也是第一个全面打通微点单、微支付、微储值、微积分的餐饮企业,并成为第一家在微信内采用360度全景展示店面的餐饮企业,极大提升了客人的就餐体验。如今,"很久以前"已成为以微营销为特色的烧烤品牌。除了营销方式上别具新意,"很久以前"在管理模式上也向网络化拓展,成为业内第一家实现用物联网系统控制办公室的餐饮企业。

很久以前餐饮公司致力于研发健康的自动烧烤饮食,并形成了独具一格的经营理念,在烧烤餐饮业一枝独秀。

4. 未来发展趋势与挑战

烧烤类产品一直广受年轻人的喜爱和追捧,每年夏季,烧烤店生意尤为火热,因此兼具卫生、美味、时尚、中式特色和优质服务的"很久以前"更易获得青睐。然而,提及餐饮行业,安全问题永远是人们心中的痛。2014年6月16日,"很久以前"供货商提供的一批鸡翅,虽然质量没问题,但是颜色稍有变化,"很久以前"为了食品安全,掩埋了价值30多万元的鸡翅,公司利润遭受重创。因此,"很久以前"在积极拓展经营规模的同时,更要重视安全问题,并积极思考集团未来的发展方向。

此外,最重要的是,"很久以前"如何实现和保持"高上座率"是未来需要解决的重要问题。不同于传统的中式快餐行业,烧烤类产品并不能作为国人主食而进行不断消费,即"很久以前"的重复消费受到挑战。国人能否将烧烤作为每周多次消费的餐饮产品仍然需要进一步观察,这是未来"很久以前"在选址扩张和产品设计创新方面最需要考虑的问题。

在营销方式上,微营销已成为"很久以前"在营销上的一大优势。移动互联网时代,线上业务已成为企业的重要生命线,要进一步打造很久以前品牌的知名度和影响力,积极开发线上业务无疑是上佳的营销策略。下一步,"很久以前"可在现有营销资源的基础上,继续研发自己的线上预订平台,与新媒体展开合作,开通专属预订通道,在提升客人就餐体验的同时,进一步提升客人的参与体验。

(二)黄记煌的焖制美味

1.企业发展经营现状

北京黄记煌餐饮管理有限公司是一家从事餐饮连锁加盟及饮食研究等的餐饮连锁公司,其品牌黄记煌三汁焖锅自2004年推向市场以来,市场迅速发展,目前经营店面已近600家,2018年预计超过1000家,覆盖了全国包括西藏在内的各个省/自治区的200多个城市,并已进军海外市场。目前已在中国香港及印度尼西亚、澳大利亚、加拿大、美国、泰国开有多家店面。

2015年,黄记煌销售额为35.0022亿元,较2014年增长19.8%。2013年至2015年,北京黄记煌餐饮管理有限责任公司销售额呈上升的趋势。截至2015年,黄记煌门店总数已达到609家,相对于2013年来说,三年门店总数增加了179家;黄记煌加盟店总数为71家,与2013年相比,减少了104家。

2.企业发展历程

黄记煌品牌创始人黄耕[①],出身于美食世家,依据药食同源的养生理论,将一道祖上研制的御膳名肴"三汁焖锅"创新并发扬光大,开创了中餐领域多项"第一",为实现中餐标准化,创建健康餐饮、绿色餐饮、环保餐饮、时尚餐饮做出了卓越的贡献。他以超前的经营理念和独特的市场拓展方式,使品牌在短时间内迅速成长,创造了中餐领域连锁王国的一个神话。

2004年5月18日,第一家黄记煌专营店开业。

2005年到2007年可谓是黄记煌发展比较迅速的年份。为了企业更好地发展,黄记煌开始做加盟,开设连锁店,三年间,黄记煌在全国各地开了近300家店。2009年开始由街边店形式向商业综合体转型,包括万达体系。

从2010年开始,黄记煌用了两年时间在全国划分了七个区域管理公司:北京、天津、上海、武汉、西安、兰州、深圳,负责区域内几个省份的企业管理,

---

① http://baike.sogou.com/v7874543.htm? fromTitle=%E9%BB%84%E8%AE%B0%E7%85%8C.

包括日常管理、后续服务和前期市场开拓。此举旨为减小区域管理半径,使后期的管理跟上,避免管理与后期发展脱节。

2012年是黄记煌继2006年之后的第二次飞跃,爆发点来自夯实的基础。这一年,黄记煌在全国共开了110家店。2013年,公司考虑到市场发展过快可能会造成脱节,因此并没有开更多门店,而是将发展重点放在加强管理和培训上,包括规范化运营和流程化管理等方面。

2013年是黄记煌的大丰收之年。这一年,黄记煌拉萨店开业,至此,黄记煌成为实现中国大陆版图全覆盖的第一家中餐品牌。11月1日,黄记煌成功取得ISO 9001质量管理体系认证;第一家海外店——澳大利亚悉尼店正式营业。

2014年的黄记煌,除拥有450多家直营/合营的连锁店外,还拥有1个加工基地、5个上游供应商、7所培训基地、1所黄记煌学校、7个物流配送中心,资产超亿元,员工超万人,市场范围已覆盖全中国并走向世界。

9年来,黄记煌餐饮遍布除港澳台之外的各个省市,成功地引领了以焖制为主的中餐餐饮分支领域。

3. 企业发展特色

黄记煌是一个模式化、标准化、量化的餐饮形式,它拥有四大优势:保持了中餐的口味和特色;实现了整个操作环节无油烟排放,符合现代人对环保、低碳生活的需求;没有任何原材料的重复使用;符合平衡膳食的理念。

黄记煌三汁焖锅烹饪特色在于"焖"。"焖"的精神,也正是黄记煌企业文化所在。

(1)"焖"的智慧

治大国如烹小鲜,做企业亦是如此。黄记煌企业文化的智慧也是得于"焖"的智慧。黄记煌一切以大局为重,使每一个食材保持着原有的滋味,并倡导人才与企业的兼顾,让企业和个人的梦想都得到最大限度的尊重和成全。

(2)恰到好处的"度"

黄记煌崇尚火候、适度。从底料的选择、切配、摆放再到焖制的过程,无一不体现着适度原则。黄记煌将"度"的智慧应用于管理、用人、做事和企业的发展之中。

(3)大服务观

黄记煌的大服务观,与焖锅的做法有着异曲同工之妙。焖锅的底油,上一层是底料,再上一层是主料,最后一层是汁料。底油服务的是底料,让底料可以充分地加热而不粘锅,而底料服务的是主料,用自身的水分蒸熟主料,最终汁料点化整锅平凡的食材。黄记煌也由此践行着自己的服务观,即领导服务员工,上级服务下级,一切都是为了服务食客,食客最终点化了焖锅,成就了黄记煌。

黄记煌的操作模式符合了中国餐饮发展的大趋势,同时,它以中式餐饮的文化底蕴融汇西式快餐的标准化模式,形成标准、统一、绿色、环保的新局面,实现了传统与现代、中餐与西餐、营养与低碳的完美结合。经过多年的拼搏与奋斗,黄记煌公司在技术研发、品牌建设等各个方面均取得了令人瞩目的成绩,得到社会各界的认可,也奠定了在行业内的地位及影响力。

4.未来发展趋势与挑战

提及黄记煌,不由得让人想起2014年"苍蝇乐园""发霉大米"等恶性事件。黄记煌每年都会有很多家新加盟店,黄记煌餐饮管理公司应反省:在管理上是不是太马虎了?是不是应该在量中更加注重质?是不是在利益分成的同时更加要保证每一家加盟店的卫生情况?黄记煌未来的发展目标是成为国际化的集团企业,既然要进入更高的平台,除了管理制度和体系上的变革外,是不是更应该把好"卫生"这一关?毕竟,这才是客人最关注的要素。

伴随互联网思维的快速发展,2014年黄记煌增加了很多竞争对手,模仿、追随的焖锅餐厅不断涌现,这对黄记煌来说是一种的挑战。因为作为领跑企业,即是标杆,别人可以追随黄记煌,走其之前走过的路,而对黄记煌未来的发展而言,只能在未知中探索,更不能有丝毫松懈。

未来的黄记煌将充分依托中国传统餐饮文化和西方先进餐饮管理模式相结合的战略定位,制定一切以"顾客为中心"的服务理念,无论公司职员还是餐厅服务人员,始终以"服务"的心态去面对客户与顾客,最终达到解放加盟商、解放投资人、企业重生的目的。同时黄记煌公司将通过向外输出管理人才的后续支持模式,使加盟商拥有更多的时间去创造更多的社会价值,达成品牌与持牌人双赢的局面。

黄记煌还采取"不从零开始"的特许经营形式:将一家成熟的、正在盈利的餐厅转让给持牌者,并指派经过公司严格培训后获得认证的管理人员帮助持牌者长期管理餐厅。加盟者不需进行选址、开店、招募与培训员工等大量繁重的前期准备工作。这种"特许经营"模式是黄记煌品牌策略成功的关键,同样具有中国特色。

(三)北京新辣道

1.企业发展经营现状

北京新辣道餐饮管理有限公司是一家大型餐饮管理有限公司,总部位于北京。公司现有员工近5000名,年营业额超过10亿元,是旗下拥有近200家新辣道鱼火锅直营店、锦府盐帮酒楼等相关餐饮品牌和一个现代化配送中心、三个大型生产基地的大型连锁餐饮企业。

公司旗下品牌"新辣道"鱼火锅是一家立足北京，辐射全国的大型餐饮连锁品牌，现有华北、华东、西北三大市场，近200家"新辣道"鱼火锅餐厅，其中90%是直营店。自2008年起，新辣道体系保持了每年100%的复合增长率，销售额从数千万元逐年翻番至2013年的8亿元。

2. 企业发展历程

2004年，徐氏第三代传人徐伯春[①]与新辣道餐饮集团携手成立了新辣道鱼火锅餐厅，仅用了短短两年时间，新辣道鱼火锅就于2006年获得了中国饭店协会颁发的"中国火锅名店"称号。2009年，新辣道鱼火锅餐厅成为大众点评网"2009食尚盛典"活动最受欢迎的餐厅之一。2010年，新辣道鱼火锅餐厅被北京商务委员会授予"十大最具潜力餐厅"称号，并在中烹协火锅委员举办的京城火锅美食节上荣获"最具人气品牌"奖。从2010年开出第一家加盟店以来，目前，新辣道的直营店和加盟店的比例保持在7∶3左右，不仅在数量上控制加盟店比例，更在质量上对其严格把关。2013年北京新辣道荣获全国餐饮百强称号、国际饭店业优秀品牌奖，进一步巩固了新辣道在火锅品牌中的优势地位。

2016年6月21日，新辣道与美食金融倡导者筷来财正式握手，在新辣道集团北京总部签署战略合作协议，希望通过尝试和创新进行供应链整合，将新辣道打造成"典型案例"，成为餐饮供应链优化的标杆性示范性企业。与筷来财的合作成为新辣道集团发展历史上转型升级的又一次重大发展机遇。

3. 企业发展特色

新辣道的成功首先得益于"标准化"。

在产品方面，为了实现鱼和火锅底料的标准化，新辣道使用了两个方法：一是在山东温泉养鱼。新辣道建立了水循环系统，水体常年恒温控制在23～28摄氏度，100%的温泉水与地下水混合，最大限度地帮助鱼儿吸收水中矿物质。为培育出鲜美有品质的鱼苗，保证鱼的标准化生产，新辣道与科研院所进行了多次合作。后续的冷链环节，比如宰杀、排酸等新辣道也都严格按照统一标准进行。二是找原产地。对一些养殖要求极高的品种，如罗非鱼，新辣道则是通过与供应商合作的方式解决标准化问题。

在服务方面，新辣道也有自己的标准。新辣道围绕客户和产品需求将流程服务画出来，再把这些流程逐一行拆解为服务标准是什么、执行者是谁、检

---

① http://www.xinladao.net/.

核者是谁等过程。新辣道将这一程序称为 SAP。目前,新辣道已形成几千个 SAP,这些 SAP 涵盖了技术、服务、管理等方方面面。

新辣道品牌的成功推广得益于"会员制"的营销策略,并将此作为企业的重要战略。新辣道将同一时期内不同消费频率的客户进行精准分析。例如,新辣道长期执行的基于"客户生命周期"分析的全会员自动唤醒活动,向一段时间未到店里消费的会员主动赠送代金券,拉动客户到店再次消费。事实表明,唤醒后的客户一般可达到 3 次以上的平均消费。2013 年底,新辣道的会员总数达到 80 万,在全国中餐体系中,是拥有会员数量最多的企业,也因此带来超过 8000 万元的储值额。基于如此庞大的会员体系,新辣道通过不断和会员互动,实践互联网思维,并逐步将会员变成社群,转化为新辣道的微信粉丝会员。

信息化时代,新辣道充分运用大数据思维,恰当地把控好后端原料供应和前端员工的精细化排班。以新辣道不可或缺的老坛泡菜为例,从菜的生长到腌制一共需要 8 个月时间,怎样精确预测泡菜供应时间和衔接时间,如何确保新店开业之后原料及时供应,需要增加多大面积的种植量才能确保足够的原料供给等一些复杂运算,全靠管理系统对历次供应数据的掌握、计算、分析和预测。此外,新辣道引进的 Kronos 系统解决了员工的精细化排班问题,通过这一系统,新辣道可以精确地根据高峰时段和低峰时段合理地安排员工上岗,这正是大数据的体现。

除了推出具有竞争力的菜品,新辣道也创造了独特的餐饮文化,将中国传统美食与城市休闲文化进行了融合,衍生出健康的饮食理念,围绕着消费者需求,设计、搭配健康合理的菜谱,打造休闲舒适的就餐环境,以追求更高的消费者满意度。

4. 未来发展趋势与挑战

火锅品类企业极容易产生跟风模仿,也极容易倒闭。每年都有无数创业者涌进餐饮业,火锅行业里可能更多。因此,如何进行商业模式创新,凸显自身产品特色以吸引更多消费群体是新辣道在进行规模扩张时需考虑的重点问题。

"菜品即人品,做菜即做人。"随着企业的蒸蒸日上,新辣道要想成为中国餐饮业龙头企业,需严格把控并保障食品质量与安全,积极引进先进管理模式,实施品牌管理。

另外,新辣道在与筷来财合作的基础上,可进一步探索并完善食材供应链上的现结代付业务,利用已有的庞大会员系统,大力发展团购业务、线上业务。

在不久的将来,新辣道集团将以北京为华北中心,辐射天津、山西、河北、河南、内蒙古和东北三省;以上海为华东中心,辐射安徽、浙江等长三角地区。

(四)金百万

1.企业简介

金百万全称北京金百万餐饮管理有限责任公司,创立于1992年,经过24年艰苦卓绝的发展,以经营正宗北京烤鸭、精品京菜为主体,辅以各地特色菜的推陈出新,形成绿色健康"家常菜"研发管理体系,创造出了全新的社区餐饮模式,发展至今已成为京城百姓居家消费的首选餐厅。

企业文化:

- 宗旨:一切为了顾客满意而努力,一切为了员工满意而努力;
- 愿景:做行业标准制定者,创国际知名品牌,建百年老店;
- 蓝图:百城、百店、百亿元;
- 企业精神:持金色理想、树百年品牌、赢万家满意;
- 经营理念:以仁厚、博爱管理企业,以时尚、健康传承美食;
- 核心价值观:责任、专注、信任、共赢。

2.企业发展历程

金百万的品牌发展大致经历了以下三个阶段。

(1)第一阶段:烤鸭店时代(1992~2000年)

"菜品定江山,平民化经营"。

自1992年创立开始,金百万以经营正宗北京烤鸭、精品京菜为特色,融合各大菜系的精华,致力于向大众消费者提供美味营养的家常菜肴。金百万是最早将烤鸭这一"贵族菜"摆上百姓餐桌的餐饮企业,并因此大受众多消费者的青睐,金百万从此走上了快速发展的道路。

(2)第二阶段:产品和管理创新时代(2000~2011年)

"产品创新为基础,管理创新做两翼"。

以扩张为核心,围绕烤鸭进行产品创新,围绕经营效率进行管理创新。经过十余年的积累,金百万逐渐掌握了大众消费的口味和消费习惯,结合各大菜系,大胆创新,逐渐形成了百余道金百万自有的核心菜品,结合消费者习惯,形成了自己独有的核心竞争优势。为了完成由单一店面到连锁经营的转变,金百万进行大胆的管理创新,在餐饮行业率先推行矩阵化管理,先后成立了九大中心、27个职能管理部门,对构成顾客价值的关键元素进行总部直线管理,设定指标,进行持续的改进和提高。率先在传统中餐行业引进数字化客户关系管理(CRM)系统,积累了上百万的优质活跃顾客,实现全集团的信息化管理,这成为金百万的核心竞争优势之一。经过两大体系的持续创新和改进,金百万由单店经营成功转变为有强大管理体系支撑的连锁餐饮集团。

(3)第三阶段:品牌和资本双轮驱动时代(2012年至今)

"精准定位,品牌全面提升;资本助推,追求跨越发展"。

2013年是金百万餐饮集团发展历史中具有里程碑意义的一年。年内,金百万开出了10家大型直营餐厅,金百万的大型直营门店总数达到了30家,年营业额突破了8亿元人民币。在全面打造金百万社区餐饮布局的同时,还成功开辟了金百万社区中央厨房平台,倾全力打造服务于大众餐饮的社区中央厨房理念,并成功推出准成品,以优质的菜肴和便捷的服务深入民心。

金百万对品牌进行了系统的规划,精准聚焦,精准定位,继续打造社区餐饮形象,深耕大众消费市场,进一步强化在大众餐饮市场的竞争优势,全面提升品牌。为了加速发展,金百万多方面接触资本,进行资本运营,希望通过资本与品牌相结合,双轮驱动,实现跨越式发展。金百万倾全力打造服务于大众餐饮的社区中央厨房,并成功推出准成品。未来,金百万会以餐饮为媒介,通过餐厅、准成品、半成品,为社区百姓提供快捷、营养、健康的美食,最终成为集餐饮、娱乐、电子商务于一身的综合性餐饮集团。

3.企业发展特色

以"发扬中华传统美食,发展健康百姓餐饮"为己任,秉承"持金色理想、树百年品牌、赢万家满意"的经营理念,金百万打破传统盈利模式,提出和实践餐饮边缘化盈利新概念,凭借实体品牌20年经营,积累了百万余优质客户群体,开创以餐饮为媒介的经营新思想,整合了电子商务平台快捷便利、不受时间和空间约束等优势,最大限度地满足客户多元化消费需求,从而创造更多的利基点,提升企业可持续发展的核心竞争力。

为了实现百城、百店、百亿元的五年战略规划,金百万品牌运营管理公司目前已打造了九大中心、27个职能部门组成的垂直管理机构,专业高效的服务于门店的系统运作模块,拉升店面日常运营管理能力及水平,同时保证金百万在快速扩展的同时,实现统一形象、统一规范、统一标准的快速复制。

同时,金百万致力于推动餐饮行业的健康持续发展,金百万餐饮公司非常注重餐饮人才的培养,建立了8000平方米的培训基地,并成立百万餐饮商学院,积极展开餐饮行业的研究和探索,大胆进行商业模式的创新,为行业引进新的餐饮理念,并且积极交流和输出人才。

4.未来发展趋势与挑战

餐饮业的发展在这几年显示出了勃勃生机,连续十几年都在以两位数的速度猛增,餐饮消费也在逐渐回归理性。大众餐饮不但受到了政策的支持,还受到了消费者的热捧,形成健康发展的良好势头。金百万一直以百姓社区餐饮为主营业务，面对这样的市场状况，金百万集团上下一心，齐心协力，全力应对，抓紧机遇，并要进一步完善和健全矩阵式连锁管控体系，按既定的战略，通过打造品牌，来吸引资本，借助品牌和资本的双轮驱动，力争年增长率达到10%，在未来每年都能开拓15~20家餐厅，实现金百万划时代的腾飞。新商业模式对店面运营也形成了有力的支撑。通过准成品、半成品、外卖来突破餐厅在时间、空间上的限制，有效地提高了餐厅的盈利能力，保证了金百万开店的成功率，并让金百万员工有信心开出更多的店面。

（五）黄太吉

1. 企业简介

黄太吉于2012年7月在北京建外SOHO开出第一家煎饼馃子门店，隶属于畅香利泰（北京）餐饮投资公司，最初只是一个中式快餐互联网品牌，现在已经成为对餐饮供应链具有重构价值的平台，一个基于移动互联网的精品外卖共享平台。

2. 企业发展历程

2012年7月，黄太吉传统美食店开业，半年内服务十几万人，销售额达120万元。

2013年，赫畅在北京地区开启10家黄太吉分店，走连锁化管理，进一步向上市目标迈进。

2015年6月，获分享投资的数千万元人民币A轮融资。

2015年10月，完成1.8亿元人民币的B轮融资。

1.0时代的黄太吉欲做中国的麦当劳，研发产品、扩张门店、运营社群，致力于成本结构改造，以煎饼馃子为核心打造中式时尚快餐连锁品牌。

2.0时代的黄太吉开发爆品小餐厅，"牛炖先生"炖菜、"大黄疯"小火锅、"从来"饺子馆、"来得及"外卖等众多黄太吉旗下的新品牌一个接一个地冒了出来。黄太吉还投资了"叫个鸭子""一碗冒菜的小幸福"等餐饮品牌，希望形成协同效应，意图占领白领午餐消费场景。

3.0时代的黄太吉，最大的特色就是为合作商户提供外卖产品的代加工服务，让第三方餐饮品牌入驻黄太吉外卖平台，向其提供半成品或准成品，这次转型才可以说是全新的玩法，想通过"品牌店+工厂店"的新形式，深度整合上游产业链和终端用户，进而重塑餐饮市场格局。

3. 企业发展特色

黄太吉采取与传统餐饮截然不同的事件营销、名人营销，创始人赫畅通过亲自在微博发起活动、互动，在线上聚集粉丝，在线下门店消费粉丝，吸引人们到店消费，商业模式比较简单。以互联网改变营销方式，黄太吉比传统餐企思路广、动作大、配合巧,成就了最初的品牌影响力。

黄太吉的最初爆发映射的是创始人赫畅本人的服务之道:从消费者的角度出发,在门口放置伞具、柜台放薄荷糖,从细节上体现及来提高服务质量,加上一点魄力和坚持,即便是煎饼馃子,也能有所作为。

黄太吉改写传统美食的新传奇,北京城里难得一见的地道煎饼馃子、现吃现炸的无矾手工油条、独门秘制的醇厚卤汁豆腐脑、现磨醇豆浆为店内四大金刚,再配有赫氏风味大卷饼和源自成都的麻辣凉面与麻辣烫,让传统美食焕生新容。在黄太吉创始人赫畅看来,用现代化快餐的形式,改造中国传统小吃,让产品适应现代口味的同时可快速复制和生产。用互联网的思维颠覆传统行业,其根本就是要颠覆传统行业的成本结构。

黄太吉得益于秉承"健康时尚,新鲜美味"的经营方针和"以创业促就业,以服务赢市场"的经营理念。重点突出"诚信、务实、创新、服务"和"顾客至上"的服务宗旨,依托于快捷的物流配送中心,为连锁加盟商家提供了强而有力的货源保障和营销管理、技术培训支持。用新思维,新模式,打造新式中国快餐,良心用好料,还原老味道。

黄太吉的外卖模式,对于快餐业而言,主要有三方面的变革方向:一是提效。将外卖产品化,通过黄太吉工厂店的布局以及与供应链厂商的合作整合,将纯粹的出品外送转变为拥有全产业链条和管控体系的全新模式。二是重构。将品牌 IP 化,当整个产品的供应链条、生产制造、配送和数据服务都由基础平台提供时,快餐企业可以专注于研发产品的和经营品牌。三是拓展。将餐饮电商化,用赫畅的原话就是,外卖只是入口,配送才是资产。除了外卖餐品,未来与餐饮有关的准成品菜、半成品食材、各类快消食品甚至与餐饮无关的便利店商品,只要是高频生活消费品,外卖平台都可以售卖配送。

4. 未来发展趋势与挑战

随着互联网+的浪潮逐渐褪去,2016 年黄太吉正面临着大危机,曾经和黄太吉签约合作的有 12 家品牌餐企,包括 700Kcal、黄记煌、仔皇煲、一麻一辣、青年餐厅、东方饺子王、局气、很久以前、有饭等,目前 2/3 已出走;在黄太吉外卖的产品页面,提供产品的品牌仅有一起拼、黄太吉、牛炖 3 个。

黄太吉曾经建起的 10 个产能中心(外卖工厂店),目前已经关闭了 5 个。当年赫畅的目标是在北京开 30 家,已成明日黄花。

导致商家集体出走的主要原因是,目前与黄太吉外卖平台合作的成本过高,曾经黄太吉自营物流配送团队超过 400 人,但是物流配送运营成本高昂。黄太吉工厂店的租金成本、设备成本、人工成本同样是一笔不小的开销。

以"工厂店"模式为卖点的黄太吉外卖模式中,黄太吉为商家代加工以及配送的成本转嫁给了商户本身,每单的抽成比例高达40%~50%,而且商家还要自行对C端消费者进行补贴。相比之下,美团、饿了么、百度的提成只是15%~30%。

从做外卖到帮人做外卖,商业模式逆转却掩不住尴尬。遇到了饿了么等巨头的快速崛起并截留,且自身模式瓶颈进一步被放大,黄太吉在C端没有吸引到足够的流量导致转嫁给B端合作商户的成本过高,是导致商户"暂停"与黄太吉合作的主要原因。

黄太吉计划2016年在北京开5~6家分店,计划2017年将分店开到上海、深圳等地,如果一切发展顺利的话,黄太吉创始人赫畅也会考虑把黄太吉开到纽约、伦敦、墨尔本等国家和地区,三年之后再回来做下一轮扩张。

赫畅同时透露,未来黄太吉每家店铺的菜单不会完全相同,每家店铺会根据不同地区的特点研制新的特色产品,不同的店铺只会保留那些经典款的产品,他认为这样做更有趣,也让食客们对不同的店铺有不同的念想。

目前,黄太吉遇到的最大问题是管理上的瓶颈,未来无论是从工艺流程上还是人员管理上都要更加优化和有条不紊。

(六)海碗居

1. 企业简介

海碗居老北京炸酱面是具有老北京特色的餐饮企业,具有京居建筑的风格,朴素淡雅的灰砖青瓦、雕花格窗,宽阔明亮、充满京味风格的大厅,"高梁桥""厂甸""白塔寺"等诸多包间,再现京味儿民俗民情与地道京味儿餐饮、建筑、文化。

海碗居最吸引人的当然不只是京味儿布局,还有历经十余载,挖掘整理的北京人世代钟爱的豆汁儿、炸焦圈、麻豆腐、炸灌肠、茶汤、炸酱面、糊饼、糊塌子、芥末墩、豆酱、爆肚……尽是原汁原味,照着老祖宗的样儿一点儿都不走样;炸三角、羊霜肠……早已绝迹的京味儿小吃又重现餐桌;果子干、炒红果等小吃,现今吃起来更是酸甜可口;还有那红扒猪蹄、烧羊肉、红烧排骨、侉炖黄鱼……林林总总的京味儿家常菜,尽显地道京味儿餐饮文化。总之,海碗居老北京炸酱面的菜点总量足有200多道,单老北京菜和小吃就有几十道。

2. 企业发展历程

1999年7月,海碗居正式开门营业。

从1999年到2015年,经历了将近17个年头的沉淀与积累,海碗居掌门人关悦重拳出击,将海碗居品牌全新升级,开创海碗居新纪元。升级的首要一点体现在选址的变化上。过去海碗居的4家店全部是街边店,而升级后的海碗居主要面向的是商场。2015年,海碗居在不到一年的时间内开店20家,并且家家火爆,每家店都成为精品文化的代表。

3. 企业发展特色

海碗居主打炸酱面,这是对一个经典产品的延续。海碗居有爆款单品和丰富内涵的文化标识。

"来了,您哪,几位,里边请""小二,倒茶"这样的高喊声从人们一进门就伴随在耳边,让人一下子沉浸在老北京的古文化中,随之而来的便是穿对襟衣衫、蹬圆口黑布鞋、戴瓜皮帽、肩搭手巾把儿的小伙计,带着顾客来到大理石的八仙桌前,落座在红漆实木的长条凳上,愿意到包间的可以到"东四牌楼""高梁桥""厂甸"里歇着。观赏着"清明上河图",聆听着京韵大鼓,不知道的还以为自己在排古装戏!吃好喝好后,又会在门童和小二"送客、走好、您哪"的喊声中尊贵而愉快地离开。

现在主打北京菜的餐厅其实却并不多见,想吃北京小吃,喝碗豆汁,几乎没有什么可以选择的品牌店,都是一些小馆。海碗居就来添补这个空白。但是海碗居的定位精准,就是北京菜,即便受众小,也会有相当稳定的客流。此外,为了能让大家了解北京小吃,海碗居在菜单上会配上注解,告诉大家这些小吃都是怎么做的、怎么吃等,目的就在于传播美食的同时,也传递老北京四九城文化。

此外,海碗居将标准化管理机制引入企业内部,制定出标准化操作手册,重点对企业的出品进行详尽的量化,并有专业的管理人员监督。企业还建立了配送中心,集中采购、运送食品,最大限度地保证了菜品的品质。近十年来,海碗居红火的餐桌景象就很能说明这一决策的正确性。

4. 未来发展趋势与挑战

2015年是中国餐饮业大洗牌的一年,高端餐饮和低端餐饮严重受挫,纷纷消亡。而与之相对应的却是中端消费餐饮品牌的大批量崛起。在这种时刻,海碗居必须要抓住这个时机,否则就有可能被淘汰。

目前,北京主打炸酱面的商家有607家,然而这些商家存在以下问题:
①产品同质化严重,主打产品炸酱面在产品、价格、传播等层面几近相同;
②门店形象落后,品牌形象不清晰;
③没有形成百年老字号的炸酱面品牌;
④基本停留在价格层面的宣传诉求,品牌附加值不高;
⑤大部分餐厅将"老北京炸酱面大王""老北京炸酱面"作为餐厅主视觉传播,导致"老北京炸酱面大王"不具备品牌定位的独特性,没有形成该品类的具有知名度的代表品牌。

"海碗居"经历了第一个十年的快速发展,并且把握住了上个十年的发展趋势,在新的环境下,"海碗居"要想再次实现快速发展,关键是要解决好以下

三个主要问题:

第一,洞察消费发展趋势,对"海碗居"品牌再次定位。过去海碗居的定位是老北京炸酱面大王,这个定位在十几年前没有任何问题,但现在不行了,不是因为用炸酱面做爆款单品的道路行不通,而是在北京叫老北京炸酱面大王的实在太多了,这几乎是一个叫不响的名头。所以,海碗居重新定义为海碗居北京菜,以炸酱面吸引受众,用地道的北京菜、北京小吃黏住顾客。削弱海碗居老北京炸酱面大王的名号,并且强调产品品质,将传统菜品用个性创意的形式呈现。

第二,品牌形象、消费环境再设计,与品牌定位、核心消费群体相呼应,并把优势特点符号化呈现。在菜品结构上,海碗居以北京创意菜和私家菜为主,在产品上保证了独特性;在文化表现上,以地域文化为根基,融合时尚、流行元素,利用名人文化、私家菜文化、建筑文化(胡同文化、四合院文化);在空间装饰上,基本以老北京四合院为基调,偏向传统典雅的方向;在价格定位上,基本为中端和中高端消费。

第三,产品线升级。因为很多传统的北京小吃在口味上偏油腻或者是含糖量比较高,难以满足现代人的口味,导致仅限于旅游季节带外地好友去尝个鲜,难以形成高频次消费。消费者的需求转变,海碗居应该能够及时更新开拓,升级产品线,满足新的市场需求,实现主流客户群从60、70后到80、90后的转化。

(七)西贝餐饮

1.企业发展现状

北京西贝餐饮管理有限公司发源于内蒙古临河市,迄今已有28年的发展历程。西贝餐饮创始人贾国龙先生,经过多年执着坚持、辛勤开拓,从起初的一个"黄土坡小吃店"发展成为在全国拥有100多家店面、从业人员逾万人的中国知名餐饮企业。市场分布于北京、上海、广州、深圳、天津、石家庄、沈阳、西安、杭州、南京、大连、呼和浩特、包头、鄂尔多斯等全国各大城市。2016年9月,万众瞩目之下,西贝莜面村成都万象城店盛大开业,这不仅是西贝进驻华南区后开设的首家店面,同时也标志着西贝莜面村全面完成了对华北、华东、华南、华中、西北、西南、东北七大区域的全覆盖。至此,西贝莜面村成为真正意义上覆盖全国的民族餐饮企业,同时也朝着"每条街每条巷都有西贝"的企业愿景更近了一步。

2.企业发展历程

(1)初创期(1988~1998年)

1988年,西贝餐饮在内蒙古临河创立,先后经营黄土高坡风味小吃店、西贝酒吧、爱丽格斯海鲜餐厅、新大都酒楼、天天活羊餐厅、餐饮广场六家店面,营业面积约 2000 平方米,员工 500 余人,年营业收入约 1000 万元。

(2)走出内蒙古(1999~2009 年)

1999 年 7 月,西贝进入北京,经营金翠宫海鲜餐厅,年底改换为西贝莜面村。2001 年初,建成腾格里塔拉剧院酒楼。到 2003 年,陆续建成六里桥店、颐和园店、亚运村店、亦庄店、回龙观店五家莜面村。在随后的六年间,西贝莜面村先后进入呼和浩特、包头、深圳、上海、广州、天津、沈阳、石家庄等城市。

(3)战略探索期(2010~2012 年)

2010 年,西贝与特劳特(中国)咨询公司合作,对西贝的品牌战略进行梳理整合,掀开了西贝战略探索的序幕。经专家建议,西贝将主打业务确定为西贝莜面村,并将品牌名称修改为"西贝西北民间菜",一年后又改为"西贝西北菜",而后又转为"中国烹羊专家"。西贝旗下其余品牌:"西贝海鲜""西贝爱丽格斯火锅"主要在内蒙古各城市发展,"腾格里塔拉""西贝锅锅"暂时歇业,"九十九顶毡房"在北京运营。

(4)战略确定(2013 年)

2013 年春节后,西贝经过全面的总结思考,将核心业务的主打品牌重新确定为"西贝莜面村",健康美食加青春靓丽的莜面妹,使"西贝莜面村"的品牌形象焕然一新,并成功入选中国烹饪协会"中国美食走进联合国"活动,在联合国总部和纽约大学充分展现了莜面这一古老中华美食的无穷魅力。

(5)好吃战略(2014 年)

2014 年品牌完成转化,华与华创作了 I♥莜(yóu)的超级符号,朗涛设计的方形 LOGO,让西贝莜面村品牌一下时尚起来。2014 年底,西贝提出了重大战略:好吃战略。

(6)西贝好吃战略、黄金十年发展目标元年(2015 年)

2015 年 3 月,西贝餐饮受邀参加中国烹饪协会、联合国教科文组织餐饮办公室主办的"中国非遗美食走进联合国教科文组织"活动。西贝莜面第二次走进联合国,在法国巴黎联合国教科文组织总部再一次展现了莜面美食的迷人魅力。

3. 企业发展特色

自西贝创立 28 年来,坚持使用西北天然精良食材,挖掘、创新民间传统做菜工艺,为顾客呈现最地道的西北乡野美味。西贝的原料来自西北的草原、山野、乡村,绿色、营养、健康。西贝的菜品烹制简单,调味单纯,不添加味精,保证了食材的本色、本味。从西贝的好吃战略出发建构,真正做到食材、做食物的工艺、做食物的人跟消费者都是零距离。在西贝新一代的餐厅没有后厨,所有的厨房都是开放的,厨师操作台的对面就是客人用餐的桌椅,客人可以坐在那边看着厨师把这道菜做出来。原料也是要秀出来的,这样零距离地去接触食材、零距离地去接触食物、零距离地去看做菜的工艺、零距离地跟大厨接触,是之前整个行业没有的,也是一个重大的创新和突破。这个带来的体验,首先是信任,无论是卫生还是安全与品质;其次是互动和开放,是一种超级体验。①

4. 未来发展趋势与挑战

从 2010 年起,西贝展开品牌战略定位,累计花费 1 亿多元,四次更改品牌名,营业额由 5 亿元突飞猛进到 21 亿元。西贝确立了"非常好吃"战略,把好吃当作最核心的竞争力。围绕好吃,进行了一系列的战略执行落地行动。采用小店、明厨明档模式,让消费者看得见、信得过;修改菜单,把菜单上的菜由100 多道减少到 45 道内,以确保每道都好吃;让消费者来选择好不好吃,哪些菜可以上菜单;重新设计中央厨房,进行厨师专业化、行政总厨主导店面运营、烹饪技法标准化、倡导厨师的"工匠"精神。2015~2024 年,西贝将迎来发展的黄金十年,其目标为:在 100 个城市(不限中国)开设西贝莜面村店面,累计开店 1500 家,达到 200 亿元人民币营业额,并实现 500 亿元人民币市值。

(八)云海肴云南菜

1. 企业发展现状

"云海肴云南菜"隶属于北京心正意诚餐饮管理有限公司,2009 年 10 月诞生于北京名胜什刹海银淀桥头,由云南云海肴餐饮管理有限公司运营。"云海肴云南菜"持之以恒地以云南菜为载体,弘扬云南七彩的少数民族文化,立志成为云南美食文化的领跑者。截至 2015 年 12 月,云海肴云南菜已在全国开设 33 家店,分布于北京、上海、天津和深圳。在中国烹饪协会发布的"2016 年全国商业中心餐饮 TOP50 品牌分析"报告中,从品牌热度、品牌美誉度、品牌张力、品牌活跃度四个方面进行综合评比后,"云海肴云南菜"品牌获得第 23 名,列在麦当劳和满记甜品之后。

2. 企业发展历程

2009 年 10 月 8 日,在四个"80 后"的推动下,云海肴在风景怡人的什刹海景区挂牌开店。

2011 年 12 月 24 日,云海肴凤凰汇店开店,按顾客的说法属于"不知不觉

---

① http://www.360doc.com/content/15/0402/23/15082447_460201275.shtml。

就火起来了",团队人数突破100人。至此,云海肴达到5家店规模,步入快速发展期。

2013年12月7日,云海肴第10家门店——昌平店在昌平金隅万科开门营业。开店当天顾客爆满,"吃云南菜,到云海肴"成为众多美食爱好者的共识。2013年6月,北京心正意诚餐饮有限公司(云南云海肴)获得58同城"中国好商家"评选的"优秀餐饮公司"称号。

2014年,云海肴立足北京、放眼全国,在上海、无锡、郑州等地先后开店,至年末开店总数达到20家,成为名符其实的云南美食文化领跑者。

2015年12月,云海肴云南菜已在全国开设33家店,分布于北京、上海、天津和深圳。

3.企业发展特色

云南云海肴来自彩云之南,汇聚四海佳肴,致力于提供美味的云南吃食,让顾客体验七彩的饮食文化。云海肴店内所有食材都是从云南空运过来的,以求在源头上保证口味的正宗。"云海肴云南菜"根据不同的市场需求,精选云南26个民族的经典菜肴,将大山里的野生菌等山珍,以少油、无味精的健康烹饪理念加以烹制,受到了来自五湖四海客人的青睐。云海肴也因此被知名餐饮评论网站——大众点评网评为白领最喜爱的餐厅之一。最新锐的80后创始团队,为云海肴注入了最敏锐的市场嗅觉和最积极的进取精神,使云南云海肴一诞生就在北京市场掀起了云南美食旋风。

4.未来发展趋势与挑战

云海肴作为休闲餐饮的领头羊,在扩张的过程中不断创新运营模式,注重线上营销却不强求,尽力做好每一个产品。未来发展过程中,云海肴面临的第一个挑战是人才困难。优秀的一线服务人才是餐厅得以良好运营的基本保障。然而,一线的服务工作,相对不轻松,因此在招聘的过程中比较困难。另一个挑战就是紧缺一套成熟的专业服务于餐饮的运营渠道管理系统。创始人户峰阳说:"这是每个企业追求的最终目的,可以叫多渠道电子管理,也可以叫透明无缝传播。通过一套系统,把现有的商品管理、订单管理、交易管理、会员管理、物流管理、渠道管理以及供应链的管理都汇集到一个系统,形成电子化形势,所有数据在一个系统里流转。"这也是云海肴在未来需要着重加强的方向之一。

五、发展对策与建议

从2010年到2015年,北京市餐饮业受政策、经济等多方面因素影响,发展遇到阻碍,但同时这些外部因素也对北京市餐饮业的重新恢复发展、提速增质起到了促进作用。从前述数据中就可以看出,2015年北京市餐饮业发展开始呈现复苏迹象,报告中的北京市优秀餐饮企业也能够在经营和管理方面进行创新实践,这都表明了在多方面的努力下,北京市餐饮业正在向一个利好的方向发展。下面将重点从政府与协会、行业与企业等层面论述北京市餐饮业发展的对策。

(一)发挥政府与行业协会联动作用

餐饮业在北京的经济发展中具有独特的作用,与北京乃至全国的经济发展紧密相关,承担着社会就业重担、满足人民群众的日常生活需要、促进生活服务业的快速发展的重任。

北京市政府已制定了"推动全市餐饮市场发展"的总指导思想:适应北京国际化大都市建设和需要,以满足市民日趋增长的餐饮需求为目的,大力推动餐饮产业与假日经济、旅游经济、会展经济与食品产业的结合,提升餐饮业的科技含量和文化内涵,增进餐饮业向品牌化、连锁化、多样化、现代化、国际化和规范化方向发展,实现传统餐饮业的结构优化和产业升级,把北京餐饮市场建设成为"中国美食之都,世界餐饮之窗",把首都餐饮业推向繁华发展的新阶段。① 餐饮业的转型升级需要有良好的外部经营环境和竞争环境。政府和行业协会在餐饮业的发展中起着举足轻重的作用。

1. 加强政府部门与行业协会间的协同作用

相关政府部门要切实转变政府对餐饮业的治理思维,研究餐饮业规划发展,加强餐饮业法规建设,使对餐饮业的治理逐步被纳入法制与治理的正常轨道。随着政府职能转变,政府干预市场的作用将明显减弱,而餐饮行业协会等中介组织的职能将进一步强化。餐饮协会一方面要积极配合政府有关部门开展行业治理,应当在市场准入和企业年检、制定行业发展规划和技术质量标准方面承担任务;另一方面要坚持维护会员的正当权益,维护行业内正常的经营秩序和公平竞争,探索建立行业自律机制,建立健全行业诚信体系。通过在行业内开展北京市餐饮等级店、名品、名店、名点以及烹饪名师、大师评定工作,树立典型,发挥示范带头作用。同时还要通过国内外考察、召开研讨会与展示会、组织技术大赛、发布信息等形式强化国内外、行业内外的交流与合作,实现餐饮业自律发展。

---

① http://wenku.baidu.com/link? url = 1Y6LeTJOSK _ CXG6a _ 8EFJeG3k8sCLeJOXA - ztcHz1SaRZ4dkQb9UQgRdbIXUWayO3rcZy1SduvpSNwc62R5_gcLZWLH4iAH7nfw5BpPMR4q.

为深入贯彻商务部《关于推动餐饮业转型发展的指导意见》,服务团餐市场个性化、品质化消费需求,促进团餐行业烹饪技艺交流,提升团餐的食品安全与专业服务水平,加快团餐企业品牌建设与产品创新,近期,中国烹饪协会在北京举办全国团餐技能大赛,力求通过该赛事对小吃、团餐等大众餐饮行业的规范、创新、与时俱进起到引领作用。①

2. 健全市场法规,规范线上餐饮等新生业态发展

互联网的发展带动了网络零售的发展,由此使得互联网背景下的"宅经济""懒人经济"日益凸显,推动了互联网餐饮市场的发展。随着餐饮行业的信息化水平不断提高,出现了众多餐饮软件开发公司,并已实现互联网对接,为餐饮从业者提供了新的销售渠道。新生代消费群体80后、90后、零零后餐饮习惯在不断改变,使得外卖、小吃等快餐需求旺盛,成为餐饮消费主力。

但外卖行业中普遍存在以下问题:一是各商家服务质量参差不齐,漏发餐品、商家不提供发票等情况较普遍;二是知名外卖平台合作的餐饮单位"黑作坊"问题严重,导致食品安全问题堪忧。以上问题无不反映出市场对该类行业监管力度的薄弱,加之网络订餐交易环节复杂,其虚拟性和跨地域等特点使得监管难度加大。

针对上述问题,相关政府急需出台并细化相关法律法规,颁布针对新生业态的行业标准;协会也需要加强对外卖APP的监管细则,积极引导外卖行业构建起信用体系。通过政府与协会间的联动作用,共同规范餐饮新生业态的规范运营,保障其向绿色、环保、营养、社会化发展。前几年,针对某些餐馆油烟排放不达标等现象,北京市政府便出台了"限餐饮令",对餐厅的审批设立一定的门槛,在开店之初就严格限制和监督排放指标,并严禁那些排放油烟大、易污染的菜系进京开店。此外,该限令明确表示,要严格限制和监管露天烧烤,减少"街头污染",以此对北京市餐饮企业进行严格把关,强化资源环保准入约束。②

作为国际化大都市,北京市整体餐饮市场法规、规则也需进一步健全。首先,餐饮业要遵守绿色发展要求,自觉地规范自己的进货渠道,建立安全采购、生产的各项制度,向市民提供有信誉的绿色安全食品。同时,要重视环境污染,切实解决餐饮业燃料污染、包装污染和垃圾排放污染等问题,增进可持续发展战略的实施。其次,北京餐饮业要重视营养、健康的要求。餐饮业首先要以客人的餐饮要求作为服务标准,满足他们所提出的热量控制、营养平

---

① http://www.gushidaquan.cc/news/shangye/588659.html.

② http://www.canyin168.com/Article/qwfb/57010.html.

衡和出于健康和饮食忌讳的缘由提出的各种要求,要将营养健康的理念渗透到餐饮服务的各个环节中。同时,要加强基础设施建设,将客人的利益放在首位,不但要做好对普通客人的服务,更应为所有身体有残疾的客人着想,加强无障碍设施的建设。为了达到国际化目标,除餐饮企业的主动争取以外,更需要行业协会做大量工作,需要通过行业协会把数万家企业组织起来。随着第三方网络逐步渗入餐饮行业中,2016年政府相关部门应重点加强监管第三方网络平台对入网企业的实名登记,保障餐饮业的有序发展。

3. 开展培训工作,提升从业人员的素质

北京餐饮业从业人员的素质关系到首都形象,在较短的时间内要强化和提升餐饮业的整体素质要从培训入手,特别是众多的中小餐饮企业本身缺少培训的条件,需要行业协会展开从业职员的培训,实行持证上岗。市饮食行业协会需联合各大餐饮团体、企业,留意抓好四支队伍的培训,即经理(店长)、厨师、服务员和其他关键岗位;抓好两种语言的培训,即英语和手语,使北京餐饮业员工队伍的整体素质有实质性进步。此外,要重点抓好管理人员、技术人员和服务人员的岗位适应性培训和新知识新技术培训,大力培养现代化、高素质的经营管理和技术人才,逐步引入营养配餐制度,从而带动全市餐饮业整体水平的提高。

(二)行业与企业层面

1. 弘扬传统文化,实施品牌战略

作为国家首都及国际化大城市,北京具有独特地理和人文环境,政府要积极挖掘、保护和发展好地方品牌和"老字号",通过政策引导和市场调节的办法,形成一批拥有独特品牌、多元投资及具有较强竞争力的本地企业,促进其规模化、连锁化经营,重点宣传构成北京风味体系的三大流派,即北京庄馆菜、北京宫廷菜与官府菜、北京清真菜。此外,在现有北京餐饮市场的基础上,要进一步对外开放市场,创造有益的投资环境,有针对性地引进具有代表性的国际、国内高水准的餐饮品牌,积极推进现代国际化发展战略,加强与国际著名企业的交流和合作,培养、扶植北京名牌,发掘、恢复、振兴北京餐饮老字号,提高"老字号"的品牌影响力。

2. 技术应用创新,拥抱"互联网+餐饮"时代

互联网的迅猛发展彻底改变了人们的日常工作和生活,特别是移动端的极速普及,迫使各行各业与时俱进,陆续加入现代科技应用大潮中。作为"十二五"的收官之年,2015年"互联网+餐饮"竞争白热化。据中国烹饪协会的调查发现,有80%的受访者表示传统台式电脑已可被手机、平板电脑等移动终端的餐饮互联网体验(包括搜索、预订、评价、分享等)所替代。另外,有

50%的消费者关注了餐饮类微信公众账号,其中"打折或优惠信息""新产品上市""饮食小贴士"最受关注。在餐饮结算方式上,现场刷卡占比49.9%高居榜首,现场第三方支付、第三方平台预订的比例也有不同程度的提高。在餐饮预订途径选择上,通过网络,如企业官网、企业APP、第三方网络平台等预订的比例高达39.9%。由此可见,随着互联网在餐饮行业的纵深发展,自上而下、由内而外,无不给餐饮行业各方面带来变革。无论是移动支付的兴起还是网上订餐的火热,都是互联网在餐饮业内的深入应用,未来多种支付方式和预订模式并存也将是很多餐饮企业的现实选择。

近几年,北京地区某些餐饮企业推出微信外卖,用户只要通过其官方微信下单,即可实现送餐上门,线下餐线上卖俨然已成业内趋势。对此,餐饮行业应主动拥抱"互联网+"时代的到来,跟上行业步伐,满足消费者对餐饮消费的各类需求。具体而言,北京市餐饮业可通过以互联网及移动互联网为代表的新技术应用来带动市场销售和促销模式改变,积极发展电子商务模式,力求在线上实现销售新突破,提高市场营销效果。建立"官网+手机客户端+微信公众账号"服务平台三位一体直销订餐网络;建立微信预订系统,实现餐饮微信预订;重视线上口碑管理,聘请第三方为餐饮业量身开发社会化媒体倾听工具。

3. 坚持以人为本,增强竞争优势

企业竞争从根本上说是人才竞争。人力资源是企业实现经营目标最重要、最特殊的资源。目前,北京市餐饮业中有相当一部分人员业务水平还不适应岗位需要。因此,对餐饮企业自身而言,要想在众多餐饮企业中脱颖而出,除了菜品质量和必要的营销策略之外,更要把加强人员队伍建设作为一项重要工作常抓不懈。为此,在日常管理工作中,企业管理层需组织开展不同形式、不同层次的培训。在培训工作中,既要重视基础知识的培训,又要重视专业技术的培训,注重理论联系实际,学以致用,讲究实效。

4. 创新资本运用,发展细分业态

2015年,新三板、众筹等模式已成为餐饮业的融资沃土,大量的资本为餐饮业发展带来了更多的发展机遇和潜在动力。新三板之所以受到餐饮企业的青睐,一方面是新三板的投资者以机构投资者为主,有较好的风险承担能力与价格定位能力;另一方面则是在新三板挂牌可以解决餐饮企业并不太高的融资需求,与餐饮企业的正常发展相匹配。分散化、大众化和互联网是众筹的三大特征,这也决定了餐饮业与众筹的较高匹配程度。通过众筹,餐饮企业可以获得资金和客户黏性,建立和扩大自身的信息发布平台,把消费者紧密团结在企业身边,不停地进行自主营销推广。以上两种融资模式对餐饮创业者和餐饮企业开设新店都产生了积极影响,开辟了餐饮进军资本市场的新路径。因此,对于北京市餐饮业中的创新创业企业来说,要踊跃尝试资本运用新途径,积极发展特色餐、有机餐、快餐团餐、主题餐、农家乐等细分业态,满足大众的多样化需求,适应市场变化。

(三)打造校企合作联盟,培养高水平、专业化人才

目前,餐饮行业进入门槛低,业内普遍存在从业人员来源单一、素质较差、服务质量参差不齐等问题,不利于餐饮企业的长远发展。为此,餐饮企业可充分利用北京地区教育资源优势,考虑与高等院校展开合作,在高校中成立高端餐饮专业,开设餐饮文化、酒水鉴赏、服务运营、社交礼仪等相关课程,并将企业单位作为高校的实验教学基地。一方面,通过系统的学习专业课程和高校氛围的熏陶,提高从业人员的文化素质与个人修养;另一方面,利用企业实训基地,定期对从业人员进行专业技术的讲解和培训,使理论联系实际,学以致用。借助校企合作模式,开设"工学结合,就业无缝对接"的虚拟班合作形式,为北京市餐饮企业输送一批高素质、高技能、形象佳的高水平餐饮人才,从而改善餐饮业从业人员的整体面貌。

参考文献

[1] 刘小虹.北京餐饮业概况和发展趋势[J].中国食品,2005(24):9-11.

[2] 张荣齐,朱子文.北京餐饮业发展现状、问题及趋势研究[J].产业经济,2015(18):86-93.

[3] 墨菲.中国烹饪协会最新发布《2015年餐饮消费调查报告》[J].中国食品,2016(3):98-101.

[4] 甘纯霖."互联网+"时代企业转型模型改进研究[J].中国管理信息化,2016(8).

[5] 柳明.金百万 辉煌21载 永不止步——访金百万餐饮娱乐有限公司董事长邓超[J].餐饮世界,2013(10).

[6] 金秋跃.黄太吉——煎饼的Fashion Show[J].品牌,2013(8).

[7] 海碗居,一碗老北京面条的商业征程[J].餐饮世界,2015(11).

[8] 王力纬,马燕,王维.从西贝莜面村的成长看品牌定位[J].销售与市场:管理版,2011(2).

[9] 艾蓝.云海肴 那一年,我们是个创业者[J].餐饮世界,2015(10).

饭店从业人员培训需求与课程体系设计研究[①]

——以北京市社会旅馆从业人员素质提升工程为例

李朋波[②]

一、引言

作为我国第三产业的重要组成部分,饭店及其相关行业在我国经济社会发展中具有重要地位并发挥着积极作用。作为劳动密集型行业的典型代表,饭店企业的持续发展和竞争力获取依靠的是员工群体服务顾客过程中的价值创造,因此,饭店企业及其行业的可持续发展离不开一支高素质的人才队伍。然而,从现实情况来看,饭店企业却长期面临着高层次、高素质人才匮乏的状况(陈光玖等,2009;杨建慧,2011)。尤其是随着饭店产业的不断升级和互联网技术的不断推动,饭店及其相关行业正发生着翻天覆地的变化,很多类型各异的住宿服务企业正在迅速转变传统的商业模式和产品模式、生产技术和服务方式,以求更好地适应消费者不断升级变化的消费需求和技术领域正在发生的深刻变化。在此背景下,饭店及其相关行业高层次、高素质人才匮乏的情况日益凸显,成为制约行业及企业发展的关键因素(潘峰,2013;杨燕,2013)。

整体来看,我国饭店及相关行业长期存在着人才供需的结构性矛盾突出、人才队伍整体素质不高等主要问题。2014年,国务院提出了要"实施'人

[①] 本研究系2015年北京第二外国语学院教学改革研究项目"基于专业培养目标胜任力素质模型的'饭店职业素养'课程体系扩展与重构"、北京旅游发展研究基地科研项目"新时期北京市旅游企业人力资源开发与管理模式创新研究"(LYFZ16C001)的阶段性成果。

[②] 李朋波,北京第二外国语学院酒店管理学院讲师,管理学博士。

才强旅、科教兴旅'战略,优化人才发展机制"(国务院《关于促进旅游业改革发展的若干意见》),为我国饭店及其相关行业的人才培养工作指明了方向、明确了任务。在国家旅游局制定的"515"战略中,把加强旅游人才队伍建设作为一项重大实施举措,国家旅游局李金早局长多次强调"要加快建设一支高素质的人才队伍"。就目前的情况来看,饭店企业人力资源开发与管理面临着诸多挑战和亟待破解的难题。从宏观经济数据来看,近年来我国GDP增速持续放缓、经济下行压力持续加大,这种宏观经济环境对饭店企业的经营效益造成了一定影响,饭店企业面临着市场环境不振、经营成本压力持续加大的难题,并造成了饭店企业难以吸引到优秀人才的状况。从我国劳动力市场的状况来看,由于人口老龄化问题的出现、低龄劳动人口受教育年限的延长,未来我国的劳动力供给将呈现负增长的态势(中国社科院《经济蓝皮书夏季号:中国经济增长报告(2014~2015)》),未来我国饭店企业势必会出现较大的人力资源缺口。因此,如何通过人力资源开发来获得企业发展所需的人力资本及其效能,一直是饭店企业管理的一个重要议题。

在饭店企业的人力资源开发方面,一种思路是基于"来源"的角度通过外部招聘的方式获取或补充企业所需要的人力资源,另一种思路则是基于"发展"的角度通过员工培训的方式,不增加人力资源数量而提升现有人力资源的素质。我们认为,针对当前饭店行业面临的内部环境,采用后一种思路是更重要、更有效的方式。从培训提供方的划分来看,最主要的还是来自企业自身为其相关员工提供的培训。除此之外,还包括政府公共服务部门、行业协会等其他机构或组织为企业提供的培训项目,此类培训项目往往旨在一定地区范围内提升某个行业从业人员的整体素质水平。对于后一种培训提供而言,由于其涉及的面较之于企业自身的内部培训更广,其社会影响力也更为显著,因此如何通过科学合理的研究流程来确定某个地区某个行业整体的培训需求并以此来确定培训课题体系,是此类培训取得预期效果的开端和关键所在。

基于以上分析,本文将以2016年北京市旅游发展委员会为北京市相关区县提供的从业人员素质提升工程为例,详细阐述饭店从业人员对培训课程的需求以及基于这种需求设计培训课程体系的思路和过程,以期为饭店行业层面(同时也是为其他行业)的培训需求确定和培训课程体系设计起到启发性和借鉴性作用。

二、培训项目背景与概况

在旅游行业的整体构成中，社会旅馆①在北京市社会经济生活中发挥着重要作用，对于提升北京国际形象、维护首都安全和提升首都服务业水平具有重要意义。一支高素质、专业化的从业人员队伍是社会住宿业及首都城市可持续发展的重要条件之一。然而，目前北京市社会住宿业还存在卫生条件差、安全隐患高、从业人员流动性大和法律意识淡薄等问题，这严重影响了行业自身的发展和城市形象的提升。按照首都功能定位与首都经济发展战略的总体布局，根据北京市对社会旅馆行业管理的要求，北京市旅游发展委员会于2015年底开始针对全市社会旅馆全面开展从业人员素质提升项目。

该项目旨在通过这次培训，进一步优化旅游环境，完善全市旅游行业的服务规范，提高旅游行业的整体服务水平，探索加强行业管理的新途径，为推进旅游业的发展进而打造国际一流旅游目的地城市而努力。2016年度的社会旅游从业人员素质提升工程为以上工作中的首期和示范性项目，主要培训范围包括东城区约550家社会旅馆和石景山区约150家社会旅馆的培训工作，培训对象为这些社会旅馆的主要负责人和核心管理人员。

由于该项目涉及的社会旅馆数量众多，且具有较大的社会影响力，为了保证培训项目能够切实达到预期目的，培训提供方和培训实施方通过深入讨论，确定要严格依据这些社会旅馆对培训现实需要的基本原则来设计整个课程体系。由于在现有培训需求和培训课程体系设计的相关研究中尚少有围绕整个行业在某一地区开展研究的先例，这决定了此项工作具有一定探索性质，同时由于该项目未来将在北京市所有区县乃至全国进行推广，决定了此项工作开展的科学性和研究结果的准确性，对未来此类项目的广泛开展具有决定性意义。因此，项目实施团队通过多轮调研，采用定性和定量结合的方式最终确定了社会旅馆从业人员素质提升的典型的培训需求，并据此设计出了最终的培训课程体系，项目最终取得了良好的预期效果。

三、调研与分析结果

为了保证调研和分析结果的准确性，研究通过深度访谈和定量问卷调查

---

① 社会旅馆指的是除星级酒店之外的其他酒店。

在两个阶段开展。其中,在深度访谈阶段,研究团队在东城区和石景山区分别组织一次深度访谈,邀请一定数量的、具有代表性的社会旅馆企业的负责人作为访谈对象,之后通过对访谈记录文本的分析了解到这些企业在日常经营管理中急需解决的问题以及基于这些问题的培训需要;以深度访谈阶段的结果为基础,研究团队在定量问卷调研阶段设计了详细的调查问卷,并在所有参与此项培训项目的约700家社会旅馆主要负责人中发放和回收问卷,通过对问卷数据的统计、整理和分析,最终确定了这些社会旅馆对培训课程的需求。

(一)阶段1:通过深度访谈确定初步的培训课程需求

1. 访谈提纲设计

研究团队在开展深度访谈前设计了访谈提纲,主要包括以下三个题目:(1)目前您的企业在日常经营管理中面临的主要问题有哪些?(2)目前您的企业最需要政府等外部机构提供的培训课程有哪些?(3)对这些培训课程的具体内容、授课方式、授课时间和授课地点等有何要求?

2. 访谈和文本处理过程

研究团队在开展访谈前,将以上访谈提纲通过相关途径下发给预访谈的社会旅馆负责人,共包括14位社会旅馆负责人,其中东城区8位、石景山区6位。之后,研究团队于2015年12月11日分别赴两区开展正式访谈。访谈采用集体研讨的形式进行。首先请每位访谈对象回答访谈提纲中涉及的三个问题,研究团队成员在其回答问题过程中根据出现的一些要点进行追加提问;访谈记录主要采用录音的形式及全程记录,同时研究团队成员也记录下要点。在东城区的访谈进行了约3小时,在石景山的访谈约进行2.5小时,最终共获得5.5小时的访谈录音和大约1.5万字的访谈笔记。

访谈结束后,研究团队随即对访谈笔记进行了整理,总结归纳其中的要点,在次日对录音资料进行了反复播放,提取和梳理其中的要点。在以上工作的基础上,研究团队采用小组讨论的形式集中分析访谈文本与录音资料,通过多轮讨论最终确定了这些被访谈企业的培训课程需求及其他相关信息。

3. 基于东城区8位访谈对象的分析结果

总体来看,东城区的8家社会旅馆负责人提出希望在以下8个主题方面得到培训支持:(1)酒店经营和员工服务过程中的法律法规(规避)问题;(2)酒店店长及中层管理者的综合能力(管理、领导等)提升;(3)酒店中层管理者的销售、运营等实战指导;(4)酒店中层管理者和一线员工的职业发展规划、职业素养和职业道德;(5)酒店一线员工的情绪管理;(6)酒店基层员工的团队合作意识培养;(7)酒店基层员工的仪容仪表;(8)酒店服务常用英语(针对酒店英语等级考试的辅导教案)。

在授课方式方面,8位访谈对象较为统一地建议该项目的培训实施应采用"面授+网络"的形式,其中对于法律法规、管理能力、领导能力、实战指导、职业素养、情绪管理、团队意识等课程,宜采用面授的形式;对于一线员工仪容仪表、服务礼仪等规范性的内容,宜采用网络课程形式,便于一线员工随时随地学习。

在其他建议方面,8位社会旅馆负责人的观点也较为集中。(1)按照分类主题进行培训课程设置。其一,可按照连锁酒店和单体酒店的不同特点,在培训课程的内容上能够有所侧重或兼顾。其二,按照培训对象的层次区分设置培训课程,高层管理者注重经营、管理、领导力等方面;中层管理者注重执行力、服务督导和营销收益等;基层服务员主要是前台和客房员工,注重情绪、素质、道德等方面的课程。(2)酒店英语和酒店安全管理的知识,可考虑制作简单的宣传册(尤其是借助于微信技术设计宣传册),方便在基层员工中的传播和学习。(3)每家酒店每次培训可派1~2位管理人员参加。

4. 基于石景山区6位访谈对象的分析结果

总体来看,石景山区的6家社会旅馆负责人提出希望在以下12个主题方面得到培训支持:(1)酒店行业发展趋势分析和前沿经营理念;(2)同行酒店企业成功经营管理经验分享;(3)酒店的销售与收益管理;(4)酒店员工的安全教育和安全意识培养;(5)服务过程顾客突发事件(滑倒、丢失物品、酗酒等)的规避和处理;(6)酒店中层管理者的执行力和领导能力培养;(7)酒店一线员工的情绪管理、情绪疏导与心理健康;(8)酒店一线员工的职业道德、职业素养、责任心、工作积极性等;(9)酒店一线员工的激励问题;(10)酒店老年员工的管理问题;(11)酒店的节能减排措施与经验;(12)酒店防偷盗和防骗术经验。

在授课方式方面,6位访谈对象较为统一地建议该项目的培训实施应采用"面授+网络"的形式,其中对于行业发展、管理能力、领导能力、职业素养、情绪管理、团队建设等课程宜采用面授的形式;对于安全教育、顾客纠纷处理、节能减排等内容宜采用宣传教育(尤其是借助于微信平台开展宣传教育)的形式开展。

在其他建议方面,6位社会旅馆负责人较为集中的观点如下。(1)制定课程表并交由石景山区旅委下放通知,方便石景山区旅委提前安排培训场地及参加培训人员。(2)诊断式培训环节除组织被诊断酒店人员参加外,还可组织其他酒店派代表共同参加观摩。

(二)阶段2:通过调研问卷确定更为准确的培训课程需求

1.调查问卷设计

研究团队以阶段1得出的课程需求结果为基础,设计了详细的调研问卷,为该阶段在约700家社会旅馆中开展问卷调查提供了工具。首先,将深度访谈得出的所有课程需求进行了归纳整理,得出27门课程;之后对这27门课程进行了进一步划分,一共分为"安全生产和法律法规类""产业发展与经营管理趋势类""中高层管理者素质能力提升类""一线员工素质能力提升类"和"其他课程"五大类(见表1)。

调查问卷整体划分为三个部分。第一部分为基本信息填写,要求被调查对象填写"姓名""目前担任的职务或工作岗位""联系电话""电子邮箱""所在企业名称""您所在企业(门店)的人数与房间数"等基本信息。第二部分为课程需求调查部分,该部分按照五大类包含的27门培训课程,请被调研对象按照需求程度对每门课程进行打分。从5到1表示需要程度逐渐降低,各数值代表含义:5,非常需要;4,较为需要;3,一般性需要;2,不太需要;1,不需要。第三部分为开放性问题的填写调查部分,请被调研对象填写其认为需要提供的其他培训课程,以及对项目开展的其他意见或建议。

表1 本研究调查问卷中包含的课程分类和具体课程名称

课程大类	课程名称
(一)安全生产和法律法规类	1.安全生产标准化与应急预案制定
	2.员工的安全教育和安全意识培养
	3.经营管理中的法律风险规避与管控
(二)产业发展与经营管理趋势类	1.国内外酒店业发展现状与趋势
	2.本区域旅游发展规划与住宿业发展
	3.经济型酒店发展趋势与管理实践
	4.经济型酒店管理案例分析
	5.主题酒店开发与管理
	6.主题酒店案例分析
	7.本区域同行酒店企业成功经营管理经验分享

续表

课程大类	课程名称
（三）中高层管理者素质能力提升类	1.酒店中高层管理人员领导能力提升
	2.酒店的销售与收益管理
	3.酒店中层管理者的销售和运营等实战指导
	4.酒店一线员工的有效激励
	5.酒店老年员工的管理问题
（四）一线员工素质能力提升类	1.酒店一线员工的情绪管理、疏导与心理健康
	2.酒店一线员工的职业道德与职业素养
	3.酒店一线员工的工作积极性激发
	4.酒店一线员工的仪容仪表
	5.服务礼仪与酒店基本服务规范
	6.服务伦理与商业道德
	7.各工种与岗位的服务标准与实训
	8.服务过程中与顾客纠纷的规避和处理
	9.酒店防偷盗和防骗经验
（五）其他课程	1.北京人家评定新标准及经营管理
	2.北京传统文化与特色餐饮产品开发
	3.酒店的节能减排措施与经验

2. 问卷调查结果

问卷设计完成后，研究团队在项目启动仪式当天利用全体参训社会旅馆主要负责人参会的机会，组织了问卷发放和回收，共计发放问卷700份，最终回收问卷550份，剔除掉信息填写不完整等无效问卷，得到有效问卷共计360份。

研究团队对这360份有效问卷进行了统计分析，统计分析采用平均分的形式进行，按照每门课程在需求强度上的平均分进行排名，排名分为两个：第一个为27门课程的需求强度排名，第二个为每类课程组内的需求强度排名。

按照表1中的分类与次序,最终的调查分析结果见表2。

从表2中的数据分析结果来看,27门课程中需求强度排名前10的如下:酒店一线员工的工作积极性激发,经营管理中的法律风险规避与管控,员工的安全教育和安全意识培养,酒店一线员工的情绪管理、疏导与心理健康,酒店中高层管理人员领导能力提升,酒店一线员工的有效激励,服务过程中与顾客纠纷的规避和处理,酒店一线员工的职业道德与职业素养,酒店防偷盗和防骗经验,酒店的销售与收益管理。

表2 本研究调查问卷的数据分析结果

课程大类	课程名称	得分	总排名	组内排名
安全生产和法律法规类	1.安全生产标准化与应急预案制定	3.92	11	3
	2.员工的安全教育和安全意识培养	4.05	3	2
	3.经营管理中的法律风险规避与管控	4.09	2	1
产业发展与经营管理趋势类	1.国内外酒店业发展现状与趋势	3.49	23	5
	2.本区域旅游发展规划与住宿业发展	3.82	16	2
	3.经济型酒店发展趋势与管理实践	3.78	17	3
	4.经济型酒店管理案例分析	3.72	20	4
	5.主题酒店开发与管理	3.48	24	6
	6.主题酒店案例分析	3.45	25	7
	7.本区域同行酒店企业成功经营管理经验分享	3.86	15	1
中高层管理者素质能力提升类	1.酒店中高层管理人员领导能力提升	4.01	5	1
	2.酒店的销售与收益管理	3.95	10	3
	3.酒店中层管理者的销售和运营等实战指导	3.88	12	4
	4.酒店一线员工的有效激励	4.00	6	2
	5.酒店老年员工的管理问题	3.54	22	5

续表

课程大类	课程名称	得分	总排名	组内排名
一线员工素质能力提升类	1.酒店一线员工的情绪管理、疏导与心理健康	4.02	4	2
	2.酒店一线员工的职业道德与职业素养	3.98	8	4
	3.酒店一线员工的工作积极性激发	4.11	1	1
	4.酒店一线员工的仪容仪表	3.75	18	8
	5.服务礼仪与酒店基本服务规范	3.82	15	7
	6.服务伦理与商业道德	3.73	19	9
	7.各工种与岗位的服务标准与实训	3.83	13	6
	8.服务过程中与顾客纠纷的规避和处理	3.99	7	3
	9.酒店防偷盗和防骗经验	3.96	9	5
其他课程	1.北京人家评定新标准及经营管理	3.29	26	2
	2.北京传统文化与特色餐饮产品开发	3.16	27	3
	3.酒店的节能减排措施与经验	3.65	21	1

五个课程大类中,各类排名第一的课程如下:经营管理中的法律风险规避与管控、本区域同行酒店企业成功经营管理经验分享、酒店中高层管理人员领导能力提升、酒店一线员工的工作积极性激发、酒店的节能减排措施与经验。

四、培训课程体系设计结果

(一)课程设计原则

通过以上调查研究与数据分析,研究团队得到了五大类、27门课程,并得到了参训社会旅馆负责人对这些课程的需求强度排名,为最终培训课程体系的确定奠定了基础。按照培训提供方的要求,本次培训项目课程原则上不应超过20门课;在授课形式方面不仅要有现场培训环节,同时也要有便于在互联网媒体上长期传播的网络课程环节。因此,需要对以上27门课程进行整合并确定其授课方式。

在课程整合和授课方式确定方面,培训提供方和研究团队经过深入分析,并依据深度访谈阶段调研对象提出的授课方式的建议,我们最终提出六个课程选择与确定的原则:(1)企业急需原则(基本原则),例如酒店一线员工的情绪管理、疏导与心理健康,中高层管理者的领导力提升等,这些课程按照表2中结果均为企业需求强度排名靠前的课程;(2)社会责任原则,即企业通过此类课程培训能够在提升日常经营管理水平的同时更好地履行社会责任,例如安全生产标准化与应急预案制定;员工的安全教育和安全意识培养,食品安全与健康等;(3)区域结合原则,即课程体系中应包含培训实施的两个区县自身发展情况的内容,例如东城区旅游发展规划与住宿业发展、石景山区旅游发展规划与住宿业发展;(4)优势发挥原则,即充分发挥培训实施方的培训特长和优势,例如经济型酒店发展趋势与管理实践、经济型酒店经营管理创新案例分析等;(5)长期传播原则(网络课程),例如员工的安全教育和安全意识培养,饭店服务常用英语、服务礼仪与酒店基本服务规范;(6)参与分享原则,即在授课专家方面应体现同行酒店企业管理的特点,例如同行酒店企业成功经营管理经验分享,酒店防偷盗和防骗经验。基于以上六个原则,我们对表2中的27门课程进行了选择和整合,从而得出最终的培训课程体系(见表3、表4)。

(二)现场培训课程体系

研究团队最终确定了采用现场培训方式的课程体系共包含12门课程,见表3。

表3 现场培训课程体系

序号	课程名称	课程内容简介
1	住宿业安全生产标准化与应急管理	(1)着重培养酒店企业员工的安全意识,通过具体的实例来讲解安全的重要性,以及不重视安全所带来的严重后果; (2)通过分享在食品安全、人身安全和财产安全等方面的实例内容介绍企业安全生产方面的注意事项和细节; (3)从企业整体管理的角度来分析如何构建良好的安全机制,并介绍相应的考核和奖惩机制,帮助企业构建安全管理的长效机制。
2	北京市社会旅馆业发展思路与关键问题	(1)介绍北京社会旅馆行业当前的整体状况、存在的主要问题; (2)详细阐述北京市社会旅馆行业的发展思路; (3)讲授社会旅馆行业发展过程中关键问题的解决途径。

续表

序号	课程名称	课程内容简介
3	东城区/石景山区旅游发展规划与住宿业发展	由两区旅游发展委自行拟定授课内容。
4	饭店企业经营与服务中的法律风险规避与管控	(1)讲授酒店经营在法律风险控制方面所涉及的相关法律法规及一些部门规章和行业规定； (2)对酒店经营过程中的住宿设施产权关系、服务交易，以及消费者方面的人身安全、食品卫生、财产安全、消费者权益等方面存在的法律风险及其规避方法、管控措施进行介绍； (3)采用案例分析的方式，讲授加强经营中法律风险控制的具体举措。
5	经济型酒店发展趋势与管理实践	(1)回顾经济型酒店发展的历史和现状，介绍信息技术变革和消费者需求升级条件下经济型酒店及整个饭店业的发展趋势，通过对企业实践的总结提炼行之有效的运营和管理规律； (2)主要内容包括经济型酒店成长黄金十年回顾，经济型酒店企业在运营管理、产品开发、市场营销等领域的创新做法和规律，经济型酒店及整个饭店业未来的发展变化趋势，经济型酒店及整个饭店业未来面临的挑战等。
6	经济型酒店经营管理创新案例分析	(1)重点分析如家、7天、汉庭、城市便捷、桔子精选、驿家365等几家经济型酒店在创新升级方面的成功经验； (2)品牌形象的升级换代和产品的再塑造与再升级； (3)服务模式创新、市场新需求的开发和把握； (4)人力与能源成本的管控等； (5)本课程将采用课程讲授和互动讨论的方式进行，并对现场培训者提出的经营管理困惑和问题进行指导和交流。
7	酒店中高层管理人员领导能力提升（含一线员工的有效激励问题）	(1)对参训者的领导素质进行测评，使参训者清晰把握个体领导素质方面的优势及不足； (2)从领导风格塑造、领导者基本素质、甄别和选拔人才、授权和任务分配、团队建设与执行力提升等方面，详细讲授中高层管理者领导力提升的技巧； (3)通过小组讨论的形式帮助参训者转变传统领导力思维，构建符合互联网时代特征和要求的个体领导能力。

续表

序号	课程名称	课程内容简介
8	酒店一线员工的情绪管理、疏导与心理健康	(1)认识情绪——通过实际生活中大量的实例帮助受训者理解情绪的基本内容、特点、正常/不良情绪反应； (2)分析情绪——通过大量实例介绍情绪状态的影响因素，包括认知方式(情绪的ABC理论)、不合理信念等； (3)管理情绪——主要从一线员工、管理者、顾客三个角度，分层次展开介绍如何管理情绪； (4)心理健康——简要介绍心理健康的标准，心理健康和心理障碍的异同，以及酒店企业员工常见的心理健康问题。
9	服务过程中与顾客纠纷的规避和处理	(1)以顾客满意度、顾客行为学等相关理论为基础，详细阐述顾客产生投诉与纠纷的根本原因及各主要一线部门服务流程中可能存在的诱发投诉与纠纷的潜在因素； (2)以全面质量管理理论为依据，为饭店企业合理规避投诉及纠纷提出建设性意见； (3)大量引用服务案例，着重解析处理服务投诉与纠纷的有效策略，从而实现饭店企业一线员工面对问题、解决问题的态度与能力双向提升的培训目的。
10	酒店的销售与收益管理与实战指导	(1)课程采用现场互动、实战任务模拟、实战问题现场讨论与指导等方式； (2)收益管理基本原理与基本方法； (3)面向不同类型顾客的酒店销售人员销售技巧实务； (4)酒店收益管理成功经验介绍； (5)成功酒店销售与收益管理案例分享； (6)销售与收益管理实战任务的完成与现场讲解指导。
11	同行酒店企业成功经营管理经验分享1	由授课专家自行拟定授课内容。
12	同行酒店企业成功经营管理经验分享2	由授课专家自行拟定授课内容。

(三)网络在线培训课程体系

研究团队最终确定了采用网络在线培训方式的课程体系共包含6门课程(见表4)。

表4　网络在线培训课程体系

序号	课程名称	课程内容简介
1	员工的安全教育和安全意识培养	(1)着重培养酒店企业员工的安全意识,通过具体的实例来讲解安全的重要性,以及不重视安全会产生的严重后果; (2)通过分享在食品安全、人身安全和财产安全等方面的实例内容介绍企业安全生产方面的具体注意事项和细节; (3)从企业整体管理的角度来分析如何构建良好的安全措施,并介绍相应的考核和奖惩机制,帮助企业构建安全管理的长效机制。
2	服务礼仪与酒店基本服务规范	(1)介绍服务礼仪中职业道德、角色定位、双向沟通、服务心态等基本知识和理论,围绕一线服务人员的仪容规范、仪态规范、服饰规范、语言规范、岗位规范等基础内容展开讲解; (2)在以上基础上延伸至高阶礼仪包括会议服务礼仪、宴会服务礼仪、国际接待服务礼仪等; (3)课程将通过场景教学法、案例分析法等授课方式帮助员工提高对服务礼仪的认知和对服务规范的理解。
3	各工种与岗位的服务标准	(1)首先介绍饭店企业的一般性服务标准; (2)之后参照星级酒店评定标准语细则,依照酒店的主要运营部门分别介绍相应的岗位服务标准,主要包括前厅部、客房部、餐饮部、销售部、后勤部、工程部、采购部、安保部、维修部等部门与其下设的各主要岗位; (3)结合实际案例介绍各工种与岗位服务过程中的关键问题及特别需要注意的事项。
4	酒店的节能减排措施与经验	(1)细致总结和分析酒店能耗的特点及能耗浪费的原因,包括建筑设计、照明系统、中央空调、采暖系统、给排水系统等多个方面; (2)以在节能减排方面取得良好成效的酒店企业为案例,全方位地分享在酒店设计与运营中进行节能减排的措施与经验; (3)从企业整体管理的角度,系统地阐述开展节能减排工作的机制和制度制定等内容,使得企业能够为此项工作建立长效机制。
5	饭店服务常用英语	(1)通过本课程的学习使听课者掌握饭店服务中经常用到的英语专业词汇和主要工作场景的口头表达,以帮助饭店从业人员提高接待外国客人的基本的英语沟通能力; (2)根据住宿业中的主要服务类型,教学内容主要是前厅服务、客房服务和餐饮服务的常用英语介绍。

续表

序号	课程名称	课程内容简介
6	营养与食品安全	(1)"吃什么"——营养学基础知识; (2)"怎么吃"——餐饮营养学知识,主要包括中国居民膳食指南、中国居民膳食宝塔等与餐饮相关的中国营养学推荐内容; (3)"安全吃"——食品卫生学基础知识,包括食品卫生和食品污染的相关知识和预防措施、不同种类食物中毒的介绍和预防以及我国目前食品安全卫生监督的法规和政策。

（四）最终课程体系总结

通过以上分析,我们最终得出本次培训项目的课程体系。

现场培训课程包括如下12门课程:(1)住宿业安全生产标准化与应急管理;(2)北京市社会旅馆业发展思路与关键问题;(3)东城区/石景山区旅游发展规划与住宿业发展;(4)饭店企业经营与服务中的法律风险规避与管控;(5)经济型酒店发展趋势与管理实践;(6)经济型酒店经营管理创新案例分析;(7)酒店中高层管理人员领导能力提升(含一线员工的有效激励问题);(8)酒店一线员工的情绪管理、疏导与心理健康;(9)服务过程中与顾客纠纷的规避和处理;(10)酒店的销售与收益管理与实战指导;(11)同行酒店企业成功经营管理经验分享1;(12)同行酒店企业成功经营管理经验分享2。

网络在线培训课程包括如下6门课程:(1)员工的安全教育和安全意识培养;(2)服务礼仪与酒店基本服务规范;(3)各工种与岗位的服务标准;(4)酒店的节能减排措施与经验;(5)饭店服务常用英语;(7)营养与食品安全。

五、培训课程实施评价与成效

（一）现场培训课程实施评价结果

为了对培训项目所包含的培训课程实施效果进行监测,从而为后续全面推广提供优化依据,研究团队设计了培训课程实施评价问卷,在每门培训的培训现场进行发放和回收,之后对评价结果进行整理与分析。该问卷涵盖了参训社会旅馆主要负责人在15个方面对培训课程实施情况的评价;调查问卷按照五级量表形式进行设计,从5到1同意程度逐渐降低,各数值代表含义:5,非常同意;4,较为同意;3,同意;2,不太同意;1,不同意。最终得到了表5中的评价结果。整体来看,参训社会旅馆负责人对本项目培训课程的实施给予的评价较高。

表 5 现场培训课程实施评价结果

序号	评价维度	东城区平均得分	石景山区平均得分	总平均得分
1	培训时间安排较为合理	4.67	4.81	4.69
2	对培训场所基本满意	4.71	4.67	4.70
3	课程内容紧扣培训主题	4.45	4.49	4.46
4	课程准备充足、内容充实、逻辑清楚	4.78	4.74	4.77
5	培训内容与期望较为符合	4.45	4.47	4.45
6	能够提供贴合实际的案例	4.61	4.57	4.60
7	讲师专业基础扎实,知识面广	4.78	4.73	4.76
8	讲师对课程的内容表达清晰明了	4.56	4.45	4.53
9	讲师讲的内容易于理解	4.58	4.61	4.59
10	讲师激发了我学习本课程的兴趣	4.34	4.41	4.36
11	讲师能对参训人员的疑问做出专业的解答	4.51	4.49	4.51
12	通过本课程获得了适用的新知识	4.38	4.36	4.38
13	通过本课程拓宽了知识面或新思路	4.46	4.38	4.44
14	本课程对工作的启发性较大	4.37	4.41	4.38
15	本课程的知识能够应用于实际工作中	4.56	4.49	4.55

(二)培训项目实施后取得的良好效果

本项目的实施取得了预期的效果,对项目相关主体产生了积极作用,主要包括以下五个方面:

(1)将参训社会旅馆企业从之前的零散状态转变为目前的整合状态,为北京市加强住宿业的监督管理打下了坚实的基础。在本项目开展前,北京市社会旅馆企业长期处于零散的状态中,这一状态为相关部门的监管工作带来了诸多难题。例如,信息渠道不通畅、活动组织难度大、安全监管无抓手、服务质量状态无法及时掌握等。本项目开展后,将东城区、石景山区 700 余家社会旅馆企业进行整合,保证了重要通知的及时下发和重要情况的及时上传,为北京市未来进一步加强住宿业的监管找到了有力抓手、奠定了重要基础。

（2）重塑了旅游主管部门与社会旅馆企业之间的关系，对树立北京市旅游管理系统威信、提高北京市旅游管理系统的服务和监管能力有着重要而积极的作用。项目承办单位在项目开展初期赴相关社会旅馆企业开展调研活动时发现，许多社会旅馆企业及其负责人对旅游主管部门的相关工作有一定的抵触情绪；项目开展后再次调研时发现，大多数社会旅馆企业对旅游发展委提供的本次培训服务非常满意；众多社会旅馆企业负责人表达了在未来主动参加类似的培训项目并积极配合旅游管理系统工作的意愿。这种态度和行为的转变充分显示，在社会旅馆企业中开展素质提升培训工作，有助于塑造社会旅馆企业与北京市旅游管理系统的良好合作关系，树立了旅游管理系统在住宿业中的威信，为未来相关监管和服务工作的开展奠定了基础。

（3）切实提高了社会旅馆从业人员的基本素质，为北京市社会旅馆整体水平的提升发挥了积极作用。本项目切实提高了参训社会旅馆从业人员的基本素养，帮助参训人员掌握安全生产、法律法规、企业发展战略、运营收益管理、员工服务礼仪、员工职业素养、一线员工情绪管理、员工心理健康管理、中高层管理者领导能力等全方位的知识、技能、经验和思路。抽样调查显示，参训社会旅馆从业人员对培训活动的满意度处在极高的水平，且普遍反映项目涉及的培训内容能够真正运用到企业的日常经营管理中去，对提高企业整体水平具有积极作用。以上效果最终有助于促进北京市住宿业整体水平的提升，尤其有助于住宿业安全意识、安全防范能力、突发事件应急能力的提升。

（4）切实提高了参训社会旅馆企业的核心竞争力和持续发展能力，有助于推动北京市住宿业的持续发展。本项目涉及的各个环节、各门培训课程均关注了社会旅馆企业发展过程中面临的基础性和核心性议题，例如，互联网时代背景下的经济型酒店发展、住宿业企业的安全生产与应急处理、一线员工的有效激励与情绪管理等。项目围绕这些重要议题给出的知识、经验和思路最终将提高参训社会旅游企业发展水平，并提升它们的核心竞争力，最终为北京市住宿业的持续发展提供知识和智力保障。

（5）项目开展促进了参训社会旅馆企业之间的沟通交流，在北京市住宿业中营造出互通有无、持续学习的良好氛围。本项目的开展不仅为参训社会旅馆企业带来了破解发展过程中遇到难题的知识、经验和技能，也为参训社会旅馆企业搭建了相互学习、相互交流、共同提高的平台，有助于企业间横向的知识和资源共享。此外，项目后期提供连续的开放课堂、即时咨询服务也为参训企业持续获得所需的知识提供了机会，为社会旅游企业及其员工的持续学习提供了重要途径。

六、总结与展望

总体来看,本研究关注了饭店从业人员培训需求与课程体系设计问题,并以2016年开展的北京市社会旅馆从业人员素质提升工程为例,详细阐述了行业层面培训课程的需求与课程设计思路、过程、主要结果、课程实施评价等内容。

回顾全文,本研究的主要研究结果如下。从社会旅馆从业人员素质提升的角度来看,当前政府或行业协会可考虑本研究提出的现场培训课程和网络在线培训课程。现场培训课程包括如下12门课程:(1)住宿业安全生产标准化与应急管理;(2)北京市社会旅馆业发展思路与关键问题;(3)东城区/石景山区旅游发展规划与住宿业发展;(4)饭店企业经营与服务中的法律风险规避与管控;(5)经济型酒店发展趋势与管理实践;(6)经济型酒店经营管理创新案例分析;(7)酒店中高层管理人员领导能力提升(含一线员工的有效激励问题);(8)酒店一线员工的情绪管理、疏导与心理健康;(9)服务过程中与顾客纠纷的规避和处理;(10)酒店的销售与收益管理与实战指导;(11)同行酒店企业成功经营管理经验分享1;(12)同行酒店企业成功经营管理经验分享2。网络在线培训课程包括如下6门课程:(1)员工的安全教育和安全意识培养;(2)服务礼仪与酒店基本服务规范;(3)各工种与岗位的服务标准;(4)酒店的节能减排措施与经验;(5)饭店服务常用英语;(7)营养与食品安全。

同时,对于基于行业层面的培训课程设计而言,本研究也能够带来如下启发:(1)由于行业层面的培训涉及的企业数量和参训人员数量较多、社会影响力较大,因此在培训课程体系设计方面需要经过周密的调研和分析,从而通过科学的调研流程来保证培训课程体系的科学性;(2)在选择和整合培训课程时,需要充分考虑行业层面培训的特点,充分考虑培训项目多个利益相关者的诉求,确定课程选择和整合的原则;(3)应注意对授课方式的选择,有些课程适合采用现场培训的方式进行,而有些课程则适合采用在线培训等能够长期、广泛传播的方式开展,因而需要根据课程特点合理确定授课方式;(4)应加强对课程实施过程和实施效果的监测,以保证培训项目能够取得预期的效果。

感谢北京市旅游人才发展中心干部于迎军、东城区旅游发展委崔京京科长、石景山区旅游发展委张术瑞科长为本文提供的调研机会。

基于用工状况的北京星级酒店薪酬激励机制研究[1]

翟向坤 韩玉灵[2]

酒店业属于劳动密集型产业,人力资源是其生存的根基和竞争力的源泉,吸引并留住优秀员工意味着劳动力成本的降低以及服务质量的保障。但是,近年来,员工流失已成为酒店业亟待解决的主要问题之一。目前酒店业人员流失率超过30%已"常态化"[1],而酒店基层员工流失率畸高暴露出的酒店业薪酬激励机制不健全、员工满意度低等诸多问题亟待解决。

一、文献综述

(一)酒店用工制度

改革开放以来,我国酒店用工制度正逐步打破僵化死板的局面,开始更多考虑企业绩效、薪资设置和员工归属方面的改革[2]。目前,酒店业用工现状呈现出两个特征:一是基层员工的招聘越来越难;二是酒店优秀员工流失率不断增大[3]。究其原因,主要是由于外部环境变化和内部管理问题[4]。例

---

[1] 本研究报告为北京市旅游发展委员会委托项目"小费合法化对旅游企业用工制度改革的影响研究"的衍生研究成果,得到北京市旅游发展委员会委员方泽华的指导。项目负责人韩玉灵教授,课题组主要成员:尹美群、翟向坤、王业娜、张晶宇、陈梓柠、周航、严泽美、高洁、饶思壁。本研究的问卷调查,得到北京市旅游委、山东旅游职业学院、海南旅游学院、桂林旅游学院、苏州旅游与财经高等职业技术学校、郑州旅游职业学院相关老师的大力支持,在此一并感谢。

[2] 翟向坤,中国劳动关系学院副教授、国家旅游局青年专家,研究方向为旅游企业管理、旅游市场营销、旅游产业规制等,为本研究报告执笔人。

韩玉灵,北京第二外国语学院教授,北京旅游发展研究基地学术委员会副主任委员、北京第二外国语学院中国旅游人才发展研究院副院长,研究方向为旅游政策与规制、旅游安全、旅游资源的保护。

如,酒店行业透支行业人力资源红利以及酒店行业内外部的竞争等均是导致酒店用工荒的根源[5]。故有必要从酒店发展的角度提出系统的员工激励对策[6]。具体措施诸如通过完善晋升制度帮助员工制定职业规划、完善薪酬体系以确保竞争力[7];亦可"去实习生"化,多线培养并改变用人观念,创新激励机制建设[8]。

（二）酒店激励制度

1.激励

关于激励的界定,许多社会学家、心理学家和管理学家等从不同的角度提出了相应的激励理论,诸如需求层次论、双因素论、公平理论、强化理论等。这些激励理论对于人们认识和理解个体或群体行为规律,对于指导企业员工的激励工作都发挥着积极的作用。就激励的定义而言,刘正周（1996）认为,激励是以人为中心的管理活动,它以人本理论为基础,人性化是其重要的特征[9]。张经远（2006）提出,激励,就是激发、鼓励之意。激励是员工为能够满足其某些需要,通过其努力实现目标的意愿,包括努力、组织目标和需要这三个关键要素,是一个满足需要的过程。适当的激励能有效提高员工的主动性和创造性,并在一定程度上增加员工的危机意识,使其更加全身心地投入到工作中[10]。

表1　激励理论在酒店行业的应用

需求层次理论	员工除了基本的生活保障外,还渴望有归属感、被尊重和受重视
公平理论	员工薪酬要匹配其劳动价值,同时与同岗位其他员工薪酬相一致
双因素理论	提高生活条件、工作条件和公司地位会减少员工不满,适当控制员工成就感、责任心和晋升机会等能够保证员工满意度
强化理论	酒店应对有利于自身发展的员工行为给予一定的奖励

2.薪酬与薪酬激励

（1）薪酬

薪酬,是指员工由于雇佣关系的存在而获得的各种报酬或薪资,是员工向其所在企业付出劳动从而得到的各种形式的补偿。国外学者 Robbins（1978）将薪酬分为内在报酬和外在报酬两部分,外在报酬又分为非财务性报酬、直接薪酬和间接薪酬等三类。Milkovich（1987）认为,薪酬包括直接性薪酬和间接性薪酬两部分,直接性薪酬包含底薪、加薪、奖金以及生活成本调整等四项,间接薪酬包括保健计划、休假给付、服务与福利等三项[11]。Milkovich（2002）亦认为,薪酬包括基本工资、短期和长期的激励工资、绩效工资、福利和服务等四项[12]。故从类别划分上看,薪酬可以分为货币和非货币两个部分,即直接薪酬和间接薪酬。

表2 薪酬构成

直接薪酬	底薪、加薪、奖金以及生活成本调整等
间接薪酬	保健计划、休假给付、服务与福利等

薪酬体系应当包括三个方面:基本薪酬,包括基本工资、工龄工资、学历工资、职务工资、技能工资等;辅助薪酬,包括奖金、津贴、分红等;企业福利,包括社会保险、企业福利、员工福利等。"薪酬"仅是员工所获报酬中的经济性报酬,非经济报酬还应包括工作环境、责任感和成就感、职业发展空间等。

表3 薪酬体系

直接收入	基本工资、绩效工资、技能工资、工龄工资
间接收入	奖金、津贴、分红、股权
员工福利	社会保险、公司福利、员工福利

（2）薪酬激励

薪激励制度,是指把薪酬和绩效二者结合在一起考虑,以员工的绩效表现为基准,通过激励使得员工付出更多的精力的制度体系。

按照激励途径,可以将薪酬激励分为内部薪酬激励和外部薪酬激励;按照激励对象,可以将薪酬激励分为个人薪酬激励和团队薪酬激励;按照激励周期,可以将薪酬激励分为短期薪酬激励和长期薪酬激励。

表4 薪酬激励分类

激励途径	内部薪酬激励和外部薪酬激励
激励对象	个人薪酬激励和团队薪酬激励
激励周期	短期薪酬激励和长期薪酬激励

3.酒店薪酬激励

酒店薪酬激励制度的改善关系到员工的忠诚度与酒店的长远发展,而现行的激励制度已经不符合未来酒店业的发展趋势,存在着诸如薪酬激励制度不完善,薪酬体系结构设计非常简单(薪酬激励不具有外部竞争性、薪酬的内部不公平、福利计划缺乏灵活性、薪酬的激励水平低于员工的期望值、激励措施无差别化)等问题。鉴于酒店员工的激励机制的有效性具有特殊属性,故应当从人力资源开发的角度,构建和完善酒店员工的激励机制[11]。酒店员工激励因素主要包括薪酬、管理制度、同事关系、领导水平、晋升与培训、工作条件、工作本身、信息、奖励等[12]。

二、北京星级酒店用工现状分析

作为我国政治、经济、文化中心,北京是世界目光的聚焦点。1982年,中国大陆首家中外合资酒店——建国酒店即在北京开业,由此拉开了中国酒店集团化的序幕。2003年,北京王府井酒店由香港半岛集团正式接管并更名为"王府半岛酒店",豪华酒店品牌始现于北京。目前已有20多家国际酒店管理集团的30多个品牌进入了北京,产品线涵盖了从豪华、中档到经济型的细分市场。

(一)北京星级酒店经营现状

近年来,随着全球酒店业经营进入下降周期以及中国对酒店消费的整顿等因素,中国酒店业经营步入低谷,北京酒店业发展亦进入新常态,面临着巨大挑战。

1. 绝对数量逐年递减

据北京市统计局的官方数据显示,2010年北京地区星级酒店数量为729家,2014年则降为594家,2015年又减至554家。其中,五星级酒店64家,四星级酒店130家,三星级酒店203家,二星级酒店147家,一星级酒店10家。按照以上数量测算,北京地区星级酒店大致以每年近30家的速度递减(如图1所示)。

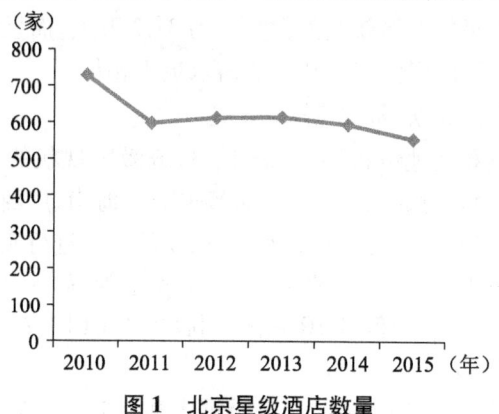

图1 北京星级酒店数量

2. 收入不均衡且利润率低

2014年北京地区星级酒店营业总收入为25 593 039万元,同比增长1.3%。其中,五星级酒店营业收入为1 160 531万元,同比增长4.0%;四星级酒店营业收入为809 077万元,同比减少0.1%;三星级营业收入为500 708万元,同比不变;二星级营业收入为119 673万元,同比减少8.5%;一星级营业收入为3050万元,同比增长11.0%。相比五星级酒店,四星级酒店营业收入相差甚远。而三星级以下酒店(除一星级酒店外)基本上处于亏损状态。从酒店利润看,2014年,星级酒店净利润有盈利的15个城市中,北京星级酒店净利润仅为1.09亿元,与净利润最高的上海(18.75亿元)相比,相距甚远。

(二)北京星级酒店人力资源现状

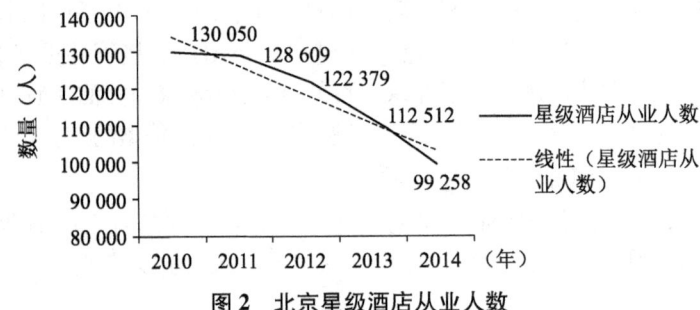

图2 北京星级酒店从业人数

数据来源:北京市统计局。

由图2可知,2010年北京地区星级酒店从业人数为130 050人,至2014年减为99 258人。其中,五星级酒店从业人数为32 265人,四星级34 903人,三星级25 497人,二星级6404人,一星级189人。根据《北京统计年鉴》,北京地区第三产业每年新增就业人数大约为31.7万人,而星级酒店却每年流失7700人,显示出酒店岗位需求和就业需求极不相称。

(三)北京星级酒店员工薪酬状况

为了掌握北京和其他省市酒店薪酬及薪酬激励现状的第一手资料并进行横向对比,研究团队对北京(13家酒店)和山东、海南、广西、苏州、郑州等省市三星级以上酒店(12家)通过发放问卷、面谈的方式进行实地调查。调查对象包括酒店基层员工(含一线普通员工、领班和主管等)和中高层管理者(部门副经理及以上)。共发放问卷1040份,回收860份(回收率为82.7%),有效问卷657份(有效率为75.9%)。

问卷调查统计的结果显示,北京星级酒店基层员工男女比例大约为4∶6,

年龄以 21~25 岁居多,超过一半的人仅有中专及以下学历;受访基层员工大多数为单身,且以外省务工者为主。

1. 员工流失现状

北京星级酒店员工流失率平均在 30% 左右,最高一般不超过 60%。流失率与员工工作时间、晋升周期以及晋升空间有密切关系。调查结果显示,星级酒店基层员工平均工作时间在一年左右,而晋升至主管则大约需要 3 年。此外,每年晋升人数大约是 3 人,保守估计甚至只有 1 人。

大量使用临时工或实习生是星级酒店应对流失率问题的通常做法。根据酒店高管反馈的信息,酒店临时工或实习生一般约占酒店基层员工的 20%,最高甚至超过 50%。用工表现出来的临时工或实习生趋高的情况,不仅影响了服务质量,也会造成酒店文化和价值的流失。而解决流失率问题的手段包括提高工资、提高福利待遇、提高膳宿设施服务和员工培训教育等。

2. 员工薪酬现状

目前,星级酒店基层员工薪酬仍以基本工资为主,此外根据酒店薪酬体制不同可能会有其他收入,如客房、销售等部门会有额外津贴,以及酒水饮料提成、加班费、值夜班费、加房钱、快递费等。

调查发现,酒店基层员工对工作的满意度与工资成正比。月工资在1000~2000 元时,只有 7% 的人感到满意;当月工资在 3000~4000 元时,酒店基层员工对薪酬的期望才处于一种平衡状态,即不会感到过分的不满;而当月工资达到4000 元以上时,超过 50% 的人会感到满意。

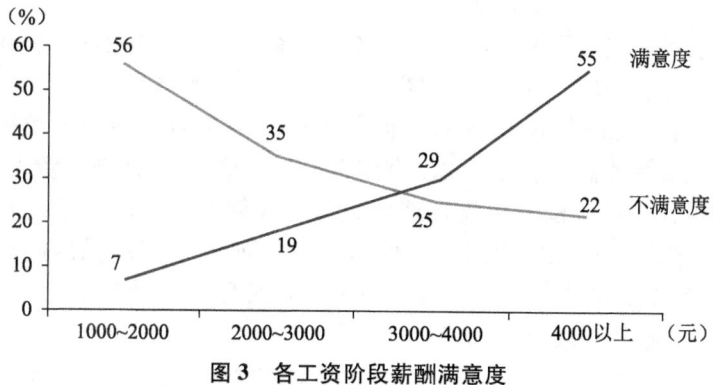

图 3　各工资阶段薪酬满意度

三、北京星级酒店薪酬激励机制现状

所谓薪酬激励机制是企业运用薪酬的刺激，使得员工个人采取某种积极行为，努力实现某种目标，从而提高劳动生产率的做法。

改革开放30余年，北京星级酒店经历了蜕变化、科学规范化、管理精益化、管理引领化四个发展阶段。但在经济快速发展的今天，北京众多星级酒店亦面临着前所未有的竞争和压力。而星级酒店业中的激励机制不健全，使得北京星级酒店人员素质、管理水平和服务质量发展阻滞成为摆在每一个经营者面前的新课题。

（一）缺乏完善的薪酬体系

现阶段北京星级酒店普遍采用的薪酬体系主要为"岗位等级工资制"，即岗位和工资挂钩，岗位越高则工资越高。员工薪酬形式比较固定，且固定工资一般略低于当地最低工资标准，这种工资制度建立在固定薪酬之上，固定薪酬在"岗位等级工资制"中占比超过80%，几乎是基层员工的全部收入，很少考虑绩效、技能、奖金等可变薪酬，保障有余而激励不足，无法起到激励作用，易滋养消极怠惰的情绪。另外，星级酒店福利计划亦缺乏灵活性。基于此，总体而言，北京星级酒店薪酬的激励水平低于员工的期望值，而其面对的工作压力却非常大。因此，在实际工作中，星级酒店员工对现有薪酬水平的满意度并不高。如此就无法调动员工的工作积极性，更不利于酒店的正常经营与长期发展。

（二）缺乏完善的绩效考核及激励体系

首先，目前北京星级酒店在绩效考核体系建设方面并不理想，缺乏全面的考核内容以及科学、准确的考核依据。员工不了解考核的重要性，并且由于考核成绩的说服力不足，随着时间的推移使员工对考核失去积极性。其次，酒店在绩效考核成绩方面并没有结合薪酬待遇，无法体现多劳多得、按劳分配的原则，并且考核的粗放管理导致考核成绩并没有起到激励作用。最后，北京星级酒店的激励周期没有得到合理规划，很多星级酒店的激励机制几乎是长期存在而没有变动的，亦使得员工重视度不高，效果不佳。

（三）缺乏合理的员工培训体系

首先，北京星级酒店管理人员缺乏对人才培训的正确认识，对员工培训的重视程度不高，甚至不愿意在员工培训方面进行投入，导致人力资源水平不高。其次，培训计划欠缺，培训内容单一。许多星级酒店并没有为员工定

制具体的培训计划,而只是简单地介绍酒店的制度与基本工作要求。最后,北京星级酒店没有细致分析培训需求,缺乏对培训效果的跟踪评价,无法有效发挥对员工的激励作用。

(四)企业文化建设不足

企业文化建设不足是目前北京星级酒店在精神激励方面的最主要问题。由于缺乏企业文化建设,许多员工缺乏对酒店文化的认同感以及对其工作酒店的归属感。

四、运用薪酬激励机制在北京星级酒店中的必要性

薪酬激励机制理论运用于实践已提出多年,但在酒店业内实施的效果还不够理想,其关键是管理者的理念、素质问题,他们未把薪酬激励机制看成人性化的机制。因此,有效运用薪酬激励机制合理开发酒店人力资源是十分重要的。

(一)把握薪酬激励机制的人性化特点,是北京星级酒店人力资源管理水平提高的关键

人是酒店业生产经营活动的核心,故使参与酒店活动的人始终保持旺盛的士气、高涨的热情成为酒店人力资源管理的重心。把握薪酬激励机制的人性化特点,改变管理者思维模式,建立适应酒店特色、时代特点和员工需求的开放的新型激励体系,提高酒店人力资源管理的管理水平,成为现代酒店业发展的关键。

(二)薪酬激励机制有利于促进北京星级酒店人力资源管理的良性竞争

运用薪酬激励机制把竞争引入北京星级酒店人力资源管理,是以竞争为主要形式的有效管理机制。如,酒店可以把考核结果同员工的个人荣誉奖励联系起来。根据目标考评等级确定受奖比例,把考核结果与员工个人的评优、评模结合起来,克服年终奖励按人头平均分配比例的许多弊端,起到更好地表彰先进、鞭策后进的作用等。

(三)薪酬激励机制有利于增强酒店团队的凝聚力和战斗力

行为科学家们通过调查和研究发现:对于一种个体行为的激励,会导致或消除一种群体行为的产生,即激励不仅直接作用于个人,而且还间接影响其周围的人。哈佛大学教授威廉·詹姆士研究发现,按时计酬的员工一般仅需发挥潜力的20%~30%就能保住饭碗,但在良好的激励环境下,同样的员工可发挥出潜能的80%~90%,这其中50%~60%的差距就是激励的作用所致。

实践证明,运用科学有效的薪酬激励机制,能充分提高人的主观能动性,激发人的潜能,提高生产力,达到增强酒店团队的凝聚力和战斗力的作用。

五、北京星级酒店薪酬激励体制变革路径分析

(一)直线式变革

如前所述,酒店业普遍实行"岗位等级工资制",即岗位和工资挂钩,岗位越高则工资越高。这种工资制度建立在固定薪酬之上,很少考虑绩效、技能、奖金等可变薪酬[1]。

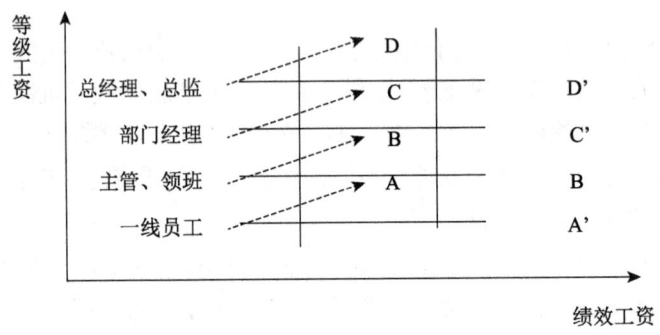

图4　酒店薪酬激励直线式变革

而所谓直线式变革,就是在岗位工资的基础上,增加绩效工资、技能工资、工龄工资等薪酬激励形式,从而不仅提高员工的收入水平,而且激发员工的积极性。星级酒店薪酬激励体制直线式变革则是对酒店薪酬结构的再平衡,将原有的固定薪酬占主导、缺乏灵活性的工资制度,改变为固定薪酬、绩效薪酬等符合一定比例的更为灵活的薪酬激励制度。但是,直线式变革亦有其局限,往往只考虑各岗位层级之间的薪酬和绩效,而不考虑其他福利待遇等因素。[2]

(二)交叉式变革

美国学者特鲁普曼在著作《薪酬方案》一书中,将薪酬细分为五大类,即工资部分(基本工资、附加工资、间接工资)、津贴(工作用品补贴、额外津贴)、机会(晋升机会、发展机会)、心理诉求(心理收入和生活质量)以及个人因素。

---

[1] 欧钟慧,韦秀艳.酒店业人才流失原因及对策探究[J].现代商业,2011(5):93-95.
[2] 叶红.对酒店业薪酬制度的探讨[J].企业经济,2006(8):83-85.

交叉式变革是指不仅要制定与之相符的薪酬制度,而且应当更加关注员工的个人诉求和个性化发展。交叉式变革主要包括两个部分:一是薪酬结构变动范围,即在基本薪酬的基准线上,综合附加工资、间接工资(如绩效工资、技能工资、分红、福利等),给出一定的变动范围;二是根据双因素理论,增加保健因素(如培训、津贴等),消除基层员工的不满情绪。①

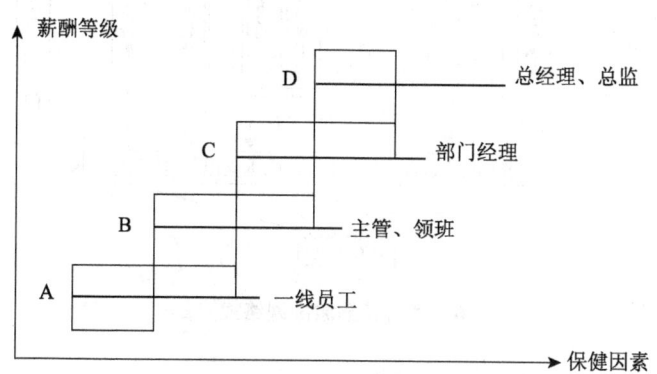

图5 酒店薪酬激励交叉式变革

交叉式变革是酒店薪酬激励制度重要变革方式,它使薪酬结构更具灵活性、透明性和公平性,亦为酒店员工提供各种保障。然而,这种理想化的薪酬激励变革方式亦面临较大的现实阻力。由于工作性质,酒店基层员工社会地位较低,很少能够争取自身利益,如此齐备的员工待遇几乎是一种奢想。另外,酒店行业整体盈利下降的情况下,需要根据实际情况调整运营策略,首要举措即是降低人力资源成本。

(三)网络式变革

本文认为,酒店基层员工薪酬激励问题并不是员工和企业之间的问题,而是员工和企业、顾客、社会和政府管理部门之间的共同问题。将基层员工的薪酬激励单独压在酒店自身上,无疑加重酒店负担,并且不能有效地借助第三方力量。酒店行业从20世纪中后期的高薪行业,沦落为如今的低收入行业,与整个社会经济的发展关系甚密。因此,要想解决酒店行业薪酬激励问题,需要引入社会、消费和政策等宏观因素。

因此,结合北京星级酒店行业发展实际,本文主张从内外部两方面来构建星级酒店员工激励机制,具体框架如图6所示:

① 田应华.西方激励理论与我国酒店业员工激励[J].经济师,2009(7):181-183.

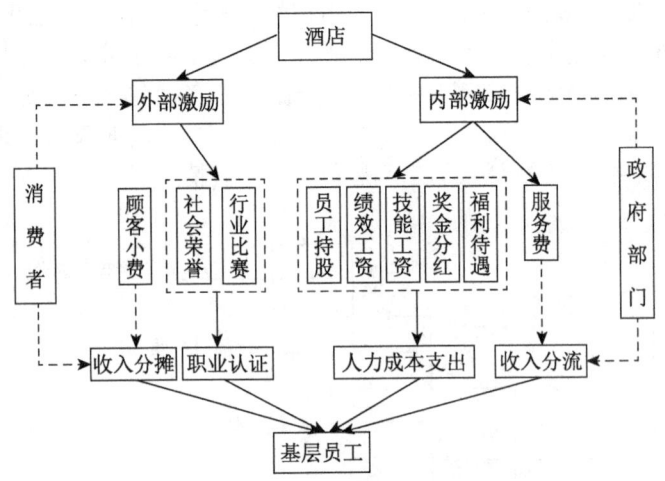

图 6　酒店薪酬激励网络式变革

星级酒店薪酬激励可以分为两部分。第一部分即内部薪酬激励,主要从人力资本和收入分流两个方面来实施。人力资本即企业支付给员工的任何形式的工资和福利待遇,收入分流即从酒店向顾客收取的服务费中按照一定的比例返还给员工个人。

第二部分即外部薪酬激励。通过开展行业比赛、社会比赛等项目,让酒店员工走出酒店,多磨炼技能和加强沟通能力,通过媒体正向报道,宣传酒店行业楷模和先进个人,从而改变社会地位低下的现状,增强职业认同感。酒店也可以鼓励员工提高服务质量,以争取顾客小费,获得额外收入,实现顾客对员工服务的全程监督和评价,从而激发其工作积极性。

六、北京星级酒店薪酬激励体制变革相关配套措施

构建科学、合理的薪酬激励机制是一个系统的工程。鉴于网络式变革更加贴近北京星级酒店业的发展实际,故本文主张从内外部两方面来构建星级酒店员工薪酬激励机制。

(一)星级酒店内部配套措施

1. 鼓励实行差别化、动态工资制度

作为北京星级酒店员工薪酬中的重要组成部分,岗位基本工资是吸引和留住员工的必要条件。鉴于酒店各个部门在专业技能、员工贡献及员工处理

问题能力的要求上有较大的差异,故要做到不同工不同酬。在确定不同岗位的相对价值时,可以利用岗位评价,从复杂性、责任大小、控制范围、所需知识和能力方面对一个岗位的价值进行量化。量化过程中对员工进行必要的培训和沟通,并邀请有关人员参与评估,使评估结果具有说服力,然后参考评估结果对不同岗位、职位确定薪酬。

另外,还应优化星级酒店员工的薪酬体系,调整固定薪酬与绩效薪酬的比例,确保薪酬保障性、激励性的充分发挥。同时应对员工实施宽带薪酬,业绩突出的员工并不一定要靠晋升来奖励,可以采取留职提薪的方式激励业务骨干,充分发挥其业务才能,避免业务骨干因为不当提职丧失其才能的发挥天地。

2.重视配套相关福利措施

(1)奖金。奖金指支付给职工的超额劳动报酬和增收节支的劳动报酬。它是对劳动者在创造超过正常劳动定额以外的社会所需要的劳动成果时,所给予的物质补偿。奖金包括考评奖金、项目奖金、全勤奖励、年终奖励等。虽然会导致短期行为,但仍应发挥奖金的激励作用,建立公正、科学的业绩考核体系等。

(2)福利。福利是员工的间接报酬,酒店福利形式多样,主要包括政府有关职能部门通过法律形式明确的失业保险、养老保险、工伤保险、生育保险、医疗保险、住房公积金等,也包括酒店自己选择的人身意外险、商业医疗保险、餐饮补贴、带薪假期、住房补贴、旅游、体检、通信费补贴、交通费补贴等。提高薪酬福利是酒店对员工自身价值的一种实现,有利于员工的稳定以及人才的引进。需要指出的是,不能仅仅将薪酬福利当作纯粹的金钱物质,而要将之和酒店战略终极目标的实现相配合。

(3)员工持股计划。作为一种较好的长期行为的激励手段,实施员工持股计划是给予员工部分酒店的股权,允许他们分享改进的利润绩效。员工持股计划实现了经营者、员工与资产所有者利益的高度一致性,实际上是酒店以放弃股权的代价来使得员工们更加努力工作,提高生产效率,分担酒店的盈亏,降低对其监督管理的成本。

(4)服务费。服务费是星级酒店针对给予顾客的服务所收取的费用,亦可称为服务佣金。行业标准一般为10%或15%。酒店可从服务费中抽取一部分(约5%)作为奖励基金单独列出,直接补贴奖励有突出贡献的员工,或者用于该部门聚会或娱乐活动的经费。

(二)星级酒店外部激励措施

1.搞好酒店员工的培训,为员工的自身发展创造条件

酒店应制定培训有针对性的目标,鼓励员工通过培训获得个人发展的机会,激发员工的事业心,为酒店培养大批业务能力强、忠实可靠的员工队伍。根据培训对象的不同可分为三个层次:一是决策管理层,重点培训战略管理、企业文化等。二是督导管理层,重点培训执行力、人际关系、客户管理等。三是操作人员层,重点提高整体素质,强化其专业知识、业务技能与工作态度。培训能提升员工能力与素质,让员工感觉到有前途,从而更加激励员工,保持员工的稳定性。

2.以信任和尊重激励员工

酒店应以人为中心进行管理,靠激发员工的积极性来改善服务质量,提高管理水平与竞争能力。相信人、尊重人、尊重每个员工的人格,承认员工的工作成绩和对酒店企业的贡献,员工才会感到工作的意义和自我的价值,从而提高他们的自信心与责任意识。同时,应鼓励员工参加跟本职业相关的比赛,提升个人技能,增长见识并获得相关社会荣誉,得到更多的社会认同。

3.小费

小费英文简写为"TIP",代表"To Insure Promptness",是顾客为了遵守社会习俗,表达对服务者的感谢,同时也避免使自己处于尴尬的境地,而按照一定消费比例支付给服务者除消费额以外的费用。作为历史的产物和社会文化的体现,小费在国外是一种通行的服务激励机制,但在国内还没有形成习惯,仍面临着旅游行业附和多、跟进少,学界与媒体争论多、定论少,消费者反对多、赞成少的现实困境。然而,在充分竞争的市场环境下,面对提升服务质量的呼声和员工流失率居高不下的局面,探讨构建推行小费制在内的薪酬激励机制,不失为改革酒店用工制度、提高酒店从业人员待遇的一种有效途径。故有必要培养消费者小费习惯,鼓励有条件的顾客支付小费。

综上所述,北京星级酒店薪酬管理创新应根据酒店特点,以业绩考核为改造薪酬体系的突破口,精心实施薪酬目标管理模式,以人力资本价值促进薪酬体系的嬗变,最终建立真正适合本酒店的薪酬管理制度。

参考文献

[1]战冬梅,战梦霞,黄璜.降低酒店员工高流失率的人力资源管理对策分析[J].企业经济,2010(1):60-62.

[2] 刘斌. 中国国有企业用工制度研究[D]. 吉林:吉林大学,2015.

[3] 王晓露. 新劳动合同法下的酒店服务业用工分析[J]. 河北农业科学,2008(12).

[4] 叶青. 酒店用工的新路子[J]. 经营与管理人力资源,2011(10).

[5] 梁曦. 酒店用工荒的根源和解决措施[J]. 中国旅游报,2013(5).

[6] 万文斌. 从酒店用工难论员工激励[J]. 经济论丛,2012.

[7] 吴琼,张正堂. 劳动密集型企业如何留住一线员工——基于某五星级酒店的研究[J]. 中国人力资源开发,2012(8).

[8] 孙诗靓. 新形势下国内酒店业用工模式转型研究[J]. 饭店现代化,2014(4).

[9] 刘正周. 管理激励与激励机制[J]. 管理世界,1996(5):214.

[10] 张经远. 管理激励理论评述与应用[J]. 科学与管理,2006(4):73-75.

[11] 周晓梅. 论酒店员工激励机制的有效性[J]. 中国商贸经管空间,2010.

[12] 吴慧,徐栖玲. 酒店员工激励因素的实证分析[J]. 旅游科学,2011.

第四板块

会展篇

2015年北京会议业发展报告

刘林艳　李梦吟[①]

　　会议业是一个对政策环境、经济周期等较为敏感的行业。2015年，世界经济仍处于国际金融危机后的修复和调整期。中国经济运行面临着国际环境持续恶化和国内改革发展进入"深水区"的双重影响，经济增长积极因素增多，呈现总体运行平稳、稳中有进、缓中向好的发展势头。

　　北京市"十三五"规划中，北京立足全国政治中心、文化中心、国际交往中心、科技创新中心的城市战略定位，将强化国际交往功能，培育重大国际会议和国际影响力强的文化、科技、体育等活动品牌，积极吸引国内外会展落户。

　　会议业作为构建现代市场体系和开放性经济体系的重要平台，其运行状态和发展趋势不但与经济转型密切相关，更对经济的创新驱动转型有着重要意义。应加快持续健康发展，努力推动北京市成为国际上具有竞争力和影响力的会议城市，更好地发挥自身在国民经济中的作用。

　　北京是国内公认的最活跃的会议城市、每年举办会议最多的城市，对北京会议业的历史和现状进行研究具有代表性，且富有理论意义和实践意义。

一、北京会议总体特征

　　本部分研究2007~2015年北京市承办会议的总体情况，分别从会议数量情况、会议收入情况、会议接待设施情况、会展从业人员情况、接待国际会议情况，以及会议时间分布等几个方面对北京市会议总体特征进行分析。数据主要来源于北京市统计局和国家统计局北京调查总队共同编制的2008~2015

[①] 刘林艳，北京第二外国语学院讲师。
　　李梦吟，中国人民大学博士研究生。

年各年的《北京统计年鉴》。①

1.会议数量和参会人数情况

根据《北京统计年鉴》,2007~2015年北京市接待会议数量及增长率情况如图1所示。2008~2012年,北京市接待会议数量逐年攀升,从2007~2008年期间每年20万个左右的会议量,迅速增长到2012年的31.3万个;尤其是2008~2010年,会议数量呈现出加速上升情况,增长率从2008年的-4.7%直线上升到2010年的17.6%。而2013年经历了一年重大回落,接待会议量降至23.7万个,增长率跌至-24.3%。此后2013~2015年,北京市接待会议数量较为平稳,每年总量维持在23万~24万个。

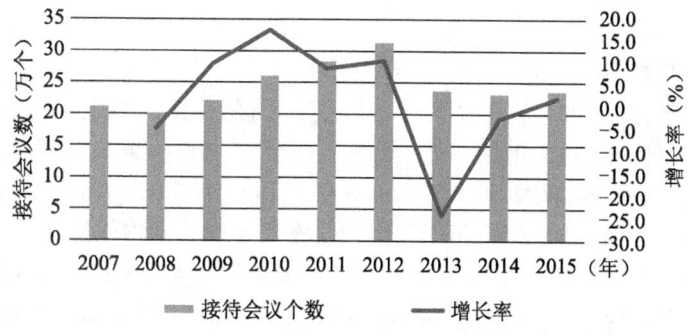

图1 2007~2015年北京市接待会议数量及其年增长率

2014年,北京市接待会议人数达到1639.3万人,预计2015年将在2014年的基础上增加50万人左右。2008~2009年,北京市接待会议人数总量变化情况与会议数量基本一致。2009~2012年,会议人数总量持续增长,从2009年的1348.9万人增至2012年的2010.9万人。直至2013年出现负增长情况,当年会议人数总量跌至1622.7万人。此后2013~2015年,会议人数总量较为平稳,维持在1600万~1700万人。除2009和2013年增长率为负外,其余几年增长率均为正,其中增长率最高的是2010年的29%,增长率最低的为2013年的-19.3%(如图2所示)。

---

① 统计范围包括会展场馆、星际饭店、会展举办单位以及规模以上会议及展览服务业法人单位和旅行社等。由于统计范围内单位名录每年均有变化,本文均采用北京市统计局根据当年实际情况调整后的数据。本文撰写时,2016年《北京统计年鉴》还未出版,2015年的数据均使用历史平均法计算得出。

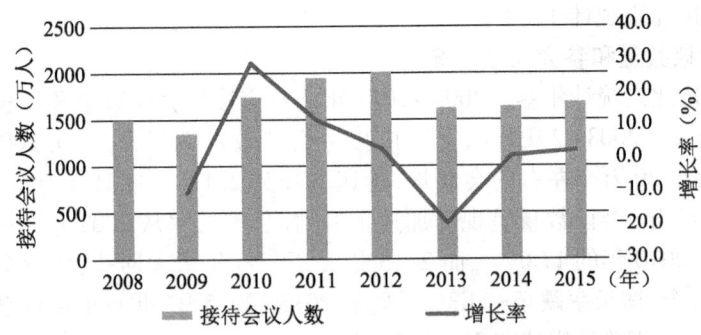

图2 2008~2015年北京市接待会议人数及年增长率

2. 会议收入情况

2014年,北京市会议产业实现收入102.2亿元,预计2015年这一数据将达到113.9亿,比2007年翻一番(如图3所示)。2007~2012年,北京市会议收入处于上升阶段,从2007年的53.8亿元增长到2012年的135亿元。除2009年略微下降之外,2007~2012年会议收入年增长率均保持在7%以上,增长率最高的是2010年,达到36%,其次是2008年,达到34.2%。2013年,会议收入萎缩18.4%,全年总收入降至110.2亿元,2014年会议市场继续萎缩7.3%,降至102.2亿元,几乎回到四年前的水平。2015年有望缓解前两年的下降势头,预计增长11.4%,实现收入113.9亿元。

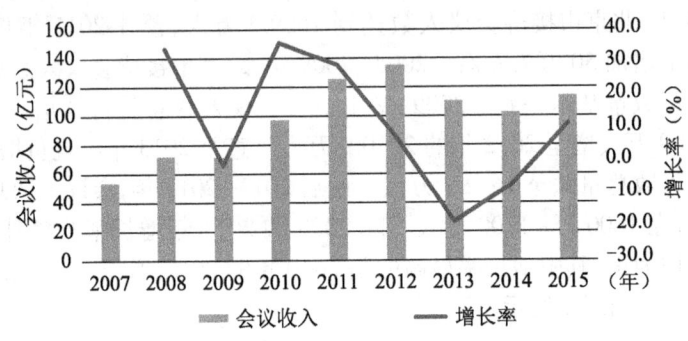

图3 2007~2015年北京市会议收入及年增长率

北京市会议市场收入的变化与整个会展行业的变化基本是一致的(如图4所示)。2008~2012年北京市会展业收入持续上升,增长率保持在10%以上,最高的是2010年,达到17.6%。2013年北京市会展收入增长率降至-24.3%,会展整体收入23.7亿元,低于前三年收入水平。2014年持续下跌

2.5个百分点,基本与五年前收入水平持平。2015年预计稍有回转,估计收入23.5亿元。

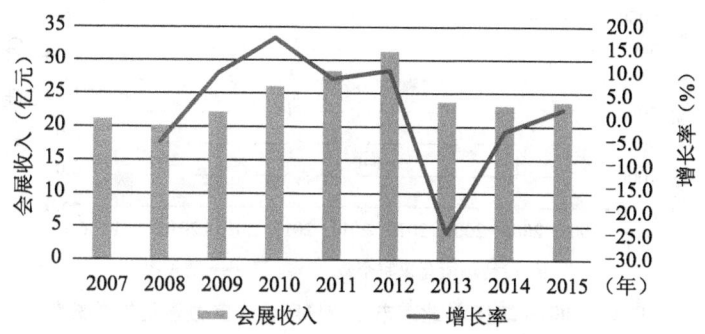

图4 2007~2015年北京市会展收入及年增长率

如图5所示,会议占会展的收入比例保持在50%~57%的一个相对稳定的范围内,会议和展览的繁荣和萎缩基本同步。会议占比最高的是2011年,占会展总收入的56.2%;会议占比最低的是2014年,占会展总收入的50.4%。其中2008~2013年比例稍高,占比在55%上下;2007、2014、2015年稍低,占比在50%左右。

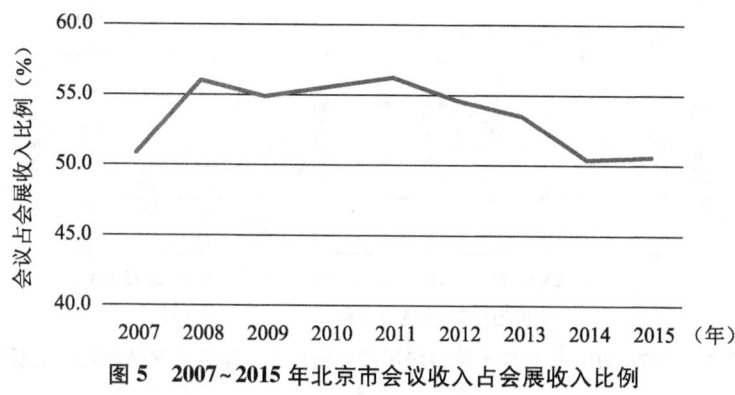

图5 2007~2015年北京市会议收入占会展收入比例

3.会议接待设施情况

2007~2008年北京大量建设会议接待设施,接待场所会议室数量从2007年的4425个增长到2008年5403个,增长率达到22.1%。2009~2015年,北京市会议室数量缓慢增长,总量维持在5000~6000个,增长率保持在3.7%以下,唯一的负增长年是2012年,会议室总量整体减少了2%(如图6所示)。

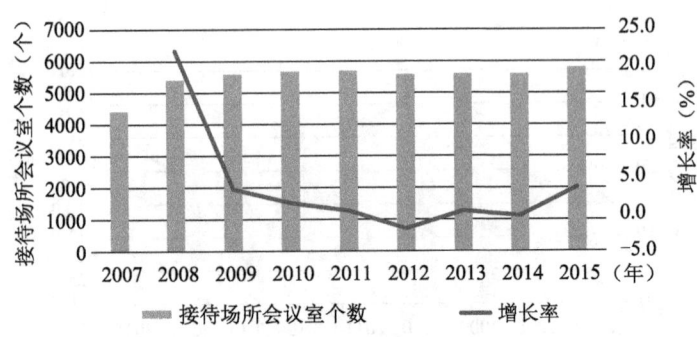

图6 2007~2015年北京市接待场所会议室数量及年增长率

大型会议室（超过500座）在2007~2008年快速增长，从2007年的129个增长到2008年的156个，增长率20.9%。2008~2012年处于稳定上升期，超过500座的大型会议室数量增长到209个，增长率保持在5%~10%范围内。2013年，大型会议室数量骤减7.7%，降至193个。近年均稳定在200个左右（如图7所示）。

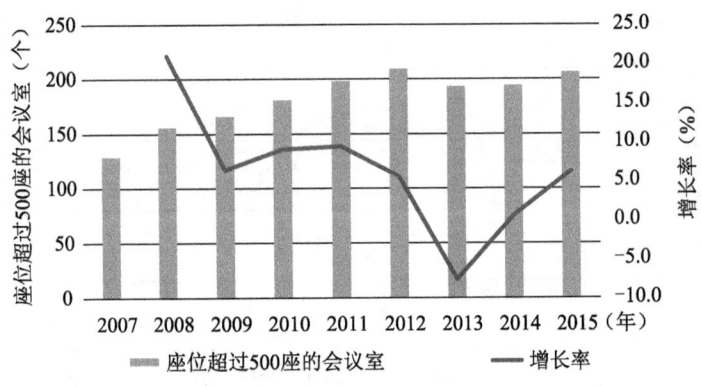

图7 2007~2015年北京市接待场所座位超过500座会议室数量及年增长率

2007~2015年，大型会议室占会议室总量的比例较稳定，保持在3%~4%，2012年后的比例稍高于2012年之前（如图8所示）。

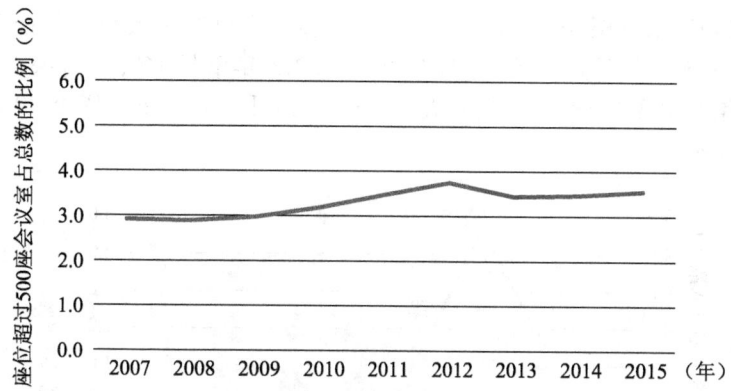

图8 2007~2015年北京市接待场所座位超过500座会议室占总会议室数比例

北京市接待场所会议室的使用面积维持在74万~83万平方米范围内（如图9所示）。2008年，北京市会议室总面积75万平方米。2009年减少0.4%至74.7万平方米。2010年迅速增长至79.5万平方米，增长率为6.4%，是增长率最高的一年。2011年增长1.1%，达到80.4万平方米。2012年增长0.4%，达到80.7万平方米。2013年增长1.9%，达到82.2万平方米。2014年减少0.6%，降至81.7万平方米。2015年预计达到82.9万平方米，增长率为1.5%。

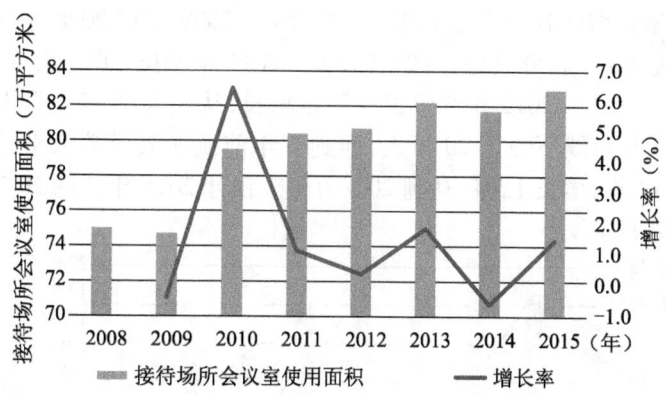

图9 2008~2015年北京市接待场所会议室使用面积及年增长率

北京市接待场所会议室可容纳人数从2008年的45.3万人增至2015年的49.4万人；增长率在-2%~5%波动。其中，2009年会议室可容纳人数增长1.5%，至46万人。2010年迅速增长4.6%至48.1万人，是增长率最快的一年。

2011年增长1.2%至48.7万人。2012年是会议室可容纳人数减少最多的一年,降低了1.6个百分点,降至47.9万人。2013年增长1%,回到48.4万人。2014年增长0.8%,增至48.8万人。2015年预计增长1.2%,增至49.4万人(如图10所示)。

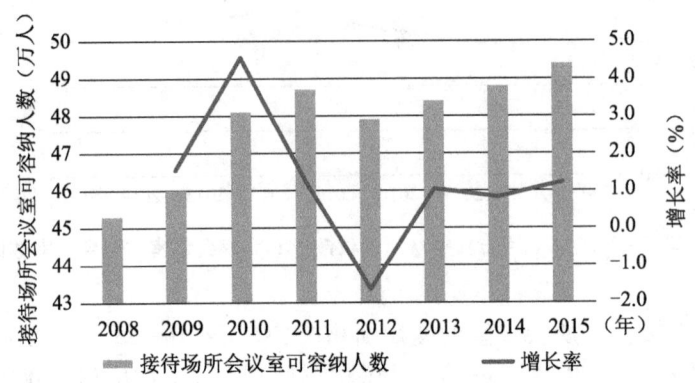

图10　2008~2015年北京市接待场所会议室可容纳人数及年增长率

4.会展从业人员情况

2007~2015年,会展行业从人员数总体维持在18万~22.5万人,增长率在-11.1%~15%波动。2007年,会展从业人员18万人。2008年迅速增长至20.7万人,增长率达到历史最高水平,即15%。2009年和2008年基本持平。2010年增长3.4个百分点,达到21.4万人。2011年增长2.8%,会展行业从业人员增至22万人。2012年继续保持稳定增长,从业人员22.5万人,增长率2.3%。2013年直线下降至20万人,回到五年前从业人员数水平,降幅达到11.1%。2014年,增长1.5%,达到20.3万人。预计2015年达到20.7万人,增长2%(如图11所示)。

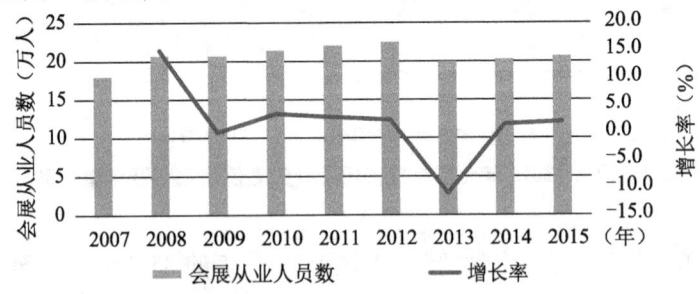

图11　2007~2015年北京市会展从业人员数量及年增长率

5. 接待国际会议情况

根据国际会议协会(International Congress and Convention Association,简称ICCA)公布的《2015年度国际会议协会数据报告》①,中国2015年共举办333场国际会议(ICCA所统计的国际会议,是指至少由3个国家轮流举行,且与会人数至少为50人以上的固定大型会议)。其中,北京举办了95场大型国际会议;居全球所有城市中的第19位(如表1所示);在亚洲城市中排名第5位;在国内大陆城市中排名居首位,占国内大型会议的27%。相较于2014年,北京举办104场大型国际会议,占国内的31%,2015年北京举办大型国际会议的数量和占比有所下降(如图12所示)。

表1 2014~2015年举办国际会议 TOP 25 城市

城市	排名			会议数		
	2015年	2014年	变化	2015年	2014年	变化
柏林	1	4	↑3	195	193	+2
巴黎	2	1	↓1	186	214	-28
巴塞罗那	3	5	↑2	180	182	-2
维也纳	4	2	↓2	178	202	-24
伦敦	5	6	↑1	171	166	+5
马德里	5	3	↓2	171	200	-29
新加坡	7	7	—	156	142	+14
伊斯坦布尔	8	9	↑1	148	130	+18
里斯本	9	12	↑3	145	109	+36
哥本哈根	10	13	↑3	138	104	+34
布拉格	11	10	↓1	123	118	+5
阿姆斯特丹	12	8	↓4	120	133	-13
布鲁塞尔	13	11	↓2	117	112	+5

---

① ICCA. ICCA Statistics Report_2015 [EB/OL]. http://www.iccaworld.com/, 2016-07-24.

续表

城 市	排 名			会议数		
	2015 年	2014 年	变化	2015 年	2014 年	变化
首 尔	13	15	↑2	117	99	+18
香 港	15	16	↑1	112	98	+14
曼 谷	16	29	↑13	103	73	+30
罗 马	17	17	—	99	97	+2
都柏林	18	24	↑6	97	83	+14
北 京	19	13	↓6	95	104	-9
布达佩斯	19	17	↓2	95	97	-2
米 兰	21	41	↑20	93	58	+35
台 北	22	20	↓2	90	92	-2
斯德哥尔摩	23	19	↓4	89	95	-6
雅 典	24	27	↑3	87	80	+7
悉 尼	25	25	—	86	82	+4

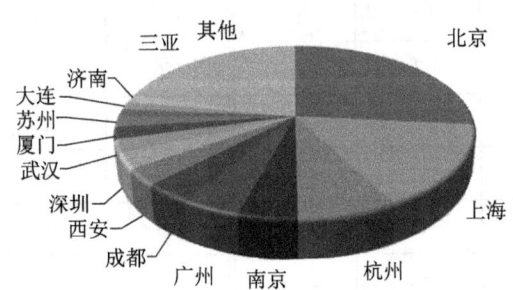

图 12　2015 年国内举办国际会议的城市分布情况

(1) 接待国际会议数量情况

根据北京市 2007~2012 年统计年鉴,北京市接待国际会议数量变化呈现出较为明显的周期波动情况(如图 13 所示)。2007~2015 年,国际会议数量在 0.5 万~0.8 万波动,波动幅度较大,在-25%~40%。其中 2007~2009 年逐年下降 0.1 万个左右,降幅为 14.3% 和 16.7%。2010 年是增长率最高的一年,2010 年和 2011 年呈上升趋势,增长率分别为 40% 和 14.3%。2012 年保持 2011 年的国际会议接待量。2013 年迅速下降至 0.6 万个,下降率达到 25%,是降幅最大的一年。2014 年增长 16.7% 达到 0.7 万个。预计 2015 年将维持 2014 年的国际会议接待量。

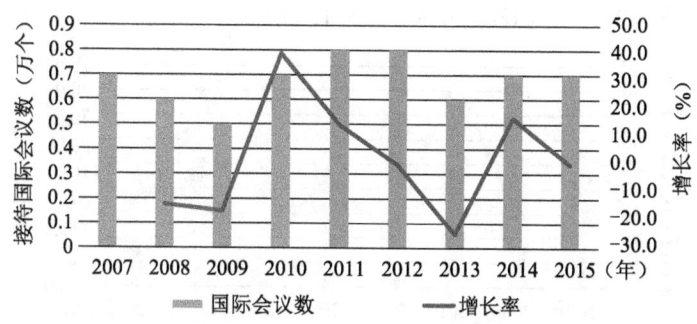

图 13　2007~2015 年北京市接待国际会议数量及年增长率

2007~2015 年,北京市接待的国际会议数量占总会议的比例在 2.3%~3.3%。其中,占比最高的为 2007 年,达到 3.3%。2008 年国际会议占 3%,稍低于 2007 年。2009 年继续降至 2.3%,即历史最低水平。2010~2013 年维持在 2.5%~2.8%。2014 年快速回升至 3.0%。预计 2015 年国际会议占比将继续维持在 2014 年 3% 的水平上(如图 14 所示)。

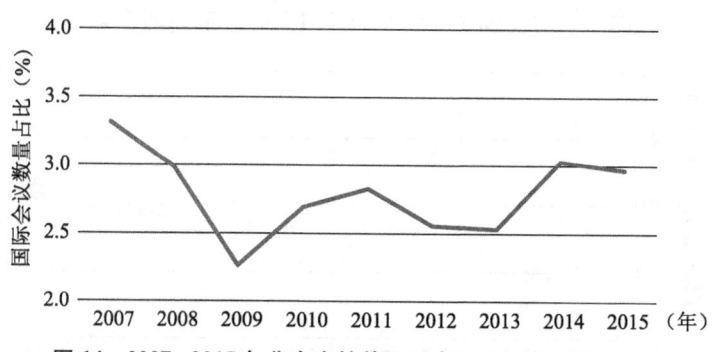

图 14　2007~2015 年北京市接待国际会议占总会议数量比例

(2)接待国际会议人数情况

2008~2015 年,北京市接待国际会议人数变化较大,主要在 54.8 万人至 79.5 万人,增长率在 -19.4%~45.1%。2008~2009 年比较平稳,接待国际会议人数在50万~60万人。2010年突然增长到79.5万人,增长了45.1%,是近年来接待国际会议人数最多的一年,也是数量增长最迅速的一年。2011年在2010年的基础上减少了8万人,减少幅度为11.3%。2012年回归77万人,增长率为9.2%。2013年接待62.1万人,增长率-19.4%,是负增长最严重的一年。2014年略有提升,至64.4万人,增长率3.7%。预计2015年在2014年的基础上增长3.9%,达到66.9万人,如图15所示。

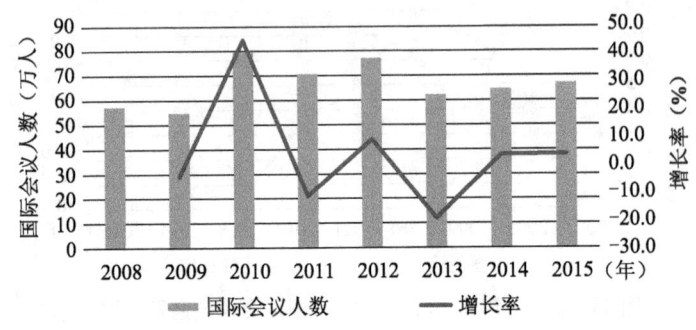

图15 2008~2015年北京市接待国际会议人数及年增长率

2008~2015年,北京市接待国际会议人数占总会议人数的比例在3.6%~4.6%,如图16所示。2011年前波动较大,2011年后趋于平稳增长。2008年国际会议人数占3.8%;2009年这一比例上升到4.1%;2010年上升到历史最高比例4.6%;2011年降至历史最低值3.6%;2012年回升至3.8%;2013年与2012年持平;2014年增长到3.9%;预计2015年将重新回到4.0%。

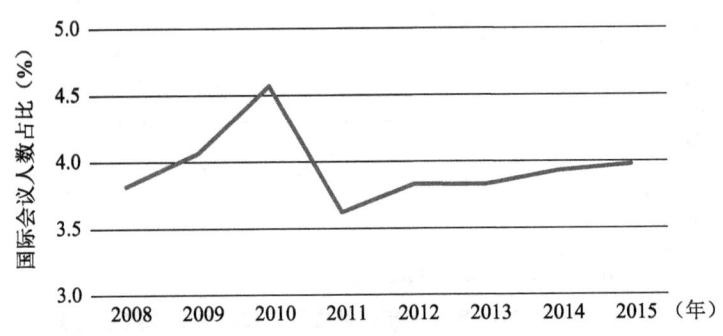

图16 2008~2015年北京市接待国际会议人数占总会议人数比例

(3)国际会议收入情况

2007~2014年北京市接待国际会议的收入在3.7亿~10.3亿元,波动范围较大(如图17所示)。2007年,北京市接待国际会议收入为6亿元。2008年,这一数据降至5.6亿元,减少了6.7%。2009年继续大幅减少33.9%,至3.7亿元。2010年突然上升至10.3亿元,涨幅达到178.4%,比2009年翻一番还多。此后几年,国际会议收入较为稳定,固定在10亿元上下。2011年,国际会议收入9.6亿元,降低了6.8个百分点。2012年和2013年,继续下降至9.4亿元。2014年上升9.6%至10.3亿元,回到历史最高点。2015年有望在2014年的基础上增加19.4%,预计增至新的最高值12.3亿元。

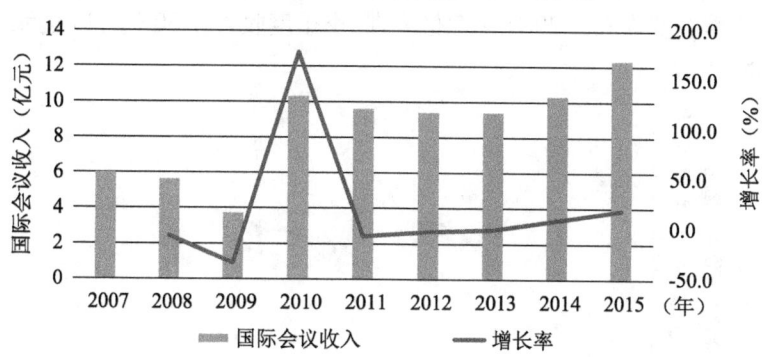

图17 2007~2015年北京市接待国际会议收入及年增长率

2007~2015年,国际会议收入占北京市总会议收入的比例在4%~12%,最高值11.2%超过最低值5.2%两倍之多。2007年是占比最高的一年,为11.2%;2008年降至7.8%;2009年持续下降至最低点5.2%;2010年回升到10.6%;2011年下降至7.7%;2012年继续略微下降至7.0%;2013和2014年分别上升至8.5%和10.1%。预计2015年国际会议占总会议收入比例将达到10.8%(如图18所示)。

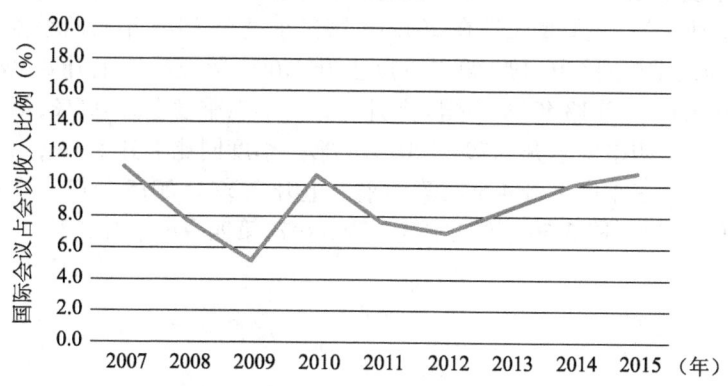

图18 2007~2015年北京市接待国际会议收入占会议总收入比例

6.会议时间分布

根据 2012~2015 年北京市统计局和国家统计局北京调查总队定期发布于北京市统计网(http://www.bjstats.gov.cn/)的《规模以上文化创意产业情况》(按季度)数据,结合 2012~2015 年北京市统计年鉴中会议占广告会展项目的比例,计算出北京市按季度的会议收入情况,如图 19 所示。

北京市会议收入呈现出明显的季节性特征。一般情况下,每年的第一季度为淡季,第四季度为旺季,第二季度与第三季度收入基本持平且处于中间水平。淡季季度收入为 20 亿~25 亿元,旺季季度收入在 30 亿~40 亿元,是淡季的 1.5~2 倍。

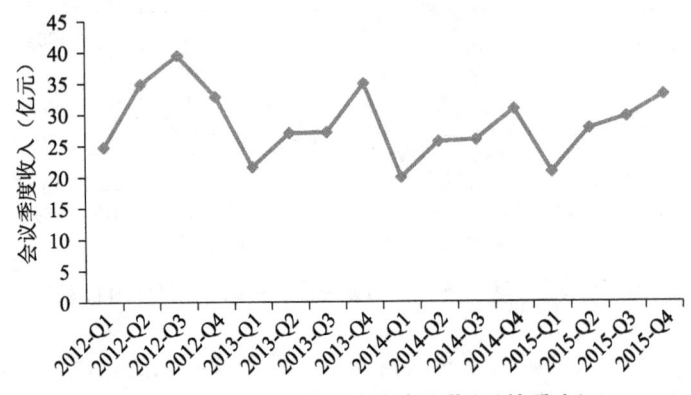

图 19 2012~2015 年北京市会议收入(按季度)

根据 2012~2015 年北京市统计局和国家统计局北京调查总队定期发布于北京市统计网(http://www.bjstats.gov.cn/)的《规模以上文化创意产业情况》(按季度)数据,2012~2015 年,北京市广告会展收入同比增长率变化较大(如图 20 所示)。主要增长期在 2012 年第二季度至 2014 年第四季度。2012 年第一季度同比下降 10.4%,第二季度上升 1.6%,第三季度上升 8.6%,第四季度上升 2.1%。2013 年第一季度上升 1.1%,第二季度上升 0.5%,第三季度下降 0.2%,第四季度上升 3.7%。2014 年第一季度同比上升 5.3%,第二季度上升 5.5%,第三季度上升 4.5%,第四季度上升 2.2%。2015 年第一季度下降 2.1%,第二季度下降 3.5%,第三季度下降 3.6%,第四季度上升 2.3%。

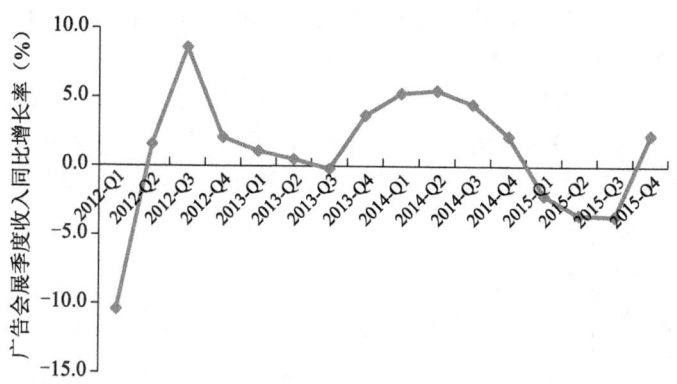

图20　2012~2015年北京市广告会展收入同比增长率(按季度)

2012~2015年北京市会展从业人员数量以2012和2013年为明显分水岭。在2012年第四季度之前维持在5.5万人以上,而在2013年第一季度之后有明显的下降,近年来一直保持在5.1万人以下。其中,2012年第一季度5.5万人,2012第二至四季度5.6万人。2013年第一至三季度4.9万人,第四季度5万人。2014年第一季度5万人,第二至四季度5.1万人。2015年第一至二季度4.9万人,第三季度5万人,第四季度5.1万人(如图21所示)。

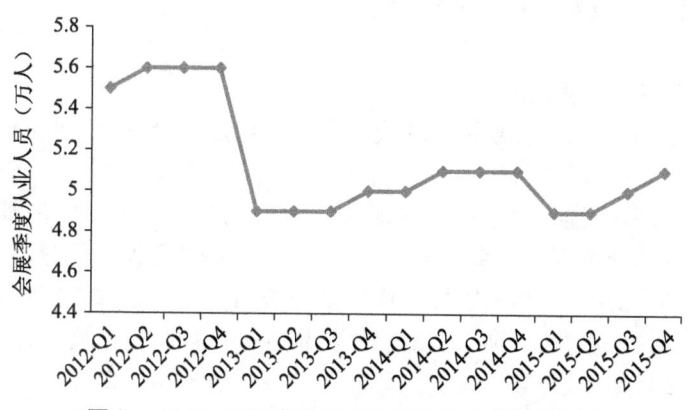

图21　2012~2015年北京市会展从业人员(按季度)

2012~2015年北京市会展从业人员同比增长率呈现出持续下降,近期有所回升的趋势。2012年第一季度至2015年第二季度是主要的下降时期,至2015年第三季度之后加速下降势头有所回转。2012年第一季度至2014年第一季度是增长期,2014年第二季度之后为负增长期(如图22所示)。其中,

2012年第一季度增长率6.1%,第二季度6.9%,第三季度5.4%,第四季度6.4%。2013年第一季度增长率为2.9%,第二季度4.1%,第三季度1.8%,第四季度2.1%。2014年第一季度增长率为0.5%;从第二季度开始出现负增长,增长率为-0.9%;第三季度为-1.1%;第四季度为-4.2%;2015年第一季度为-3.2%;第二季度为-5.6%;第三季度为-4.2%;第四季度为-1.5%。

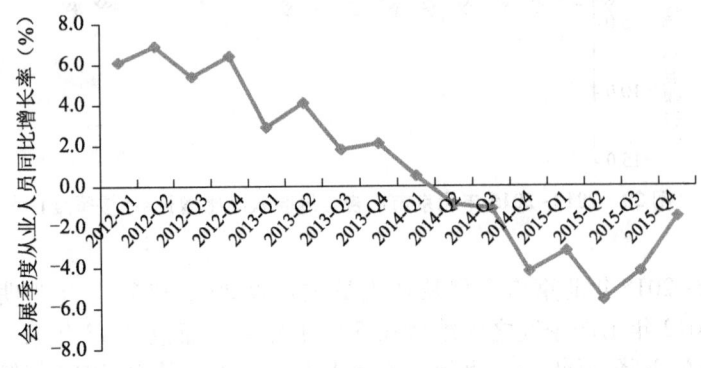

图22　2012~2015年北京市会展从业人员同比增长率(按季度)

二、北京会议市场的主要问题

1. 缺乏宏观管理机构

一直以来,会议市场被视为现代服务业的组成部分,是传递交流信息、促进经济贸易发展、增进科技文化交流等的平台,而并未被视为一个独立的行业来进行管理。目前,北京市尚未形成统筹协调会议业的专门的管理机构,也没有明确的会议管理的牵头部门。实际工作中,对会议实行分类管理和分级管理相结合的办法,相关审批工作涉及商务、科技、文化、教育等多部门,同时受工商、公安、旅游、消防、城管等多个部门从各自职能角度的监管。各部门间缺乏必要的沟通和协调机制,政出多门,批、管脱节。北京市及各区将会议业纳入各级政府的"十二五"规划和"十三五"规划中,一定程度上解决了会议业发展目标、重点和政策措施缺乏有效的宏观指导和协调的问题,但多头管理、职能交叉、监管缺失的现象并未解决。仍然存在部分会议室淡季利用率较低、各会议场所之间低价竞争、缺乏会议信息发布系统等问题。

2. 国际化水平待提高

北京市会议业处于粗放发展阶段,会议总数相对较多,但总体规模较小,质量参差不齐,缺乏国际吸引力,大型国际会议占比较低。具有国际影响力的大型会议更是凤毛麟角。与国际上成熟的会议城市相比,北京市会议行业内专业化分工协作尚未形成,有待与国际标准接轨,产业化程度较低,服务水平相对落后,从业人员素质有待提高,产业集聚发展不足,综合配套与服务不够完善,业态较单一。总的来说,北京市会议市场满足大型国际会议的市场要求的能力还有所欠缺,会议市场国际化水平还有待提高。

3. 专业人才流失严重

近年来,受国内外经济形势的影响,以及会议行业政策的制约,北京市会议专业人才流失严重,目前从业人员相较于历史最高值降低了一成,从业人员数量与六年前基本持平。目前,国内外会议城市逐步关注会议人员问题,不少地方政府纷纷出台优惠政策以吸引会议企业和会议人才落户当地,很多企业也采取多种方式和途径引进、培训会展人才。现今,面对北京市会议人才严重流失这一现状,如何吸引和留住会议人才已经成为北京会议业亟待解决的问题。

4. 季节性供需不平衡

作为现代服务业的一个部分,会议业同时具有服务业的不可储存性和脆弱性等特点,极易受到经济形势和相关政策的影响。容易出现供需不平衡,淡季设施和人员闲置的问题。北京市会议市场具有明显的淡旺季,第一季度作为淡季存在供给过剩的问题,而第四季度作为旺季则会出现供不应求的现象。如何科学评估北京市会议市场不同时期的需求,以及使效率和收益最大化的供给量,在淡旺季之间寻找到合适的平衡点,提高会议场所淡季的使用率,是北京会议市场较为突出的问题。

三、北京会议市场的发展趋势

1. 市场进入稳定发展期

从近年来北京市每年接待会议的市场规模和发展速度来看,北京市会议市场已经进入稳定发展时期。北京市会议市场已经具有一定的规模,同时总体发展速度较为平稳,基本符合产业成熟期的周期规律。这一时期的北京会议市场总体规模不会出现跨越式的增长,而会保持现有规模,可能会出现平缓的增长。会议市场的收入也逐步趋于稳定,基本收回此前的固定投资,利润将获得逐步提升。行业内部将开始结构调整,具有竞争力的企业逐步进行兼并和扩张,产业链将获得进一步延伸和整合,区域化竞争力也将逐步显现。同时不具有竞争力的企业将自然淘汰清出市场,最终使得整个会议行业获得量的提升和质的飞跃。

2. 市场化趋势逐步显现

2012年12月出台的"八项规定",给北京市会议产业带来的一次空前的冲击。无论是会议数量、参会人数,还是会议收入、从业人员,各方数据显示,2013年北京市会议市场出现了断崖式的下跌,止住了一直持续上涨的会议市场发展势头。但同时也给会议市场带来了新的机遇,使北京会议行业各企业重新思考未来的发展方向,深入发掘市场需求,不断调整以更好地适应市场。经过三年的重新市场化调整,北京市会议市场的市场化程度逐步提高,会议产业持续健康发展。截止到2015年,各项数据已经超过"八项规定"之前的水平,表明北京市会议市场已经良好适应了会议市场的新常态,更好地实现了市场化发展目标,将有助于北京会议产业今后的良性发展。

3. 行业标准化取得进展

随着会议业规模的不断扩大,行业标准的制订和推广越来越成为行业规范的重要内容,工作力度有增无减。国家标准层面,国家标准化技术委员会2013年颁布实施了《会展中心(会议中心)服务规范》;行业标准层面,2014年颁布实施了《会议分类与术语》。相关技术的标准化有助于提高会议业经营和运作成本,提高经济效益。

北京市统计年鉴将每年的会议情况编制纳入统计范围,从会议数量、参会人员、会议收入情况、会议接待设施、会议从业人员以及相关的国际会议情况等方面,进行了较为全面的统计,有助于准确反映行业整体发展状况以及在宏观经济中的地位和作用,为产业政策制定和商业决策提供了可靠的依据[①],使得会议产业朝着标准化、专业化的方向发展。

4. 新技术促会议业变革

近年来新技术在会议行业中得到广泛运用,对会议业将产生巨大的甚至是颠覆式的影响。互动多媒体服务器凭借同步播放、异形矫正、三维实时互动等多种功能的融合,可以实现定制化地开发各种互动形式。交互式3D体验可以全程覆盖嘉宾入场迎宾、活动中心舞台的主旨展示及现场互动、活动周边区域的环境导览及嘉宾离场等所有环节,全面提升会议品质。多媒体信息发布系统将汇聚中心服务器端的信息,通过网络按需求迅速、准确地推向分布在各处的媒体发布终端。会议APP将更及时、便捷地为参与者提供议程、嘉宾、公告、服务指南等信息,以及行程安排、会议提示等个性化设置,同

---

① 刘海莹. 会议产业标准化建设初探[J]. 质量与标准化, 2012(8):36-39.

时提升与会者互动和社交体验。视频会议、电话会议、网络会议等线上会议技术的不断开发,将为北京会议业带来新的机遇和变革,同时也将是对线下会议的巨大冲击。

四、针对北京会议市场的发展建议

1.健全宏观管理机制

据悉,北京市将专设会展业管理机构。在机构设置上与发达国家及国际会展奖励业(MICE)接轨,设置独立的北京市会展产业发展促进机构作为行业行政主管部门,将强化政府层面对北京市会议业、展览业和奖励旅游业发展的统筹与宏观调控、部门协调和资源整合等方面的服务功能。应建立健全会议管理制度和工作机制,研究制定会议业管理条例和指导性意见,明确北京市和各区相关部门的定位、职能和作用,积极参与会议的协调和监管,注重政府的宏观指导和调控效果,促进会议行业形成差异化竞争和特色化发展格局。同时,更加合理有效的分配展览业、会议业和奖励旅游业的资源。摒弃以往国内各级政府部门"重展览、轻会议"的观念,会议与展览发展并重,整合全市会议和相关产业,均衡分配资源。重视会议业和展览业的产业合作,实现双赢,同步发展。

2.加快会议市场化改革

近年来,中央提出关于改进工作作风,密切联系群众的"八项规定"以及《中央和国家机关会议费管理办法》的出台和实施,给北京市会议业带来了重大影响,同时也为北京市会议业市场化改革提供了良好的契机。应进一步加强北京市市场环境建设,促进会议资源按市场规律优化配置和有效使用。政府对会议的直接管理将放宽,下放审批权限,简化管理程序,强化市场监管,推动会议业管理的简政效能和行业发展的市场化和专业化进程。取而代之的是推动成立会议行业协会,充分发挥行业协会作用。出台相关配套服务体系建设指导意见,制定相关服务制度标准,加强规范管理。建立会议宣传推广、信息交流、行业培训等公共平台,承担起行业统计、信息发布、沟通协调、行业自律、咨询服务等职能,推动和引导会议经济健康有序地发展。

对于会议服务供应商而言,会议营销面临更高要求。未来在会议行业市场化程度加深后,会议市场将被进一步细分。不断发掘会议产业的发展潜力,更加精准的目标客户群定位显得更加重要。高效、务实、节俭、数字化,是会议产业发展的一个新增长点。

3. 加强产业集群化发展

根据北京市"十二五"规划,结合北京城市空间结构调整和产业发展,以产业集聚和业态创新发展为目标,继续完成四大会展业综合发展核心功能区和六大会议业主导的会展产业集聚板块的建设①。

四大会展业综合发展核心功能区,即顺义新国展片区、奥体会展片区、国展-农展馆片区、首都会展片区(大兴)。依托区内的专业展馆、会议设施和周边配套,大力引进和举办大型展会和国际会议、重大体育赛事、国际性演艺活动,开发会奖旅游(如表2所示)。

六大会议业主导的会展产业集聚板块,即密云龙湾水乡板块、怀柔雁栖湖板块、昌平小汤山板块、海淀稻香湖板块、石景山首钢板块、丰台青龙湖板块。六大会议业主导的会展板块依托区县旅游度假区环境和设施,发展会议业、特色展会、重大节庆活动和民俗演艺,打造各具特色、差异化发展的会展产业集聚区(如表3所示)。

表2 北京市四大会展业核心功能区

功能区	发展方向
新国展片区	以承接大中型展览为主,相关会议为辅,依托新国展(包括二期)及花博会场馆,完善周边服务设施与交通配套,建成具有集聚效应的会展综合服务功能区
奥体会展片区	以承接国际重要会议为主,中小型展览为辅,依托国家会议中心和北京国际会议中心等设施,结合文化科技活动、大型文艺演出和重大体育赛事的承办,打造多业态融合发展的国际会展服务中心
国展-农展馆片区	整合展览场馆及周边的商务酒店资源,实现中小型展览和会议并举发展
首都会展片区(大兴)	结合首都新机场建设契机,以大型场馆(展馆20万平方米以上)建设和"服交会"的品牌培育为启动,留足发展空间(3~5平方公里),在北京南部地区(大兴)全力打造以会展业为龙头、配套齐全、设施一流、与相关生产性服务业融合发展的中国会展航母

---

① 北京市旅游发展委员会,北京市发展和改革委员会.北京市"十二五"时期会展业发展规划[EB/OL]. http://zhengwu.beijing.gov.cn/ghxx/sewgh/t1210510.htm, 2016-07-28.

表3 北京市六大会议业主导的会展产业集聚板块

产业集聚板块	发展方向
密云龙湾水乡板块	依托龙湾水乡国际休闲旅游度假区项目,重点开发高端定制会议、企业年会等会议市场,打造以低碳、绿色、环保为主题,会议与观光、娱乐、度假、康疗、运动休闲等多业态融合发展的会议度假板块
怀柔雁栖湖板块	以申办G20峰会为契机,依托北京雁栖湖国际会议中心设施,整合周边长城、影视、宗教等旅游资源,高起点、高标准打造融会议、节庆、演艺与休闲度假于一体的商务会议休闲度假基地
昌平小汤山板块	依托九华、龙脉、花水湾、御汤泉等温泉度假酒店群,完善提升会展及配套服务设施,深度开发政府、企事业、社团等会议市场及小型专业展会市场,打造温泉主题特色鲜明的会议与康疗养生基地
海淀稻香湖板块	依托现有会议酒店设施及周边良好的生态环境,整合海淀区内高等院校、科研院所、科技园区等优势资源,以亚洲教育北京论坛等品牌提升和培育为重点,大力发展高端学术会议和科研会议接待服务
石景山首钢板块	结合石景山区"首都文化娱乐休闲区"(CRD)的建设,依托北京世界贸易中心,以商务贸易会展为重点,打造京西会展商务区
丰台青龙湖板块	以世界种子大会和中国国际园林博览会举办为契机,依托周边文化休闲旅游项目群,围绕文化多样性主题,打造文化会议产业集聚区

进一步提升中心城区会议设施的服务和接待水平,鼓励会议服务技术创新,加强个性化服务;结合雁栖湖生态发展示范区、青龙湖国际文化会都等重大项目的建设,打造一批高端会议设施场所。

4.重视会议业人才培养

北京市需要加大对会议产业的各种会议组织、策划、接待、服务人才的培养力度,培育和壮大一支熟悉会议组织管理,善于开拓会议市场,强于策划和营销会议的专业队伍,不断提高北京会议业的服务质量和管理水平。

(1)发展会议专业高等教育

重视会议人才培养机制与体系。积极发展会议高等教育,鼓励和支持北京更多的高等院校设立本科及硕士研究生教育层次会展经济与管理专业;增加会议管理相关的课程。对现有会议从业人员和会议管理人员分期分批进行在职培训；以行业协会为主导，与相关国际会议组织或机构合作开展会议高级人才培训或研修项目，形成会议高等教育、职业教育、职业短训相结合的人才培养基地。

(2) 重视会议专业实务操作

充分认识会议专业实务操作性和流程性极强的特性，重视会议高等教育与职业教育的结合，推行理论与实践交叉学习的教育模式。鼓励会议教育定制化，与会议企业合作培养专业人才，实现课程设置模块化、实习活动主题化、理论和实践循环互动的良好机制。注重国际会议培训体系的整体引进，同时结合实际逐步实施本土化内容。

(3) 加强会议人才引进和交流

对符合引进条件的高级会议专业人才，在落户、住房和子女入学等方面提供便利和支持；定期选派会议业相关管理部门公务员到香港、新加坡、欧美等会议业发达国家或地区进修学习。

(4) 对会议人才进行资格认证

开展会议人才职业资格认证工作，形成各个级别和层次的会议管理和会议技术人才评估机制和专业人员聘用体系。

5.全面提升国际竞争力

北京市会议产业将走向国际化，应全面提升北京会议产业的国际竞争力，推动北京成为国际前列的会议城市。北京市会议业国际化提升可以从以下四方面采取措施：

一是会议服务供应商将更多地推行国际化的办会方法，让会议产业更加环保绿色，让会议开展过程更高效、务实、节俭，会议营销和举办更数字化。

二是借鉴国际产业的运营管理模式，成立并发挥会议局、旅游局、CVB（会议观光局）等的作用，提升会议和相关产业的对外营销水平。

三是进一步加强与国际会议的交流与合作，通过与国外具有影响力的会议城市，以及北京的"姊妹城市""友好城市"等合作办会，使"走出去"和"请进来"充分结合。

四是建设与国际会议行业接轨的国际化标准（国际与国外先进标准包括：ISO 25639-1:2008《展览会、展销会、博览会和会议第1部分、第2部分》、ASTM E2741-2011《环境可持续型会议、活动、商业展览和讨论会目的评定及选择规格》等），将是融入国际竞争和提升国际竞争力的有效手段。

参考文献

[1] 北京统计局.22-2 会议及展览活动情况[M].2008 北京统计年鉴.北京:中国统计出版社,2008.

[2] 北京统计局.22-8 会议及展览活动情况[M].2009 北京统计年鉴.北京:中国统计出版社,2009.

[3] 北京统计局.22-10 会议及展览活动情况[M].2010 北京统计年鉴.北京:中国统计出版社,2010.

[4] 北京统计局.22-10 会展业活动情况[M].2011 北京统计年鉴.北京:中国统计出版社,2011.

[5] 北京统计局.22-10 会展业活动情况[M].2012 北京统计年鉴.北京:中国统计出版社,2012.

[6] 北京统计局.22-9 会展业活动情况[M].2013 北京统计年鉴.北京:中国统计出版社,2013.

[7] 北京统计局.22-9 会展业活动情况[M].2014 北京统计年鉴.北京:中国统计出版社,2014.

[8] 北京统计局.22-11 会展业活动情况[M].2015 北京统计年鉴.北京:中国统计出版社,2015.

[9] 北京统计局,国家统计局北京调查总队.规模以上文化创意产业情况[EB/OL].http://www.bjstats.gov.cn/was5/web/search,2016-07-04.

[10] ICCA. ICCA Statistics Report_2015[EB/OL]. http://www.iccaworld.com/,2016-07-24.

[11] 北京市旅游发展委员会,北京市发展和改革委员会.北京市"十二五"时期会展业发展规划[EB/OL]. http://zhengwu.beijing.gov.cn/ghxx/sewgh/t1210510.htm,2016-07-28.

[12] 北京市人民政府办公厅.北京市国民经济和社会发展第十三个五年规划纲要[EB/OL]. http://zhengwu.beijing.gov.cn/gh/xbqtgh/t1434999.htm,2016-03-28/2016-08-01.

[13] 李智玲,周遊,王春才.北京会议产业集聚区的形成与发展研究[J].经济纵横,2009(12):73-75.

[14] 刘海莹.会议产业标准化建设初探[J].质量与标准化,2012(8):36-39.

[15] 何芬."十三五"推动北京会展业发展的思考[J].经济界,2016(1).

2015年北京展览业发展报告

刘畅　刘雅烁[①]

伴随着我国会展经济的快速增长,各城市对会展业的发展也逐渐重视。全国展会分布格局正在发生深刻的变革。作为我国会展业最发达的城市之一,北京展览业的规模和效益始终处于全国前列,多年来培育了一批高端化、国际化的会展品牌。然而,北京展览业的资源优势正在逐渐消退,面临以上海、广州为代表的会展业强市的激烈竞争和以贵阳为代表的高成长性城市发起的挑战,连年出现展览数量和展览面积"负增长"的现象,亟须进行重新定位,实现"提质增效"。

本报告在分析2015年北京市办展情况的基础上,分析北京展览业面临的主要问题,探讨在"京津冀协同发展"与"四个中心建设"背景下北京市展览业的发展趋势,提出北京市展览业的发展建议。

一、北京展览业发展概况[②]

2015年,北京市共举办各类展会415场(如图1所示),占全国办展总量的4.47%,办展数量排名在上海、广州以及重庆之后,在全国各城市中位列第四。整体上来看,北京市办展数量呈下降趋势,以2011年为基准,北京市展览数量年均增长率为-2.92%。

[①] 刘畅,经济学博士,北京第二外国语学院经贸与会展学院讲师,研究方向为会展经济、消费经济。
刘雅烁,北京第二外国语学院经贸与会展学院2014级学生。
[②] 本部分涉及2015年中国展览业和北京展览业数据。其中,2015年中国展览业统计数据来源于《2015年中国展览数据统计报告》。2015年北京市展览业数据统计对象为经贸类展览会、展销会。

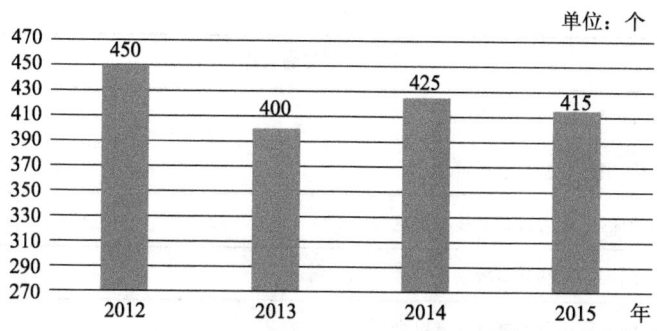

图 1　2012~2015 年北京市办展数量

资料来源：中国会展网(www.expo-china.com)、E展网(www.eshow365.com)、中展网(www.ciec-expo.com)。

2015年,北京市UFI认证展会18个,较上年增加1个,占全国UFI认证展会数量的23.38%。UFI认证展会数量仅次于上海市(上海市UFI认证展会为21个),在全国各大城市中排名第二。

表 1　2015 年北京市 UFI 认证展会

序号	展会名称
1	北京国际航空展
2	中国(北京)国际工程机械、建材机械及矿山机械展览与技术交流会
3	北京国际印刷技术展览会
4	中国国际服装服饰博览会
5	北京汽车用品展
6	中国国际机床工具展览会
7	中国国际安全生产及职业健康展览会
8	中国国际医药(工业)展览会暨技术交流会
9	中国国际石材产品及石材技术装备展览会
10	中国国际石油石化技术装备展览会
11	国际制冷、空调、供暖、通风及食品冷冻加工展览会
12	中国环球美食及酒店设备展览会
13	国际医疗仪器设备展览会

续表

序号	展会名称
14	Metal & Metallurgy China
15	中国国际信息通信展览会
16	上海国际电力设备及技术展览会
17	中国国际集约化畜牧展览会
18	中国北京国际节能环保展览会

资料来源:《2015年中国展览数据统计报告》。

以下通过对2015年北京市各主要展馆办展情况的统计整理,分析2015年北京展览市场特征。

1. 办展数量

2015年,中国国际展览中心举办的展会数量最多,共计130场,占北京市办展总量的31.33%;国家会议中心举办展会82场,占北京市办展总量的19.76%,列北京市第二位;北京国际会议中心共计举办展会70场,占北京市办展总量的16.87%;全国农业展览馆共计举办展会60场,占北京市办展总量的14.46%;中国国际展览中心(新馆)共计举办展览36场,占北京市办展总量的8.67%;北京展览馆共举办展会32场,占北京市办展总量的7.71%;中国国际科技会展中心共举办展会5场,占北京市办展总量的1.2%,如图2所示。

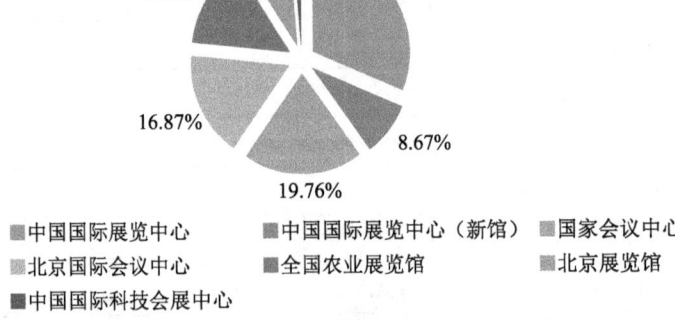

图2 2015年北京各主要展馆展会数量占比

资料来源:中国会展网(www.expo-china.com)、E展网(www.eshow365.com)、中展网(www.ciec-expo.com)。

与2014年相比,中国国际展览中心、中国国际展览中心(新馆)、全国农业展览馆三大展馆所举办的展会数量有所下降,其中中国国际展览中心还达到了自2012年以来的最低水平。国家会议中心、北京展览馆、北京国际会议中心展会数量较上一年增长明显,并且创下自2012年以来的新高。

表2 北京市2012~2015年主要展览馆展会数量

单位:场

	2015年	2014年	2013年	2012年
中国国际展览中心	130	184	230	232
国家会议中心	82	67	44	35
中国国际展览中心(新馆)	36	53	19	34
北京展览馆	32	21	28	30
全国农业展览馆	60	77	41	50
北京国际会议中心	70	17	34	52

资料来源:中国会展网(www.expo-china.com)、E展网(www.eshow365.com)、中展网(www.ciec-expo.com)。

2.办展规模

近年来,北京市办展总面积呈下降趋势,以2011年为基准,北京市展览面积年均下降7.57%。2015年,北京市办展面积520.10万平方米,占全国办展总面积的4.49%,低于上海市(1511.55万平方米)、广州市(861.70万平方米)、重庆市(702.3万平方米),列全国第四位。

在办展面积总量收缩的同时,北京市举办的"大展"数量和规模也远不及上海、广州等城市。2015年,全国TOP100展览项目中北京仅有17个,而上海有65个、广州有27个,深圳有23个。① 2015年,北京市20万平方米以上展会仅有2个,8万平方米以上展会17个(如表3所示),最大的展会展出面积25万平方米,仅列全国第八位。

表3 北京市2015年8万平方米以上展会

序号	展会名称	展会面积(万平方米)
1	2015第20届中国国际汽车用品展览会	25.00
2	中国国际建筑工程新技术、新材料、新工艺及新装备博览会	20.00

① 由于面积相同的展会排名并列,TOP100项目的展会数量为231个。

续表

序号	展会名称	展会面积（万平方米）
3	第十三届中国(北京)国际工程机械、建材机械及矿山机械展览与技术交流会	19.00
4	第十四届中国国际机床展览会	11.48
5	第十四届中国国际门业展览会	11.00
6	第二十一届京正北京孕婴童产品博览会	10.68
7	第63届全国汽车保修检测诊断设备(春季)展览会	10.00
8	第十五届中国国际海洋石油天然气展览会	10.00
9	第五届中国国际页岩气技术及装备展览会	10.00
10	第十九届中国(北京)国际墙纸、布艺展览会	9.87
11	第63届全国汽车保修检测诊断设备(春季)博览会	9.87
12	第十五届中国国际防爆电气技术设备展览会	9.00
13	第十五届中国国际石油石化技术装备展览会 第五届中国国际天然气技术装备展览会	8.56
14	第十六届国际消防设备技术交流展览会	8.56
15	第十五届中国(北京)国际供热通风空调、卫生洁具及城建设备与技术展览会	8.50
16	2015第二十届北京埃森焊接与切割展览会	8.05
17	第十四届中国国际住宅产业博览会暨室内通风及空气净化产品展览会	8.00

资料来源:《2015年中国展览数据统计报告。》

3.展会时间分布

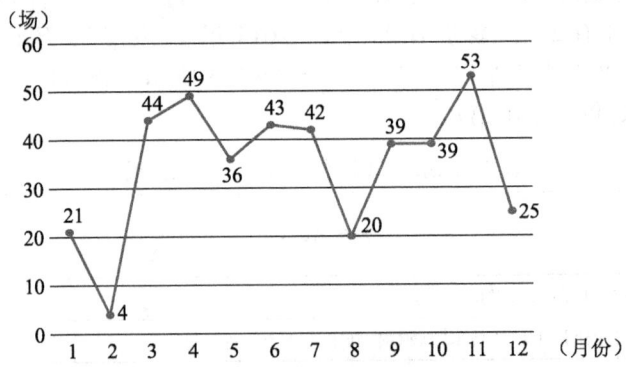

图3　2015年各月北京市主要展馆展览会数量

资料来源:中国会展网(www.expo-china.com)、E展网(www.eshow365.com)、中展网(www.ciec-expo.com)。

第四板块 会展篇

2015年各月北京市办展数量呈现出明显的"淡旺季"特征。全年举办展会数量最多的月份是11月,举办展会53场(如表4所示),占全年展会总量的12.77%;其次是4月,举办展会49场,占全年展会总量的10.6%。

如图3所示,3月、5月、6月、7月、9月和10月的展会数量均在35~45场,分别为44场、36场、43场、42场、39场和39场。可见每年3月到7月、9月到11月两个阶段是北京市的办展旺季。2015年,3月到7月办展数量占全年展会数量的51.57%,9月到11月办展数量占全年办展总量的31.57%。

受春节因素影响,2月北京市办展数量最少,仅有4场,占全年办展总量的0.96%。除此之外,在8月、12月和1月分别出现了夏季和冬季的办展数量低谷,8月北京市办展数量为20场,占全年办展数量的4.82%;12月和1月展会数量分别为25场和21场,合计占全年办展数量的11.08%。

表4 北京市主要展馆各月展会数量

单位:场

月 份	1	2	3	4	5	6	7	8	9	10	11	12
国家会议中心	3	0	13	5	9	9	10	5	6	6	9	7
中国国际展览中心	1	0	4	22	13	16	19	6	7	12	26	4
中国国际展览中心(新馆)	0	0	10	2	4	1	0	2	9	5	3	0
北京展览馆	0	0	2	8	4	5	3	1	3	1	4	1
全国农业展览馆	7	1	8	8	5	5	3	1	6	8	2	6
北京国际会议中心	10	3	7	4	1	7	7	5	6	7	8	5
中国国际科技会展中心	0	0	0	0	0	0	0	0	2	0	1	2
合 计	21	4	44	49	36	43	42	20	39	39	53	25

资料来源:中国会展网(www.expo-china.com)、E展网(www.eshow365.com)、中展网(www.ciec-expo.com)。

就各场馆的情况来看,3月到5月的春季旺季和9月到11月的秋季旺季中,中国国际展览中心的展会活动最为密集,国家会议中心和北京国际会议中心紧随其后。

(1)国家会议中心各月办展情况与北京市各月展会数量分布特征最为接近,2月没有举办展会;3月到7月举办展会46场,占全年办展数量的56.10%;9月到11月举办展会21场,占全年办展数量的25.61%。

(2)中国国际展览中心各月办展数量波动幅度最大,展会扎堆的4月和11月分别办展22场和26场,但1月到3月以及12月办展数量却都不超过5场。

(3)中国国际展览中心(新馆)举办的展会集中在3月和9月,其中3月办展10场,9月办展9场,合计占全年办展总量的52.78%。1月、2月、7月、12月四个月均没有举办展会,场馆空置问题严峻。

(4)北京展览馆所举办的展会集中于第二季度,4月到6月办展17场,占全年办展总量的53.13%,第一季度办展数量最少,仅为2场,三、四季度分别办展7场和6场。

(5)全国农业展览馆全年各月办展数量最为平均:3月、4月和10月办展数量最多,均为8场,2月、8月和11月办展数量较少,其他月份每月办展数量在3场到7场。

(6)相较于北京其他几个主要的会展场馆,北京国际会议中心受淡旺季的影响相对较小,在展览市场最为惨淡的2月仍有3场展览会,在冬季淡季的1月和12月分别办展10场和5场,但在春季旺季的4月和5月办展数量分别为4场和1场。

(7)中国国际科技会展中心举办的展会只有5场,分别是9月举办了2场、11月举办了1场和12月举办了2场。

4.展会展期分布

2015年北京市举办的展会展期一般在2天到4天。全年共有245个展会展期为3天,占展会总数的53.25%;86个展会展期为4天,占展会总数的20.72%;39个展会展期为2天,占展会总数的9.40%,如表5所示。

全国农业展览馆所举办的展会中有6个展期超过了7天。分别是1月举办的"老北京年货大集"展期为15天,6月举办的"苏杭丝绸夏季进京风情节"展期为15天,7月举办的"国防科技工业军民融合发展成果展示交流活动"和"2015消夏生活用品购物节"展期分别为11天和15天,12月举办的"2015冬季羊绒羽绒制品交易会"和"福建大成尚品古典家具直销展销会"展期分别为22天和25天。

表5 北京市主要展馆展期分布

单位:个

	1天	2天	3天	4天	5天	6天	7天
国家会议中心	0	9	55	17	1	0	0
中国国际展览中心(新馆)	0	1	22	11	1	1	0

续表

	1天	2天	3天	4天	5天	6天	7天
中国国际展览中心	1	5	101	19	2	1	1
全国农业展览馆	1	8	14	21	7	3	0
北京展览馆	0	0	24	8	0	0	0
北京国际会议中心	14	16	28	7	3	1	1
中国国际科技会展中心	0	0	1	3	0	1	0
合　计	16	39	245	86	14	7	2

资料来源：中国会展网（www.expo-china.com）、E展网（www.eshow365.com）、中展网（www.ciec-expo.com）。

5. 展会行业类型

参照中国会展网对展览会的行业划分，本文从25个领域对在京举办的展览会进行了分类统计。办展数量最多的十大类别合计办展275个，占总数的66.27%。值得注意的是，2013年，"十大类别"展会所占比重为74.8%，到2014年，这一比重略下降至73.6%，2015年，"十大类别"展会所占比重再度下降至66.27%，说明北京举办的展览会类别集中度逐渐降低，展会类型向着多样化方向发展。

2015年，在北京市举办的各类展览会中，工业/机械/加工类展会数量最多，达到42个，占办展总量的10.12%。按行业划分排名第二和第三位的展会类型是建筑/装潢/五金类展会和食品/饮料/酒类展会。教育/培训/艺术类展会和IT/数码/软件类展会的排名和绝对数量较2014年均有显著提升。从排名上来看，工业/机械/加工类展会、建筑/装潢/五金类展会、教育/培训/艺术类展会和IT/数码/软件类展会排名有所提升，化工/能源/环保类展会排名从2014年的第一位下降到2015年的第四位，生物/医药/保健类展会从2014年的第五位下降到2015年的第八位。汽车/交通工具类展会中新能源汽车相关主题频现，可见业界对相关领域的关注程度越来越高。

表6 北京市展会行业分布

	2015年		2014年		2013年	
	类型	数量(个)	类型	数量(个)	类型	数量(个)
1	工业/机械/加工	42	化工/能源/环保	47	工业/机械/加工	52
2	建筑/装潢/五金	36	食品/饮料/酒	44	化工/能源/环保	50
3	食品/饮料/酒	35	工业/机械/加工	39	食品/饮料/酒	45
4	化工/能源/环保	34	建筑/装潢/五金	36	建筑/装潢/五金	45
5	教育/培训/艺术	27	生物/医药/保健	30	通信/电子	27
6	首饰/珠宝/美容	26	首饰/珠宝/美容	29	生物/医药/保健	24
7	汽车/交通工具	24	汽车/交通工具	27	首饰/珠宝/美容	15
8	生物/医药/保健	20	教育/培训/艺术	22	汽车/交通工具	15
9	IT/数码/软件	16	通信/电子	21	投资/连锁/加盟	13
10	家居/家电/日用品	15	家居/家电/日用品 教育/培训/艺术	18	服饰/皮革/纺织	13
十大类别合计		275	—	313	—	299
全部展会		415	—	425	—	400
十大类别占全部展览比例(%)		66.27	—	73.6	—	74.8

资料来源：中国会展网（www.expo-china.com）、E展网（www.eshow365.com）、中展网（www.ciec-expo.com）。

二、北京展览业面临的主要问题

北京凭借丰富的行政资源、行业资源以及企业总部资源，成为全国展览业龙头，但随着行政力量对会展资源的配置能力逐步减弱，场馆、交通等限制因素凸显，北京展览业的优势逐渐弱化，问题逐渐显现。

1. 发展空间受限

展会通常在短时间内集聚大量物流、人流，对基础设施、道路交通条件等具有较强的依赖性。大型展会虽然能够给举办城市带来经济收益和社会影响力，但也给交通、住宿、餐饮等行业带来较大压力。对于人口膨胀、交通拥堵的北京来说,已经愈发难以承载大型展会物流、人流"大进大出"之重。北京市目前空气质量不佳的状况也在很大程度上影响了会展活动的吸引力,发展空间受限已经成为北京展览业面临的首要问题。

2. 外部竞争激烈

北京展览业面临的外部竞争一方面来自上海、广州等会展强市,另一方面来自京津冀都市圈内的其他城市。

首先,北京展览业面临来自上海、广州的强势冲击。上海市2015年举办了749场展会,是北京的1.8倍;展览面积1511.55万平方米,是北京的2.9倍。广州市2015年办展数量482个,办展面积861.7万平方米,虽然办展数量仅比北京多67个,但广州举办的展会平均办展面积达到1.79万平方米,远远超出北京的1.25万平方米。无论是在办展数量上还是展会面积上,上海、广州都已经全面领先于北京。

此外,北京展览业还面临在京津冀城市群中的重新定位。在京津冀协同发展的进程中,会展业面临"统筹"与"协调"。在天津、河北大力发展会展业,北京疏解非首都核心功能的情况下,北京的展会面临分流。在场馆条件有限、发展空间受限的情况下,北京展览业还能留下什么值得深入思考。

3. 场馆使用率低

一方面受场馆空间限制,大型展对北京"绕道而行";另一方面品牌展"东南飞"流出北京,北京的会展场馆面临着使用率偏低的问题。按照上海市86.21万平方米的室内办展面积,1511.55万平方米的总展出面积,其单位室内办展面积办展次数为17.53次;广州市单位室内办展面积办展次数为16.50次;而北京单位室内办展面积办展次数仅为11.61次,北京现有的会展场馆并没有得到有效的利用。

4. 缺少大型场馆

目前,北京市室内场馆面积44.79万平方米,仅相当于上海的52%,广州的85.7%。最大的会展场馆,也是北京市唯一一个室内面积达到10万平方米以上的场馆——中国国际展览中心(新馆),室内展览面积10.68万平方米,位列全国第十。北京市现有的展馆中,中国国际展览中心建于1985年,北京展览馆建于1954年,全国农业展览馆建于1959年。由于建设时间较早,不可避免地面临空间有限、设施老化的问题,但这三大场馆都位于北京市核心地段,很难实现原地升级和扩建。此外,北京市单个展馆平均面积4.98万平方米,单体场馆多为3万平方米以下的中小型场馆,且难以组合使用。

反观上海、广州的情况:上海市室内展出总面积86.21万平方米,单位展馆面积7.18万平方米,上海国际会展中心室内展览面积40万平方米,上海新国际博览中心室内展览面积 20 万平方米;广州市室内展出面积 52.24 万平方米,单位展馆面积 8.71 万平方米,广州市中国进出口商品交易会展馆 33.80 万平方米。受发展空间限制,北京市中心城区已经不可能再建大型会展场馆,北京市区内缺乏 20 万平方米以上场馆的现状很难改善,而大型场馆的缺乏必然影响北京市承办大型展会的能力。当一些展会动辄需要 20 万平方米以上的展览面积时,硬件条件成为北京展览业的天花板。

三、北京展览业的发展机遇

北京仍然具备促进会展业发展的独特优势。作为首都,北京比一般的大城市更具独特魅力和社会影响力,对于政治类、科技类、经贸类、文化类、公益类、时尚类等各种题材的展会项目都具有较大吸引力。作为国家政治中心与国际交往中心,国际会展活动、中央政府主导的会展一般选择在北京召开。作为国家科技创新中心,北京每年举办大量新技术交流、新产品发布活动。作为国家文化中心与全球设计之都,北京深厚的文化底蕴催生了一批音乐节、艺术节、设计展等文化会展活动。

2015 年 7 月 24 日,京津冀商务部门在天津召开推动落实协同发展战略的工作会议,就共同做好十项工作达成共识。其中第六项是提升会展业发展水平和服务功能。建立京津冀会展业协调工作机制,加强沟通联系,开展合作交流。支持京交会、津洽会、廊洽会举办,建立组团参展机制。坚持信息资源共享,建立三地会展信息资源共享平台。推动会展场馆、会展企业、会展服务单位合作交流、合作办展,实现三地展会、展馆、参展商信息资源共享。随着京津冀一体化进程的推进,京津冀"大展览圈"建设雏形初现,展览业有望在京津冀城市群内实现协同发展,整体布局。一方面,三地根据各自地域特色和产业结构特点,在合理利用展会资源的条件下,合并部分同类型展会以扩大展会规模和影响力,打造"京津冀品牌",形成新的增长极。另一方面,北京会展业发展的产业集群和腹地支撑作用日益增强,有利于北京培育品牌展会,提升现有展会的规模与等级。

四、北京展览业的发展趋势

1. 精品展将成主流

一直以来,大型、综合性展览在大城市"会展经济"中唱着主角,然而在交通条件、场馆面积的短板限制下,北京市展览业的发展特点也越来越清晰——中小型精品展将成为市场主流。行业细分化趋势日益明显,聚焦某一领域专业性的展会将成为未来的方向。随着北京市非首都核心功能疏解工作的不断推进,展览业在京津冀城市群将进行整体布局,各主要城市错位发展,精品、高端展览项目将成为北京市展览的主要类型。

北京市的城市功能定位是全国政治中心、文化中心、国际交往中心、科技创新中心,实施人文北京、科技北京、绿色北京战略,突出高端化、服务化、集聚化、融合化、低碳化,属于典型的"知识型+服务型"城市,在高端服务业、高新技术产业和文化创意产业等方面具有明显优势。根据这一战略定位和产业特色定位,北京市的会展活动定位于国际化、高端化方向。

北京展览业的发展不再单一注重于做大展,而转为探索在北京"政治中心、文化中心、国际交往中心、科技创新中心"的城市定位下,充分发挥资源优势,利用国际影响力举办专业性较强、影响力较大的高端化、精品化展会。

2. 已有展面临整合

"整合"一直是展览行业的热点话题,业内普遍在思考怎样把相关联的展览会整合在一起,淘汰没有增长潜力的展览会,培育一批有创新的展览会。展览业的整合在上海的实践已经取得了成功——法国的爱国食品展和烘焙协会展览会整合成功,人气爆棚;上海工业博览会和汉诺威自动化展览会也成功地整合在一起。在外部竞争激烈、场馆资源有限、大型展览项目相继离开,且京津冀展览业面临统筹布局的背景下,北京展览业有望借鉴上海的成功经验,通过有效的整合,提升办展水平,提升展会竞争力。

3. 规范化程度提高

随着一批新改革政策的实施,会展业的"规范化"也走上了实施道路。2015年3月,由商务部流通中心发起、灵通展览系统股份有限公司等业内龙头企业共同起草的《国内贸易行业标准会展业节能降耗工作规范》正式实施。《会展节能降耗规范》被看作是全国会展业的第一个工作规范,填补了我国会展行业标准,特别是在环保方面的空白。该标准规定了会展业主管部门、展览活动举办单位、展览场馆、会展活动服务提供单位、会展器材制造商5个相关部门节能降耗的工作要求。其中对于会展器材制造商,要求提供各种节能降耗器材,主要包括能够节约材料、重复使用、利于运输、方便使用的展台搭建器具、材料、用品、配件等,这一规定将对会展行业节约资源、减少浪费、控制污染等产生引导与促进作用。此外,《展览用拆装桌》《展览展示器材术语与分类》《标准及特装展位规范要求》等多项标准正在制定过程中,将相继出台。

2015年3月,北京市地方标准《酒店会议展览设施与服务规范》在北京质量技术监督局官网征求意见,该规范是北京市首次设立酒店会议展览设施与服务方面的地方标准。该规范规定了北京市酒店内部的会议展览设施与服务内容标准,并在环境、卫生、安全、管理等方面进行了规范。该规范征求意见稿还包括酒店和展览场馆的建筑、附属设施、电器设备、服务项目和经营管理应符合安全、消防、卫生、节能、环保等现行的国家及本市有关法律、法规、规章和标准的要求。随着一系列国家标准和地方规范的正式出台和实施,北京展览业将率先进入规范化运行阶段。

4."线上线下"相结合

2015年3月,李克强总理在《政府工作报告》中提出"互联网+"概念。互联网思维给展览行业带来深刻影响。在"互联网+"思维下,传统会展业面临转型升级,"线上线下"相结合将成为展会发展的新模式。网络营销、视频直播以及移动互联的应用给介绍和展示产品、互动和体验活动、场内和场外交流提供了新的方式。

"线上线下"相结合意味着线上展示通过手机客户端等方式定期向零售商和生产商提供稳定持续的交易信息,及时反馈零售终端体验需求,使采购商和供应商能够互相掌握对方的信息;线下展会以实体形式展示产品,给采购商直观感受。线下展会将越来越重视产品体验以及参展商与精准目标客户的深入接触,建立直接的面对面联系,主题更加集中,目标更加聚焦。

5.开启差异化竞争时代

面对上海、广州的强势竞争和京津冀城市群的重新布局,北京展览业面临整合,并向着精细化、高端化、规范化、体验化方向发展。以此为背景,各大会展场馆将依据自身规模、软硬件设施水平探索差异化经营模式。办展机构将根据自身的资源条件和市场竞争状况,进一步明确展会定位,使之在参展企业和观众的心中形成鲜明而独特的印象,实现展会间的差异化竞争。

五、北京展览业的发展建议

1.加快区域合作

高质量、专业化的会展企业和服务群体,成熟的旅游业、住宿餐饮业,强大的服务能力、辐射能力和吸引能力是北京展览业的优势所在。然而,北京也面临着交通拥堵、环境污染、场馆规模有限等内外部限制。北京展览业下一步的发展重点是以京津冀协同发展战略为指引,积极推动京津冀"大展览圈"建设,配合京津冀城市群不同城市的特色和未来发展取向,谋求京津冀展览行业错位发展,在京津冀大格局中明确北京展览业的定位。选择性地保留标志性展会,培育精品展会,解决北京展览业发展空间受限、外部竞争激烈等问题。

2. 理顺市场机制

理顺市场机制,借鉴美国、新加坡、香港等地的经验,实行去行政化管理,运用市场力量承担展览业统筹规划、综合管理和公共服务职能。推动各类主体积极进行设施改进、服务升级,形成良性竞争格局。做到目标切合市场实际,题材策划源自市场需求,活动运作符合市场要求,应对举措利于市场发展。

3. 加强组织管理

《国内贸易行业标准会展业节能降耗工作规范》以及北京市《酒店会议展览设施与服务规范》等一系列"标准""规范"的出台,为北京展览业营造了更为有序的发展环境。但展览业的健康有序发展还迫切需要权威、专业的监管机构和行业组织。在监管机构和行业协会的主导下建立会展服务资质评定制度,根据专业展馆标准化体系、国际展览联盟认定标准、展会及展馆统计标准体系、绿色展览标准等统一的标准和要求进行服务资质评定。改进、完善会展统计体系,建立权威的统计监测体系,提高会展统计资料数据的可信度。加强品牌展会的知识产权的保护,打击仿冒、剽窃等非法行为,维护市场竞争秩序。鼓励展馆之间组成展馆联盟,实现资源共享,改善展馆经营模式。加强与国际展览业组织、展览企业的交流与合作,吸收借鉴先进国家和地区及国际知名展览企业在办会理念、展会组织、运作模式、管理方式、展馆设施等方面的先进经验。

4. 完善配套功能

在单体场馆规模较小,场馆设施老化的不利因素影响下,亟须通过完善软硬件配套设施的方式提升北京展览业的服务水平。首先,根据各展馆的发展定位对其进行设施升级和改造,使其能够满足市场需求。其次,对各类场馆进行智能化和信息化建设,支持展馆应用云计算、物联网和移动互联,创造便捷、高效的智能化环境。最后,强化交通、物流、旅游、住宿、餐饮等产业对展览业的支撑作用,推动广告策划、设计、租赁、现场服务等配套产业的快速发展,引导产业链上下游协同发展,提升办展能力和办展质量。

5. 培育品牌展会

展览业品牌经济效应突出,在专业化、精品化的发展趋势下,巩固提升已有的品牌展会,培育与吸引新的品牌展会对于北京展览业的发展具有极其重要的作用。为此,应继续做好北京国际汽车展、科博会、文博会、国际设计周等已有品牌会展,提升其品牌价值和影响力。注重做好"会展后"服务,保持展会影响力的连续性,依托成熟展会,延伸举办新的会展项目。鼓励会展企业及会展项目按照UFI等国际通行标准进行运作,争取更多会展企业及会展品牌通过UFI认证。结合北京城市功能定位和战略性新兴产业、文化创意产业发展情况,培育一批定时定址的品牌展会。

6. 促进融合发展

促进"互联网+"对会展业的深度渗透,推动"互联网+会展"融合发展,努力将北京会展业提升到新的高度。"互联网+"向会展业的渗透,一是运用互联网技术提升传统的会展业,运用物联网、云计算、大数据等技术,推进智慧会展场馆建设,实现对观众信息发布、客户关系管理、参展商实时监控、后期数据挖掘等功能,提升会展活动的效度、精度、广度和深度,提升参展体验。二是发展"互联网+会展业"产生的新业态,即网络会展,建立专业化的网络平台(不同于一般性的展会信息网站),对产品进行全方位、多维度的宣传与展示,并借助网络技术完成举办方、参展商、采购商之间的磋商与交易。同时,对一些需要触摸、品尝的产品,将网络会展与传统实体展会相结合,更好地实现宣传展示与促进交易两大功能。

参考文献

[1] 中国会展网(www.expo-china.com)。
[2] 中国国际贸易促进委员会(http://www.ccpit.org)。
[3] 中国会展经济研究会(http://www.cces2006.org/)。
[4] 中国会展经济研究会.2015年中国展览数据统计报告[Z].
[5] 中国国际贸易促进委员会广东省委员会.2015年广东省展览业发展白皮书[Z].
[6] 何芬."十三五"推动北京会展业发展的思考[J].经济界,2016(1):69-76.

第五板块

热点问题篇

京津冀旅游一体化报告

刘霄泉　秦静　唐承财　厉新建①

一、京津冀旅游一体化的发展历程

在京津冀合作概念提出至上升为国家战略的几十年间,京津冀的多方面合作发展经历了大致三个阶段。1984~2009年为合作早期阶段。此阶段的京津冀合作主要是通过高层会商,解决地区间的物资调剂。市场力量不充分,难以在三者中形成合力,效率很低,政策衔接性差,三地产业结构既雷同又竞争,没有形成互补的格局,各方分歧依旧,京津冀经济一体化停留在理论方面。2010~2013年京津冀进入积极合作的新阶段。此阶段京津冀三地合作有了实质性进展,开始从务虚转为务实。该阶段的发展重点是三地的顶层设计与区域发展规划,以及基础设施的一体化建设。自2014年起,京津冀进入全面合作阶段。此阶段京津冀协同发展上升为国家战略,京津冀一体化发展得以加速推进与落实。京津冀三地双边合作框架协议初步搭建完成,深度对接的协同发展"路线图"逐渐清晰。

由于旅游业对相关产业高度依附性的自身特点和对相关政策、资源的依赖,旅游合作与京津冀合作紧密相连,基本同步调发展。故我们将京津冀旅游一体化发展历程按照京津冀一体化的合作历程进行分类总结。

---

① 刘霄泉,博士(后),讲师,北京第二外国语学院旅游规划系主任,研究方向为区域旅游与区域产业。
秦静,博士,北京第二外国语学院旅游规划系讲师,研究方向为旅游城镇、旅游信息化。
唐承财,博士(后),副教授,北京第二外国语学院旅游管理学院院长助理,研究方向为区域旅游与生态旅游。
厉新建,博士,教授,北京第二外国语学院旅游管理学院院长,研究方向为旅游经济。

1. 早期发展阶段(1984~2009年)

早期的京津冀旅游合作处于探索阶段,合作主要停留在观念和宣传上。

京津冀是国内最早提出区域旅游合作的地区。早在1985年就成立了京东旅游区,致力于京东地区两市一省旅游资源的开发和景区的合作,这个区域包括北京平谷的金海湖,天津的盘山、黄崖关、蓟县和河北省的清东陵等,也创造了一些行之有效的联合开发、联合营销的合作方式,效果也较为明显。1987年,北京旅游学会联合天津旅游学会、河北旅游学会,在北京密云白龙潭召开了第一次"京津冀区域旅游合作研讨会",与会的代表对京津冀区域合作都表达了强烈的意愿,也促使研讨会每年召开,专家学者探讨区域合作问题。而且参与的省市越来越多,一直到后来发展为北方十省市旅游联谊会,并促成了每年一届的"北方旅游交易会",由各地轮流举办。2003年9月19日至21日,京津冀三地旅游局还在北京中华世纪坛广场举办了"京津冀旅游宣传周"活动。2007年签署了《京、津、冀旅游合作协议》,对京津冀旅游一体化进行了实质的探讨和操作。2008年8月,奥运会在北京的举办,成就了京廊地区休闲旅游的快速发展,使京廊地区及其紧邻地区的优先旅游呈现快速发展的增长之势。

总的说来,此阶段的旅游合作尽管开展时间较长,但受京津冀合作的分歧的影响,效率较低。多种旅游合作形式持续时间不长,合作范围边界不明确,合作实质多停留在学者的理论层面,实质发展受阻,还停留在形式单一、规模有限、参与不足、随意性强的较低层次上。

2. 积极合作阶段(2010~2013年)

第二阶段京津冀旅游合作有了实质性进展,开始从务虚转为务实。

本阶段,京津冀旅游开始了实质的发展。交通网络得以建设,京津冀旅游网络综合开发一体化得以发展。京津城际铁路、京津高速和京蓟高速,拉近了北京与天津的时空距离。京承高速、国道110、京包高速公路、国道108、国道111提级改造,河北省境内张石高速建成,京广高铁建成通车,三地实现全面对接,为旅游发展建设了良好的先决条件。2010年11月,河北提出"环首都经济圈"的构想,在2011年1月河北省政府发布的发展实施意见中,就将休闲度假观光列为其环首都"13县1圈4区6基地"服务首都、对接北京的部署的一部分。天津推动成立的包括津、冀、辽三省的"环渤海港口城市旅游合作组织",2012年9月签署的《区域联合共谋发展》旅游合作协议对16市未来邮轮航线、房车和低空飞行旅游等新业态的合作协同。2010年8月签署了《区域旅游廊坊合作协议》。此后京津冀联合推出了多种样式的公园联票旅游年卡,涵盖京津冀多个景区,推出精品京津冀旅游线路数条。

京津冀一体化战略开始进入实质性推进阶段,该阶段的旅游发展重点在于基础设施的一体化建设,现代便捷的立体交通网络极大拉近了京津冀区域旅游协同发展的心理距离,但仍然保有巨大的提升空间。各种交通圈的建立深刻影响着居民出游方式、出游理念的转变。然而,从京津冀区域旅游业的整体素质看,仍处于一种高速度低质量的发展状态,旅游服务滞后、旅游产品单一、缺乏规模经济和规模效益,是三省市旅游业普遍存在的共性问题。

3. 全面合作新阶段（2014年至今）

这一阶段为京津冀旅游一体化发展加速推进与落实时期。

此阶段的旅游得益于良好的发展机遇,各项工作加速推进落实。2014年5月,《京津冀旅游协同发展第一次座谈会纪要》经三地旅游部会签。开展十项合作,明确要尽快建立健全京津冀旅游协同发展工作机制,互相拓展旅游市场,加强对旅游产业发展、规划编制以及项目建设等重大问题统筹,加快推进旅游组织、市场、管理、协调一体化。由北京市旅游委牵头,深入推进三地旅游业协同发展。座谈会至今开展六次,先后确立了"一区、一卡、一网、一政策"落实;京津冀交界处道路旅游交通标志牌建设,旅游宣传品,游融资对接会,旅游主题活动,旅游投诉处理协调机制和旅游执法合作机制,京津冀旅游直通车。签订了《京津冀旅游集散中心直通车同业协会项目合作意向书》和《京冀自驾游房车露营协会旅游战略合作意向书》等合作意向书。

得益于京津冀旅游资源的天然互补优势,错位发展的空间巨大,环京津休闲旅游产业带初具规模,京津冀区域旅游合作发展态势较为良好,基本实现首都功能疏解、推进京津冀协调发展的目的。目前,京津冀旅游的基本方向形成,发展中存在的区域"屏障"问题也有望在未来发展中进一步解决。

二、京津冀旅游一体化的现状与问题

（一）京津冀旅游一体化现状

京津冀地区处于华北腹心地带,共包括北京、天津两直辖市以及河北省11个地级市,区域总面积为21.78万平方千米。2015年地区生产总值约为69312.9亿元,占全国的10.2%,是继"长三角"和"珠三角"后的第三大经济增长极。京津冀城市群地缘相接、文化一脉,历史渊源深厚,不仅自然及人文旅游资源极其丰富,而且品位价值高。北京凭借其自然、人文、历史等景观优势和政治中心地位成为全国中心旅游城市;天津近代人文旅游资源丰富,以近代文化、民间文化、欧陆古典风情最为显著;河北省旅游资源类型多样,兼具海滨湖岛、森林草原、山岳秀水、冰雪温泉等风貌,而且无论是数量还是品质都对游客有较强的吸引力。京津冀地区地域相连、人口密集、区间来往频繁，是高密型、流量大的旅游圈，三地一直互为旅游客源市场和旅游目的地。京津是河北居民都市旅游的主要目的地，河北也成为京津常住居民休闲度假，尤其是短程休闲的主要目的地。①

京津冀共拥有5A级景区15个、4A级景区210个，约占全国4A级以上景区总量的15.2%（如表1所示）。从京津冀旅游资源空间分布现状来看，京津冀三地旅游资源丰富，不同类型的资源在空间上具有互补性。区域高等级旅游资源主要集中在北京、天津、石家庄等地，三地4A级以上旅游资源数量相差不大，河北最多，北京次之，天津较低。就旅游资源来讲，河北在三地中数量最多，在全国各省市中也位居前列，然而河北的旅游收入（如表2所示）和其旅游资源的丰富度相比呈现一种不匹配的态势，旅游城市的整体水平和北京、天津相比还有一定差距，这说明河北的旅游资源潜力尚未得到有效发挥。

表1 京津冀主要旅游资源类型分布现状

单位：个

省 市	5A级景区	4A级景区	国家级文物保护单位	世界文化遗产	国家级风景名胜区	国家级自然保护区
北 京	7	65	98	6	2	0
天 津	2	30	14	0	1	0
河北省	6	115	161	4	7	11
石家庄	1	27	25	0	3	0
保 定	2	11	47	0	1	0
秦皇岛	0	15	7	1	1	2
承 德	1	8	12	1	1	5
唐 山	1	11	10	0	0	0
张家口	0	12	25	0	0	3
邯 郸	1	13	16	0	0	0
廊 坊	0	6	1	0	0	0

① 王兴斌.京津冀抱团取暖 "首都旅游圈"区域大协作[EB/OL].中国经济网,2014-07-08.

续表

省 市	5A级景区	4A级景区	国家级文物保护单位	世界文化遗产	国家级风景名胜区	国家级自然保护区
邢台	0	8	10	0	1	0
沧州	0	2	6	1(大运河遗产点)	0	0
衡水	0	2	2	1(大运河遗产点)	0	1

数据来源:各城市社会经济发展统计公报以及政府旅游官方网站。

此外,从旅游经济收入(如表2所示)来看,2008～2013年北京和天津两个城市各自的年旅游收入均比整个河北省的旅游收入高,京津冀区域旅游空间发展差异较大。2014～2015年,河北省旅游收入有了较高的增长,超过天津市,区域之间旅游差异逐渐缩小。同时由图1可知,北京、天津旅游总收入近似直线匀速增长,河北收入从2010年开始呈指数增长态势,说明京津冀旅游一体化发展,对三各地区旅游业发展均有明显的带动,尤其是对河北省旅游发展带动较大,京津冀旅游协同发展缩小了区域间旅游发展的差距。

自2004年京津冀区域旅游合作的概念提出开始,三地旅游部门一直在积极探索如何统筹区域旅游协调发展,加快旅游市场一体化,通过有效合作发挥联合优势。目前三地已联合推出旅游一卡通以及经典旅游线路,增加了三地间旅游车次,通过各自旅游平台进行产品和线路的组合推广营销以及相互宣传。下文我们将从政策、交通、产品开发等方面详细介绍京津冀旅游一体化现状。

表2 京津冀2008年以来各城市年旅游收入

单位:亿元

省 市	2008年	2009年	2010年	2011年	2012年	2013年	2014年	2015年
北京	2219.2	2442.1	2767.9	3216.2	3626.6	3963.2	4280.1	4607.0
天津	880.3	1029.0	1236.0	1487.7	1788.6	2135.6	2555.0	2794.25
河北省	534.33	670.74	879.4	1224.33	1549.27	2003.88	2561.49	3433.97
石家庄	91.0	101.0	132.3	200.6	268.6	332.9	436.4	590.49
保定	93.53	116.1	141.1	211.6	230.9	318.7	409.7	627.23
秦皇岛	72.8	96.1	147.4	172.8	202.35	256.3	293.6	362.37

续表

省　市	2008年	2009年	2010年	2011年	2012年	2013年	2014年	2015年
承　德	50.6	72.2	91.5	126.0	162.0	204.0	265.0	338.2
唐　山	48.0	62.7	77.0	130.8	170.52	214.8	256.7	310.34
张家口	29.8	38.3	58.8	86.5	128.0	183.53	237.6	356.5
邯　郸	49.8	59.6	76.3	98.6	135.0	175.0	235.0	338.07
廊　坊	45.8	52.1	62.5	79.1	99.1	126.3	152.8	201.93
邢　台	27.1	31.2	41.5	51.5	66.4	82.15	106.9	140.28
沧　州	16.7	28.5	33.2	42.13	53.0	65.0	78.9	98.8
衡　水	9.2	12.94	17.8	24.7	33.4	45.2	53.1	69.76

资料来源：各城市社会经济发展统计公报以及政府旅游官方网站。

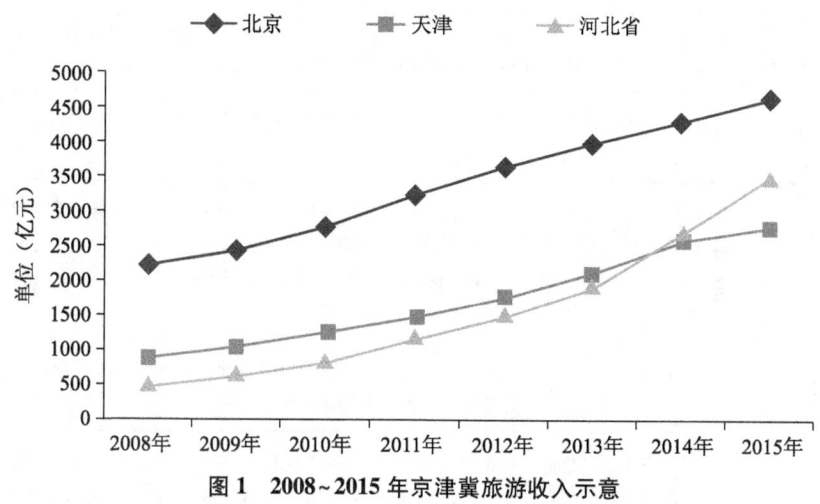

图1　2008～2015年京津冀旅游收入示意

1.政策

自20世纪80年代以来,京津冀三地政府通过共同举办会议、出台相关政策等进行区域旅游合作,为京津冀旅游一体化发展创造了良好的政策环境。2000年以来三地政府更是加强了相互之间的合作,旅游一体化发展也由开始的务虚逐步转向务实,以及全面推进的阶段。近些年京津冀区域合作内容主要包括:召开区域旅游合作研讨会并开展区域旅游宣传活动、出台区域发展战略、签订旅游合作协议、制定协同发展行动计划等,详细如表3所示。

表3 京津冀区域旅游合作行动

时　间	合　作　内　容
1987年	由北京旅游学会联合天津旅游学会、河北旅游学会,在北京密云白龙潭召开了第一次"京津冀区域旅游合作研讨会"。
2003年	京津冀三省市旅游局在北京举办了"京津冀旅游宣传周"活动。
2004年	5月18日,京津冀三地初步达成"京津冀无障碍旅游共识"。
2005年	8月24~26日,京津冀—港台(3+3)旅游合作大会于廊坊召开,京津冀首次以一个整体的形象向港澳台旅游界联合推介;8月28日,环渤海11城市旅游管理部门在北方环渤海区域合作论坛上共同签署《中国北方环渤海11城市旅游区域合作框架协议》。
2006年	环渤海16港口城市旅游合作组织在大连举办第二届年会;国家发改委区域司和建设部启动对"京津冀"城市群发展规划的研究。
2007年	4月,天津市旅游局举办"京津冀旅游合作会议"。
2008年	3月28日,河北省的11个市被纳入《京津冀都市圈》发展规划中。
2009年	1月21日,京津冀"名胜风景文化休闲年票合作启动仪式"在北京举行;5月18日,三省市共同签署了"京津冀旅游合作协议"。
2010年	5月27日,京津在京召开深化经济社会发展合作座谈会,双方对继续合作的相关内容达成共识;7月1日,津保两地签署旅游合作协议,达成京津冀旅游区的共识;11月7日,"首都圈发展高层论坛"提出,北京地铁将向冀延伸;"首都圈"将列入北京"十二五"规划。
2011年	12月1日,2012京津冀名胜文化休闲旅游年卡首发新闻发布会在北京市政协会议中心隆重举行,正式发售京津冀名胜文化休闲旅游年卡。
2013年	12月3日,第五届"9+10"区域旅游合作会议在北京召开。会议提出,积极引入市场机制,提升区域旅游合作水平,并达成"北京共识",成立"9+10"区域旅游合作四大联盟。"9+10"即环渤海地区5省市(北京市、天津市、河北省、辽宁省、山东省)、环北京4省区(内蒙古自治区、陕西省、山西省、河南省)以及国内10个热点旅游城市(北京市、上海市、重庆市、西安市、杭州市、南京市、昆明市、成都市、哈尔滨市、桂林市)。
2014年	5月,中国·廊坊国际经济贸易洽谈会旅游产业对接会召开。河北省与北京、天津等地签署了多项与旅游合作有关的项目。对接会共推出了6个旅游产业聚集区、14个重点旅游招商项目以及两条精品旅游线路供各方协商洽谈,寻求合作。

续表

时间	合作内容
2015年	4月28日至10月31日,"2015京津冀国际旅游季"在京东香河的中信国安第一城举办;6月17日,由北京市旅游委、天津市旅游局、河北省旅游局联合举办的"京津冀旅游投融资项目推介会"在北京国家体育场鸟巢举行。
2016年	8月,《京津冀旅游协同发展行动计划(2016~2018年)》出炉,京津冀旅游将建三地17市、县(区)协同发展示范区;9月25日,以"旅游,让京津冀共赢共享"为主题的京津冀旅游协同发展论坛在河北涞源县举行。

资料来源:由政府旅游官方网站资料整理得到。

2.交通

旅游交通是实现旅游不可缺少的手段,旅游交通的兴旺和发达对旅游业的发展起着巨大的推动作用。[①] 京津冀地区是我国交通网络最为密集,硬件基础设施最好的地区。目前铁路的运营里程是全国平均水平的3.4倍,高速铁路覆盖了近80%地级及以上的城市,高速公路的平均密度也是全国水平的3.1倍,区域内已经建成了京沪、京广等放射性干线公路、铁路,以及11条国道和纵横交错的网络,联通了京津冀地区所有的13个地级及以上城市和大多数县城。其中,首都机场是我国重要的国际航空枢纽,天津是我国北方国际航运中心。京津冀区域已经初步形成了以北京为中心,以高铁和高速公路为骨干,普速铁路与港口机场共同组成的放射全层的综合交通网络。旅游交通网络体系已经逐步由发展向成熟阶段过渡。

高速公路发展现状:津冀地区旅游交通方式多样化,高速公路网发达,国道、省级公路、市县级和乡镇公路星罗棋布,客货流量频繁,目前跨省级行政区之间公路旅游发送游客方式选择上,绝大多数还是以高速公路输送游客为主。在京津冀高速路网中,京津冀地区形成以北京为核心的放射状路网结构。国家高速公路网中京哈高速、京沪高速、京台高速、京港澳高速、京昆高速、京藏高速和京新高速7条首都放射线,长深高速、济广高速、大广高速3条纵向高速公路和荣乌高速、青银高速、青蓝高速3条横向高速均穿过京津冀地区,为京津冀地区提供了有利的对外联系通道。京津高速、京津塘高速、沿海

[①] 侯学钢.江西省旅游交通综合规划[Z].城市规划汇刊,2001.

高速、唐曹高速、唐港高速、东港高速、威青高速等疏港高速通道为内陆旅游区与沿海港口间提供了便捷联系,提高了区域游客集疏能力。

铁路发展现状:京津冀地区有中国最密集的铁路网络,具有最好的旅游交通发展基础。京哈铁路、京广铁路、京九铁路、京沪铁路等多条国家干线铁路在本区域通过,增强了本区域的对外联系。大秦铁路、丰沙大铁路、京原铁路、朔黄铁路、石太铁路、邯长铁路等也在本区域经过,通过地方铁路与之有机衔接,建立了较好的集疏铁路系统。随着中国高速铁路的快速发展,京津冀区域内2020年将规划建设多条高速铁路线路,青太高速铁路、京广高速铁路、京沈高速铁路、津秦高速客运专线、津保高速铁路等多条干线铁路经过本区域,其中京津城际铁路等已于2008年建成通车,京沪高速铁路2011年6月底通车,其余铁路客运专线已启动或即将启动。

水路港口发展现状:京津冀地区通过港口城市发展旅游刚刚起步,但发展潜力巨大。环渤海湾地区"C"字形的海岸线上密布着60多个大小港口,当前大致形成南部以青岛港为核心,以龙口港、威海港和烟台港为主要支线港的山东港口群,以及东北部以大连港为核心的辽东半岛港口群;京津冀地区港口群承北启南,以天津港为核心,以秦皇岛港、唐山港、黄骅港为主要支线港,发展旅游具有天然优势。港口腹地覆盖的东北、华北、西北等广大地区旅游资源丰富,腹地宽广,人文历史厚重,既是重要的旅游地理区位,也具有广阔的旅游发展潜力。

机场发展现状:机场是当代快速旅游交通实现的重要载体。京津冀地区机场体系形成了以北京首都机场为核心,天津、石家庄机场为枢纽,若干支线机场和空港穿插分布的网络化格局。2015年旅客吞吐量达到8994万人次,已连续6年稳居全球机场第二位。天津滨海国际机场是北京首都国际机场的固定备降机场和分流机场,是国内干线机场、国际定期航班机场、国家一类航空口岸,中国主要的航空货运中心之一,是国内少数几个双跑道运行的大型机场之一。① 石家庄正定国际机场为国内4E级干线机场,是首都机场的备降机场和分流机场,中国北方重要的国际航空货运中转基地。由表4和图2可以看出,三个机场游客吞吐量从2010年到2014年都有一定程度的增长,首都机场及天津滨海机场游客吞吐量相对于河北正定机场增量幅度较大,河北机场6年持续较低速度的增长;首都机场的游客吞吐量远远大于天津滨海机场与石家庄正定机场,存在北京机场严重超负荷、天津机场"吃不饱",而河北机

---

① 天津滨海国际机场官网[EB/OL]. http://www.tbia.cn/cn/index.do.

场"吃不着"的现象。

表4 2010~2015年京津冀主要机场游客吞吐量及起降架次

年份	游客吞吐量(人)			起降架次(次)		
	北京/首都	天津/滨海	石家庄/正定	北京/首都	天津/滨海	石家庄/正定
2010	73 948 114	7 277 106	2 723 596	517 585	85 034	51 929
2011	78 674 513	7 554 172	4 021 167	533 166	84 831	54 903
2012	81 929 352	8 139 988	4 852 071	557 159	83 700	54 647
2013	83 712 355	10 035 833	5 110 536	567 757	100 729	51 980
2014	86 128 313	12 073 041	5 601 017	581 952	114 557	56 216
2015	89 939 049	14 314 322	5 985 389	590 199	125 693	56 728

资料来源:民航部门统计数据。

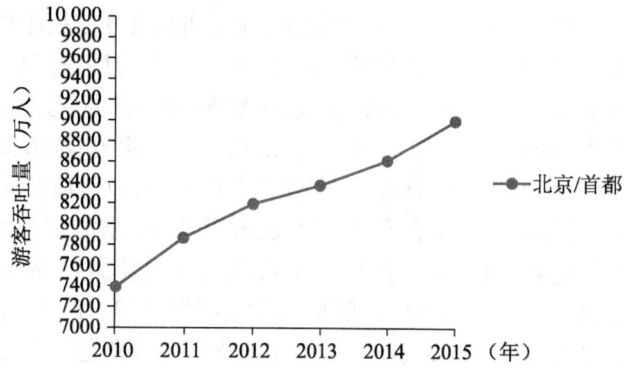

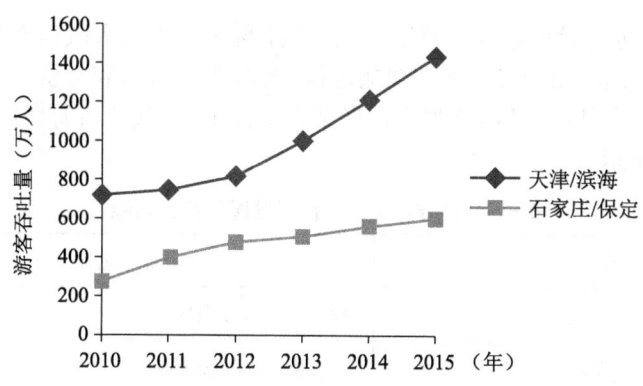

图2 2010~2015年京津冀主要机场游客吞吐量示意

3. 产品开发

近年来,在旺盛的旅游消费带动下,京津冀地区以"旅游+"为符号的新业态不断涌现,旅游产品升级与创新发展不断加快。

精品旅游线路产品:京津冀三地本着共同整合区域旅游资源、共塑区域旅游品牌的原则,大力推进旅游市场一体化建设,以"一本书、一张图、一张网"为切入点,联合开发精品旅游线路,共同举办旅游推广活动。自2014年以来,京津冀旅游部门已联合发布旅游线路56条,开通京津冀旅游直通车40多条,有效促进了三地旅游协同发展。2014~2016年,三年主要旅游线路产品具体如下:

2014年,京津冀三地联合推出10条"红色旅游"线路、丰富的春季及冬季旅游产品,涵盖200多个三地景点。

2015年,三地共同推出旅游精品线路,包装旅游产品,联合编制一本旅游路书、一张旅游电子地图,并确定网络联合营销方案。2015年春节前,三地联合推出冬季旅游产品,并联合开展"旅游惠民大拜年"活动。

2016年,由北京市平谷区、天津市蓟县、河北省遵化市、三河市、兴隆县携手打造的京东休闲旅游区,在共同推动乡村休闲旅游协同发展的基础上,依托京东五地皇家文化产品、红色教育基地、山林地貌等资源,推出串联三地旅游景点的6条休闲旅游精品线路,分别为:京东皇家文化游、燕山文化体验游、洵河流域美食游、京东精品商务游、冀东抗日红色游、特色地质科普游。

乡村旅游产品:在推进京津冀协同发展的进程中,京津冀三地在休闲观光农业旅游方面优势互补,共同推出休闲农业与乡村旅游精品线路,共同开发乡村休闲度假产品,实现了市场、信息、资源、线路共享,不仅打造了京津冀休闲农业一体化发展新格局,同时也带动农村地区,特别是"环京津贫困带"地区的经济发展。

旅游协同发展示范区(拟建):依托京津冀协同发展大战略布局,突出全域旅游发展理念,结合各地旅游功能定位、旅游产业布局和经济发展水平,京津冀三地17个县(市、区)将携手开展试点示范工程,共建旅游协同发展示范区(如表5所示)。

表5 京津冀拟建旅游协同发展示范区名称

合作区域	示范区名称
平谷、宝坻、蓟县、兴隆、遵化、三河	京东休闲旅游示范区
密云、延庆、承德、张家口	京北生态(冰雪)旅游圈

续表

合作区域	示范区名称
延庆、张家口	京张体育文化旅游带
房山、保定	京西南生态旅游带（包含京西百渡休闲度假区）
武清、廊坊	京南休闲购物旅游区
滨海新区、唐山、沧州	滨海休闲旅游带

智慧旅游产品：随着京津冀区域旅游一体化加速推进，三地通过旅游信息化和产业合作，以实现旅游信息共享、全面提升智慧旅游为重点，三地旅游部门建立了旅游网站联席会和旅游咨询服务合作机制，推进旅游信息平台建设。包括建立京津冀旅游网络平台、京津冀电子商务平台、京津冀旅游景点属性库，并且在"i游北京"APP 的基础上，规划设计涵盖三地旅游的 APP 软件，信息将涵盖京津冀旅游景点、住宿、餐饮、旅游线路、旅游路书、电子地图、旅游资讯、主题活动、旅游产品等。

（二）京津冀旅游一体化存在的问题

1.行政壁垒难以打破，竞合关系不畅

从 1986 年环渤海地区经济联合市长联席会到 2004 年环渤海区域合作框架协议，再到 2008 年由北京发起的"9+10"区域旅游合作格局，以及京津冀三地签署的《京津冀旅游合作协议》，2013 年入境旅游、旅游媒体、旅游研究机构、旅游投资的"四大联盟"的成立，都为区域旅游合作奠定了重要的基础，为区域旅游市场的开发带来了机遇。然而，从会议、协议到政策落地、市场运行仍然具有漫长的距离，这其中，行政壁垒的存在和竞合关系不畅，仍然是制约一体化进程的重要因素。受行政因素影响严重，长期以来的地方本位和地方保护，决定了京津冀区域旅游没有形成明显的合力，三地的实质性合作进展缓慢。

长期以来，三地的旅游规划尽管也考虑到京津冀区域发展的背景，但是旅游规划与发展仍然以自身发展为中心，未从全局的角度考虑各自的功能定位，而是希望借助国家和区域政策，在竞争中获得更多的机会。这导致了三地以自我为中心，各自为政，自行发展打造旅游项目和景点，给京津冀区域旅游一体化造成很大阻力。而且各级行政区域和企业过分强调自身利益最大化，缺乏整体和区域全局的思想，严重影响了区域旅游一体化的进程和水平。

作为国家首都和历代古都,北京长期以来在全国旅游城市中具有不可替代的地位。2015年,北京年接待游客量居全国十大热点旅游城市第一位,接待入境游客420万人次,占全国的31.6%;接待国内旅游总人数2.69亿人次,占全国的6.7%。国家旅游局入境旅游抽样调查数据显示,在北京的524个入境游客中,只有25个会选择去天津,14个选择去河北;反过来在河北调查的810个游客中,会有478个人选择到北京去,196个选择到天津去。这反映出,北京作为重要的京津冀地区的旅游吸引中心和我国对外旅游的门户,并没有发挥京津冀地区枢纽的作用,对整个区域输送游客的能力十分薄弱。①

2.区域合作形式有限,产品开发滞后

目前比较成形的京津冀旅游合作内容仍然停留在完善交通道路设施,搭建网络信息平台,通过旅游一卡通、交通卡通用化,降低区域通信成本,提供旅游路书等增加旅游便捷度等几个方面,实质性旅游合作仍然处于初始阶段,旅游业与一二三产广泛联系的特性,既成为旅游业推动区域合作的重要原因,也成为约束旅游区域合作的核心因素。推进跨区域旅游合作,不仅需要相关旅游政策的支撑,也需要与旅游开发相关的其他政策的支撑,而受制于行政壁垒的存在,相关的政策支撑仍然力不从心。

尽管京津冀旅游一卡通开通多年,2016年已包涵京津冀地区121家景区,然而从景区的名录来看,京津地区的景区虽基本稳定,但大多数是知名度较低的景区,且主要以满足京津冀境内居民小微旅游需求为主,河北省内的景区景点则每年均存在一定的变化,主要原因是参加一卡通年票活动没有让景区的旅游收益增加或者景区的接待量仍然有限,根本无须使用门票来进行调控,导致景区缺乏参与的积极性。② 因而总体上来看,京津冀旅游一卡通尽管对方便区域内居民旅游发挥了作用,但对于引导全国旅游流和入境旅游流从北京向京津冀地区扩散,并没有发挥作用。在区域间交通不断完善的同时,河北境内的交通条件仍然明显落后于北京和天津地区,尽管京津冀地区已经开设了多条旅游直通车,但仍然需要面对交通时间长、交通条件较差等问题对现有景区旅游发展的约束,且因三地间的行政管理需求,三地跨境旅游仍然要受到交通关卡的限制。总体来看,现有合作仍然停留在搭平台的阶段,对实质性合作的推进起到的作用仍然有待加强。

---

① 参考厉新建在"京津冀旅游协同发展论坛"上的讲话《京津冀旅游一体化的机制与路径》(http://news.jingyannet.com/newsshow-366550.html)。

② 刘萃.区域旅游统筹开发的利益均衡机制研究——以京津冀地区为例[D].石家庄:河北师范大学,2010.

与此同时,由于长期的各自发展,河北的旅游产品与北京、天津存在着严重的产品同质化,使得区域间更多地存在产品间的竞争,而非合作与互补,从而进一步限制了河北省的旅游承接及发展能力。京津冀三地的旅游资源开发和旅游产业发展缺乏明确的差异化和互补发展的思路,一方面,资源开发重叠化,三地对文化资源的开发都相对优于其他资源,而相对于北京更有优势的河北的自然资源和度假游开发、天津的港口资源和休闲游开发,仍然比较落后,未能突出区域的个性化特点,存在无序竞争;另一方面,区域未形成良好的发展合力,在区域资源整合不足的情况下,本应通过联合开发、突出资源规模和综合品质的发展未能实现,同类资源存在重复和恶性竞争,未能最大程度挖掘旅游资源的潜力。

　　跨区域的旅游产品开发仍然受制于土地开发政策、区域旅游规划和地区间行政管理等政策因素的影响,旅游产品因行政区隔而需要分开管理,管理手段和方法也存在巨大差异,不利于旅游产品整体效益的发挥。例如,古北水镇毗邻的司马台长城,与位于承德的金山岭长城一脉相连,但由于管理权限和利益划分的问题,不能统一开发管理。因而有学者指出,由于受到古北水镇开发的冲击,古北水镇+司马台长城的联合效应,会分流部分来承德的一二日短程游客,从而明显冲击金山岭长城的旅游发展。

3.缺乏区域整体形象,阻碍区域发展

　　京津冀地区作为我国北部地区重要的经济发展区域和城市群,在全国以及东北亚地区均具有较明确的经济地位,然而旅游发展方面,长期以来始终缺乏统一的区域旅游形象。北京作为中国古都和国家历史文化名城之一,拥有众多历史文化资源,被国家旅游局评为"中国优秀旅游城市"。"东方古都"是其城市名片之一。另外,北京是现代化综合性的大都市,是活跃在国际上的大国首都,是一个政治中心、外交活动中心,政务旅游、商务旅游比较广泛,同时,凭借大型的节事活动,北京在旅游市场上颇具影响力。天津有着珍贵的历史遗迹、多国风格的建筑,被称为中国近代史的"缩影"。2006年3月23日,国务院常务会议上天津正式被定位为北方的经济中心,这一契机带动了天津旅游业的发展,然而天津迟迟没有突出的旅游形象。河北省是中国唯一兼具有高原、山地、丘陵、平原、湖泊和海滨的省份,同时兼备丰富的历史文化资源,其发展旅游有着厚实的基础,"诚义燕赵·胜境河北"是对河北旅游的整体概括。因而尽管京津冀地区地域相连,但是谈到旅游,大家认识的是每个独立的区域,而对京津冀整体无法形成总体的印象,即使近年来京津冀区域旅游合作不断加速,在对外宣传中,仍然难以找到对这个区域的整体解说。由于区域总体形象的缺失,在极大程度上影响了京津冀区域旅游协同的实质性进展,使得三地仍然难以总体的方式推进发展。

4.区域间差异明显,要素流动受限

京津冀地区城市间的经济发展差异巨大,城市发展不平衡。根据京津冀城市群的经济发展区域差异评价结果,可以明显看到从2011年到2015年,北京、天津的经济发展水平一直处于领先地位。即便京津冀三地的经济发展都呈现上升趋势,三地间的经济发展差异依旧存在,河北与北京、天津之间的差距尤为明显。河北省内各地级市的经济发展也参差不齐。经济发展水平是影响科技、教育等方面的重要因素。厚实的经济基础对于科技创造、人才资源有着巨大的吸引力。相对于河北,北京、天津拥有丰富的科技智力资源,基础设施也更加完善,这就大大影响了京津冀三地之间信息、人才等资源的流动,延缓了一体化进程。

与京津相比,河北在经济、技术、人才等方面都相对较差,对京津产业转移的承接力较弱,制度保障、人才培养、产业升级转型等多个方面建设不尽完善。由于河北省产业结构和发展阶段性的问题,对人才的吸引力不足,北京市曾提出京津冀高素质人才户籍自由流动,然而河北省等认为这是单方利益,自由流动以后人才将流向北京,因此达不成协议。而技术方面,北京科技资源密集,每年超一半技术成果辐射京外地区,然而数据显示①,在北京现在的技术交易当中,河北和天津加在一起大概仅占本市对外输出的技术的4.4%。京津冀地区人才、技术等流通不畅,导致高端人才和技术不能够自由流动到河北地区,极大制约了区域旅游发展的推进。

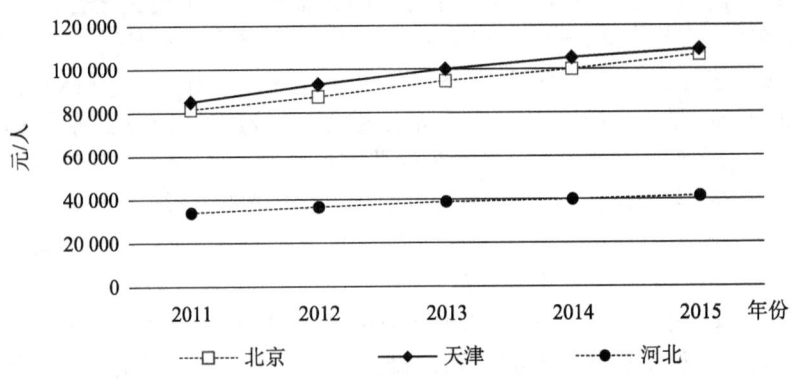

图3 2011~2015年北京、天津和河北人均GDP变化

资料来源:国家统计局、北京市统计信息网、《河北经济年鉴2015》。

---

① http://bj.people.com.cn/n/2015/0907/c82840-26264928.html.

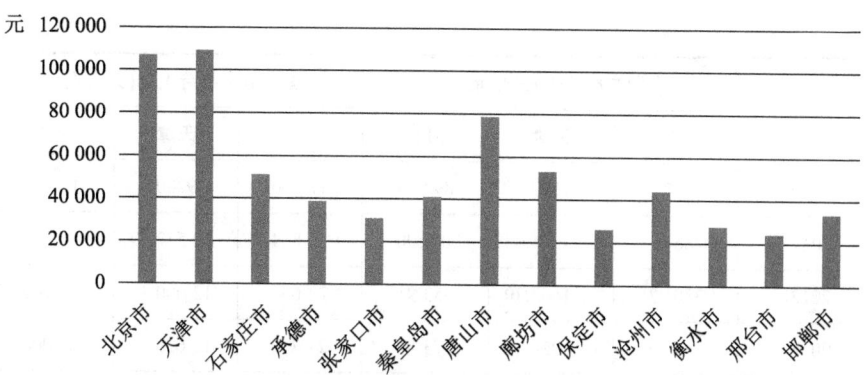

图4 2015年京津冀地级以上城市人均GDP比较

资料来源：国家统计局、北京市统计信息网。

此外，从旅游发展来看，无论是总体旅游收入，还是国内旅游、入境游，京津冀三地都还存在着比较大的差别。近三年，虽然京津冀三地间的国内旅游接待情况呈现缩小趋势，但河北省的国内旅游接待人数多，旅游收入却低，这也反映出三地间发展的不平衡。比如，旅游基础设施、旅游产品创新等方面。就入境游客接待情况而言，北京近三年的入境游客接待人数在下降，但远远高于河北，三地的旅游创汇差距尤为明显，北京旅游创汇约为河北的8倍。

国内市场：随着全国旅游业的迅速发展以及京津冀协同发展的推进，京津冀地区国内旅游市场增长较快，区域内国内旅游市场差异逐步缩小。由表6及图5(a)可以看出，京津冀三地自2008年以来，国内旅游收入均持续较快速度的增长，其中增长速度最快的是河北省，2008~2015年保持指数级别增长，逐渐缩小与京津差距，并且在2014年开始超越天津市，向北京市靠近。北京市与天津市旅游收入基本保持匀速直线增长。对比图5(a)与图5(b)可得，三地国内接待人数曲线与旅游收入曲线增长趋势接近。河北国内接待人数一直高于天津，自2013年起接待人数高于北京，而国内旅游收入却与京津有一定差距，这说明，河北国内旅游消费远低于京津，有较大的提升空间。

表6 2008~2015年京津冀地区国内旅游收入及接待人数

年份	国内旅游收入(亿元)			国内旅游接待人数(万人次)		
	北京	天津	河北	北京	天津	河北
2008	1907	810.71	535.45	14 200	7004.05	9747.01
2009	2144.5	950.41	688.70	16 000	8000	12 164.08

续表

年份	国内旅游收入（亿元）			国内旅游接待人数（万人次）		
	北京	天津	河北	北京	天津	河北
2010	2425.1	1150	890.68	17 900	9200	14 900
2011	2864.3	1374.63	1192.00	20 884	10 572.69	18 600
2012	3301.3	1663.30	1553.91	22 634	12 000	22 900
2013	3666.3	1984.29	1973.80	24 739	13 636	27 000
2014	3997	2307.73	2528.66	25 700	15 300	31 400
2015	4320.3	2591.58	3395.60	29 600	17 074	37 100

资料来源：《中国旅游统计年鉴2008~2015》以及政府旅游官方网站。

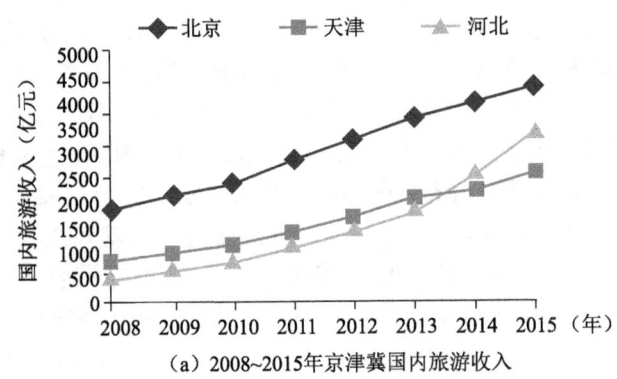

(a) 2008~2015年京津冀国内旅游收入

(b) 2008~2015年京津冀国内旅游接待人数

图5　2008~2015年京津冀国内旅游市场示意

入境市场:京津冀三地入境旅游市场差异较大,天津持续较高速度增长,河北基本持平,有较低的增幅,北京入境市场持续低迷,自2012年开始出现负增长。由表7及图6(a)与(b)可得,三地入境旅游市场只有天津市保持较高速度的持续增长;北京自2012年起入境旅游持续低迷,入境旅游收入及入境旅游人数都有一定程度的减少,主要原因包括:国际经济持续低迷,欧美远途旅游出游能力下降,较频繁的雾霾天气等;2008~2015年河北入境旅游市场基本持平,有较小幅度的增长。总体来看,入境旅游市场差异较大,京津冀一体化对入境旅游市场的带动力明显不足。

表7 2008~2015年京津冀地区入境旅游收入及接待人数

年份	入境旅游收入(万美元)			入境旅游接待人数(万人)		
	北京	天津	河北	北京	天津	河北
2008	446 000	100 139.15	27 400	379.00	122.04	75.02
2009	436 000	118 264.35	30 800	412.50	141.02	84.22
2010	504 400	141 950.77	35 100	490.10	166.07	97.74
2011	542 000	175 560.47	44 800	520.40	200.44	114.14
2012	514 900	222 641.30	54 500	500.90	234.11	129.32
2013	479 500	259 139.45	58 600	450.10	264.54	133.80
2014	460 800	299 209.91	53 400	427.50	296.17	132.86
2015	461 000	329 810.81	62 100	420.00	326.01	138.18

资料来源:《中国旅游统计年鉴2008~2015》以及政府旅游官方网站。

就旅游消费方面来看,国家旅游局入境旅游抽样调查数据显示,入境旅游者到北京的消费为1095美元,到天津为1120美元,但是到了河北只有449美元。国内旅游消费方面,在北京的国内旅游人均消费1600元,天津为1522元,河北大概为918元。人均停留时间也存在明显差异,在北京为3.5天,在天津为3.3天左右;但是到河北的时候就可能会有很大的下降,除了秦皇岛为6.7天外,其他主要旅游目的地停留时间基本都在3天以下。

就三地的旅游竞争力来看①,北京与天津、河北的旅游综合分值存在较大的差距,尤其是潜在竞争力方面,北京表现出与天津、河北的巨大差异,这体现出北京在旅游资源、旅游人力资源、旅游资本要素等方面的突出优势。由此可见,在京津冀协同发展的过程中,要想逐步缩小三地的差距,除改善设施条件、加强旅游建设以外,更重要的是要在人才、资本方面下功夫,探索适应京津冀协同发展需要的人才政策和产业投资政策,引导高端人才向天津、河北地区流动。

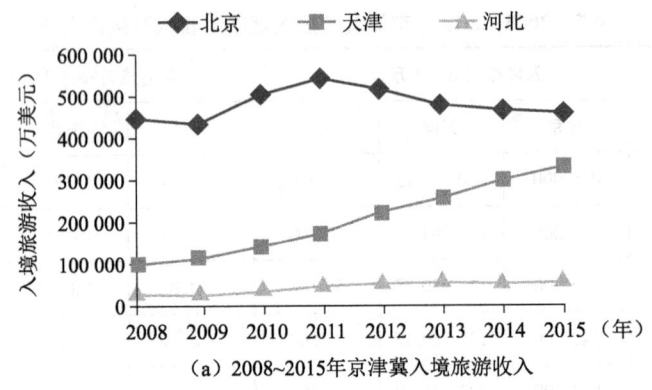

(a) 2008~2015年京津冀入境旅游收入

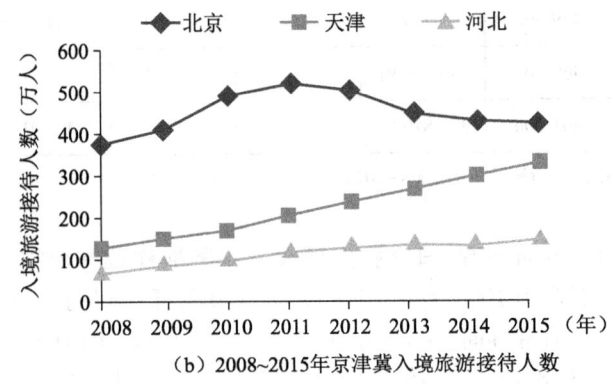

(b) 2008~2015年京津冀入境旅游接待人数

图6 2008~2015年京津冀入境旅游市场示意

---

① 参考《2015中国旅游业发展报告》。

表8 京津冀旅游综合竞争力评价结果①

	综合竞争力 (A)分值	现实竞争力 (B1)分值	潜在竞争力 (B2)分值	发展环境竞争力 (B3)分值
北 京	242.309	77.179	68.169	96.961
天 津	152.541	55.514	26.232	70.795
河 北	138.252	59.951	28.470	49.831

资料来源:《2015中国旅游业发展报告》。

就交通层面而言,京津冀内部的流通便捷程度存在明显差异。选择京津冀地区的经济和对外旅游枢纽北京作为出发点,计算京津冀各城市与北京的旅游流通道便捷度。② 结果显示,区域内,通道便捷指数高于10的仅有天津、保定和廊坊三个城市,流向天津的通道便捷指数甚至超出了20。其他城市中,便捷指数较高的还有石家庄,而其余城市的交通便捷度均低于5。可见,京津冀地区的交通便捷度存在极大的差异,而大部分城市的交通便捷程度都较低,这必然会在很大程度上影响旅游者进入京津冀各城市的流动性,阻碍旅游目的地的旅游业发展,这也是河北省的旅游发展落后于北京、天津的理由之一。

---

① 采用简单赋值评价法,计算各相关指标赋值(无量纲化)的算术平均值。现实竞争力主要通过旅游产业及旅游设施基础数据来表现,潜在竞争力则主要通过旅游资源及吸引要素、旅游人力资源、旅游资本要素等方面来反映,发展环境竞争力则不仅包括政策环境,还包括旅游产业发展的社会文化环境和自然生态环境质量水平。综合竞争力则为现实竞争力、潜在竞争力和发展环境竞争力的和。

② 旅游流通道便捷指数主要是指旅游流在通道中流动时的便利快捷程度。该指数的大小主要与目的地之间航班次数、列车班次以及旅游流通道长度有关。计算公式为:$J = \frac{H \cdot \gamma + L \cdot \sigma + G \cdot \chi + D \cdot \varepsilon + \cdots}{R}$。其中,J表示旅游流通道便捷指数;H表示航班次数;L表示高速铁路客运班次数;G表示普通货车班次;D表示地铁等城市有轨列车班次;…表示其他交通方式的次数;R表示北京与对流省市之间的物理距离,即通道长度;$\gamma、\sigma、\chi、\varepsilon$均表示待定系数。由于从北京流向京津冀三地城市没有直飞的航班,通道长度用两地间最短的铁路里程表示。对于京津冀三地的游客来说,他们对铁路便捷性的心理感知要强于航空,其中对高速铁路客运便捷性的心理感知高于普通火车,因此对γ赋值10,对σ取值20,对χ取值15,即旅游流通道宽度用 H10+L20+G15 来计算。

表9 以北京为客源地的旅游流通道

北京流向	通道长度（公里）	航班次数（次/天）	列车次数(次/天) 高速铁路客运(G/D/C)	列车次数(次/天) 普通火车(Z/T/Y/K)	通道广度	通道便捷指数
天 津	137	0	133	29	3095	22.59
石家庄	287	0	85	63	2645	9.22
唐 山	260	0	26	25	895	3.44
秦皇岛	299	0	23	19	745	2.49
邯 郸	442	0	35	19	985	2.23
邢 台	390	0	31	27	1025	2.63
保 定	139	0	52	45	1715	12.34
张家口	180	0	0	26	390	2.17
承 德	256	0	0	7	105	0.41
沧 州	210	0	30	13	795	3.79
廊 坊	60	0	21	14	630	10.5
衡 水	274	0	0	22	330	1.20

资料来源：http://www.huochepiao.com/licheng/，http://www.12306.cn/mormhweb/，http://flight.qunar.com/schedule/alphlet_order.jsp；查询日期：2016年10月18日。

三、京津冀旅游一体化的展望

（一）机遇与挑战

1.国家战略为区域旅游发展提供政策支撑

（1）京津冀协同发展战略支撑区域旅游发展

京津冀协同发展战略作为我国国家战略的提出，为京津冀协同发展提供了重要机遇。在这一战略背景下，京津冀将致力于构建新的区域发展格局，形成目标同向、措施一体、优势互补、互利共赢的协同发展新格局，将最大程度为区域旅游协同发展提供政策、资金、设施等方面的支撑。此外，京津冀协同发展中，强调加快推进沿海开发，鼓励港口贸易、游轮旅游等投资项目，积极带动沿海地区旅游发展;推进张承地区国家级生态经济示范区及京津的生态后花园和休闲旅游通道建设,在改善区域经济格局和扶贫开发方面起到积极作用同时,能够有效促进区域休闲旅游产业的发展。

(2)国家鼓励京津冀旅游发展的若干战略

2009年国务院颁布《关于加快发展旅游业的意见》,要求提高旅游服务水平、培育新的旅游消费热点,尤其是促进区域旅游协调发展。2011年,国家旅游局贯彻《国务院关于加快发展服务业的若干意见》,进一步指出促进旅游业发展,为全面建设小康社会、构建社会主义和谐社会做出积极的贡献;2013年《国民旅游休闲纲要(2013~2020年)》提出,到2020年,实现职工带薪年休假制度基本得到落实、城乡居民旅游休闲消费水平大幅增长的发展目标,并提出了大力发展旅游业、扩大旅游消费的几大措施。2014年国务院发布《国务院关于促进旅游业改革发展的若干意见》,进一步强调推动区域旅游一体化。2015年以来,习近平总书记在众多会议上,强调旅游业在乡村扶贫和经济发展、区域一体化发展、"一带一路"战略实施等领域的重要作用,成为京津冀旅游协同发展的重要政策保障。

(3)"十三五"规划明确旅游发展的主要方向

国家"十三五"规划纲要中指出,要以重要旅游目的地城市为依托,大力发展旅游业,深入实施旅游业提质增效工程,支持发展生态旅游、文化旅游、休闲旅游、山地旅游、红色旅游等。① 响应京津冀区域协同发展战略要求,北京、河北、天津三省市都在"十三五"规划纲要中重点明确了区域旅游合作的主要方向:创新合作模式与利益分享机制,加快推动错位发展与融合发展,实现区域良性互动;完善区域生态环境合作长效机制,建立科学合理的横向生态补偿机制,试点示范先行,促进区域生态环境质量持续改善;发挥京津冀地域相近、文脉相亲的地缘优势,建立京津冀三地历史文化遗产共同保护机制,推动实施京津冀地区历史文脉研究保护传承工程,联合开展长城、大运河、明清皇家建筑等跨界重大文化遗产保护利用,联合打造非物质文化遗产物质空间和非遗品牌;推动建立京津冀大旅游格局建设,高标准建设跨区域旅游示范区,重点推动不同种类旅游产业聚集区建设,加快旅游产业转型升级,推动旅游产品由以观光为主向观光、休闲、度假并重转变,打造一批休闲旅游度假区和乡村旅游片区;加快旅游服务网络一体化,推动建立京津冀大旅游格局。

2.区域协同仍面临众多挑战

区域经济差异的存在,很难短期消除,而要能够促进区域合作的达成,不

---

① 摘自《"十三五"规划纲要》。

仅需要破除区域行政壁垒,还需要承接地区具备较好的承接能力,在人才、政策以及服务能力方面能够应对旅游人流的进入,这也对京津冀特别是河北省提出了严峻的挑战。

京津冀区域的环境问题已经成为区域旅游发展的核心难题。雾霾,交通瓶颈、房价高涨、水资源紧缺、应急能力低下等,也对区域旅游发展提出了严峻挑战。尽管北京市在经历着产业结构优化调整,可是京津冀区域内仍然存在众多污染型产业,并且是作为部分地区的支柱性产业存在,如何处理产业与旅游发展的关系,是对京津冀旅游发展的重要挑战。

河北省发展的质量效益不高,新旧动能转换不快,产能过剩等结构性矛盾突出,科技创新能力不强,全社会研发投入不足,财政收支矛盾加剧,转型升级尤为迫切;资源环境约束日益凸显,污染治理和生态修复还需付出极大努力;市场在资源配置中的决定性作用尚未充分发挥,对外开放总体水平不高;保障和改善民生任务艰巨,基本公共服务供给不充分;政府职能转变还存在越位、错位、缺位的问题,消极腐败现象依然存在,惯性思维、路径依赖、传统办法的束缚严重。① 只有河北改善当前的状况,才能更好地发展京津冀一体化。

(二)"十三五"期间的发展趋势

1.区域交通网络进一步完善

铁路网络进一步完善。按照京津冀协调发展定位,将三地分为中部核心功能区、东部滨海发展区、南部功能拓展区和西北部生态涵养区,京津冀城际铁路规划也将围绕"四区"展开。根据规划目标,中部核心区主要城市间要形成0.5至1小时交通圈,中心城市之间形成1到2小时交通圈,中心城区与周边城镇形成0.5至1小时通勤圈。② 便捷的交通网络,将进一步提升区域出行的便捷度和时间效率,推进区域交通一体化的进程加速,成为京津冀区域旅游的重要支撑。京津冀三地未来将以城际铁路互联互通,城际铁路网以北京、天津、石家庄为核心形成"四纵四横一环线",规划的24条城际铁路线到2020年完成8条,分别为京唐城际、京霸城际、京滨城际、城际铁路联络线、廊涿城际(涿州至廊坊段)、环北京城际铁路(廊坊至平谷段)、京张城际崇礼线、京石城际,实施线路总规模达1012公里,将有效提升区域快速交通网络连接水平。

---

① 河北省国民经济和社会发展第十三个五年规划纲要[N].河北日报,2016-04-18(01).

② 凤凰财经.2050年24条城际铁路将密布京津冀[N].新京报,2015-09-17.

三地机场实现统一运行管理。民航局出台多项鼓励京津冀民航协同发展举措，将推动三地机场统一运行管理，在功能方面共同建设和使用异地城市航站楼，同时互为航班备降地。而随着北京新机场启建，将推动河北支线机场等建设。随着三地机场实现统一运行管理，在运行标准方面会实现全方位统一，有效提升三地航空服务水平；同时通过统一运行管理，可实现三地机场协同。按照规划，2017～2019年首都机场将疏解航班总量的6%，疏解的航班将被引导调整至石家庄机场和天津机场，从而有效缓解首都机场的运行压力，同时推动旅游人流向天津、河北地区的输送，有效引导旅游向区域发散。

道路网络设施和服务全面升级。伴随着河北地区道路建设的推进，津石等多条高速公路将陆续开建，2017年北京大外环河北段全线建成通车，打通扩容一批"断头路""瓶颈路"，推进冬奥会区域公路的全面建设升级；运输服务一体化进程加快，2017年有望全面实现京津冀区域交通"一卡通"。

2. 以示范区为代表的跨省区域旅游合作正式开启

根据京津冀旅游协同发展行动计划，依托京津冀协同发展大战略布局，京津冀三地17个县（市、区）将携手开展试点示范工程，共建旅游协同发展示范区，意味着跨省区域旅游合作的正式开启。伴随着平谷、宝坻、蓟县、兴隆、遵化、三河共建京东休闲旅游示范区，密云、延庆、承德、张家口共建京北生态（冰雪）旅游圈，房山、保定共建京西南生态旅游带，武清、廊坊共建京南休闲购物旅游区，滨海新区、唐山、沧州共建滨海休闲旅游带，将形成新的区域旅游发展的空间格局；跨区域旅游合作区的建设将促进跨区域旅游资源的联合开发，成为引领京津冀区域旅游创新发展的领头羊，在旅游协同发展机制创新、特色旅游产品开发、区域旅游宣传推介、旅游市场拓展等方面，打开新的局面。

3. 区域合作深入推进

京津冀区域旅游合作将进一步加深，内容将涵盖政策创新、区域和产品开发以及市场推广等方面。通过创建无障碍旅游区，加强协商对话，逐步解决旅游交通、接驳与信息障碍，为自驾游、房车露营等业态发展创造条件；通过机制创新，优化应急处理与安全管理能力；通过示范区建设，共同设计、开发跨区域旅游产品，实现合作瓶颈的突破；进一步通过新媒体、网络、展销等方式，推进区域旅游宣传推广等。

（三）"十三五"期间的重点任务和建议

1. 不断创新区域合作新模式

载体创新。通过跨省区域旅游合作，推进发展全域旅游；加强河北省环京津休闲度假带的建设，并着重加强特色小镇的建设；强化载体功能创新。

例如,在京津冀旅游年卡模式中,借鉴美国国家公园年卡的模式,将京津冀区域一些主要的景点囊括进来,探索自驾车年卡等更多的组合模式。

产品突破。除了面向京津冀区域外市场的标志性产品、观光性产品建设,面向京津冀区域内市场的休闲性、度假性产品以及微旅行产品建设,加强徒步、骑行、自驾,亲子、老年产品建设与营销匹配之外,重点关注三个不同类型的产品——贯穿性产品、交换性产品和板块性产品。在贯穿性产品建设方面,围绕燕山、太行山山脉,建立国家徒步道体系;在交换性的产品建设方面,进一步加强滨海产品等拳头性产品的建设;在板块性产品建设方面,在河北省内围绕着北京和天津市场,普通大众的休闲度假需求,开发国民旅游度假区。

2. 逐步构建区域旅游形象

共同打造跨省市旅游品牌,依托京津冀资源特色和五大旅游示范区建设,构建能够代表我国北方文化特色的综合性、多层次、国际化旅游区域的综合产品体系,塑造鲜活的、一体化的京津冀旅游形象,形成一批特色旅游产业集群和旅游产品线路;从拼资源、拼规模,转向拼服务、拼效益,让高品质服务成为与旅游资源同等重要的核心旅游吸引力和竞争力,将有污染的空间和无污染的空间、正面的旅游形象和负面的旅游形象做好切割,以国际一流旅游服务目的地为标杆,系统研究和逐步解决旅游市场现存的突出问题,逐步确立放心旅游、一流服务的京津冀旅游形象和品牌。

3. 加快优化区域市场环境

(1) 建立有利于旅游企业发展的营商环境

打破旅游者自由流动障碍、构建跨区域旅游产业要素市场、不断完善旅游公共服务体系。通过编制《区域旅游协同发展规划》、衔接各地旅游"十三五"发展规划,完善区域旅游系统发展的顶层设计;整合京津冀区域的优势客源市场,为区域内旅游企业提供高品质的营商信息服务;进一步完善区域企业和要素流通平台建设,加快餐饮、住宿、购物、信息、公共服务等方面的区域性标准建设,提升企业的接待能力和市场竞争力。

(2) 打造有竞争力的旅游产业体系

加快京津冀区域旅游集群发展,推进旅游业与三次产业融合发展;梳理区域旅游企业,为旅游企业跨区域投资提供专项政策,引导旅游企业围绕示范区建设集聚发展,在旅游区开发、人才培养等多方面逐步实现集群效应;加强旅游业全产业链合作,鼓励旅游企业创新发展,鼓励旅游业态和商业模式创新,促进旅游产业体系发展。

(3) 建立人才流动机制

在京津冀旅游发展过程当中,人才是其重要保障,京津冀区域可以通过各地区旅游高校合作进一步探索在旅游教育上的合作；围绕2022年冬奥会做一些人才的提前培养储备；通过人员调动做一些援助计划等，进一步建立并完善人才流动机制。

4.不断完善区域旅游基础设施建设

推进交通设施的完善，不断推进立体交通体系建设；加快区域城际交通一体化，优化自驾游交通综合服务体系。在不断完善多层次立体交通网络的基础上，探索智慧旅游信息服务系统的建设。借助京津地区科技和信息综合优势，全面深化区域旅游网络对接与合作；引入指挥调度中心、数据中心、地理信息系统、电子门禁系统、电子监控系统、旅游信息咨询系统、大气环境监测系统、电子商务应用平台、LED信息发布系统等，结合智慧旅游城市、智慧景区建设，打造智慧旅游云平台，实现旅游资源服务的全方位整合与营销；此外还要加大对酒店，游客集散中心，景区停车场的投入以及厕所等机车设施力度，在增加基础设施数量的同时，加强对原有设施的改造，为提升景区品位作进一步的努力。

致谢：旅游管理学院2014级旅游规划班的马举越、王宁、钱震亚同学，以及2015级人文地理与城乡规划专业的王晓迪、赵珩、史明月等同学参与报告资料及数据收集整理工作，在此表示感谢。

北京建设国际旅游枢纽的协调机制研究[①]

郝玉兰 邹统钎 韩慧林 赵英英[②]

一、引言

北京作为全国的政治经济文化中心,有着丰富的旅游资源,一直以来都是国内外著名的旅游目的地。改革开放之初,北京凭借国际口岸的垄断优势稳居中国旅游目的地城市"首位"。但近年来,北京入境旅游市场在全国的占有率呈下降趋势:北京入境国际旅游人数的全国占比从1982年的5.77%逐年下降到2014年的3.33%;国际旅游收入占比从1986年的30%下降到2014年的8.10%。自2003年起,北京在全国城市中的旅游地位逐渐被上海赶超,原因之一是上海发挥的旅游枢纽功能作用日益增强。任亚青(2013)运用层次分析法,构建了国际城市旅游枢纽功能评价体系,对北京、上海进行定量比较分析,得出北京的聚集扩散与管理服务功能略高于上海,而中转换乘功能却低于上海,北京中转换乘的高效性和经济性以及国际航空和国内航海之间的客运能力有待加强[③]。北京一直致力于世界城市的打造,把自己定位为国际旅游目的地城市。然而,随着国际口岸的开放,北京的旅游枢纽功能和国际

[①] 基金支持:北京市社会科学基金(项目编号:15JDJGA006):"'一带一路'背景下京津冀旅游一体化战略研究"。北京市教育委员会科技成果转化—提升计划项目(项目编号:TJSHS201310031011):"北京旅游形象国际整合营销与创新传播战略研究"。北京市自然科学基金项目(项目编号:9132006):"北京市建设国际旅游枢纽的发展模式与协调机制研究"。

[②] 郝玉兰,北京第二外国语学院研究生,研究方向为旅游目的地管理与产业政策。
邹统钎,教授,博士生导师,主要研究方向为旅游目的地开发与管理、遗产旅游。
韩慧林,博士,研究方向为旅游营销与品牌管理。
赵英英,北京第二外国语学院旅游管理专业研究生。

[③] 任亚青. 国际城市旅游枢纽功能评价体系研究[D]. 北京:北京第二外国语学院,2014.

旅游控制力逐年下降,北京作为中国首选国际旅游目的地正在面临着巨大的挑战。因此,如何在北京发展现状的基础上,实现北京在京津冀内的旅游交通、区域旅游分工合作及政策的一体化,构建北京建设国际旅游枢纽的协调机制迫在眉睫。

中国香港、新加坡、迪拜、伦敦、纽约等世界性的国际化大城市,均致力于国际旅游枢纽的建设,借此提高自身对国际客流的控制力与影响力。如新加坡和迪拜的国际航空中转站的发展模式[1],新加坡通过扮演促进者和组织者的角色成功打造亚洲旅游门户,洛杉矶、纽约和芝加哥等大城市在美国的辐射状航空枢纽系统中发挥了航空客流的门户作用[2]。但北京的集聚扩散作用却在逐年减弱[3]。为提高北京的国际旅游枢纽功能,本文通过实地调研、比较分析等方法从旅游枢纽要素能力和空间结构两个方面对北京的国际旅游枢纽发展现状及问题进行分析,并在此基础上提出北京建设国际旅游枢纽的协调机制。

二、北京国际旅游枢纽的现状分析

(一)北京国际旅游枢纽的要素能力分析

1. 北京的国际航空能力

北京主要有北京首都机场、南苑机场以及正在规划修建的北京第二机场,共拥有106条国际航线,21条海外地区航线,768条国内航线,可通往100多个国家和地区。其中,北京首都国际机场是目前北京实现与国际城市间客运来往的最重要载体。据国际机场协会(ACI)发布2014年全球机场运输量的报告可知[4],2014年全球各机场运送旅客人数超67亿人次,北京首都国际机场则以8612.8万人次的客流量继续排名第二,同比增长2.9%,且国际旅客达到2073万人次,同比增长4.6%。在国内旅客客流量方面,北京首都国际机

---

[1] Guilherme Lohmann, Sascha Albers, Benjamin Koch. From Hub to Tourist Destination—An Explorative Study of Singapore and Dubai's Aviation-based Transformation[J]. Journal of Air Transport Management, 2009, 15(5): 205-211.

[2] Horner M W, O'Kelly M E. Embedding Economies of Scale Concepts for Hub Network Design[J]. Journal of Transport Geography, 2001, 9(9): 255-265.

[3] 张佑印,马耀峰,马红丽,等.北京入境集聚扩散旅游流平衡点转移规律研究[J].旅游学刊,2009,24(12):31-35.

[4] 国际空港信息网(http://www.Bjcaac.com/)。

场以6890万人次同样位居第二。保障飞机起降58.2万架次,同比增长2.5%。可见,北京首都国际机场在国际航空枢纽上占据着重要的位置,具有建设成为国际旅游枢纽的巨大潜力。

但作为国际枢纽机场还须具备优越的地理位置、巨大的空中及中转需求、强大的基地航空公司、稳定且协调的部门协作关系以及有利的政策法律环境的条件。但相较于国际知名的旅游枢纽新加坡(如表1所示),北京首都国际机场存在着国际化联结程度不足、无实力雄厚且稳定的基地航空公司、各相关部门之间的协作性不足的问题。

表1 新加坡与北京国际枢纽机场对比

城 市	新加坡	北 京
地理位置	地处太平洋与印度洋;亚洲与大洋洲的"十字路口"	中国华北平原边缘
机场数量	1	2
国际通航程度	161个国际目的地	108个国际通航点
基地航空公司	新加坡航空,其运营航班量占樟宜机场航班量的40%左右	无
国际旅客比例	98%以上	12%
部门协作关系	新加坡政府、航空公司、樟宜机场、酒店、交通及景区相互协作共同推出"新加坡过境随意行"(Singapore Stopover Holiday)项目	各相关部门分散经营,协作不足
政策法律环境	96小时过境免签证、多次往返观光签证及旅行社代送办理个人观光签证等	对45个国家持有第三国签证和机票的外国人实行72小时过境免签政策

2. 北京的国际海运能力[①]

北京地处华北平原北部,毗邻天津市和河北省,东距渤海150公里。距离北京较近的有天津港、唐山港、秦皇岛港和黄骅港,但唐山港、秦皇岛港及黄

---

① 本文研究的主题虽然是北京建设国际旅游枢纽的协调机制,但考虑到下文是立足于京津冀区域合作的基础上,实现协调机制的研究设计,而北京缺乏海运能力,天津距离北京较近,可借助天津的海运能力来弥补北京海运能力的不足,故在此分析了天津的国际海运能力。

骅港均是能源、原材料、杂货、化工等大宗货物运输港口,唯有天津港对外客运联系较多。2014年,位于天津港东疆港区南部的天津游轮母港共完成240艘次国际邮轮及国际国内客货班轮的接待,旅客进出数量突破51.9万人次,日最高接待旅客约1.3万人次。其中,共接待国际邮轮96艘,共迎送国际邮轮旅客43万人次。但相较于迪拜(如表2所示),临近北京的天津港,虽然有一定的海运能力,但距离较远,归属于不同行政区域管辖,相互之间的协作不足,致使北京国际海运能力严重不足。

表2 北京、迪拜国际海运能力对比

城 市	北 京	迪 拜
港口名称	天津港	迪拜港
地理位置	天津市内,渤海湾西侧	地处亚欧非三大洲的交汇点,阿联酋东部沿海,濒临波斯湾南侧
港口规模	中国北方最大贸易港与对外贸易口岸	世界最大人工港
国际通航量	与110多个国家和地区的500多个港口有贸易往来,每月航班400余班	中东地区最大自由贸易港,转口贸易发达
归属管辖关系	天津市政府交通运输委员会负责	迪拜政府港务局管辖
与国际机场距离	距离北京首都国际机场180多公里	距离迪拜机场10公里、迪拜世界中心机场15公里

3.北京的国际铁路运输能力

北京主要通过第二亚欧大陆桥实现与中亚、欧洲国家的国际铁路运输。由于铁路运输的时间长,所经地区自然环境比较恶劣,极少有游客选择铁路实现国际间的中转换乘,多被飞机所取代。因此,北京国际铁路运输能力的强弱,对北京国际旅游枢纽的建设影响不大。

(二)北京国际旅游枢纽的空间结构分析

北京国际旅游枢纽的建设很大程度上依赖于旅游交通的空间一体化分工与布局。由于北京起步早,发展快,城市规划现已定型。随着城市规模的不断扩大,北京整体交通布局也呈现着由北京三环逐步向外扩展的特点。北京的火车站、轨道交通换乘站以及长途客运站主要位于市区三环以内,而与国际联结的北京首都国际机场则只能经由一般轨道交通,通过错综复杂的中转换乘实现对游客的集疏，换乘情况如表3所示。

另外，北京首都机场到其他机场、港口、火车站及省际客运站之间的空间布局相较于世界知名的旅游枢纽——香港而言，存在着距离远、相对分散的特点。这些特点最终导致相互之间中转换乘次数较多、时间较长，旅游枢纽一体化中转服务效率偏低的结果。就机场的情况而言，香港目前仅有一个机场，在国际机场内就设有海天客运码头、旅游车总站、的士站，可以直接实现游客到市区及其他省份的集散。整个游客的集散过程，在机场就可以完成，实现了高效中转换乘。而北京虽然还设立了专门供游客集散的旅游集散中心（截止到2014年，已有14个发车站点，跨省、市的旅游线路数量共有14条），但却存在着市场混乱，利用效率低，无法有效解决北京"一日游"的问题。

表3 北京首都机场到各旅游交通节点的空间距离、换乘方式及换乘时间[①]

首都机场到机场/火车站/港口的中转换乘	距离（公里）	换乘方式一 公交/地铁线路		换乘方式二 出租	
		换乘次数	换乘时间（分钟）	换乘时间（分钟）	直乘时间（分钟）
首都机场—北京第二机场（在建）	67	无	无	78	无
首都机场—南苑机场	56.6	2	180	58	无
首都机场—北京西站	38.7	2	140	50	170
首都机场—北京南站	41.50	2	150	50	160
首都机场—北京站	29.3	0	130	40	130
首都机场—北京北站	30.6	0	130	36	130
首都机场—天津港	180	2	540	150	无
首都机场—四惠省际客运站	28	2	80	45	110
首都机场—八王坟省际客运站	31	2	90	55	130

① 根据百度地图、亲自乘车实地测量及相关资料整理所得，距离取经不同交通方式到达的均值；公交/地铁线路取少换乘、少步行、时间最短路线；出租车时间取最短路线所花时间。其中，首都机场—天津港（天津港指到天津东疆码头母港），首都机场—北京第二机场（选取到北京第二机场所在地榆垡镇的距离），由于处于建设中，首都机场到榆垡镇的公交线路已停运。

续表

首都机场到机场/火车站/港口的中转换乘	距离（公里）	换乘方式一 公交/地铁线路		换乘方式二 出租	
		换乘次数	换乘时间（分钟）	换乘时间（分钟）	直乘时间（分钟）
首都机场—永定门省际客运站	41	1	110	60	无
首都机场—六里桥省际客运站	48	1	110	71	无
首都机场—莲花池省际客运站	40	3	100	66	无
首都机场—赵公口省际客运站	37	1	110	60	无
首都机场—丽泽桥省际客运站	42	2	130	68	190
首都机场—永定门省际客运站	38	1	110	56	无
首都机场—北郊省际客运站	28	1	80	43	无
首都机场—木樨园省际客运站	38	1	100	65	无
首都机场—新发地省际客运站	43	2	120	64	无

三、北京建设国际旅游枢纽协调机制的构建

国际旅游枢纽的成功构建对增强城市的国际游客控制力及影响力具有重要作用。北京要建设国际性旅游枢纽，不仅要平衡航空公司、机场、火车站、出租车及旅游企业等相关旅游枢纽要素，还要合理构建各旅游枢纽的空间结构。

（一）构建北京旅游枢纽要素整合机制

实现北京海陆空联运的一体化及旅游中转服务的一体化，对北京建设国际旅游枢纽而言至关重要。通过京津冀内的枢纽要素整合，构建旅游交通一体化机制。

1.构建北京海陆空联运的一体化交通集散机制

北京旅游枢纽发展中现存的交通拥堵、空气污染、中转效率低等问题严重限制了其国际旅游枢纽的建设。解决这些问题需要立足于京津冀合作，借助天津、河北的优势资源，实现京津冀区域内的机场、铁路、港口、公交、出租

车及客车等各种交通方式的一体化无缝对接,构建北京海陆空联运的立体交通集散体系,缓解交通压力,提高中转换乘效率。

(1)完善机场往来市区间的交通网络。在北京首都国际机场或正在修建的北京第二机场,建立完善高效的交通网络,方便旅客在机场与市区间的往返。构建往返于机场与市区间的快速交通机场巴士,完善机场巴士路线,使其能够连接北京大部分地区,力争为旅客提供舒适方便、经济实惠的交通服务。此外,完善机场地铁线通往市区的交通网络,尽量联结机场、火车站、客车站,并减少转站换乘次数。在机场内设置旅游车总站(游客集散中心),为旅客提供贵宾车、小型货车、货车、团体用旅游车等多种类型的车辆,力图满足各种类型的旅游团体或个人需求。

(2)强化区域协作,实现多式联运。本着高效、便捷、少换乘、范围广的原则,构建机场到机场、火车站、港口码头和客运站之间的立体交通网络,实现多式联运。具体来讲:第一,在首都国际机场、南苑机场与北京第二国际机场之间,修建专用公路、地铁线路、出租车或提供机场穿梭巴士服务实现空空联运。第二,在首都机场、南苑机场与北京第二国际机场与北京南站、北京西站、北京站之间,通过地铁线路、机场巴士、出租车及机场火车站之间的穿梭巴士实现空铁联运。第三,通过市场调节,政府补贴培育,调整航班、航线,在北京西站、北京南站设置天津机场与石家庄机场的候机楼,实现从"首都机场—北京南站—高铁—地铁—天津机场"一条龙的跨区域的"空—铁—空"联运,分流北京机场的客流。第四,强化区域协作,发挥市场主导作用,政府引导作用,通过资本融合的手段推动区域内的天津港、唐山港、秦皇岛港和黄骅港与北京机场的空港联运。尤其是要通过京津高速公路,实现首都机场、天津机场与天津游轮母港的空港联运,丰富游客的旅行方式。

2.构建北京旅游中转服务的一体化无缝对接机制

实现北京旅游中转服务的一体化无缝对接,不仅要积极促进机场的国际化建设,提供一流的中转设施与服务,又要实现国际旅客在市区内及通往国内其他地区的一体化中转。同时,通过体制改革,推行优惠政策及服务,吸引国际旅客前来中转。

(1)加强机场与航空公司、酒店、餐饮、旅游景区、旅游集散中心及各相关商业公司的合作,培育实力强大的基地航空公司,提供一体化的机场中转服务,实现国际旅客从机场到酒店、旅游景区、旅游集散中心的无缝对接。通过部门协作、融资控股等途径,培育首都国际机场的基地航空公司,增加其在首都机场的航班占有量,鼓励其开拓更多的国际航班,为机场带来世界各地的客流。完善机场的航空基础设施、设定专门的中转区域、流程合理的中转服务设施及先进的航班信息系统。丰富机场的免税店购物;实现餐饮的本土化与国际化相结合,提供多种多样的餐品;创造人性化的休息环境。展开航空公司间的联盟,若旅客乘坐的是联盟的两家航空公司经北京中转,行李直挂,直接托运至目的地。通过基地航空公司与酒店、餐饮、旅游景区及旅游集散中心的合作,联合推介"京津冀旅游",并推出北京过境旅游套餐[如阿联酋航空推出的迪拜过境游套餐(Dubai Stopover Packages),乘坐阿联酋航空的游客每人每晚付48美元便可享用各种便利优惠的旅游服务]等,以此吸引国际游客来此转机。

(2)实现各交通方式及旅游中转服务的一体化。推行京津冀一卡通制度,来往京津冀地区的旅客可异地乘地铁、公交、刷卡租赁公共自行车、打车、乘坐长途客车等各种出行方式,并可以在签约旅游景点内持卡消费。通过费用差异调节,航空公司与机场联合推出空铁联运套餐产品,开发和推广联合售票系统,实现民航订座系统与铁路订座系统的一体化运行,便利旅客中转换乘。辅以现代化的EDI信息控制和电子数据交换系统,使空海联运时无须行李认领。推行异地预办登机手续,旅客在京津冀区域内转机,若所乘航班的航空公司提供预办登机服务,可在京津冀区域内所指定的机场、港口及车站预办登机手续。推行长途客运联网售票,完善AUIS系统,实现客运用户信息共享,实行"一票制"客运。① 加强政府间的协作,达成京津冀无障碍旅游共识,实现游客在各景区间的顺畅流动。

(3)完善游客中转及留京津冀旅游政策。通过加强京津冀地区相关交通法规政策的统一编制与实施,推动京津冀交通政策法规的一体化。通过协商谈判的办法,允许京津冀集散中心的车辆运输相互进入对方的集散中心,形成集散中心的对接一体化。创造一切条件实现北京机场交通与天津航海交通的对接。国际过境免签从72小时拓展到96小时,游客享受免签的活动区域从仅限北京范围拓展到北京、天津、河北。另外,72小时过境免签政策必须整合航空公司、机场与集散中心一起实施才能有效。单独由机场和首都旅游集团根本无法实施,如果中转的机票优惠太少、可选择的航线太少,根本无人会选择中转。此外,对于经常访京旅客,简化其出入境办理手续。加快客货进出海关边检、商检等的通关速度。提供自助出入境检查服务,提高服务效率,不断提高北京首都国际机场的国际旅客中转率。

---

① 张贵,李佳钰. 构建京津冀现代化交通网络系统的战略思考[J]. 河北工业大学学报:社会科学版, 2015, 7(2):1-8.

(二) 构建北京旅游枢纽空间结构协调机制

合理高效的旅游枢纽空间结构,能够迅速地实现客流的聚集与疏散。北京建设国际旅游枢纽必须要着重解决的是通过京津冀合作的途径,实现各种交通方式的一体化分工合作,建立强大的旅游集散中心体系。

1. 各种交通方式的一体化分工合作机制

随着临空时代、高铁时代及远洋时代的到来,北京建设国际旅游枢纽,不仅要加强自身的国际航空港建设,更要立足于京津冀大范围内,统筹京津冀区域各种交通方式(机场、海港、铁路)的分工协调,形成功能互补、市场互联、错位发展的空间结构协调机制,共同推动北京国际旅游枢纽的建设。

(1) 加大区域行政协调,明确京津冀机场群的定位分工。京津冀区域内主要有北京首都国际机场、北京第二机场(第二机场建成后,南苑机场将全部转移入驻)、天津滨海机场和石家庄正定机场四大机场以及规模较小的邯郸机场、秦皇岛山海关机场、唐山三女河机场和张家口宁远机场[1]。但目前的现状是,首都机场过度饱和,北京第二机场正在修建,天津机场和石家庄机场旅客吞吐量增长一直较为缓慢。如何平衡与协调京津冀区域内机场群的发展,需要通过北京、天津及河北三省政府间的行政协作,成立共同的管理委员会,统一跨界管理与协调。管理委员会不仅具有制定整体的发展规划并不断调整战略规划的职能,还要有一定规模的基础资源控制能力和跨区域协调能力,借助市场调节的手段,对京津冀机场群进行动态的调整。

(2) 根据京津冀航空枢纽的发展现状和优势,明确其定位分工,促进相互间的协调,优化京津冀地区的空域结构,进而实现北京国际旅游枢纽的建设。京津冀机场群整体分工思路:第一,围绕北京国际旅游枢纽的建设目标,强化以首都机场和北京新机场为核心、天津机场为辅的京津冀机场群的国际航空地位,不断开辟新的国际航线,加大与国外发达城市的航线密度。第二,石家庄、邯郸、秦皇岛、张家口等地的机场作为支线补充,配合京津国际与国内航空枢纽的打造,最终构筑面向全球、功能完善、分工合作的复合型国际航空枢纽。京津冀机场群具体定位分工如表4所示。

---

[1] 张家顺,高记,吕荣杰.京津冀民航机场一体化发展研究[J].河北工业大学学报:社会科学版,2015(1):10-16,33.

表4 京津冀航空群定位分工

机场名称	定位	业务特点	分工依据
北京第二机场（在建）	复合国际枢纽	主营国际客运及其中转业务（中远程国际航线航班及中转、港澳台和内地重点干线航班）	北京是西欧—中东—远东航线及远东—北美航线的重要节点，有很大的国际市场；而北京第二机场是北京重点打造的超大型综合机场，具有成为复合国际枢纽的潜力
首都国际机场	国内枢纽	主营国际与国内航班中转业务	首都机场的现有发展格局以及实现与北京第二机场的错位发展
天津滨海国际机场	国际货运枢纽及区域枢纽	主营国内中转航线、周边国际旅游航线（日、韩、东南亚）、货运物流、客运包机等特定市场业务	为北京首都国际机场的分流机场及国内干线机场。且其距首都机场仅120公里，通过京津城际铁路机场延长线连接，可分流首都机场的部分亚洲航线，缓解北京机场的压力
石家庄正定国际机场	区域性中转枢纽	主营国内客运、低成本航空及省内机场中转、货运包机、航空快件等特定市场业务	为首都机场的分流机场，中国北方重要的国际航空货运中转基地；且其距离首都机场258公里，在北京1小时中转范围圈内，经京广高铁连接，可将北京国际机场的一部分国内二三线城市客流分流至该机场；错位发展低成本航空业务的策略，丰富了机场的价格体系，满足了更多旅客的需求
邯郸机场、秦皇岛山海关机场、唐山三女河机场、张家口宁远机场	支线枢纽	主营服务于周边区域的国内航空运输、经石家庄中转至国内二三线城市的航班及国内一二线城市的直达航班业务	四大机场规模小，在京津冀范围内均为支线机场，直达航线较少；经营中转业务，价格低

图 1　京津冀机场群分工示意

（3）强化京津冀区域的海运、铁路运输及公路运输的一体化分工协调。天津港作为北京建设国际旅游枢纽的重要补充，与北京可通过方便快捷的高速路网 1 小时直达北京，成为游客通过海运进入北京的门户。北京南站是北京至天津高速铁路和上海高速铁路的起点站，是快速集散旅客的重要铁路枢纽。同时，提升天津铁路枢纽为国家铁路枢纽，疏解北京铁路运输压力。天津加快滨石、京台、京秦高速的建设，完善环城高速及绕城公路。河北省重点建设北京大外环高速公路，共同缓解北京的过境交通压力。优化北京枢纽功能，增强天津、石家庄等中心城市的枢纽作用，在京津周边规划建设一批综合客货运枢纽，减少进京交通压力。通过进京与过境交通压力的疏解，能在一定程度上缓解北京的交通拥堵与大气污染等问题，从而为北京建设国际旅游枢纽创造良好的市区交通环境。

2.建立强大的旅游集散中心体系

北京不仅要把国际游客通过旅游枢纽的建设"引进来"，而且要有能力把游客迅速地"送出去",进而增强其对国际游客的控制力与国际影响力。旅游集散中心正是实现游客输送的渠道载体。要解决北京长期以来的"一日游"问题、旅游供给大于需求导致的国际竞争力下降问题,北京需要大力发展游客集散中心,展开与周边地区的分工合作,使北京成为客源组织中心,周边地区成为旅游接待中心,而不是独自消化客源。

为更有效地"输送"游客,可从三个方面即国际、省际与地市终端,来构建强大的旅游集散中心体系:一是国际交通枢纽。通过打造国际机场(北京首都机场与天津机场)、国际海港(天津港)、国际铁路(北京火车站、西客站)集散国际旅客,实现国际旅客的中转功能。二是国内省际集散体系。由于北京新机场和天津港有很大的扩建能力,且是国际游客入境的重要门户,而西客站连接着内地大部分的交通,四惠作为京津冀客运的连接点,均有着极大的客流集疏能力。因此,应该重点构建新机场、天津港、西客站和四惠四个游客集散中心。同时,使北京南站成为京津旅游枢纽,与天津互送客源。三是打造地市终端。如保定、沧州、唐山、秦皇岛和承德等环首都旅游圈。构建这些城市对外开放的国际门户,显著提升京津冀城市的对外开放度,加速区域的国际化进程。不仅解决了北京的"一日游"问题,还丰富了短期中转旅客的旅游项目。集散中心的营运可以采用政府建设和招标委托经营的方式运营。长期经验证明,由首都旅游集团独家经营效果并不佳,无论是集散中心还是72小时免签的经验都已经证明了这一点。①

北京旅游集散中心团队提供信息咨询、票务预订、秩序引导、接待协助等"一站式"服务;为游客免费发送旅游指南,宣传、推广京津冀旅游景点,带动京津冀旅游景点人气;倡导组织京津冀旅游集散中心联席会议,组织票务网络、服务接待等培训,提升整体服务水平。有了强大的集散体系,"一日游"问题迎刃而解,并可以把客源源源不断输送给周边省市,北京成为客源组织中心,周边成为游客接待中心,分工合作自然形成。这样,北京才能成为真正的龙头老大,带动全国旅游发展而非与周边地区形成过度竞争,实现合作共赢博弈。

四、结论和建议

本文从旅游枢纽要素能力及其空间结构两个方面分析北京国际旅游枢

---

① 邹统钎. 强化旅游枢纽功能是北京走向国际一流旅游城市的必由之路[N]. 中国旅游报,2011-04-11.

纽的发展现状，提出构建北京国际旅游枢纽的协调机制：

在北京国际旅游枢纽的要素能力方面，北京存在着国际空运能力潜力较大，但相关的协作及服务不足以及国际海运能力不足的问题；在北京国际旅游枢纽的空间结构方面，存在着旅游交通布局分散，交通一体化衔接不足，一体化中转换乘服务尚有待加强的问题。

北京为实现成功建设国际旅游枢纽的目的，要以京津冀合作为手段，通过构建旅游枢纽要素整合机制和空间结构协调机制，强化对客流的组织和集散功能，增强其国际、国内的旅游控制力与影响力。通过实现北京海陆空联运的一体化和旅游中转服务的一体化实现旅游枢纽要素的整合，通过各种交通方式的一体化分工合作和建立强大的旅游集散中心体系，实现旅游枢纽空间结构的协调。政府应通过协调、服务、监督、管理，推进区域间各交通要素及空间结构展开合作，为实现北京建设国际旅游枢纽营造良好的竞争秩序与发展环境。

北京冬季体育节庆活动游客研究

许忠伟[①]

一、引言

北京正在积极筹备2022年冬季奥运会。我国政府表示:大力开展冬季体育运动,加快培养冬季项目专业人才,提高冬季运动竞技水平,制定群众冬季运动推广普及计划,努力实现"3亿人参与冰雪运动"的宏伟目标。培育群众冰雪体育兴趣和热情不仅是我国对国际奥组委的承诺,同时将会为北京冬奥会的召开培育良好的社会环境。

体育节庆旅游是体育事业、体育产业和旅游业融合发展的新业态。《国务院办公厅关于加快发展体育产业的指导意见》明确提出:协调推进体育产业与相关产业互动发展,发挥体育产业的综合效应和拉动作用,推动体育产业与文化、旅游、电子信息等相关产业的复合经营,促进体育旅游、体育出版、体育媒介、体育广告、体育会展、体育影视等相关业态的发展。《国务院关于加快发展旅游业的意见》也指出:大力推进旅游与文化、体育、农业、工业、林业、商业、水利、地质、海洋、环保、气象等相关产业和行业的融合发展。云南的民族民俗民间体育旅游,海南、广东的滨海运动主题旅游,河南、湖北的武术主题旅游以及浙江、江苏、安徽的山水运动休闲游等都呈现迅猛发展的态势。

在体育与旅游融合的过程中,游客的构成主体有哪些?动机是什么?他们对体育旅游项目是否满意?他们的行为方式与一般游客有什么不同?研究这些问题对体育旅游项目选择、组织方式至关重要。

本研究以参加北京冬季体育节庆活动的游客为研究对象。在2015年11月到2016年2月,以调查问卷的方式实地调研了参加鸟巢冰雪欢乐季、八达岭滑雪节、玉渊潭冰雪节和莲花山泼雪节的游客。共发放问卷400份,回收有

[①] 许忠伟,博士,北京第二外国语学院副教授,研究方向为旅游企业管理、节事活动管理。

效问卷 360 份。通过实际调研游客和体育节庆活动组织者,为冬季体育旅游发展提供有益参考。

二、冬季体育节庆活动游客人口特征

北京冬季体育节庆活动人口特征统计见表1:

表1 北京冬季体育节庆活动游客人口特征

变量名称		频数(份)	百分比(%)
性别	男	140	38.9
	女	220	61.1
	总计	360	100
年龄	15岁以下	9	2.5
	15~24岁	143	39.7
	25~44岁	172	47.8
	45~64岁	27	7.5
	65岁及以上	9	2.5
	总 计	360	100
职业	公务员	18	5.0
	教师、军官	27	7.5
	工 人	15	4.2
	商业、服务业人员	45	12.5
	企业管理人员	58	16.1
	专业技术人员	26	7.2
	私营企业主或个体户	16	4.4
	学 生	102	28.3
	其 他	53	14.7
	总 计	360	100

续表

变量名称		频数(份)	百分比(%)
教育程度	初 中	15	4.2
	高 中	55	15.3
	大 学	247	68.6
	研究生	35	9.7
	博 士	2	0.6
	其 他	6	1.7
	总 计	360	100
家庭月收入	1000 元以下	105	29.2
	1000~3000 元	108	30.0
	3000~5000 元	75	20.8
	5000~8000 元	46	12.8
	8000~15 000 元	21	5.8
	15 000 元以上	5	1.4
	总 计	360	100
是否常住北京	是	289	80.3
	否	71	19.7
	总 计	360	100
婚姻状况	已 婚	173	48.1
	单 身	187	51.9
	总 计	360	100

从上述游客人口统计,可以看出参加冬季体育节庆活动的游客以年轻人为主体。游客的年龄大都在 15~45 岁,有 70%以上具有大学学历。这种游客人口特征和冬季体育节庆活动的性质比较符合。冬季体育节庆活动往往在户外举办,北京的冬季户外比较寒冷,年轻人良好的身体比较容易适应户外的环境。

三、冬季体育节庆活动游客动机

1.游客总体出行动机

根据文献,问卷设计了涉及游客参加体育节庆活动动机的7个问题。问卷采用李克特7分测量的方法,从完全同意至完全不同意。游客对选项打分的评价值越低,意味着游客越赞同该选项,统计结果如表2所示。

表2 冬季体育节庆活动的游客动机

	N	Minimum	Maximum	Mean	Std. Deviation
与亲友相处	360	1.00	7.00	2.4611	1.55086
进行户外活动	360	1.00	7.00	1.9167	1.16052
想休整放松	360	1.00	7.00	1.9944	1.18250
寻找刺激	360	1.00	7.00	3.2417	1.64204
体现身份	360	1.00	7.00	4.8639	1.39870
好奇、图个新鲜	360	1.00	7.00	3.4056	1.74789
感受自然	360	1.00	7.00	2.8806	1.51673
Valid N (listwise)	360	—	—	—	—

统计结果显示,游客参加冬季节庆活动的动机在于进行户外活动、想休整放松、与亲友相处和感受自然。寻找刺激和好奇、图个新鲜的旅游动机在冬季节庆活动中表现并不明显。而体现身份的动机在冬季节庆活动中根本不存在。

2.性别对游客出行动机的影响

对不同性别的游客分组做方差分析,结果见表3:

表3 性别对动机的影响

	Sum of Squares	df	Mean Square	F	Sig.
与亲友相处	0.502	1	0.502	0.208	0.648
进行户外活动	1.330	1	1.330	0.987	0.321

续表

	Sum of Squares	df	Mean Square	F	Sig.
想休整放松	0.901	1	0.901	0.643	0.423
寻找刺激	0.094	1	0.094	0.035	0.852
体现身份	1.429	1	1.429	0.730	0.394
好奇、图个新鲜	0.208	1	0.208	0.068	0.794
感受自然	0.006	1	0.006	0.003	0.959

通过方差分析发现不同性别游客在参加冬季体育节庆活动的动机上并无显著差异。

3. 不同客源地对游客动机的影响

以游客是否常住北京,把游客分为本地游客和外地游客。对两类不同游客的游客动机分组做方差分析,结果如表4所示:

表4 客源地对游客动机的影响

	Sum of Squares	df	Mean Square	F	Sig.
与亲友相处	0.502	1	4.346	1.811	0.179
进行户外活动	1.330	1	5.632	4.219	0.041
想休整放松	0.901	1	0.006	0.005	0.946
寻找刺激	0.094	1	2.460	0.912	0.340
体现身份	1.429	1	6.560	3.375	0.067
好奇、图个新鲜	0.208	1	27.784	9.305	0.002
感受自然	0.006	1	0.005	0.002	0.964

从检验结果分析,以显著水平 0.05 为判定标准,不同客源地游客在"好奇、图个新鲜"和"进行户外活动"两项动机上与本地游客存在显著差异。外地游客在这两项动机的均值是 2.8 和 2.1,而本地游客这两项动机的均值是 3.5 和 1.8。由此可见,外地游客参加北京冬季体育节庆活动更偏向于体验新鲜,而本地游客进行户外活动的动机更强。其原因是北京的这些体育节庆活

动每年都举办,对北京本地游客而言新鲜感不强。北京游客中大部分是青年人,所以更喜欢户外运动。

四、游客的行为特征

1. 游客与谁一起来参加体育节庆活动

游客与谁一起来参加体育节庆活动统计见表5:

表5　冬季体育节庆活动参加者的同伴情况

		Frequency	Percent	Valid Percent	Cumulative Percent
Valid	一个人	9	2.5	2.5	2.5
	朋友、同学或同事	160	44.4	44.4	46.9
	情侣	22	6.1	6.1	53.1
	家人、亲戚	158	43.9	43.9	96.9
	旅行团	1	0.3	0.3	97.2
	单位团体活动	10	2.8	2.8	100.0
	Total	360	100.0	100.0	—

从统计表可以看出,参加冬季体育节庆活动的游客基本上是与亲人或朋友一起来的,两者比例相当。这与游客动机"与亲友相处"是完全吻合的。同时,这也说明北京冬季体育节庆活动面临的游客市场主要是本地的散客市场。

2. 游客规模

表6　冬季体育节庆活动参加者的规模

	N	Minimum	Maximum	Mean	Std. Deviation
一行几人	348	1.00	200.00	5.0776	13.43175
Valid N (listwise)	348	—	—	—	—

从统计表可以看出,游客平均一行5人一起来参加体育节庆活动。

3.游客的交通工具

表7　冬季体育节庆活动游客出行工具

		Frequency	Percent	Valid Percent	Cumulative Percent
Valid	公共交通工具	166	46.1	46.1	46.1
	出租车	40	11.1	11.1	57.2
	自驾车	143	39.7	39.7	96.9
	其他	11	3.1	3.1	100.0
	Total	360	100.0	100.0	—

统计显示,大部分游客参与体育节庆活动,选择的交通工具大部分是公共交通工具和自驾车,其中自驾车游客占到近40%。如果游客数量持续增加,体育节庆活动组织者要注意停车场的管理。

4.游客路途时间统计

表8　冬季体育节庆活动游客路途时间花费

		Frequency	Percent	Valid Percent	Cumulative Percent
Valid	0.5小时以内	48	13.3	13.3	13.3
	0.5小时~1小时	136	37.8	37.8	51.1
	1小时~2小时	135	37.5	37.5	88.6
	2小时以上	41	11.4	11.4	100.0
	Total	360	100.0	100.0	—

统计显示,大部分游客在路途上所花费的时间在0.5~2小时。对每组取平均值,可以估计游客在路途上的平均时间为1.5小时左右。

5.游客参加冬季体育节庆活动的时间统计

统计显示,游客在参加体育活动的时间分布上有两个高点,分别是3~4小时和5小时以上。4个小时内结束体育节庆活动的占到所有游客总数的60%,这些游客往往利用半天的时间来参加体育节庆活动。还有40%的游客游玩时间超过4个小时,其中游玩5小时以上的游客比4~5小时的游客数量多。这部分游客在体育节庆活动的举办地逗留时间较长,会有就餐的需求。

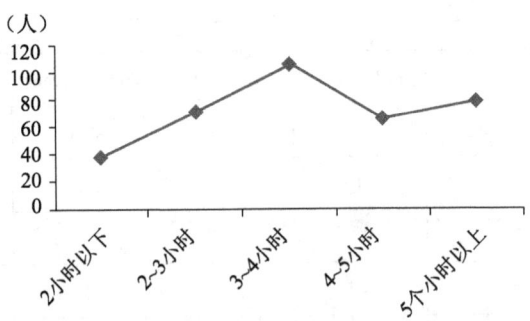

图1 冬季体育节庆活动游客参与时间分布

6.游客人均花费统计

表9 冬季体育节庆活动游客花费统计

	N	Minimum	Maximum	Mean	Std. Deviation
吃饭花费	360	100	400	29.1	103.2
购物花费	360	100	400	18.3	75.1
门票花费	358	100	400	103.5	113.4

从统计可以看出,游客平均花费达150.9元。其中,门票是最大的一项支出,占到整个活动支出的68%。同时,从另一个角度来看,门票是目前北京商业运作的冬季体育节庆活动的主要收入来源。

五、影响游客出行的因素分析

1.举办体育节庆活动对游客出行的影响

因为北京冬季体育节庆活动举办地是季节性或临时性景区,已经存在旅游的吸引物。为了弄清在这些旅游吸引物的基础上举办体育节庆活动,是否能吸引更多的游客,我们设计了一个问题:"如果不举办活动,您仍会来这里旅游",1为完全同意,7为完全不同意。做单因素T检验的结果如表10所示:

表10 举办体育节庆活动对出行的影响

	Test Value = 0					
	t	df	Sig. (2-tailed)	Mean Difference	95% Confidence Interval of the Difference	
					Lower	Upper
如果不举办活动,您仍会来这里旅游	34.548	359	0.000	3.70556	3.4946	3.9165

若原假设是举办体育节庆活动不会影响游客的出行,则统计变量均值应该是4。从统计结果分析,该统计变量在95%的置信区间的取值是3.49～3.92,都小于4。在统计学上,可以说举办体育节庆活动对游客的出行有显著影响,举办体育节庆活动可以促进游客出行。

2.其他影响游客出行因素分析

问卷设计了另外7个影响出行的因素,如"您来这里是因为:活动名气大",1为完全同意,7为完全不同意。统计结果如表11所示:

表11 影响游客参加体育节庆活动的因素

	N	Mean	Std. Deviation	Std. Error Mean
活动名气大	360	3.7028	1.51795	0.08000
费用低	360	4.2167	1.59831	0.08424
交通便捷	360	3.0667	1.65928	0.08745
场地好	360	2.9333	1.44384	0.07610
他人推荐	360	3.5417	1.92432	0.10142
天气好	360	2.8278	1.67009	0.08802
有闲暇的时间	360	1.7511	1.12883	0.05949

均值越小的因素越是游客在决策出行时会重点考虑的因素。从统计结果我们可以看到,影响游客出行的因素从重要到不重要依次是:是否有闲暇

的时间、天气状况、举办地的吸引力、交通情况、他人的推荐、活动名气大小和费用问题。其中,费用问题的均值大于4,说明出行的游客有完全的支付能力。游客的出行动机主要是进行户外活动、想休整放松和与亲友相处,影响游客出行因素的强弱排序与游客的出行动机是相契合的。

3.游客获取出行信息的渠道

在信息传播上,游客得知冬季节庆活动信息的途径统计如表12所示:

表12 冬季体育节庆活动信息获取途径

	Frequency	Percent	Valid Percent	Cumulative Percent
报　纸	12	3.3	3.3	3.3
网　络	70	19.4	19.4	22.8
室外广告	14	3.9	3.9	26.7
电　视	89	24.7	24.7	51.4
口头交流	111	30.8	30.8	82.2
广　播	3	.8	.8	83.1
其　他	61	16.9	16.9	100.0
Total	360	100.0	100.0	—

可以看出,游客获悉冬季体育节庆活动信息的主要途径是人与人之间的口头传播、电视传播和网络传播,三者占了74.9%。其中,人与人之间的口头传播所占比例最大。在这里的电视是指公共交通或楼宇的视频。而报纸、广播和室外广告的传播效果并不明显。

4.游客出行受什么人影响

表13 社会因素对参加冬季体育节庆活动的影响

	Frequency	Percent	Valid Percent	Cumulative Percent
朋友推荐	122	33.9	33.9	33.9
家人商量	79	21.9	21.9	55.8
大众传媒	81	22.5	22.5	78.3
自己以往的感受	50	13.9	13.9	92.2

续表

	Frequency	Percent	Valid Percent	Cumulative Percent
其他	28	7.8	7.8	100.0
Total	360	100.0	100.0	—

可以看出,游客出行受到朋友的影响最大,大众传媒和家人的影响次之。这与信息的传播途径中人际传播占的比例最大是一致的,也与游客出行动机相吻合。

六、结论与建议

举办冬季体育节庆活动可以促进游客出行。参加北京冬季体育节庆活动的游客以常住北京的青年人为主体。游客往往会与自己的亲友一起来,平均规模是5人。游客参加体育节庆活动的主要动机是进行户外活动、想休整放松、与亲友相处和感受自然。外地游客在好奇的动机上表现显著。在决策是否出行时,游客考虑最多的是否有闲暇的时间、天气状况和举办地的吸引力,而对于花费情况并不敏感。一个冬季体育节庆活动举办地的辐射半径平均是1.5小时的车程范围。游客主要乘坐公共交通工具和自驾车来参加活动。在旅游的花费上,平均花费151元左右,大部分是门票花费。游客在花费时间上,会出现两个高点:3~4小时和5小时以上。有60%的游客选择4个小时内结束旅游,游览时间在4~5小时的游客比较少,5小时以上的游客又有所增多。游客参加冬季体育节庆活动受朋友的影响最大,体育节庆活动的信息传播主要靠人际之间的口头传播、电视视频和网络传播。

北京冬季体育节庆活动组织建议如下:

(1)重视游客体验。游客多与亲友一起来参加冬季体育节庆活动,朋友间的推荐对游客出行的影响最大,利用口碑效应对体育节庆活动的市场开发显得尤为重要。游客参加体育节庆活动的动机主要是进行户外活动、想休整放松和与亲友相处。在体育节庆活动的内容上要体现活动的参与性和娱乐性,并创造一些团体合作的项目以增加亲友的接触。

(2)注意不同时段的价格策略。影响游客出行的因素主要是是否有闲暇的时间和天气状况,而游客对价格并不在意。组织者要针对不同时间(如节假日与工作日)做好相应的组织和营销。可以在不同时段制定不同的价格

（在节假日定较高的价格，工作日定较低的价格），并且在游客相对较少的工作日做低价体验活动，通过人际传播的方式，吸引对时间敏感而对价格不敏感的游客参加。

（3）加强网络的宣传力度。北京冬季体育节庆活动的主体是常住北京的年轻人。要针对年轻人的特点借助微博、微信等网络工具，加强营销宣传。

参考文献

[1] Donald Getz. Event Tourism: Definition, Evolution, and Research[J]. Tourism Management, 2008(29): 403-428.

[2] 李玉臻. 从边缘到中心：旅游背景下民族传统节日转型研究——以四川凉山彝族火把节为例[J]. 学术论坛, 2009(2): 90-94.

[3] 史铁华, 何玲. 关于旅游节庆市场化运作的思考[J]. 旅游科学, 2001(1): 5-9.

[4] 冯英杰, 周年兴. 旅游地举办节事活动时的交通管理措施初探——以南京市为例[J]. 科技经济市场, 2008(8): 115-117.

[5] 黄翔, 连建功. 中国节庆旅游研究进展[J]. 旅游科学, 2006, 20(1): 45-49.

[6] 郑辽吉, 刘惠清. 城市节事可持续发展的体验视角[J]. 甘肃社会科学, 2007(4): 246-249.

[7] 孔旭红, 辛儒. 论区域旅游节庆活动与文化产业建设[J]. 河北学刊, 2007(5): 243-246.

[8] 晓敏. 大力发展体育旅游 促进体育事业与体育产业协调发展[J]. 体育文化导刊, 2013(2): 1-5.

在线旅游纠纷研究[①]

韩玉灵 范妮娜[②]

一、在线旅游发展现状

(一) 在线旅游市场规模不断扩大

2015年我国经济下行压力增大,许多行业不景气。而国家旅游局的统计显示:全年旅游总收入4.13万亿元,同比增长11%。旅游业成为关联度高、社会影响力大的热门产业。与此同时,信息技术和互联网的迅猛发展改变了人们的消费方式,影响着信息获取的途径、社会交往的方式和购买的习惯。通过在线旅游网站查询旅行信息、规划行程,同时在线比较产品信息和价格,进而在线预订和支付也改变了传统的旅游方式。

截至2016年6月,中国网民规模达7.1亿,互联网普及率为51.7%。持续增长的互联网普及率,给旅游业的发展带来了无限商机,催生了一批新型的在线旅游服务企业,传统的旅游企业也逐渐向线上转移,纷纷加大对在线旅游市场的投入力度,新产品、新形态、新服务不断推出,在线旅游市场规模迅猛扩张。劲旅智库监测数据显示,2015年中国旅游市场总交易规模约为4.13

---

① 本研究报告为北京市旅游发展委员会委托项目"在线旅游纠纷特点与对策"的衍生研究成果,得到北京市旅游发展委员会委员赵广朝、北京市执法大队大队长祝学庆、北京市执法大队副队长涂世文的指导。项目负责人韩玉灵教授,课题组主要成员:范妮娜、翟向坤、王业娜、张娟娟、武冰欣、邢丽涛、庄超、罗迪、周航、饶思璧、陈梓拧、张晶宇、严泽美。

② 韩玉灵,北京第二外国语学院教授,北京旅游发展研究基地学术委员会副主任委员、北京第二外国语学院中国旅游人才发展研究院副院长,研究方向为旅游政策与规制、旅游安全、旅游资源的保护。

范妮娜,本研究报告执笔人,苏州旅游与财经高等职业技术学校讲师,曾任职于中国国旅、同程旅游。

万亿元,其中在线市场交易规模约达5402.9亿元,较2014年同比增长47.2%;在线渗透率为13.1%,较2014年增长了约2个百分点。携程网、去哪儿网、同程旅游等在线旅游服务商迅速成长为规模较大、具有影响力的企业,成为在线旅游企业发展的典型。

(二)在线旅游纠纷成热点

在线旅游市场快速发展,呈现出客户规模大、地域广、群体多样、产品类型丰富等特点,市场竞争也越发激烈,各在线旅游服务商之间为争夺市场份额,依靠资本优势进行低价竞争,扰乱了市场定价体系和竞争环境。旅游者通过在线旅游网站购买或消费旅游产品的过程中,权益受到侵害,引发一系列的纠纷。由于相关研究和法律滞后与市场发展的速度不相匹配,以及电子商务基础薄弱,各项配套设施不健全等因素的影响,导致目前在线旅游业存在涉及环节众多、责任相对模糊、尚未形成统一行业标准等问题,这些问题又为纠纷的解决增加了难度。

据人民网旅游3·15投诉平台统计,2015年全年共收到有效投诉1467条,其中针对在线旅游企业的投诉量达50%,携程旅行网、去哪儿网、同程旅游投诉数量居在线旅游企业前三甲。北京市消费者协会发布的"在线旅游消费者满意度调查"数据显示,2015年全年共接到在线旅游投诉316件,占全年旅游类投诉总量的88%。因此,研究在线旅游纠纷问题具有现实意义。

二、在线旅游纠纷现状

(一)国内在线旅游纠纷研究现状

1.在线旅游纠纷的界定

对于在线旅游纠纷的概念,目前还没有明确的界定。廖炎钧指出,在线旅游纠纷与传统纠纷的界限划分不明确,因此学界对于互联网背景下的旅游纠纷尚无具体、系统的研究,涉及该主体的研究主要集中于"旅游纠纷"及"在线纠纷"两个领域。[①] 关于旅游纠纷,朱斌从较为宏观的角度给出了定义,认为旅游纠纷是指旅游经营单位与国家机关、法人、旅游者之间,旅游经营单位内部机构管理和相互之间以及旅游者与旅游者之间,在与旅游经营单位有关

---

① 廖炎钧,蔡锐,刘玲玲,王琼.基于互联网的旅游纠纷解决机制研究[J].燕山大学学报,2015.

的旅游活动过程中所发生的矛盾和冲突。① 王崇敏、齐虎从微观角度出发,认为旅游纠纷是指在旅游活动过程中,发生在游客与旅行社、导游等旅游从业者之间的纠纷。② 关于在线旅游纠纷,廖炎钧、马爱萍认为是在互联网背景下的旅游纠纷,仅限定在使用互联网定制旅游而造成的纠纷,不包括旅游者在实际旅游过程中产生的其他纠纷。③

2.在线旅游纠纷解决机制

李洁对旅游投诉的现状、问题进行了分析,从互联网发展趋势和现有网络投诉平台研究出发,提出搭建旅游投诉机制并以互联网途径进行具体运作,运用互联网各项技术和手段进行受理、处理、反馈三个阶段的运作。④ 李云鹏等将在线旅游投诉原因归结于在线旅游市场监管的缺失,提出要建立在线旅游市场的准入机制,如旅游网站备案登记;健全在线旅游市场监管机制,引入第三方评价机构,定期披露在线旅游监管信息;构建在线旅游市场监管标准体系,出台在线旅游市场监督管理办法、在线旅游投诉受理规范、在线旅游合同标准规范等标准;等等。⑤ 王伟涛提出完善我国在线纠纷解决机制的建议,包括完善相关法律;规范在线纠纷解决的规则;建立信任标识机制,提高公众对在线旅游纠纷解决机制的信任。⑥ 唐茂林则认为旅游纠纷具有涉及主体复杂、标的额小、时间紧迫等特征,人民调解解决途径具备组织机构设置方便、成本低廉、当事人自治、结果易于执行等优势。⑦ 张帆则提出推动价格合理化,避免削价竞争,细化合同规范,加强旅游服务人员的监督和培训等建议。⑧

研究综述可见,目前学术界对于在线旅游纠纷的研究还较为薄弱,在线旅游纠纷的概念尚不明确,缺乏专门针对在线旅游纠纷产生原因的系统分析及具体解决方案提出的研究。在此背景下,本研究报告通过案例分析、企业

---

① 朱斌.解析旅游纠纷[J].企业经济,2007.
② 王崇敏,齐虎.试论旅游纠纷仲裁解决机制[J].海南大学学报,2010.
③ 廖炎钧,马爱萍.基于网上投诉案例文本分析的旅游电子商务发展对策研究[J].旅游论坛,2015.
④ 李洁.构建以互联网为依托的联合旅游投诉机制研究[D].厦门:华侨大学,2014.
⑤ 李云鹏,段国强,沈华玉,王京,黄超.对在线旅游市场监管政策的建议——基于主流旅游网站的调研[J].学术交流,2013.
⑥ 王伟涛.我国电子商务在线纠纷解决机制研究[D].吉林:吉林大学,2015.
⑦ 唐茂林.论人民调解解决旅游纠纷的优势与制度创新[J].广西民族大学学报:哲学社会科学版,2013.
⑧ 张帆.旅游抱怨应对机制的研究[J].商场现代化,2007.

调研、专家访谈等研究方式,在分析、总结在线旅游纠纷的概念、特点、类型及产生原因的基础上,提出相应的对策建议。

(二)在线旅游纠纷的概念、特点与类型

1.在线旅游纠纷的概念

结合文献研究和本报告研究内容,本研究报告中的在线旅游纠纷,是指旅游者在通过在线旅游企业咨询、预订、购买、消费旅游产品或服务的过程中,与在线旅游企业、旅游辅助服务者之间因旅游发生的合同纠纷或者侵权纠纷。

2.在线旅游纠纷的特点

在线旅游的本质是"旅游",与传统旅游一样,都是为旅游者提供旅游产品和服务,因此在线旅游纠纷与传统的旅游纠纷没有本质区别,即传统旅游中存在的旅游纠纷在在线旅游中依然存在。与此同时,相比传统旅游纠纷,在线旅游纠纷通过互联网表现得更为突出,究其原因,主要是在线旅游服务或打包业务较为集中,超出传统意义上"代理"的规模和范围,呈现出其特有的纠纷特点。

(1)环节复杂。作为分销渠道,在线旅游企业更多发挥的是桥梁作用,以连接供应商与旅游者。这其中可能存在若干代理与被代理的关系,存在若干相关旅游产品提供者。中间环节复杂,任何环节发生偏差,都可能导致旅游者的权益受到侵害从而引发纠纷。纠纷发生后,同样因为环节众多需要逐层排查原因,涉及责任相对模糊不清及相互推诿等问题,导致责任难认定。

(2)类型多样。传统旅游纠纷主要集中在旅游过程中的导游服务、住宿餐饮质量、购物等环节,而在线旅游由于涉及环节复杂,除在出游中易产生纠纷外,在出游前和出游后同样易产生纠纷。同时,由于在线旅游发展速度快,新的市场形态层出不穷,从而呈现出纠纷类型多样的特点。

(3)取证困难。在线旅游企业在互联网上发布的旅游信息是相对动态的,企业可随时更新,客观上造成消费者在网上看到的与最终呈现的信息不一致,使得消费者或调查机构取证困难。在线旅游企业与传统旅行社相比,另一个显著的特点就是合同的形式。与以往的纸质合同相比,在线旅游企业所采用的电子合同形式,更易于给企业留下"钻空子"的机会。

(4)消费不理性。在线旅游企业为寻求快速扩张,纷纷采取低价竞争,而"羊毛出在狗身上"的现象从某种程度上迷惑了旅游者,在一定程度上培养了旅游者一味求低价的消费习惯,盲目追求低价缺乏理性,忽略了合同中的陷阱。同时,面对互联网技术高速发展,对旅游者的网购安全、合理消费、理性维权等方面的教育相对滞后,导致旅游者容易落入钓鱼网站诈骗、低价低质产品、过度维权等纠纷中。

3.在线旅游纠纷的类型

经过对在线旅游投诉案例的收集、整理、分类,课题组按照出游前、出游中、出游后三个阶段总结出目前在线旅游纠纷的主要类型有产品网页展示信息与实际兑现不符、收取高额退票费、电子合同霸王条款等14类(见表1)。

表1　在线旅游纠纷类型

旅行阶段	预订流程	纠纷类型
出游前	浏览网页	钓鱼网站诈骗
		产品网页展示信息与实际兑现不符
	咨询客服	在线旅游企业工作人员个人操作失误、态度差
	签订合同	未签订旅游合同
		电子合同霸王条款
		电子合同生效时间
	行程变更	在线旅游企业单方面取消/修改客人订单
		收取高额退票费
出游中	旅行过程	在线旅游产品供应商操作不当或违约
		同团不同价
出游后	旅行结束	在线旅游企业滥发促销信息
		在线旅游企业处理投诉不及时
		游客过度维权
		在线旅游企业泄露客户信息

三、在线旅游纠纷对策研究

(一)在线旅游纠纷产生原因分析

1.代理关系复杂,责任不明确

根据成立方式和经营模式,可将在线旅游企业大致分为四类:第一类是在线旅游服务商(OTA),以携程、同程为代表;第二类是旅游垂直搜索平台,平台不参与直接交易,而是在旅游者与产品供应商之间搭建一座桥梁,以去哪儿、酷讯为代表;第三类是平台运营商,即以互联网公司为基础成立在线旅游网站或旅游频道,以飞猪、京东旅行为代表;第四类是旅行社自营平台,即以实体旅行社为基础成立在线销售平台,以中国国旅旗下的国旅在线、中青旅旗下的遨游网为代表。在这四类主要在线旅游企业中,旅游垂直搜索平台与平台运营商的运营情况基本一致,都仅提供平台服务,不直接与旅游者发生合同关系,合称为平台类在线旅游企业;在线旅游服务商与旅行社自营平台基本一致,直接与消费者发生合同关系,合称为代理类在线旅游企业。平台类、代理类在线旅游企业的模式、性质有明显区别(见表2),它们与旅游产品供应商及旅游消费者之间的关系呈现出三种模式(见图1)。

表2 平台类、代理类在线旅游企业的区别

大类	类型	企业模式	企业性质	产品供应商	与供应商关系	与消费者关系
代理类在线旅游企业	在线旅游服务商、旅行社自营平台	平台与产品聚合模式	旅游企业	资源方(航司、酒店、景区等);旅行社	委托代理	与消费者签订合同
平台类在线旅游企业	旅游垂直搜索平台、平台运营商	平台模式	互联网企业	资源方;旅行社;在线旅游服务商	平台服务	不与消费者签订合同

备注:在线旅游企业之间关系复杂,往往互为彼此的供应商和销售渠道,产品销售方式也多样,此表中仅列举了各在线旅游企业的主要经营关系特点。

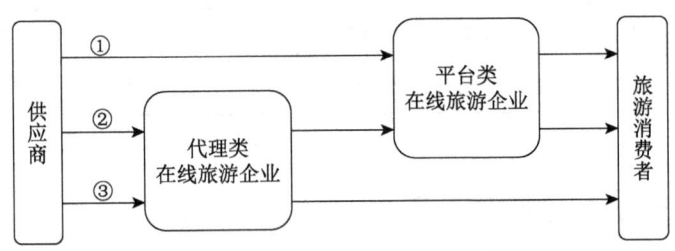

图1 平台类、代理类在线旅游企业与供应商及消费者的关系

在第一种关系中,供应商的旅游产品通过平台类在线旅游企业销售给消费者,合同关系的双方是供应商和消费者,平台类企业仅承担中介平台的功

能,对于消费者来说交易服务关系的对象与合同关系的对象不统一;在第三种关系中,供应商的产品通过代理类企业销售给消费者,代理类企业分别与供应商及消费者签订合同,交易关系与合同关系相对统一;第二种关系相对复杂,代理类企业在第三种关系的基础上,将旅游产品再通过平台类企业销售给消费者。在这种关系当中,供应商提供了产品,代理类企业提供了服务,平台类企业提供了平台,多方协同作业才将旅游产品及服务送达消费者,中间任何环节发生偏差,都可能导致消费者最终未享受到满意的服务。常见的纠纷类型有消费者看到的网页展示信息与实际兑现的不符、在线旅游产品供应商违约。前者是由于在线旅游服务商未及时更新旅游产品信息,游客购得过期或者失效的产品,同时也不排除在线旅游企业为吸引眼球过度宣传所致;后者则是在线旅游服务商对游客做出了某种承诺,但是旅游产品供应商由于操作不当造成沟通不畅而没有兑现代理商的承诺,造成游客的不满从而引发投诉,同时也存在着供应商在收取款项后恶意取消旅游行程、降低服务质量等引发的旅游者投诉。

由于涉及环节复杂,游客发生投诉后,在线旅游企业在和供应商关于纠纷责任的排查及认定方面往往存在分歧甚至互相推诿,导致责任认定耗时较长,从而引发游客二次投诉。

2.行业标准缺失

霸王条款是指一些生产者或经营者在格式合同中制定的逃避法定义务、减免自身责任,违反公平、诚信等民法基本原则且损害格式合同相对人合法权益的条款。行业标准缺失主要体现在电子合同霸王条款及合同生效时间不明确、收取高额退票费等方面。在线旅游企业与旅游者签订的多为电子合同,电子合同与纸质合同相比,往往更容易被企业"钻空子",主要表现为在线旅游企业单方面违约,拒绝承担相关赔偿责任。而且,由于电子合同基本是格式合同且呈现方式相对隐蔽,多数消费者由于时间、消费习惯等原因,往往不会逐条细看就直接点击确认。霸王条款产生的原因一方面是因为旅游信息不对称,消费者缺乏相关专业知识;另一方面是旅游电子合同并无统一的行业标准,各家在线旅游企业提供的电子合同各不相同,企业往往有意逃避自身义务,扩大自身免责事由范围,变相增加消费者的责任和义务,以降低经营风险。

关于电子合同的生效时间,有的在线旅游企业认为是提交订单时间,有的认为是交预付款时间,有的认为是填写购买信息后即生效,有的认为是通过向客户发短信、发邮件或打电话确认并得到客户回复后生效,并没有统一的标准,所以容易引发纠纷。例如,游客在在线旅游网站预订旅游产品,付款成功并收到订单成功的信息后,却被告知产品不能提供或者优惠活动已取消。顾客认为其与在线旅游企业之间的电子合同已经生效,属于在线企业违约,必然引起两者之间的纠纷。

收取高额退票费主要集中在机票或酒店单品,或是度假产品中的机票或酒店单项。产生的原因:一方面是由于市场竞争太激烈,在线企业一般会采用包机、包房等方式来保证资源供应,这样就势必增加成本,所以企业又通过设置高额退票费来减少企业损失,属于损失分摊行为;另一方面是缺少统一的行业退费标准,在线企业各自为政,完全以保全自身利益为重,收取对游客不公平的高额退票费。此外,目前对于在线旅游企业处理投诉的时限也没有统一的行业标准,在线旅游企业往往故意拖延,以期让投诉者最终不了了之。

3.违约成本低

目前针对在线旅游行业的相关法规标准不完善,直接产生的后果就是违约成本较低。在线旅游企业在与旅游者确立了合同关系后,由于供应商临时调价、人数不够取消成团、代理商变更航班等原因导致合同无法继续履行的,在线旅游企业往往不经与旅游者协商单方面取消或修改客人的订单,取而代之的是仅做退款处理,一般不会赔偿由此给旅游者造成的其他损失,也不会承担相应的违约责任。

4.行业监管不到位

行业监管是指通过督查、检查、抽查、巡查和审核审计等方法,从实体和程序两方面对进入行业的事业体和事件进行监督管理,以保证行业管理目标得以实现。目前在线旅游行业没有明确的准入机制,关于在线旅游到底属于旅游行业还是互联网行业的争论也仍无定论。目前与在线旅游相关的法律法规除了《旅游法》《旅游投诉处理办法》之外,还有《消费者权益保护法》《侵权责任法》《合同法》《网络交易管理办法》,在有法可依的基础上,如何做到执法必严、违法必究,是旅游部门牵头行动还是多部门联合监管,仍是有待解决的问题。

随着旅游业的快速发展,滋生了大批旅游钓鱼网站,使得消费者难辨真假,从而上当受骗。由于没有行业备案、官方名录、实时监控以及提前干预,钓鱼网站一般都在消费者的权益受到侵害之后才被发现,导致消费者的损失很难追回。与此同时,在线旅游企业的快速发展为其积累了庞大的客户信息,包括旅游者的个人信息和银行卡信息等。如家、7天连锁酒店客户开房信息泄露,携程技术漏洞导致用户个人信息、银行卡信息泄露等事件为信息安全问题敲响了警钟。《网络交易管理办法》中规定,网络商品经营者对收集的消费者个人信息或者经营者商业秘密的数据信息必须严格保密,不得泄露。

网络商品经营者应当采取技术措施和其他必要措施,确保信息安全,防止信息泄露、丢失。然而,在现实情况下客户信息泄露问题却屡见不鲜,而且一般都是在消费者的信息遭到泄露之后才被发现,消费者的损失往往难以挽回。发生信息泄露很重要的原因就是,旅游相关管理部门至今未将在线支付纳入行业监管的大局之下,也未出台任何关于保护旅游者个人信息的法规条款及相关的检查监督措施。

5.旅游者消费行为不成熟

互联网的迅猛发展使得在线旅游已经成为我国居民日常消费的重要选择途径,但是由于我国国民在线消费市场的培育和发展时间相对较短,旅游者在消费过程中普遍存在着消费心理不成熟、消费行为不理性、维权不当等问题,也由此引发了众多在线旅游纠纷。

首先,旅游者的消费心理不成熟。在线旅游企业竞争激烈,频繁上演价格大战,在一定程度上培养和强化了旅游者一味求低价的消费习惯。不法分子正是抓住人们普遍求低价的心理,制作外观逼真的钓鱼网站发布虚假打折信息,特别是针对节假日期间的热门航线机票、热门旅游目的地的酒店、度假线路等,缺乏相关安全意识的旅游者极容易上当。与此同时,旅游者普遍对旅游电子合同不敏感。目前各家在线旅游企业自行制定的电子合同,一般以合同通用条款和预订须知等形式出现,但在很多情况下旅游者并不将预订须知等视作合同。而且多数消费者缺乏自我保护意识,往往不会逐条审阅电子合同,就直接点击确认,导致旅游者忽略一些关键附加条款,引发了对于高额退票费、退改时限等方面的纠纷。

其次,旅游者的消费行为不成熟。游客在其权益受到侵害后,向在线旅游企业提出超出法律法规或企业所规定的理赔要求。主要有以下三种类型:一是漫天要价型。游客自我维权意识增长,抓住企业的服务失误,提出超过法定范围的索赔要求。二是推卸责任型。游客不能理性地分析双方各自的责任,将责任一味地全部推给在线旅游企业。三是骚扰破坏型。在线旅游企业拒绝游客不合理、不正当的要求时,游客寻找不正当的解决途径,通过"小事闹大,诉至媒体"等方式来获取更大的利益。导致游客过度维权的原因有四个方面:一是在线旅游企业为防止事件影响扩大,采取息事宁人等保守措施,尽可能满足客户的超额需求,纵容了游客过度维权意识的滋长。二是在游客提出维权要求时,在线企业的态度太过强硬或者对游客的投诉采取敷衍推脱的态度,言语上有过失,消费者的"面子"过不去,才造成了过激的行为。三是法律界定缺失,专项法律规定赔偿额度范围太宽,个别规定在实施过程中难以实现,催生了游客维权过度。四是部分游客维权意识过强,盲目认为

《消费者权益保护法》或《旅游法》就是支持游客无限制的维权,同时又利用企业息事宁人的心理,漫天要价。

6. 在线旅游企业自身管理问题

目前,我国在线旅游市场发展迅速,但渗透率还较低,低渗透率的背后是巨大的市场空间,因此催生了在线旅游企业以利润换取市场份额的投资行为。仅2015年上半年,进入在线旅游市场的各路资本总额就接近百亿元。高资本投入对在线旅游的高速发展起到了一定的促进作用,但是高增长的同时,也带来了价格战、虚假促销、服务跟不上扩张步伐等诸多问题。

在线旅游企业在资本推动下采用多种营销手段,如奖励促销、附加值促销、预订返利、电子优惠券、电子红包营销等,以期有效刺激消费者的旅游需求,但同质化竞争也日趋严重,"1元门票""1元出境"、旅游补贴、红包大战等引发在线旅游行业不断震荡,低价竞争激烈。为吸引消费者眼球,有些在线旅游企业甚至大肆进行模糊宣传或虚假促销,引发游客投诉。原因在于,一是在线旅游企业电子红包或返券等优惠活动限制条件诸多,未对旅游者做明确说明,剥夺了旅游者的知情权;二是设置圈套,消费者消费后奖励或返现活动迟迟不兑现,承诺义务未履行,存在欺诈;三是兑现的电子奖券供应商不承认,无法使用等。

在线旅游企业快速扩张的同时,对工作人员的服务管理和培训不到位,出现了很多由于在线旅游企业的工作人员工作失误或错误引导,导致旅游者在预订和消费过程中发生损失而引发的纠纷,主要表现在工作人员不熟悉工作流程,未及时传送数据,导致客人到店无房、取票无票等,还有因在线旅游企业的工作人员服务态度差引发消费者不满等。

(二)在线旅游纠纷对策研究

1. 完善法律法规,制定行业标准

目前,《旅游法》《消费者权益保护法》《侵权责任法》《合同法》《旅游投诉处理办法》《网络交易管理办法》《旅行社产品第三方网络交易平台经营和服务要求》等,都对在线旅游及其纠纷做了一定的阐述与规定,但是还不完善,可制定在线旅游专项法规,对在线旅游的准入条件、经营范围、监督主体、法律责任等问题进行明确。

在线旅游纠纷中出现的合同霸王条款、生效时间不明确、退改费用扯皮等问题不好解决的原因,往往是旅游者与在线旅游企业未签订旅游合同或合同内容不明确。旅游主管部门应推行统一标准的电子合同,并对目前存在的酒店、机票、景区门票、自助游等单项旅游产品分别制定统一的标准合同范本,对目前存在的退票时限、退票费用不明确、处理投诉时限不明确、契约关系确立的时间点不明确、违约赔偿的标准不明确等问题进行规范。

2.加强行业监管,发挥行业自律

在线旅游企业发展速度和趋势迅猛,旅游监管往往落后于行业发展,这就要求旅游监管部门建立健全在线旅游准入机制、监督机制、考核机制、退出机制,同时充分发挥旅游、工信等部门的协同监管,明确各监管部门的职责,共同打击在线旅游企业非法违法行为。完善落实好相关的检查督查制度,并积极构建纠纷解决长效机制。

依托强大的在线旅游平台,充分发挥相关行业组织的行业自律,建立消费纠纷和解、消费维权自律制度。发生消费纠纷或者其合法权益遭到损害时,消费者要求平台调解的,平台应当调解;消费者通过其他渠道维权的,平台应当向消费者提供经营者的真实的网站登记信息,积极协助消费者维护自身合法权益。

3.建立投诉统一受理平台

在线旅游纠纷处理过程中一个较大的问题是管辖权的问题,很容易出现A市游客在B市报团但是在C地游玩产生纠纷的现象,所以管辖权的处理很重要。纠纷较小时,由纠纷发生地的执法部门执法是快速且有效的;纠纷较大时,可以采取协商管辖或属地管辖。由于在旅游过程中产生的纠纷大多量多、标的小,可以尝试建立小额法庭或旅游警察来快速解决此类纠纷。但是旅游活动具有空间移动性和短暂性,旅游纠纷发生后往往存在旅游者取证困难、旅游管理部门互相推诿等问题,旅游者在纠纷处理中处于弱势地位,投诉无门。旅游法规定"县级以上人民政府应当制定或者设立统一的旅游投诉受理机构",在一定程度上给予旅游投诉强制性的保障,但在实施过程中成果并不明显。针对在线旅游的特性,应建立在线旅游纠纷统一处理平台,设置专门的机构负责投诉案件的受理、核查、分发、监督、追踪,实现在线协商、在线调解与在线仲裁,并做好旅游投诉情况统计报告,对涉案单位和处理情况进行周期性通报,并纳入诚信体系。

4.建立消费者权益保证基金与交易信用评价制度

鼓励平台类在线旅游企业设立旅游者权益保证金。根据《关于推进建立消费环节赔偿先付制度和健全消费争议快速和解机制的指导意见》的精神,应建立健全平台类在线旅游企业先行赔付机制的标准和规范,建立消费者权益保证基金,在明确责任前先对旅游者的损失进行赔付,然后再向责任方追偿,保障旅游者合法权益。与此同时,对在线旅游企业及其供应商的信用情况客观、公正地进行采集与记录,建立交易信用评价体系、信用披露制度以警示交易风险。同时,也对旅游者的交易信用进行评分,并纳入诚信体系。

5. 在线旅游企业加强内部管理

在供应商管理方面,在线旅游企业应建立完备的供应商准入、考核、退出机制,监督供应商严格履约,并设立信用评价制度以对供应商进行信用评价和管理。在线旅游企业应与供应商建立及时有效的联动合作机制,及时将最新产品信息传达到消费者,减少因信息不对称引发的旅游者预订成功却无法兑现的问题。与此同时,在线旅游企业应加强对资源的把控,减少因供应商原因导致的缺货等问题,加强对平台产品信息的更新审核,及时将过期促销、下架或缺货产品信息删除。

在内部管理方面,在线旅游企业应制定有效的服务流程,建立完备的服务制度和规范。加强对工作人员的业务培训、服务态度培训,保留工作人员的工作流程信息数据(网络咨询记录、电话录音等),并建立工作人员日常服务监查机制,对于修改或取消订单、退改费用、促销活动限制等应尽到完全告知义务。

在处理投诉方面,在线旅游企业应建立一套完备的投诉处理机制,实现对客户投诉的快速反应并处理。明确与供应商在常见纠纷中的责任划分。对于由自身原因导致的投诉,在线旅游企业应及时接收、妥善处理,并与投诉人保持实时沟通,保障投诉人对投诉处理流程的知情权;对于由供应商原因导致的投诉,在线旅游企业应协助投诉人向供应商追责,也可先行赔付然后再向供应商追偿。

6. 加强对游客的在线旅游教育

在完善在线旅游相关法律法规的同时,各地旅游主管部门要加强对游客进行在线旅游消费方面的教育和引导,尤其在节假日出行高峰,要通过各种有效途径提醒游客在线旅游注意事项,避免落入恶性低价、虚假宣传等各类旅游消费陷阱。引导游客在纠纷发生后勇于主张自己的权利,通过正确的途径理性维护自己的法定权利。加强对游客的理性维权意识的教育,游客维权一定要有理、有据、有节,保持冷静和理智,不能采取过激行为。若以超越法律规定的手段去维护自己的权利,就不再是过度维权的问题,而是违法行为。对于经常性过度维权的游客,旅游管理部门可建立"游客黑名单",并在行业内共享。对于游客过度维权,执法部门应本着客观公正的态度严格按照法律法规处理,切勿一味"同情弱者"让企业让步从而助长过度维权现象的滋长。对于过度维权的游客,要及时予以正确疏导,引导游客依法维权、理性维权。

旅游能点亮经济吗
——旅游经济的三大发力点

魏 翔[①]

旅游经济是本轮经济振兴的一个新亮点,以促进投资、消费和就业为特征的旅游政策密集出台,颇为受人瞩目。如国发〔2009〕41号、国办发〔2013〕10号、国发〔2014〕31号、国办发〔2015〕62号等重要文件相继出台,市场反响很大。政府和民间均寄望旅游业能对中国经济企稳回升发挥更大作用。

这些政策涉及消费投资、就业增收、开发扶贫、环境保护等方方面面。如何厘清政策的内在联系和详略轻重,如何确认当前阶段政策的使用次序?这就需要我们探准政策的发力点,明了各类政策的疗效特点,从而使旅游政策高效助推经济增长,为之提供更强动力。

通过梳理经济周期和旅游发展之间的动态关系,我们分析了旅游政策有效性的作用区间。在此基础上,重新解读旅游业影响宏观经济的作用机制,以此校准旅游政策的发力点。本文认为,旅游政策把握以下三个发力点,则可更有效地助推宏观经济增长,即在旅游总体政策上,首要贯彻旅游促进就业的政策举措;在旅游经济政策上,强调旅游投资、旅游消费对经济发展的"双轮驱动"作用;在旅游消费政策上,优先推进旅游收入政策,假日改革政策渐次跟进。

一、首要发力点:就业效应是领头羊

旅游促消费的能力强,但不如零售业和汽车业;旅游拉动投资的能力强,但不如房地产业和基建产业。然而,旅游业以1∶5到8的超强就业乘数,对就业的拉动在各行各业中可拔得头筹。

[①] 魏翔,经济学博士,中国社会科学院财经战略研究院副教授,研究方向为闲暇经济。

不论是传统的旅游服务业,还是新兴的在线旅游商业,旅游企业都属于劳动(人才)密集型的行业。这是因为,旅游业集生产和消费于一体,需要通过大规模的人力服务来满足个性化的终端顾客需求。这在基于互联网技术的在线旅游企业中表现得尤为明显。由于旅游和休闲是人类永恒美好的梦想和追求,和其他在线企业相比,在线旅游企业在"网聚人的力量"上具有超强表现,可以大规模地迅速开发出海量顾客。这些海量顾客,归根结底,无法用机器和技术实现消费体验和消费满意,而要通过个性化和人性化的对客服务来完成。这就释放出巨大的就业需求。以中国最大的在线旅游公司"携程网"为例,它的员工超过1.6万人。尽管在接受预订方面,"携程网"通过互联网技术和"机器替代人工"可以比传统旅行社大大节省人力,但要实现真正的旅行接待,"携程网"必须将客群分包或众包给各个酒店、旅行社、航空公司、景区和游客本人,这些面向终端消费的旅游企业和自然人,能吸纳海量就业。为此,可以说,旅游业是互联网经济最好的人力承载机。

以美国为例,旅游业在全国就业总数中的比例,超过制造业、房地产、金融和所有新技术行业,是美国第一大产业,也是美国解决就业的最主要产业。世界旅游组织的资料显示,旅游行业每直接收入1元,相关行业的收入就能增加4.3元;旅游业每增加1个直接就业机会,社会就能增加5~7个间接就业岗位。旅游业涉及的领域非常宽泛,不仅涵盖吃、住、行也包含游、购、娱,旅游业直接、间接关联的部门可达100多个。

世界旅行和旅游理事会(WTTC)预测,至2025年,旅游业能为全球提供至少1.3亿份就业机会,占全球总就业的10.7%。在我国,2013年,旅游业贡献了6400万个工作岗位,对就业增长的贡献度居世界第一;旅游业直接或间接创造的GDP为8501亿美元,对GDP增长的贡献度排名世界第二,仅次于美国,远高于亚太地区和世界平均水平。

此外,当经济处于萧条期时,失业会增加。经济学的凯恩斯主义和后凯恩斯主义提倡此时需要发挥财政政策和货币政策"逆经济风向行事":通过加大公共投资和公众消费来刺激经济复苏。这些政策的最终目的,在于创造更多就业;这些政策的重要支撑,也在于能否创造更多就业。西方国家历次痛遭经济危机时,均把就业复苏政策放在首位,而旅游休闲业通常被作为就业复苏的首选产业。目前,我国的经济增长已转入中低速,在这个过程中,旅游业的就业效应对国民经济回暖具有重要意义。需要高度重视和深刻认识到,旅游业对宏观经济的首要贡献是在就业方面,由此拿捏各项旅游政策的轻重缓急和结构重点,必能使旅游产业对此轮经济增长做出更大贡献。

二、关键发力点：旅游投资是新引擎

谈到旅游产业对国民经济的贡献，人们总是想到旅游经济对拉动内需、扩大消费的作用。诚然，我们的假日经济、"黄金周"制度、国民休闲纲要、小长假改革等，不论是政府希望的还是民众看到的，都表现为旅游对消费的促进。但是，我们也需要看到，这种促进是有限的。按照笔者团队和清华大学假日改革课题组的共同测算，"黄金周"确实显著拉动了旅游相关类消费，但对全年总体的非耐用消费品消费却触动甚微。而且，"黄金周"和假日调整对整个资本市场的影响也很不显著。旅游促进消费的这种局限性源于其自身基因。当个人的旅游消费能力上升到中上水平时，国内旅游消费就会转移到国外去。旅游消费拉动起来的是"别国的内需"而不是"本国的内需"。就算国内的旅游质量再高，也会出现这种转移，这是由旅游本身是为了"探新求异"的自身基因属性决定的。因此，旅游产业要想更持久、更深远地推动经济增长，必须结合"旅游消费"和"旅游投资"，实施"双轮驱动"。或者可以说，旅游消费是前轮，是把握方向的"方向轮"；旅游投资是后轮，是提供动力的"动力轮"。

旅游业促进经济增长的持久燃料和强劲动力来自"旅游投资"。尤其在经济下行区间，旅游投资对经济增长复苏的作用远大于旅游消费。我们需要优先安排旅游投资政策，优先贯彻落实有关旅游投资的各项政策，只争朝夕，效率为先。旅游投资的优先性和重要性，有史为鉴。

1929年，美国遭遇史上最大经济危机，陷入长达十年的经济沼泽。在美国当局开出的提振经济的药方中，旅游文化娱乐投资成为后世瞩目的一剂良药。1933年4月，美国政府成立"国民维护团"（Civilian Conservation Corps），招募17～28岁的青年修建乡村公园、州县桥梁、度假设施等旅游基础设施，以旅游投资刺激就业需求。该组织修缮了3980个历史古建筑，改善了5000英里的可游览海滩，修建了4622个休闲鱼塘、湖泊，并种植了3亿棵树。1939年，又成立"工作规划管理局"（Works Progress Administration），利用国家财政拨款建设各种有价值的大型文化娱乐旅游项，截止到1943年，美国共新建了9300个音乐厅、体育馆和娱乐场，1000个图书馆，7000个宿舍，2302个大型露天体育场，52个游乐园或竞技场，1686个公园，3085个游戏场地，3026个健身场所，805个游泳池和848个戏水池，1万多个网球场，138个户外剧场，254个高尔夫球场，65个跳台滑雪场……

这些投资，成为美国后来经济复苏并成功开创"新经济"、成为世界经济火车头的澎湃动力。所谓"新经济",源于休闲旅游和文化娱乐投资激发出来的人民生活中的海量个性化需求,这些需求,激励和承接信息技术的规模化发展,于是催生了高速高效的信息技术革命。美国"新经济"浪潮所含的前因后果、所处的技术背景,和当前中国的"互联网浪潮"极其相似。互联网技术的更新升级和技术跃升,需要人民大众多样化、个性化需求的支撑和激励,而人民群众要释放出这些需求,既需要收入的支撑,也需要供给的引导,而旅游投资,则是堪当此任的新引擎。

三、高效发力点:收入政策是速效药

旅游投资是为经济增长提供强劲动力的新引擎,而旅游消费则是引领投资方向的指南针。只有高效刺激起旅游消费,才能发挥旅游投资的拉动作用。

按照经济理论,消费受到两个条件的限制:一是消费者的收入约束,二是消费者的时间约束。与之对应,促进消费的政策,可分为两种,即通过提高消费者的收入来促进消费的"收入政策"和增加消费者闲暇时间以促进消费的"时间政策"。

到目前为止,为了促进旅游消费,国家和部门推出的"时间政策"较多,受到了较高的关注。其典型代表是1999年开始的"黄金周"政策(国务院第270号文)和2013年国办发《关于印发国民旅游休闲纲要(2013~2020年)的通知》中关于落实带薪休假的内容。这些政策希望通过放宽国民的闲暇时间,使国民具有更充裕的旅游消费时间,进而提高旅游消费。其隐含的政策假设是,目前制约旅游消费的最主要因素是时间限制,而不是收入限制。从全国总体看,这个前提假设值得商榷。我们课题组针对最近20个"黄金周"对资本市场的影响做了测算。发现,"黄金周"和"小长假"对消费类上市公司(包括旅游板块和批发、零售、贸易板块)盈利回报的影响不显著。而那些直接或间接提高了消费者收入的政策(如发放旅游消费券、发放公园免费门票、免征假期期间高速公路过路费等政策),却对资本市场产生了显著作用。这说明,在全国层面上,旅游的收入政策比时间政策更有效。目前,制约旅游消费及非耐用品消费的主要因素是收入因素而不是时间因素。

当然,由于各地区经济发展水平不同,上述效应在各地存在差异。一般而言,经济欠发达的西部地区,旅游消费更受收入因素的影响;而经济发达的省份,如江苏省,时间因素对促进旅游消费有更显著的作用。并且,我们的研究显示,即便是对经济发达地区,收入政策也依然有效,只是显著程度不如经

济欠发达地区。例如,广东省的"旅游消费券"政策对旅游上市公司和非耐用品零售上市公司的业绩具有正向拉动作用。

总之,在当前的经济形势下,为了拉动旅游消费和相关消费,应该更多关注收入政策,同时辅以时间政策。一方面深化带薪休假的落实,尤其对发达地区的企业更应如此。另一方面在全国重点地区,主要是经济欠发达地区,推出"市民免费休闲券""旅游项目投资贴息贷款""旅游创新企业研发补贴""乡村旅游消费税收减免"等收入政策,能在短期内有效拉动旅游消费和周边消费。

休闲对绩效和创新的作用

吴新芳　魏翔[①]

一、引言

何谓"休闲"? "闲"是闲暇时间,"休"是对闲暇时间的多样化安排方式。人们曾对休闲持有贬义的看法,认为休闲是"无所事事",是"浪费时间""毫无用处"。随着社会经济的发展,人们休闲观念逐渐改变,并逐渐认识到休闲对工作与生活的重要作用。休闲使人们之所以"成为人",不仅让人获得生理、心理的放松与慰藉,更在此基础上塑造着人们的个性、态度与能力,进而影响到人们的工作与生活。学者们将休闲与经济联系起来,不仅从宏观经济学的角度研究整个国家、国别之间休闲时间的使用与演进趋势,也从微观经济学的角度研究一个家庭、一个个体闲暇时间的使用对劳动力市场供给、对工资收入的相互影响。休闲是否能够对人们的绩效、对人们的创新能力产生作用,如何作用,能产生多大的作用,成为学者们的研究热点问题。

二、休闲对绩效有作用吗

人的时间被分成工作时间、家庭生产时间(如家务、照看孩子)和闲暇时间。闲暇时间从广义上来说,即除工作时间与家庭生产时间之外的所有时间;从狭义上来说,包括能产生直接效用的活动,如娱乐、社交、积极休闲与放松活动(Aguiar & Hurst, 2007)。闲暇时间的获得必然与其他时间存在权衡(trade-off)的过程,家庭生产时间减少,休闲时间增多(Devoto, Duflo & Dupas, 2012);工作时间增多,休闲时间减少,总是存在一个此消彼长的动态变化。

[①] 吴新芳,北京第二外国语学院旅游管理专业硕士研究生。
魏翔,经济学博士,中国社会科学院财经战略研究院副教授,研究方向为闲暇经济。

(一)休闲对工作的替代效应

人们对休闲与工作的决策是基于对休闲或工作给自身带来边际效用的衡量。工作与休闲存在替代效应,工作会挤占人们的休闲时间,进而影响到人们对工作的态度、效率与绩效。人们选择休闲相应地也会承受工资损失(wage penalty)。学者们经常将欧洲人与美国人的生产率作对比,欧洲人虽经济增长低于美国,但欧洲人均工作时间较低,将生产率的提高用于增加休闲而非收入,去除有限的税收政策对休闲的影响(Albert, Glaeser & Sacerdote, 2006),则是源于欧洲人对休闲的偏好(Blanchard, 2004)。有时,人们选择休闲是"被动休闲",收入、受教育程度、消费支出的不平等,使得休闲也不平等(Aguiar & Hurst, 2007; Sevilla, Gimenez & Gershuny, 2012)。

休闲对工作产生替代效应,进而影响工作绩效,可以集中从以下两方面进行分析:

1.弹性工作时间与工资损失

由于各种主观与客观因素,人们会从事临时工作、短期工作、兼职等来平衡工作、家庭与闲暇时间之间的安排,但也承受着工资损失。Kranza、Planas(2011)指出,西班牙兼职女工比合同女工每小时要少挣17~19个百分点。Jahn和Pozzol(2013)也表明,临时中介工人比长久工人承受更高的工资损失,并且还提出随着工作时间加长,工资差距会不断缩小;女临时工工资差距要比男性小。更有贡献意义的是,该文提出临时中介工作对工资的影响,临时工可以在临时部门不断积累人力资本,进而增加工资,这种人力资本积累效应会因工作类型有所不同,如女性从事行政、办公室工作,更能获得通用的工作技巧运用到未来的工作,更易积累人力资本。

从短期来说,暂时的工作安置能增加人们的工资,但一两年后就会被低工资和低雇佣次数而抵消(Autor & Houseman, 2010);对公司来说,雇佣短期代理工会与部门经营绩效正相关,但却与每个雇员高工资关系很弱(Bryson, 2013)。可见,不管人们是由于休闲偏好而主动选择,或是由于生存压力被动选择弹性工作时间,都面临着工资损失的境地。而当政府一旦想要增加非正式工作人群的福利时,却又使得正式部门劳动供给减少,整个社会的生产率遭受损失,如墨西哥针对非正式人群的大众医疗保险项目使得公司和个人转向非正式工作,GDP减少了0.08%~0.36%,输出减少0.03%~0.09%(Bosch & Raymundo, 2014)。

因此,短期工、临时工、兼职等弹性工作的存在,虽为人们平衡工作与休闲提供了更多的选择,但由于替代效应的存在,总是存在着一定的机会成本,对工作绩效造成一定的损失。

2. 休闲时间、通勤时间与工作偷懒

通勤时间作为一种典型工作时间外的"非休闲时间",挤占了人们的休闲时间,将会引起工作中的偷懒行为,进而影响工作绩效。

首先,通勤时间的增多与偷懒行为之间也存在平衡(trade-off)的过程。Schwanen 和 Dijst(2002)利用交通—时间比(travel-time ratios)调查得出,通勤时间会影响个体的持续工作时间,个体会平衡工作时间与通勤时间,当通勤时间过长时,个体有减少工作时间的意愿。更具有典型性的研究是,Burda、Genadek 和 Hamermesh(2015)利用"美国时间调查"(ATUS)数据发现,如果工作时间外的"非休闲时间"(如睡觉、吃饭、通勤)增多,会加剧偷懒行为。这是因为,员工会将这种增多的非休闲时间视为没有加班费的"加班",促使员工在正式工作时间内为了寻求补偿而故意偷懒。与之类似,Ross 和 Zenou(2008)在利用美国2000年人口普查数据对通勤时间与偷懒行为进行研究后表明,通勤时间与偷懒行为存在替代效应,每增加一单位通勤时间,将减少个人净时间利用,导致休闲时间减少,偷懒行为增加。

其次,由于通勤时间增多所引起的偷懒行为将直接影响工作绩效。一方面,由于通勤时间挤占个体的休闲时间,会给个体的工作带来负面的情绪、感受(Gottholmseder & Nowotny,2009;Delmelle & Haslauer,2013;等等),增大员工的工作压力(Gottholmseder & Nowotny,2009),使其产生焦虑感、压抑、无精打采、悲观、疲惫、睡眠紊乱等身体与心理问题,进而影响工作绩效(Hämmig,Gutzwiller & Bauer,2009)。另一方面,偷懒行为作为一种道德风险问题(Kidwell,1993)显然不利于企业业绩。研究者证明,员工偷懒行为与企业净收益负相关(Golden & Zajac,2001),并且,偷懒对团队目标完成困难程度及团队目标认同具有显著负向影响,进而对团队绩效产生负作用(Mulvey & Klein,1998)。由此造成的后果是,偷懒会提高员工的长期失业率(Burda,Genadek & Hamermesh,2015)。

综合休闲、通勤时间与偷懒的文献来看,大部分文献都认为通勤时间越长,偷懒行为发生的可能性越高。但也应看到,经典研究(Ross & Zenou,2008;Burda,Genadek & Hamermesh,2015)几乎没有建立起通勤和偷懒之间更为现实的不确定性动态选择模型,因此无法对偷懒行为做更为现实的模拟和分析。并且,国内外关于通勤影响偷懒的先行文献较少,实证研究尤其稀少,由于缺乏数据或观测手段,通勤时间影响偷懒行为的定量分析不足。对于三者之间的互动性仍具有研究空间。

(二)休闲对工作的互补效应

休闲的价值会受到身边人的影响,最突出的就是家庭夫妻之间休闲与工作的互补效应,夫妻会调整工作安排匀出休闲时间一起度过(Hamermesh,2002)。Michaud、Vermeulen(2011)研究老年人家庭的劳动供给,供给模型嵌入家庭行为的共同影响,通过使用夫妻、鳏寡数据来分析个人偏好和帕累托指数(与家庭协调过程有关),发现配偶休闲的边际效应对夫妻的偏好都有显著影响,当考虑到配偶劳动供给选择时,休闲的互补作用非常重要。该文证实了闲暇的外部性,但对休闲互补作用具体表现,互补作用对家庭消费、收入、工作绩效会产生怎样的影响,并未进一步说明。Goux、Maurin和Petrongolo(2014)基于此进一步提出休闲的互补性存在性别差异,男性会通过减少非正常工时来应对女性工作时间减少,而女性对男性的互补作用由于工作弹性低而不显著。该文依然没有说明,休闲的互补性是否会对工作绩效产生影响。

(三)参与休闲运动对绩效的作用

人们对于休闲方式有不同的偏好,其中参与休闲运动、体育锻炼是重要的休闲方式,孕育了"运动经济"。Rooth(2011)通过调查与实验表明,参与休闲运动和身体健康对工作绩效、工资与求职具有积极影响。一项调查是对军队18岁人员身体健康素质及之后的工资收入进行调查,发现1个标准差的身体素质变动会引起7%工资效应的变动,相当于1.3年的工作经验;而另一项实验分析表明,在求职简历中提及参与休闲运动的偏好将多增加2%可能性收到面试反馈,相当于1.5年额外的工作经验。但该文未进一步说明参与休闲运动对劳动力市场效应的影响机制,参与不同的休闲运动是否会产生不同的影响效果。

Barron、Ewing和Waddell(2000)以初中学生为研究对象,同样证实了参与体育运动比其他课外休闲活动更有利于生产率的提高,工资相比要高4.2%至14.8%,参与运动直接影响工资与教育成就。在大学时期,参与运动的积极影响仍然存在,男性参与运动工资能提高4%(Long & Caudill,2001)。

参与休闲运动的积极影响从长远来说是否一直成立呢?对此,Lechner(2009)基于1984年至2006年德国社会经济专门调查的个人数据,分析得出个人参与休闲运动对长期劳动力市场变量(工资和收入)存在正向效应,积极参加运动者比不参加或少参加者在16年间平均增加工资约1600欧元,是对5%~10%运动参与变化的回报,相当于额外1年的教育。但遗憾的是,学者们在分析休闲运动的影响时,有时并未考虑到不同类型、不同强度的休闲运动是否会对工资收入影响产生差异。参与休闲运动也应符合边际效用递减规律,是否存在参与休闲运动时间、强度最佳值使得效用最大化,仍值得思考。

休闲运动对劳动力市场效应的积极影响,引起了学者们对其影响机制的研究热情。学者们提出了以下几种解释:

①直接生产率效应。身体越健康,更加有活力,能够承受更长的工作时间、工作强度,病假越少,直接影响生产率,进而影响工资收入(Rooth,2011)。

②社交能力效应。一些不可观测变量引起了参与运动与高工资的关系,如参与运动,社交能力提高,特别是在团队的休闲运动中,使得在劳动力市场上更有竞争力(Rooth,2011)。

③传递信号效应。参与运动能够向雇主释放更高个人能力和更好工作伦理、更加勤勉的信号(Barron,Ewing & Waddel,2000),表明自己享受更好的健康状态,能够表现得更好(Lechner,2009)。

④人力资本积累效应。参与休闲运动,身体更健康,有更强的动机投资开发自身技能,如获得更高的教育(Bloom & Canning,2000),提升认知能力。人力资本理论认为,工资由人力资本决定,人力资本由各种有利于生产的能力组成,而生产技能的获取渠道之一便是源于休闲活动(Bowles,Gintis & Osborne,2001)。在人力资本中,认知能力对绩效的影响至关重要(Case & Paxson,2008)。

因此,休闲运动对生产率、对经济增长的作用是通过身体健康素质、人力资本间接实现的。其中,人力资本积累效应的解释尤为值得关注。另外,Long和Caudill(2001)、Lechner(2009)都提到参与休闲运动能够对个人信心、心理稳定、幸福感产生正向效应,这些方面的提升是否可以成为增加个人绩效的渠道之一,仍值得验证。

对于休闲运动对绩效影响机制虽未达成一致的看法,出于对休闲运动对劳动力市场效应的积极影响,学者们也进一步延伸研究,分析什么因素会影响人们参与休闲运动。Farrell、Shields(2002)提出,参与休闲运动与家庭收入正相关,受教育程度更高的人更多地参与运动,家庭偏好对参与决策有重要影响。除此之外,时间机会成本也是重要决定因素(Humphreys & Ruseski,2009),个人特征会影响参与运动的时间,如男性比女性参与运动更多,而已婚、家中有孩子、年龄大都与低运动参与度相关(Lechner,2009)。

综上所述,大部分文献都通过丰富的纵向调查数据表明,参与运动作为休闲的重要方式,对工作绩效具有显著的积极效应,并从生产率、人力资本积累、习得技能、传递利好信号等方面解释其影响机制,探究参与休闲运动的影响因素。但也应看到,不同类型、不同强度的休闲运动可能对工作收入产生影响差异,可能存在效用递减的现象;由于社会的发展变化、人们休闲方式的多样化,仍需进行调查研究,探索可能的变化以及其他可能的影响机制。

三、休闲对创新有作用吗

创新能力,与创造力(creativity)、创意(originality)、创新(innovation)等概念相关联,用来衡量人的性格与特点(Horst H. S.,2000),对社会文化演变具有重要影响(Feinstein,2011)。鉴于创新能力的重要性,人们都期望通过各种方式培养自身的创造力。创造力的培养需要花费一定的时间,并依托于某种活动形式来实现。Leonidas、Bourantab 和 Moustakisa(2010)提出,创造力与时间安排有关,与每日计划行为正向相关,而休闲活动正是每日时间安排的重要内容。这正说明了休闲与创造力之间密切的关系。创造力的培养能够通过怎样的方式获得,在这过程中,休闲是否发挥了作用,又扮演了怎样的角色,成为学者们的研究重点。

(一)闲暇时间是诞生创造力的"温床"之一

"有闲"是人们培养创造力的条件之一,不管是工作时间的主动减少还是失业的"被减少",人们有更多的时间去从事创造活动,如绘画、音乐、舞蹈(Rose,2016)。Davis 和 Hoisl(2013)基于组织创造力和知识重组的理论,利用德国工人3000项发明发现,休闲时间所创造的发明更多地观察到基于概念的问题,和外界的交流对创造力非常重要,而工作时间也能催生创造力,但更加依赖于环境氛围的营造。

(二)休闲活动提升创造力

在文献中,学者们提到可以通过以下方式来提高创造力:

①通过学习活动。个人探索与学习是创造力的基础,人们在闲暇时间选择能够使其价值最大化的学习领域,把学习元素创新组合,积累形成知识,从而促进文化与经济发展(Feinstein,2010)。

②通过体育活动。Lupu(2012)通过多样化的调查方法发现,创造力是概念的重组,存在于人类的思想中,隐藏在潜意识中,根据需要就可以被激活;经常参与体育活动的人创造力更发达,体现在实验中就是经常参与体育运动的学生能够更流畅、更快地联想与组合词汇,提高了信息更新的能力。

③通过旅游活动。Bloom、Ritter 和 Kühnel 等(2014)通过调查46位工作人员度假前后的创造力变化发现,度假后人们更高水平的创造性虽未提高,但认知灵活性提高,提高了创造力的概率。需要进一步扩大样本并深入探讨旅游提高创造力的机制。

④通过艺术活动。Whiting、Hannam(2014)提出,创造力的提升与个体表

现力、自我创造力密切相关,而这种自我表现与艺术和美学也具有重要的相关性。与之相印证的是,Trnka、Zahradnik 和 Kuška(2016)基于情感创造力清单(emotional creativity inventory)来衡量情感创造与现实中参与不同类型创意休闲活动及四类大学专业之间的关系,调查发现,艺术生的 ECI 明显高于其他专业,五类休闲活动与 ECI 显著相关,即写作、绘画、作曲、表演戏剧与 DIY 家居设计。

从这些方式中可以发现,"闲中学"是培育创造力的最基本的途径,当人们在参与这些活动时都在有意无意、潜移默化地学习,内化成自身知识积累,为创造力的形成提供基础。

(三)休闲活动提高创造的价值

休闲活动与人们的爱好、兴趣有关,会塑造人们的态度与特性并带到工作中来。Davis 和 Hoisl(2014)基于组织创造力互动论的视角,探讨休闲活动是否能够跨越人们家庭和工作地的创意空间,他们利用 21 个欧洲国家与美国、日本所有行业 4138 项发明的原始调查数据,用相关发明专利价值、发明的创新度来衡量组织创造力,发现员工下班后仍在思考工作能够创造更有价值的发明。休闲活动中人们多元化、更加面向社会、集中化的兴趣能增加发明的价值。这体现了休闲活动的外部性,能促进创造性工作的开展。

四、总结与讨论

本文主要从内容上梳理了休闲对绩效和创新作用的研究成果。首先,闲暇时间的获得与工作存在替代效应,使得人们不断平衡休闲与工作之间的关系,一定程度上给人们带来工资损失;通勤时间对闲暇时间的挤出,也可能导致人们在工作中的偷懒行为,进而影响绩效。其次,由于闲暇时间具有外部性,家庭内夫妻之间的休闲与工作存在互补性,虽未研究互补性对工作绩效的影响,但能影响劳动力市场供给。最后,参与休闲运动是人们休闲方式之一,大部分文献都支持参与运动对绩效具有积极影响,分别从直接生产率效应、人力资本积累效应、传递信号效应、社交能力效应等来解释其影响机制。休闲对绩效的研究仍存在一些问题值得进一步研究:①休闲与工作的互补性对工作绩效的影响;②通勤时间影响偷懒行为缺乏动态选择模型,需利用数据进行实证研究;③不同类型、不同强度、不同持续时间的休闲运动是否会产生对绩效的影响差异;④参与休闲运动对工作绩效的影响是否具有稳定的信度,影响机制是否具有其他可能性,如心理、精神状态变量等。

休闲对创新的作用,不仅体现在闲暇时间是进行创新活动的条件之一,可以通过学习、体育、旅游、艺术活动等来培养创造力,同时休闲活动具有外部性,能提升创造活动的价值。该领域研究仍存在空白,需进一步通过实证研究来验证休闲对创新的作用,探讨其作用机制及其影响,从而提高休闲的价值。

参考文献

[1] Aguiar M, Hurst E. Measuring Trends in Leisure: The Allocation of Time over Five Decades[J]. *Quarterly Journal of Economics*, 2007,122(3): 969-1006.

[2] Alesina A, Glaeser E, Sacerdote B. "Work and Leisure in the United States and Europe: Why so Different? [J]. *NBER Macroeconomics Annual* 2005(20): 1-100.

[3] Autor D, Houseman S. Do Temporary Help Jobs Improve Labor Market Outcomes for Low-skilled Workers? Evidence from Work First. American Economic Journal[J]. *Applied Economics*, 2010(2): 96-128.

[4] Barron J, Ewing B, Waddell G. The Effects of High School Athletic Participation on Education and Labor Market Outcomes[J]. *The Review of Economics and Statistics*, 2000(82): 409-421.

[5] Blanchard O. The Economic Future of Europe[J]. *Journal of Economic Perspectives*, 2004,18(4): 3-26.

[6] Bloom D E, Canning D. The Health and Wealth of Nations[J]. *Science*, 2000,287 (5456): 1207-1209.

[7] Bosch M, Campos-Vazquez R. The Trade-offs of Welfare Policies in Labor Markets with Informal Jobs: The Case of the 'Seguro Popular' Program in Mexico[J]. *American Economic Journal: Economic Policy*, 2014,6(4): 71-99.

[8] Bryson A. Do Temporary Agency Workers Affect Workplace Performance? [J]. *Journal of Productivity Analysis*, 2013,39(2): 131-138.

[9] Burda M, Genadek K R, Hamermesh D S. Not Working at Work: Loafing, Unemployment and Labor Productivity[Z]. Labour Economics Discussion Paper, 2015(10712): 1-42.

[10] Case A, Paxson C. Stature and Status: Height, Ability, and Labor Market Outcomes [J]. *Journal of Political Economy*, 2008,116 (3): 499-532.

[11] Davis L N, Davis J D, Hoisl K. Leisure Time Invention[J]. *Organization Science*, 2013(5): 1439-1458.

[12] Davis L N, Hoisl K, Davis J D. Spanning the Creative Space between Home and Work: Leisure Time, Hobbies and Organizational Creativity[Z]. DRUID Society Conference 2014, CBS, Copenhagen, 2014(6): 16-18.

[13] Delmelle E C, Haslauer E, Prinz T. Social Satisfaction, Commuting and

Neighborhoods[J]. *Journal of Transport Geography*,2013(30):110-116.

[14]Devoto F, Duflo E, Dupas P. Happiness on Tap:Piped Water Adoption in Urban Morocco[J].*American Economic Journal: Economic Policy*, 2012, 4(4): 68-99.

[15]Farrell L, Shields M. Investigating the Economic and Demographic Determinants of Sporting Participation in England[J]. *Journal of the Royal Statistical Society*, 2002(165): 335-348.

[16]Golden B R, Zajac E J. When Will Boards Influence Strategy? Inclination ×Power = Strategic Change[J]. *Strategic Management Journal*,2001(22):1087-1111.

[17]Gottholmseder G, Nowotny K, Pruckner G J. Stress Perception and Commuting[J]. *Health Economics*,2009(18):559-576.

[18]Goux D, Maurin E, Petrongolo B. Worktime Regulations and Spousal Labor Supply [J]. *American Economic Review* , 2014, 104(1):252-276.

[19]Hamermesh D. Timing, Togetherness and Time Windfalls[J].*Journal of Population Economics*,2002(15):601-623.

[20]Horst H S. Personality Tests. Profiles and Personality Types,Complete Tests and Exercises. Analyses and Evaluations. 400 Questions[Z].*Gemma Press Publishing House*, Bucharest, 2000(99): 100-128.

[21]Humphreys B, Ruseski J. The Economics of Participation and Time Spent in Physical Activity[Z]. *Working Paper*, 2009:9.

[22]Jahn E J, Pozzoli D. The Pay Gap of Temporary Agency Workers—Does the Temp Sector Experience Pay off? [J]. *Labour Economics* , 2013(24): 48-57.

[23]Bloom J, Ritte S, Kühnel J. Vacation from Work: A Ticket to Creativity? The Effects of Recreational Travel on Cognitive Flexibility and Originality[J].*Tourism Management*,2014 (44):164-171.

[24] Kidwell R E. Employee Propensity to Withhold Effort: A Conceptual Model to Intersect Three Avenues of Research[J]. *Academy of Management Review*, 1993(18):429-456.

[25]Fernández-Kranza D, Rodríguez-Planas N. The Part-time Pay Penalty in a Segmented Labor Market[J].*Labour Economics*,2011(18):591-606.

[26]Lechner M. Long-run Labour Market and Health Effects of Individual Sports Activities [J]. *Journal of Health Economics*, 2009,28(4):839-854.

[27]Zampetakisa L A, Bourantab N, Moustakisa V S. On the Relationship Between Individual Creativity and Time Management[J]. *Thinking Skills and Creativity*,2010(5):23-32.

[28]Long J, Caudill S. The Impact of Participation in Intercollegiate Athletics on Income and Graduation[J].*The Review of Economics and Statistics* ,2001(73):525-531.

[29] Michaud Pierre-Carl, Vermeulen F. A Collective Labor Supply Model with Complementarities in Leisure: Identification and Estimation by Means of Panel Data[J]. *Labour Economics*,2011(18): 159-167.

[30]Mulvey P W, Klein H J. The Impact of Perceived Loafing and Collective Efficacy on Group Goal Processes and Group Performance[Z]. *Organizational Behavior and Human Decision Process*, 1998(1):62-87.

[31]Rooth Dan-Olof. Work out or out of Work—The Labor Market Return to Physical Fitness and Leisure Sports Activities[J]. *Labour Economics*,2011(18): 399-409.

[32]Rose J L. Unemployment, Leisure and the Birth of Creativity[J]. *The Black Scholar*, 2016(2):29-31.

[33]Ross S L, Zenou Y. Are Shirking and Leisure Substitutable? An Empirical Test of Efficiency Wages Based on Urban Economic Theory[Z]. *IZA (Institute for the Study of Labor) Discussion Paper*,2008(2601):1-45.

[34]Sevilla A, Gimenez-Nadal J, Gershuny J. Leisure Inequality in the United States: 1965-2003[J].*Demography*, 2012,49(3):939-964.

[35]Schwanen T, Dijst M. Travel-time Ratios for Visits to the Workplace: the Relationship Between Commuting Time and Work Duration[J]. *Transportation Research Part A*,2002(36): 573-592.

[36]Trnka R, Zahradnik M, Kuška M. Emotional Creativity and Real-Life Involvement in Different Types of Creative Leisure Activities[J]. *Creativity Research Journal*,2016(3):348-356.

[37]Whiting J, Hannam K. Creativity, Self-Expression and Leisure[J]. *Leisure Studies*, 2014:1-14.

绿色友善餐厅消费行为之研究
——以高雄市为例

萧登元　叶家妤[①]

一、前言

由于经济蓬勃发展、消费及饮食习惯不同的因素,造成外食人口日益增多并开始重视环保意识及食品安全。据台湾有关部门2010年统计,台湾地区每天超过40%的人以外食解决三餐(蔡宜家、孔方正、张美兰,2011),因外食需求增加使得餐饮业不断扩展;据有关统计数据显示,2013年餐馆业就占了75.07%(张婉瑶,2014)。现代人致力于提高生活质量,但在获得的同时也带来负面的影响。生态系统遭到破坏,其实和人类的生活方式与消费行为有环环相扣的关系(杨政学、林靖亚,2013)。早在1977年,德国提出蓝天使(Blue Angel)环保标章计划,积极推动希望消费者尽量购买低污染、可回收的环保产品。有鉴于国际间开始推动绿色消费,台湾有关部门在1993年开始推行环保标识制度,并希望有关单位能够带头,做起优先购买绿色的产品,带动绿色消费风气,达到环境保护的最大效益,就连餐厅也跟进加入绿色行列。1990年美国成立了非营利组织的绿色餐厅协会(Green Restaurant Association,GRA),目的在于强调节约能源和永续食物以及推行绿色餐厅认证制度(胡梦蕾,2014)。经食安风暴后,消费者食安意识渐渐提高,饮食习惯有所改变,更加注意食材来源、商品标示与标识。在此背景下,台湾地区积极推动绿色消费,吸引消费者认识绿色认证标识。2011年,台北市环保部门推动"星级环保餐馆"星级评定,高雄市农业部门推动"绿色友善餐厅";2013年,台中市环保部门推广"食尚绿餐—台中金赞"。目前尚无统一标准及名称定义"绿色餐

[①] 萧登元,高雄餐旅大学休闲暨游憩管理系副教授兼系主任。
叶家妤,高雄餐旅大学运输与休闲服务规划硕士学位学程硕士生。

厅",但基本含义均希望餐厅业者做到"低污染、永续食物、省资源"。各县市以鼓励的方式让餐饮业者提出申请评定取得绿色标识,未来绿色餐厅可能会成为下一个餐饮业发展新趋势。就目前消费者选择绿色产品比例较少的现实(Kotler and Keller,2008),根据调查,消费者购买绿色产品具有实际购买意愿的有40%,但在消费者之中仅有4%的人有实际付出购买行为(United Nations Environment Programme,2005),表示消费者对绿色消费的观念还不是很完整,造成实际购买行为意愿无法上升。为了解消费者对于选择绿色餐厅的消费行为因素,本研究以高雄市取得绿色餐厅认证的经营者及消费者为研究对象,希望将消费者提出的一些看法作为之后推动绿色餐厅的参考依据。

二、文献探讨

(一)绿色餐厅的发展

台湾餐饮业的油烟排放造成空气污染、水质污染等问题,导致了餐饮业开始重视环保问题。而美国为了改善餐厅排放污染及浪费资源的恶性循环,率先在1990年创立了非营利性的绿色餐厅协会(Green Restaurant Association,GRA)。徐俪轩(2008)将绿色餐厅定义为,在硬件方面能够配合省电资源且做好废弃物管理,使用有机无毒的产品可将餐厅的污染降至最低,也鼓励餐厅应采取环保策略和加强员工教育训练(Chou,Chen and Wang,2012),让绿色餐厅更能完整落实在每个餐厅。"绿色餐厅"一词是由Lorenzini(1994)提出的,概念是把餐厅设计成友善环境的方式来经营,并做好废弃物及资源回收的管理,食材上使用有机品,将污染降到最低及制订环境管理政策。Szuchnicki(2009)认为,落实节约用水、用电、资源回收及永续食材的使用是绿色餐厅的特色。刘珈灏和李明聪(2006)曾提出,餐厅环境是采用硬件建筑结合绿建筑的概念,经营管理上则是实施环境管理系统,食材采用有机农产品,融合三种概念的餐厅,即可视为"绿色餐厅"。台湾目前的绿色餐厅也逐渐开始使用有机蔬菜、安全蔬果,特别是高雄市与取得吉园圃安全蔬果标识及产销履历农产品的当地农民合作,将所种植的蔬果供给高雄市取得认证且有意愿的餐厅使用。不但帮助餐厅可以安心使用制作美味的菜肴给消费者,也帮助了当地农民。朱孟玲(2013)也认为,绿色餐厅应该是实施友善环境的餐厅以及选择友善环境的当地食材。绿色餐厅的精神在于,强调提供产品和服务以满足消费者的需求并同时提高生活质量,逐渐减少对环境的强大冲击,降低天然资源的耗损。保护地球环境并以鼓励、促进的方式让餐饮业支持绿色概念,将适当的环境管理,应用在餐厅业上(Green Restaurant Association,1995)。

相同的理念也应用于饭店业,有关饭店协会指出,绿色餐厅是秉持着绿色管理的方式将环保的概念合理地运用、向大众提倡绿色消费、共同维护生态环境以及善用资源的餐厅经营模式。

上述的文献是以经营者的角度将绿色概念渗透至每个环节中,而以消费者的角度,在个人属性、绿色消费认知与行为之关系的研究中发现,当消费者开始具有绿色消费的观念时,进而影响餐饮业者因应市场的发展走向,将绿色消费导入相关的产品中,这对餐饮业的未来发展趋势必会造成深远的影响(连经宇、陈育诗,2010)。

高雄市有优势的农业环境,加上有关部门用心推广当地食材让农业成功外销到其他县市,而高雄市有关部门为了推广优良的当地食材,于 2011 年推动"高雄首选—绿色友善餐厅"的计划,期望能够通过绿色环保的概念让高雄民众对餐饮业有信心,能够安心吃、放心吃,希望可以结合消费者、餐厅业者及当地农民的力量共同为高雄打造新的绿色饮食文化。而高雄绿色友善餐厅是借鉴美国绿色餐厅协会的标准,再经由多方的产、官、学所研发最适合绿色友善餐厅的指标,另外再配合经由高雄市有关部门把关检验合格取得安全蔬果标识的吉园圃或是附有产销履历证明的农产品,给高雄市有意愿的餐厅使用,如符合各项规定、达到标准就可得到"高雄首选-绿色友善餐厅标识"。截至 2015 年底,高雄市共有 19 家餐厅取得绿色友善餐厅认证,如表 1 所示(2016 年 8 月已增至 41 家)。

表 1　高雄绿色友善餐厅认证业者

高雄绿色友善餐厅	地　址
YAYA 绿餐厅	高雄市苓雅区四维二路 100-6 号
慈香庭蔬食餐厅	高雄市三民区九如一路 613 号
人田美浓客家菜	高雄市鼓山区美术东 2 路 7 号
The F 勇气厨房	高雄市左营区立信路 88 号
巴曼多	高雄市鸟松区澄清路 792 号
THOMAS CHIEN 法式餐厅	高雄市前镇区成功二路 11 号
挑食	高雄市新兴区金门街 107-1 号
好市集	高雄市鼓山区鼓山一路 19 号
Sika teahouse 希咔创意商行	高雄市苓雅区林泉街 38 巷 9 弄 5 号 1 楼

续表

高雄绿色友善餐厅	地　址
迪利印度健康蔬食坊	高雄市左营区自由三路168号
菜根香文素食餐厅	高雄市新兴区民生一路23号
La One Kitchen & Bakery	高雄市三民区博爱一路380号
蔬活食堂	高雄市苓雅区中正一路134号
安多尼欧法式餐厅	高雄市盐埕区河西路7-1号
枣子树蔬食餐厅（梦时代店）	高雄市前镇区中华五路789号（梦时代7F）
义郎—义郎创作寿司	高雄市左营区富民路66号
野菜村—文化店	高雄市苓雅区同庆路136号
汉来蔬食—巨蛋店	高雄市博爱二路777号5楼
帕莎蒂娜—驳二仓库餐厅	高雄市盐埕区大勇路1号

资料来源：高雄市有关部门数据。

（二）消费者行为与购买决策

消费者行为经过时间的演变研究范围也越来越广，但对于消费者行为之定义，可发现大多数学者将消费者行为视为一种过程，而Schiffman和Kanuk（2010）及林灵宏（1990）将消费者行为定义为，有关个体或群体搜寻、购买、使用、选择、服务和处置产品所表现出的各种行为。消费者行为与消费者的生活型态也存在关系。学者李成丽（2004）和张学梁（2005）曾提出，不同型态的消费者，对于产品购买决策不尽相同，受到文化、社会阶层、参考群体、家庭等内外因素的影响，亦会产生不同的个人生活型态，因而会影响到个人的购买决策甚至有可能产生特定的消费者行为模式。Kotler（1998）研究指出，消费意愿是研究一个消费者购买行为的过程，若消费者受到外部的刺激影响，则营销与环境层面两项因素的刺激，经由中介变项之处理。Kotler认为，消费者行为的研究目的是了解消费者黑箱（black box）的过程。而消费者受到外部刺激来源，再依照消费者的决策与特性进而产生的购买行为，即可称为"刺激-反应模式（Stimulus-response Model）"。外在刺激可从两方面来看：由营销者观点来看，包括4P：产品（Product）、价格（Price）、通路（Place）、促销（Promotion）；由消费者观点来看，总体的环境刺激包括经济、科技、政治与文化等。

综合以上条件,消费者因外在刺激通过黑箱处理过程,产生购买决策。消费者行为之定义包括需求认知、信息收集、方案评估、购买决策及购买后行为等连续的过程(Kotler and Keller, 2008)。EKB(Engel, Kollat & Blackwell)模式为决策过程的中心,一般研究中在探讨消费者购买决策时,最常引用的理论是EKB的模式,而EKB模式也是最详细且完善的模式之一,利用这个架构来了解消费者的购买决策步骤。

(三)绿色消费

绿色消费也可视为消费者行为或是环保行为延伸的一种行为模式,也可被称之为"永续消费"。基本的概念是体会到人类在消费过中无法避免的消费行为,而绿色消费也考虑到产品本身可能会对生态环境造成污染,进而选择能够减少环境伤害的产品,进而决定其是否购买此产品(Van Liedekerke and Dubbink, 2008;Svensson and Wood, 2008)。绿色消费其实强调的是资源使用须合理且享受资源时同时兼具维护环境的生态平衡(陈怡君、郭文贵、萧美铃,2004)。MacKenzie(2000)的研究中发现,有77%的美国人认为公司的环保观念会直接影响到他们是否愿意购买绿色产品,而测试者中多达75%的人愿意支付较多的费用来购买绿色产品。由此可知,如果生活在具有环保概念的环境中,较容易影响消费者的绿色消费行为。绿色消费不只限于环境及设备上,也应用于餐饮业中。根据餐馆协会报告指出,在2011年餐厅调查中有57%的消费者表示,他们会选择具有环保基础的餐厅用餐,不仅能够吃到安心的食材也能够减少碳排放量,达到节能减碳的目的。而Hu、Parsa和John(2010)之前的研究也证实,几个关键因素可激励消费者的环保意识行为,其中包含环境的问题及知识,也提出在选择绿色餐厅时,绿色产品和餐厅经营的环保概念是消费者选择绿色餐厅的重要因素之一。同时,研究也指出,个人特性和消费者行为具有相关性,内在意识控制力较好者,较容易表现出具环保意识的购买决策与消费行为(Banarjee and Mckeage, 1994)。在餐厅方面,学者Schubert、Kandampully、Solnet和Kralj(2010)指出,餐厅的绿色管理政策实施为市场上的区别,可用收取溢价来了解消费者对于绿色餐厅的态度和接受程度,再加上高雄地区有优良的农业环境,取得食材来源既安全又方便,可吸引更多经营者加入绿色餐厅或是将餐厅转型为绿色餐厅,建立一个绿色餐饮时代。

(四)生活型态

生活型态最早是由Lazer(1963)提出的,他将生活型态视为一个系统性的概念,某一个群体或是社会在生活中具有的特征,可将这个特征的此群体与其他群体作区分分类,并完整地表现在生活模式中;而生活型态是包括消费模式、价值观、文化、娱乐方式、个人性格和资源等力量交互影响出的结果,这些都足以去影响消费行为的每个层面。市场区隔方式,渐渐转向以生活型态来作为衡量的依据,提供更多消费者内心想要与外在行为的信息,做出较佳的消费营销决策(Kaynak and Kara,2002)。廖淑玲(2007)将生活型态区分成三种来讨论:第一种为生活型态的本质;第二种为生活型态的经济本质;第三种为生活型态的心理性特质。综合以上观点,消费者的消费行为一定和生活息息相关(Schiffman and Kanuk,2006)。生活型态理论在营销研究上运用的范围十分广泛,Wind 和 Green(1974)认为最主要的运用有以下六项要点:

①作为目标市场内,对于产品与服务的规划及重新定位。
②作为营销人员对于消费者行为的分类基础研究。
③作为市场区隔之变量研究的运用。
④适用于发展广告营销策略。
⑤适用于广告媒体选择的根据。
⑥适用于研究零售通路的消费者。

生活型态会因为个人的消费行为进而影响购买决策,并且清楚地区分市场已提供符合消费者需求之产品。在生活型态衡量方面,则是以 Plummer(1974)所提出的 AIO(Activity,Interest and Opinion)量表最为常见。用来衡量消费者的生活型态内容包含活动、兴趣、意见,并将人口统计变量编列入 AIO 量表中,增加内容的完整度。Reynold 与 Darden(1974)更明确地定义了 AIO。说明如下:

①活动(Activity):定义为一种具体可见的活动,如休闲娱乐、运动等。这些活动通常借由观察得知,但行动原因难以直接衡量。
②兴趣(Interest):指对某些人、事、物感到兴奋,产生兴趣,使人们产生特别且持续性的关注。
③意见(Opinion):指个人对某些情况的反应给予口头或文字上的响应及衡量,用以描述人们解释期望和评价表达对于周遭环境的看法。

三、研究方法

本研究采用量化研究方法,针对消费者进行问卷调查。经由文献探讨后所提出的研究架构与假设如下。

图 1　研究架构

H1：消费者绿色餐厅认知对消费行者行为有显著差异。
H2：消费者的绿色餐厅认知对生活型态有显著差异。
H3：消费者生活型态对消费者行为有显著影响。

  本研究采用问卷调查表作为研究工具，问卷结构及内容经参考绿色餐厅认知与消费者行为的相关文献后，依本研究目的修正编制而成，内容包含"绿色餐厅认知""消费者行为""生活型态"。在社经背景方面，采用类别尺度加以测量。"绿色餐厅认知""消费者行为"及"生活型态"，以李克特五点评量尺度（Likert Scale）的编码方式了解其同意程度，衡量尺度依序为1~5，以数字的大小代表其对问题的认同程度，即题目内容与受访者的认知越符合时，数字就越大，以"非常同意""同意""无意见""不同意""非常不同意"进行勾选。在资料分析时，分别依序以5、4、3、2、1 的分数代表之，分数愈高，表示愈同意。问卷架构及内容如下：

  ①背景属性变量：受访者的背景资料调查，可分为六大部分，分别为：性别、年龄、职业、学历、个人每月平均所得、每周在外用餐次数。

  ②绿色餐厅认知：共计9题，参考薛毓茗（2013）之研究问题题项。主要有：我比较愿意到提供有机食材的绿色友善餐厅用餐、到提供有机食材的绿色友善餐厅用餐是对环境有益、我比较愿意到不提供生态保育食材（如鱼翅、豆腐鲨）的绿色友善餐厅用餐、我比较愿意到提供依照当季食材做成餐饮的绿色友善餐厅用餐、我比较愿意到提供当地地方生产食材的绿色友善餐厅用餐、亲朋好友的绿色观念是影响我愿意来绿色友善餐厅的因素、政府的绿色政策是影响我愿意来绿色友善餐厅的因素、业者的绿色产品是影响我来绿色友善餐厅的因素、环保信息提供（者）的绿色信息是影响我愿意来绿色友善餐厅的因素。

③消费者行为：共计11题，部分参考杨奕琦（2007）、连经宇、陈育诗（2010）与Han和Kim（2010）之研究问题题项。主要有：在选择餐厅时，我会选择去环保形象良好的餐厅消费；我认为绿色环保餐厅值得前往消费；我愿意前往绿色环保餐厅用餐；即使绿色环保餐厅价钱贵一点，我还是愿意去消费；我会建议其他亲朋好友去绿色环保餐厅用餐；在质量相当的情形下，相较于其他餐厅我会选择去绿色环保餐厅消费；会主动推荐具绿色环保观念之餐厅给好友；我会优先选择具绿色环保观念之餐厅；我未来愿意到餐厅作绿色消费；就算贵还是愿意去餐厅作绿色消费；质量相当下会优先去餐厅作绿色消费。

④生活型态：共计24题，参考林美吟（2009）之研究题项。主要有：我经常会注意市场上最新流行的绿色产品信息；我觉得我是一个绿色产品的爱用者；我喜欢从事相关绿色活动的企业，并向它们购买产品；我会特别去注意绿色相关的活动；为了环境更美好，我会从事绿色消费；我会跟随绿色潮流而去购买绿色产品（如环保意识抬头我会特别选购具有环保标的产品）；我会因产品具有绿色的特性而去购买；我曾经使用过绿色产品，而且会继续购买；我会因广告倡导而去购买绿色产品；我认为大自然的生态平衡容易受到扰乱及破坏；我认为很多环保议题的严重程度被高估且被过分重视；我认为地球上的资源与空间非常有限；我认为人们有权利为了满足需求去改变自然环境；我认为为了永续生存，人类必须跟大自然和平共处；经济正向的成长，远比任何环保有关的议题来得重要；我通常会担心自己和家人，做出污染环境的行为；我对于环保议题非常有兴趣；相对于我周遭的朋友，我觉得我是一个环保主义者；对我而言，任何有关环保的议题都是很重要的；我认为随意丢弃可回收利用的资源是件很可惜的事；我觉得做环保少我一个并不会有太大的改变；我在购买任何产品之前，都会慎重地考虑经济能力与产品价位；我会向他人提倡绿色概念；我会支持绿色理念并身体力行做环保。

本研究针对19家取得认证餐厅的消费者于2015年11月间采用便利抽样法进行预试问卷发放，共发出75份预试问卷，而有效预试问卷回收共有60份，回收率为80%，检验本研究之问卷量表，并进行问卷题项之调整。本研究针对预试问卷回收后的探索性因素分析发现，KMO值为0.80，Bartlett球形检定结果近似卡方分配值为794.422，达到显著，表示本量表适合进行因素分析，整体解释变异量为72.22%。本研究针对各题项进行因素分析时，只保留因素负荷量>0.4的题项，并删除和整体方面因子不符的题项，题项删除为"我会因产品具有绿色的特性而去购买""我认为很多环保议题的严重程度被高估且被过分重视""我认为地球上的资源与空间非常有限""我认为人们有权利为了满足需求去改变自然环境""经济正向的成长,远比任何环保有关的议题来得重要""我觉得做环保少我一个并不会有太大的改变""我在购买任何产品之前,都会慎重地考虑经济能力与产品价位"共 7 题。正试问卷以便利性抽样方式进行问卷调查,施测对象为实际去过高雄绿色友善餐厅的消费者。自 2015 年 12 月 10 日至 2016 年 3 月 29 日止,于高雄市 19 家绿色友善餐厅发放 450 份正式问卷,扣除填答不完整等无效问卷后,有效样本数为 394 份,有效回收率为 88%。本研究分别对"绿色餐厅认知""消费者行为""生活型态"进行信度分析,三方面的 Cronbach's α 值分别为 0.81、0.88 与 0.91,都符合 0.70 以上可信门槛值的要求。

四、研究结果与讨论

(一)描述性统计分析

本研究样本分布以女性消费者居多(275 人,69.8%),男性消费者则较少(119 人,30.2%)。年龄方面以 21~25 岁的消费者为主(117 人,29.7%),其次为 26~30 岁(76 人,19.3%),46 岁及以上(52 人,13.2%),31~35 岁(43 人,10.9%),41~45 岁(41 人,10.4%),20 岁以下(33 人,8.4%),36~40 岁(32 人,8.1%)。受教育程度以大学为主(199 人,50.5%),其次为高中职(78 人,19.8%),研究所以上(61 人,15.5%),专科(46 人,11.7%),中学以下(10 人,2.5%)。职业方面以服务业居多(135 人,34.3%),其次为工商业(69 人,17.5%),学生(66 人,16.8%),公务员(53 人,13.5%),其他(49 人,12.4%),家管(22 人,5.6%)。月平均收入方面以 20 001~30 000 元者占多数(122 人,31.0%),其次为 20 000 元及以下者(92 人,23.4%),30 001~40 000 元者(86 人,21.8%),50 001 元及以上者(53 人,13.5%),40 001~50 000 元者(41 人,10.4%)。每周在外用餐次数方面以 1~2 次居多(127 人,32.2%),其次为 3~4 次(132 人,33.5%),5~6 次(68 人,17.3%),7 次及以上(67 人,17.0%)。

表 2　消费者样本数结构分析

变项	题项	人数	百分比(%)	累积百分比(%)
性别	男	119	30.2	30.2
	女	275	69.8	100

续表

变项	题项	人数	百分比(%)	累积百分比(%)
年龄	20岁及以下	33	8.4	8.4
	21~25岁	117	29.7	38.1
	26~30岁	76	19.3	57.4
	31~35岁	43	10.9	68.3
	36~40岁	32	8.1	76.4
	41~45岁	41	10.4	86.8
	46岁及以上	52	13.2	100
受教育程度	中学以下	10	2.5	2.5
	高中职	78	19.8	22.3
	专科	46	11.7	34.0
	大学	199	50.5	84.5
	研究所以上	61	15.5	100
职业	工商业	69	17.5	17.5
	公务员	53	13.5	31.0
	服务业	135	34.3	65.2
	家管	22	5.6	70.8
	学生	66	16.8	87.6
	其他	49	12.4	100
月平均收入	20 000元及以下	92	23.4	23.4
	20 001~30 000元	122	31.0	54.3
	30 001~40 000元	86	21.8	76.1
	40 001~50 000元	41	10.4	86.5
	50 001元及以上	53	13.5	100

续表

变项	题项	人数	百分比(%)	累积百分比(%)
每周在外用餐次数	1~2次	132	33.5	33.5
	3~4次	127	32.2	65.7
	5~6次	68	17.3	83.0
	7次及以上	67	17.0	100

(二)问卷结果分析

通过描述性统计分析消费者对于每个方面的认知度。以平均值的高低状况来分析消费者在此方面的实际认知程度,平均值越高,则表示对该题项认同感受越高。

①绿色餐厅认知平均值分析:以第2题"到提供有机食材的绿色友善餐厅用餐对环境有益"(4.10)、第3题"我比较愿意到提供当地地方生产食材的绿色友善餐厅用餐"(4.05)、第1题"我比较愿意到有提供有机食材的绿色友善餐厅用餐"(3.98)为前三高。以第6题和第7题"业者的绿色产品是影响我来绿色友善餐厅的因素""环保信息提供(者)的绿色信息是影响我愿意来绿色友善餐厅的因素"(3.80)、第5题"政府的绿色政策是影响我愿意来绿色友善餐厅的因素"(3.37)为前三低。

表3 绿色餐厅认知平均值分析

评量项目	平均值	标准偏差	排名
2.到提供有机食材的绿色友善餐厅用餐对环境有益	4.10	0.76	1
3.我比较愿意到提供当地地方生产食材的绿色友善餐厅用餐	4.05	0.71	2
1.我比较愿意到提供有机食材的绿色友善餐厅用餐	3.98	0.78	3
6.业者的绿色产品是影响我来绿色友善餐厅的因素	3.80	0.79	4
7.环保信息提供(者)的绿色信息是影响我愿意来绿色友善餐厅的因素	3.80	0.80	4

续表

评量项目	平均值	标准偏差	排名
4.亲朋好友的绿色观念是影响我愿意来绿色友善餐厅的因素	3.63	0.86	5
5.政府的绿色政策是影响我愿意来绿色友善餐厅的因素	3.37	0.97	6

②消费者行为平均值分析：以第3题"我愿意前往绿色友善餐厅用餐"(4.10)、第2题"我认为绿色友善餐厅值得前往消费"(4.09)、第1题"在选择餐厅时我会选择去形象良好的绿色友善餐厅消费"(4.01)为前三高。以第5题"我会建议其他亲朋好友去绿色友善餐厅用餐"(3.79)、第8题"我会优先选择具环保观念的绿色友善餐厅"(3.78)、第4题"即使绿色友善餐厅价钱贵一点，我还是愿意去消费"(3.67)为前三低。

表4　消费者行为平均值分析

评量项目	平均值	标准偏差	排名
3.我愿意前往绿色友善餐厅用餐	4.10	0.73	1
2.我认为绿色友善餐厅值得前往消费	4.09	0.76	2
1.在选择餐厅时,我会选择去形象良好的绿色友善餐厅消费	4.01	0.83	3
9.我未来愿意到绿色友善餐厅消费	4.00	0.74	4
6.在质量相当的情形下,相较于其他餐厅我会选择去绿色友善餐厅消费	3.98	0.75	5
7.会主动推荐具环保观念的绿色友善餐厅给好友	3.82	0.77	6
5.我会建议其他亲朋好友去绿色友善餐厅用餐	3.79	0.76	7
8.我会优先选择具环保观念的绿色友善餐厅	3.78	0.79	8
4.即使绿色友善餐厅价钱贵一点,我还是愿意去消费	3.67	0.88	9

③生活型态平均值分析：以第10题"我认为为了永续生存,人类必须跟

大自然和平共处"(4.36)、第9题"我认为大自然的生态平衡容易受到扰乱及破坏"(4.28)、第15题"我认为随意丢弃可回收再利用资源是件很可惜的事"(4.12)为前三高。以第1题"常会注意市场上最新流行的绿色产品信息"(3.43)、第4题"我会特别去注意绿色相关的活动"(3.37)、第2题"我觉得我是一个绿色产品的爱用者"(3.32)为前三低。

表5 生活型态平均值分析

评量项目	平均值	标准偏差	排名
10.我认为为了永续生存,人类必须跟大自然和平共处	4.36	0.72	1
9.我认为大自然的生态平衡容易受到扰乱及破坏	4.28	0.76	2
15.我认为随意丢弃可回收再利用资源是件很可耻的事	4.12	0.74	3
17.我会支持绿色理念并身体力行做环保	3.89	0.76	4
5.为了让环境更美好,我会从事绿色消费	3.85	0.73	5
11.我会担心自己和家人,做出污染环境的行为	3.77	0.99	6
14.对我而言,任何有关环保的议题都是很重要的	3.77	0.74	6
6.我会跟随绿色潮流而去购买绿色产品(如环保意识抬头我会特别选购具有环保标识的产品)	3.74	0.81	7
7.我曾经使用过绿色产品,而且愿意继续购买	3.72	0.79	8
16.我会向他人提倡绿色概念	3.69	0.77	9
12.我对于环保议题非常有兴趣	3.61	0.79	10
8.我会因广告倡导而去购买绿色产品	3.59	0.84	11
3.我喜欢从事相关绿色活动的企业,并向它们购买产品	3.52	0.87	12
13.相对于我周遭的朋友,我觉得我是一个环保主义者	3.46	0.80	13
1.我常会注意市场上最新流行的绿色产品信息	3.43	0.86	14
4.我会特别去注意绿色相关的活动	3.37	0.88	15
2.我觉得我是一个绿色产品的爱用者	3.32	0.89	16

(三)不同背景变项对生活型态因素的差异分析

本研究采用"性别"与生活型态的三个命名因素"绿色产品爱用者""环保主义者""环境维护者"①进行独立样本 t 检定分析,再将"年龄"与"绿色产品爱用者""环保主义者""环境维护者"进行单因子变异数分析,检视消费者个人背景在生活型态上是否有显著差异。由表 6 得知,"绿色产品爱用者"对于不同"性别"有显著差异,表示男生并未超过女生;而"绿色产品爱用者"对于不同"年龄"有显著差异。进一步通过 Scheffe 法事后比较得知,不同年龄之间并无显著差异。另外,"环保主义者""环境维护者"与"年龄"均无显著差异。

表 6 不同背景变项对生活型态因素的差异分析

基本背景	变 项	绿色产品爱用者	环保主义者	环境维护者
性别	男	3.57	3.69	4.27
	女	3.57	3.70	4.25
T 值	—	0.96	-0.097	0.29
P 值	—	0.028	0.92	0.77
年龄	(1)20 岁及以下	3.35	3.51	4.12
	(2)21~25 岁	3.45	3.69	4.25
	(3)26~30 岁	3.54	3.67	4.32
	(4)31~35 岁	3.67	3.75	4.30
	(5)36~40 岁	3.78	3.85	4.25
	(6)41~45 岁	3.63	3.68	4.24
	(7)46 岁及以上	3.75	3.75	4.21
F 值	—	3.09	1.17	0.36
P 值	—	0.006	0.32	0.90
Scheffe 法	—	无显著差异	—	—

① 生活型态构面探索性因素分析 KMO 值为 0.92,Bartlett 球形检定结果近似卡方分配值为 3042.04,达到显著,整体解释变异量为 59.26%。另外,本研究以 Cronbach's α 衡量内部一致性及各因素之信度得知生活型态构面量表可分为三个因素构面,整体信度为 0.91,为高信度,表示本研究之生活型态量表稳定且具有一致性。依据各因素变项,将本研究生活型态分别命名为"绿色产品爱用者""绿色环保主义者""环境维护者"三个因素。

(四)绿色餐厅认知对消费者行为、生活型态之差异分析

本研究将绿色餐厅认知进行分群,评定的方式以绿色餐厅认知题项(共7题)来进行分群。该7题中所填答的选项为"非常不同意""不同意""普通""同意""非常同意"5个选项,计分的方式为如填写"非常不同意"选项,为1分;"不同意"选项为2分;"普通"选项为3分;"同意"选项,为4分;"非常同意"选项,为5分。依照题项的分数做加总分为三群:1代表绿色餐厅认知低;2代表绿色餐厅认知中;3代表绿色餐厅认知高。分群完后可作为后续的分析使用。

1. 绿色餐厅认知对消费者行为之差异(假设 H1)

绿色餐厅认知分为低中高三群,并对消费者行为进行单因子变异数分析。依据绿色餐厅认知对消费者行为进行变异数分析时,发现绿色餐厅认知的低中高构面属性之F值为124.03,且达显著标准($p<0.05$),表示认知低、认知中、认知高的消费者到绿色餐厅进行消费时的动机有显著差异存在;因此进行Schffe事后比较检定后发现,意愿高的消费者动机显著高于意愿中及意愿低的消费者。

2. 绿色餐厅认知对生活型态之差异(假设 H2)

首先将绿色餐厅认知分为认知低、认知中、认知高三群,并对生活型态进行单因子变异数分析,依据绿色餐厅认知对生活型态进行单因子变异数分析时,发现绿色餐厅认知的低中高构面属性之F值为88.35,且达显著标准($p<0.05$),表示认知上的不同会造成对消费者到绿色餐厅进行消费时影响消费者的生活型态有显著差异存在;因此进行Schffe事后比较检定后发现,意愿高的消费者动机显著高于意愿中及意愿低的消费者。

表7 绿色餐厅认知对消费者行为、生活型态之变异数分析摘要

构面属性	分群	个数	平均数	标准偏差	F 值	显著性	Scheffe 检定
消费者行为	低	140	3.49	0.52	124.03	0.00	2>1,3>1 3>2
	中	130	3.97	0.39	—	0.00	
	高	124	4.33	0.39		0.00	
生活型态	低	140	3.39	0.45	88.35	0.00	2>1,3>1 3>2
	中	130	3.78	0.37		0.00	
	高	124	4.08	0.45		0.00	

(五)生活型态对消费者行为之回归分析(假设 H3)

研究结果显示,"绿色产品爱用者""绿色环保主义者""环境维护者"对消费者行为有显著正向影响效果,可由表 8 得知,F = 177.26,P = 0.000,R^2 = 0.58,表示"绿色产品爱用者""绿色环保主义者""环境维护者"对消费者行为有 57.4%的解释力,并达到显著水平,具有统计上的意义。之后再对自变项进行事后验证,其中"绿色产品爱用者"Beta 系数达 0.55(p = 0.000),为最佳。

表 8　生活型态构面对消费者行为回归分析

自变项	标准化系数	T 值	P 值
常数项	—	213.84	0.000
绿色产品爱用者	0.55	16.69	0.000
绿色环保主义者	0.35	10.47	0.000
环境维护者	0.40	11.99	0.000
F 值 = 177.26　P = 0.000,判定系数 R^2 = 0.58,调整过后 R^2 = 0.57			

注:依变数为消费者行为。

五、结论与建议

经由单因子变异数分析过后,消费者行为及消费者的生活型态会因为对绿色餐厅认知高低不同而有显著差异。学者连经宇、陈育诗(2010)的研究结果证实,这两个变项之间有互相影响的关系。而"绿色餐厅认知低""绿色餐厅认知中""绿色餐厅认知高"三个构面,其中影响消费者行为及生活型态差异最大的构面为"绿色餐厅认知高",表示认知较高的消费者比认知低的消费者更有意愿选择到绿色餐厅消费,且因认知较充足的消费者会比认知低的消费者对于绿色产品更敏感,日后购买产品时更会选择绿色产品。消费者环保意识渐渐抬头,在餐厅选择方面逐渐开始寻找以健康、安全食材为主的餐厅,且也愿意推崇绿色餐厅对于环境保护的价值。虽然知道餐厅的食材用料都是安全食材,但碍于有些消费者对于绿色餐厅认证认知度还不是这么高,如业者能够将绿色理念落实在餐厅经营的每个环节中,例如使用认证过的食材或者是提供相关的绿色产品,吸引消费者关注,并加强倡导使用绿色产品对环境是有帮助的。而消费者多接受绿色信息可能会改变个人的生活型态,例如选择购买附有产销履历认证的蔬果或是购买绿色产品。当消费者绿色观念足够,可能是影响消费者优先选择绿色餐厅甚至可提高消费者至绿色餐厅消费的意愿。未来相关部门可以继续加强倡导及教育,将绿色餐厅观念慢慢渗透给消费者,让绿色健康饮食逐渐成为主流。经由回归分析过后,由生活型态所分析出来的三个因素"绿色产品爱用者""绿色环保主义者""环境维护者"对消费者行为有显著的正向影响,本研究结果与梁馨方(2007)的研究结果相同。而会影响消费者行为的因素为"绿色产品爱用者""绿色环保主义者""环境维护者"三个构面。其中,影响最大的因素为"绿色产品爱用者"。由此可知,消费者有了绿色认知后改变了自己的生活型态而进行绿色消费,开始参加企业所举办的绿色活动,购买绿色产品或是开始利用报刊、大众媒体的传播关注市场上最新的绿色产品相关信息,而这些行为会进而影响日后的消费行为,如与一般产品比较时较愿意选择购买绿色相关的产品。影响较大的因素分别为"环境维护者"与"绿色环保主义者",可解释为维护环境型的消费者及绿色环保主义型的消费者因环境的影响而改变了本身的生活型态,如环境维护型的消费者较注意环保的议题,较愿意身体力行从事环保工作,也大力向他人提倡绿色环保概念,而绿色环保主义型的消费者较注意大自然的永续生存进而去维护生态环境,这两种类型的消费者较关心绿色环保及生态维护,但对于消费者的消费行为影响力较小。由分析结果得知,每个消费者的生活型态及背景特性都不同,相应其消费行为的购买特性及所关注的事物就会有所不同进而影响消费模式,也就造就消费者行为的差异性。业者也可针对不同生活型态的消费者而运用不同的营销手法,来让消费者对于绿色产品产生兴趣,当消费者产生需求的欲望时,会从过去的记忆里找寻相关的数据,最后决定行动。

对绿色餐厅认知较低的消费者可能对"绿色餐厅"不明了其含义,再加上黑心食品的冲击造成消费者对于"绿色"餐厅有质疑以及不信任、不理解、知识也不充足,而相关部门及业者应增加消费者对绿色餐厅的认识与了解,提升消费者对于绿色餐厅正面的认同,进而增加消费者至餐厅进行绿色消费的意愿。政府在未来除了要控管餐厅的服务质量之外,建议针对绿色餐厅认证的信息宣传方式加强信息的交流,如多设一些平台或电视、杂志做相关的专题或专栏的方式倡导,如此将能增加消费者对于绿色餐厅认证信息之获取,使消费者能力行绿色消费。政府若可以奖励措施或以优惠卷等方式来推广绿色餐厅认证,也可配合现在年轻人的生活型态,将信息 E 化,利用手机扫描二维码就可方便消费者在线取得信息。若相关部门全面性之带动绿色购买风气,可提高消费者的购买意愿。

参考文献

[1] 蔡宜家,孔方正,张美兰.消费者选购盒餐考虑因素之探讨[J].休闲与社会研究,2011(4):163-172.

[2] 张婉瑶.餐饮业成长力道大 不容小觑[EB/OL].(2015-12-22) http://www.credit.com.tw/creditonline/Epaper/IndustrialSubjectContent.aspx? sn=50&unit=254.

[3] 杨政学,林靖亚.消费者绿色消费行为意向之研究[J].明新学报,2013,39(2):219-232.

[4] 胡梦蕾.营造绿色餐厅的梦想[J].科学发展,2014(494):14-18.

[5] Kotler P, Keller K. Marketing Management[M]. Prentice Hall,2008.

[6] United Nations Environment Programme. Talk the Walk: Advancing Sustainable Lifestyle Through Marketing and Communications[Z]. 2015.

[7] 徐俪轩.台湾绿色餐厅环境管理系统指针建构之初探[D].高雄:高雄餐旅学院餐旅管理研究所未出版硕士论文,2008.

[8] Chou Chia-Jung, Chen Kuo-Sheng, Wang Yueh-Ying. Green Practices in the Restaurant Industry from an Innovation Adoption Perspective: Evidence from Taiwan[J]. International Journal of Hospitality Management, 2012,31(3), 703-711.

[9] Lorenzini B. The Green Restaurant-Part II: System and Service[J]. Restaurant & Institutions, 1994(5):119-136.

[10] Szuchnicki L A. Examining the Influence of Restaurant Green Practices on Customer Return Intention[D]. Unpublished master thesis, University of Nevada, Las Vegas.

[11] 刘珈灏,李明聪.台北市消费者对绿色环保餐厅愿付价格之研究[C]//2006年旅游休闲健康学术研讨会论文集.2006:161-173.

[12] 朱孟玲.探讨不同环境信念的网络用户对绿色餐厅的选择偏好[D].台南:台南大学生态科学与技术学系生态旅游硕士班未出版硕士论文,2013.

[13] Green Restaurant Association. Green Restaurant Certification Standards[S]. 1995.

[14] 连经宇,陈育诗.餐饮业消费者个人属性、绿色消费认知与行为意向之关系研究:以台北及新竹地区为例[J].餐旅暨家政学刊,2010,7(2):133-162.

[15] 高雄农业局.绿色友善餐厅相关信息[Z].2015.

[16] Schiffman G. Leon and Kanuk Leslie. Consumer Behavior[M]. 10th ed. Prentice Hall,2010.

[17] 林灵宏.消费者行为学[M].台北:五南图书出版公司,1990.

[18] 李成丽.花莲市中小型旅馆旅客消费行为探讨之研究[D].花莲:东华大学事业管理学系硕士班未出版硕士论文,2004.

[19] 张学梁.消费者生活型态与购物情境关联之研究——以东森购物频道为例[D].台中:台中健康暨管理学院经营管理研究所未出版硕士论文,2005.

[20] Kotler P. Marketing Management: Analysis, Planning, Implementation, and Control [M]. Prentice Hall,1998.

[21] Kotler P, Keller K. Marketing Management[M]. Prentice Hall,2008.

[22] Van Liedekerke L, Dubbink W. Twenty Years of European Business Ethics-Past Developments and Future Concerns[J]. Journal of Business Ethics, 2008,82(2):273-280.

[23] Svensson G, Wood G. A Model of Business Ethics[J]. Journal of Business Ethics, 2008, 77(3): 303-322.

[24] 陈怡君,郭文贵,萧美铃.环保纺织品之绿色营销与绿色消费行为关系之研究——以台北市为例[J].华岗纺织期刊,2004,11(2):117-131.

[25] MacKenzie D. You Can Still Shop to Save the World[J]. New Statesman, 2000,129(4468):12-14.

[26] Hu H, Parsa H G, John S. The Dynamics of Green Restaurant Patronage[J].Cornell Hospitality Quarterly, 2010,51(3), 344-362.

[27] Banarjee B, Mckeage K. How Green is My Value: Exploring the Relationship Between Environmentalism and Materialism [J]. Advances in Consumer Research, 1994,1(20), 494-501.

[28] Schubert F, Kandampully J, Solnet D, Kralj A. Exploring Consumer Perceptions of Green Restaurants in the US[J]. Tourism and Hospitality Research, 2010,10(4), 286-300.

[29] Lazer W. Life Style Concepts and Marketing[M]. American Management Association, Chicago, IL, USA,1963.

[30] Kaynak E, Kara A. Consumer Perceptions of Foreign Products: An Analysis of Product-country Images and Ethnocentrism. 2002, 36(7): 928-949.

[31] 廖淑玲.消费者行为:理论与应用[M].新北:前程文化出版社,2007.

[32] Schiffman Leon G, Kanuk Leslie Lazar. Consumer Behavior[M]. 8th ed. Prentice Hall,2006.

[33] Wind J, Green P. Some Conceptual, Measurement, and Analytical Problem in Lifestyle Research[J]. Lifestyle and Psychographi,1974:100-125.

[34] Plummer J T. The Concept and Application of Lifestyle Segmentation[J]. Journal of Marketing, 1974(38):33-37.

[35] Reynolds F D, Darden W R. Constructing, Lifestyle and Psychographices [M]. William D.Wells ed., Chicago, AMA,1974.

[36] 薛毓茗.以计划行为理论探讨消费者对高雄绿色友善餐厅行为意图之研究[D].高雄:高雄餐旅学院餐旅管理研究所硕士在职专班未出版硕士论文,2013.

[37] 杨奕琦.消费者对绿色环保餐厅之消费意愿与影响因素之研究[D].台北:铭传大学观光研究所未出版硕士论文,2013.

[38] Han H, Kim Y. An Investigation of Green Hotel Customers' Decision Formation: Developing an Extended Model of the Theory of Planned Behavior[J]. International Journal of Hospitality Management, 2010,29(4): 659-668.

[39] 林美吟. 利他、利己绿色广告要求之广告效果研究——以绿色生活型态为干扰变量[D]. 新北: 淡江大学国际贸易学系硕士班未出版硕士论文, 2009.

[40] 梁馨方. 生活型态对绿色消费之影响——量贩店消费者之分析[D]. 台中: 中兴大学生物产业推广暨经营学系所未出版硕士论文, 2007.

策　　划：张　萍
责任编辑：巨瑛梅

图书在版编目(CIP)数据

北京旅游发展研究报告.2016／北京旅游发展研究基地编.－－北京：旅游教育出版社，2017.1
　ISBN 978-7-5637-3516-7

Ⅰ.①北… Ⅱ.①北… Ⅲ.①旅游业发展—研究报告—北京—2016 Ⅳ.①F592.71

中国版本图书馆CIP数据核字（2017）第010982号

北京旅游发展研究报告2016
北京旅游发展研究基地　编

出版单位	旅游教育出版社
地　　址	北京市朝阳区定福庄南里1号
邮　　编	100024
发行电话	(010)65778403　65728372　65767462(传真)
本社网址	www.tepcb.com
E-mail	tepfx@163.com
排版单位	北京旅教文化传播有限公司
印刷单位	北京京华虎彩印刷有限公司
经销单位	新华书店
开　　本	710毫米×1000毫米　1/16
印　　张	26.75
字　　数	396千字
版　　次	2017年1月第1版
印　　次	2017年1月第1次印刷
定　　价	65.00元

（图书如有装订差错请与发行部联系）